权威·前沿·原创

皮书系列为
"十二五""十三五"国家重点图书出版规划项目

中国社会科学院创新工程学术出版资助项目

中东黄皮书
YELLOW BOOK OF
THE MIDDLE EAST

中东发展报告 *No.20*
（2017~2018）

ANNUAL REPORT ON DEVELOPMENT IN THE MIDDLE EAST
No.20 (2017-2018)

聚焦叙利亚问题：新进展和新趋势
Focusing on the Syrian Issue: New Progress and New Trends

主　编／李新烽
副主编／刘　冬

社会科学文献出版社
SOCIAL SCIENCES ACADEMIC PRESS（CHINA）

图书在版编目（CIP）数据

中东发展报告：聚焦叙利亚问题：新进展和新趋势
. No. 20，2017－2018 ／ 李新烽主编 . －－北京：社会科
学文献出版社，2018. 12
（中东黄皮书）
ISBN 978－7－5097－7891－3

Ⅰ.①中…　Ⅱ.①李…　Ⅲ.①社会发展－研究报告－
中东－2017－2018 ②中外关系－研究－中东－2017－2018
Ⅳ.①D737. 069 ②D822. 337

中国版本图书馆 CIP 数据核字（2018）第 284851 号

中东黄皮书
中东发展报告 No. 20（2017~2018）
—— 聚焦叙利亚问题：新进展和新趋势

主　　编／李新烽
副 主 编／刘　冬

出 版 人／谢寿光
项目统筹／高明秀　　祝得彬
责任编辑／王晓卿　　肖世伟　　李惠惠

出　　　版／社会科学文献出版社·当代世界出版分社（010）59367004
　　　　　　地址：北京市北三环中路甲 29 号院华龙大厦　邮编：100029
　　　　　　网址：www. ssap. com. cn
发　　　行／市场营销中心（010）59367081　59367083
印　　　装／三河市龙林印务有限公司

规　　　格／开　本：787mm × 1092mm　1/16
　　　　　　印　张：25. 5　字　数：389 千字
版　　　次／2018 年 12 月第 1 版　2018 年 12 月第 1 次印刷
书　　　号／ISBN 978－7－5097－7891－3
定　　　价／128. 00 元

皮书序列号／PSN Y－1998－004－1/1

本书如有印装质量问题，请与读者服务中心（010－59367028）联系

中东黄皮书编委会

主　编　李新烽

编审组　（按汉语拼音排序）

　　　　成　红　李新烽　刘　冬　唐志超　王林聪

　　　　邢厚媛　杨　光

主编简介

李新烽　博士，作家，摄影家；中国社会科学院西亚非洲研究所副所长、研究员，中国社会科学院研究生院教授、博士生导师。中国非洲史研究会副会长，中国亚非学会副会长。

西安外国语大学英语系毕业后留校工作，两次考入中国社会科学院研究生院，分获法学硕士学位和管理学博士学位；公派留学英国，获威尔士大学文学硕士学位。2006 年参加中组部、团中央组织的第七届"博士服务团"，挂职湖南湘西自治州人民政府州长助理。第八届全国青联委员。2007 年加入中国作家协会，2008 年加入中国摄影家协会。

李新烽曾是人民日报社高级记者、驻南非首席记者和人民网驻南非特派记者。他是采写报道肯尼亚帕泰岛郑和船员后裔的第一位中国记者，也是索马里内战爆发以来，两次进入该国采访报道的首位东方记者。

2008 年作为引进人才，李新烽调入中国社会科学院专业从事非洲问题研究。主要作品：专著《非洲踏寻郑和路》（修订本中英文版）、《非凡洲游》，合著《郑和史诗》（中英文版）等十多部，主编《郑和与非洲》《全球视野下的达尔富尔问题研究》。其作品获全国"五个一工程"奖、中国新闻奖、徐迟报告文学奖等十余种全国性奖项。

摘　要

《中东发展报告 *No.20*（2017~2018）》以"聚焦叙利亚问题：新进展和新趋势"为主题，详细分析了叙利亚问题爆发以来全球及地区大国围绕这一问题进行的博弈，以及叙利亚问题给叙利亚经济、社会以及地区政治平衡带来的巨大冲击。

报告指出，叙利亚问题的产生与发展，是叙利亚国内以及中东地区矛盾持续激化的反映，而不同矛盾及其性质的相互转换以及美、俄等全球大国在中东地区的博弈，导致叙利亚问题从反恐战争重回地缘政治博弈这一中东地区博弈的"常态"。尽管叙利亚问题引发的内战已接近尾声，但矛盾的复杂交织却决定了叙利亚问题的解决将会是一个长期博弈的过程。报告指出，尽管叙利亚问题集中于一国，但其影响遍及整个地区，从地缘政治的角度来看，围绕叙利亚问题，中东正在形成沙特阿拉伯、伊朗、土耳其、以色列四强并立的地区新格局，并逐渐形成俄罗斯－土耳其－伊朗联盟与美国－沙特阿拉伯－以色列阵营对阵的格局。而战争造成的大规模难民跨境流动也给叙利亚周边以及欧洲的难民接受国带来巨大的困扰与负担。报告还指出，持续数年的战争给叙利亚经济带来沉重打击，导致基础设施大量损毁，战后重建需求十分巨大，这也为中国参与提供了机会。

报告中的"地区形势"部分则是对一年来中东反恐近况、也门内战、卡塔尔断交危机、巴以问题等中东主要热点问题进行了系统的回顾和分析。此外，报告还对一年来中东地区经济发展，中国与中东国家在贸易、投资、工程承包等领域的合作进行了盘点，对一年来国内外中东研究学科的最新动态做出简要分析，整理了中东地区大事记，这为跟踪地区形势发展和学科前沿提供了全面扎实的信息。

关键词：叙利亚问题　中东政治　中东经济

目　录

Ⅲ 地区形势

Ⅳ 市场走向

Ⅴ 资料文献

皮书数据库阅读**使用指南**

主题报告

Main Report

Y.1
叙利亚问题及其新变化、新特征和新趋势

摘　要：　叙利亚问题乃是当前中东地缘政治博弈的枢轴。中东局势演
变见证了叙利亚问题"被制造"的过程。从叙利亚危机的爆
发到叙利亚问题的生成，其主线是域外大国和地区诸强的干
预。它从本质上决定了叙利亚问题的性质，即复杂地缘政治
背景下的干涉主义与反干涉主义之间、分裂主义与反分裂主
义之间、恐怖主义与反恐主义之间的复杂斗争；同时，矛盾
的转化也改变了叙利亚问题的性质，塑造了叙利亚问题诸特
征：外部性、多重性、复合性、交易性和联动性。叙利亚问

*　王林聪，博士，中国社会科学院西亚非洲研究所研究员，现任西亚非洲所所长助理、国际关系研究
室主任，兼任中国中东学会副会长、秘书长，中国社会科学院海湾研究中心副主任；创新项目
"中东热点问题与中国应对之策研究"首席研究员。主要研究领域为中东政治发展和国际关系。

题的演化和升级，不仅改变了叙利亚自身的发展轨迹，而且动摇了既有中东秩序的根基，与伊核问题等其他中东热点形成联动。各行为体围绕叙利亚问题展开多层博弈，引起不同力量集团的分化和组合，并呈两极化对峙态势。随着反恐战争的胜利，叙利亚迈入"后'伊斯兰国'"阶段，叙利亚政府虽然逐渐占据优势，但仍难以主导叙利亚问题的最终解决。围绕着如何结束战争、推动政治解决进程、战后重建和难民回归等几大焦点问题，多强相争，地缘政治较量加剧，且处于僵持状态。从长远看，叙利亚问题势必"长期化"：一方面，恢复叙利亚的阿盟成员国资格，"多轨合一"推动政治解决是一种必然选择；另一方面，多种因素相互掣肘，军事割据尚难结束，极端残余势力难以根绝，重启政治解决进程困难重重。可见，叙利亚从战争迈向和平将会经历一个漫长且充满变数的过渡期。

关键词： 外部性　多重性　联动性　多层博弈　重塑秩序

　　叙利亚战争持续七年有余，成为继 2003 年伊拉克战争之后中东地区又一重大的地区性冲突，但是其复杂程度和影响深度已经远远超过了伊拉克战争。因为在短短的七年间，叙利亚问题使中东地缘政治关系和力量格局发生巨大变化，正深刻地改变着叙利亚，也改变着中东的结构和秩序，甚至将中东引向难以预判之险境。众所周知，域外力量的介入，不仅改变了叙利亚危机的演进轨迹，而且导致叙利亚危机发展为各种国际和地区势力之间的一场代理人战争，形成了世界大国之间、地区国家之间和叙利亚内部之间复杂的"多层多方博弈"态势，进而推动叙利亚问题国际化，导致恐怖主义泛滥，难民问题凸显，对周边国家乃至非洲、欧洲等地区产生了严重的外溢效应，深刻影响着全球安全局势。因此，解决叙利亚问题是当前国际关系中重大而紧迫的议题。然而，随着叙利亚战场反恐战争的节节胜利和"伊斯兰国"（IS，即"达伊什"，Daesh）武装力量的溃败，持续七年之久的叙利亚战争迈入了"后'伊斯兰国'"的新阶段。与此相应，叙利亚问题的解决方式和途径出现了新变化，面临新的挑战和困难。那么，这是否意味着一场新的对抗正在迫近，进而引发更大规模的地缘政治和军事冲突？叙利亚究竟能否顺利结束战争，实现从战争向和平的顺利过渡，踏上战后重建之路？或是陷入不战不和的僵持状态，政治谈判进程裹足不前，和平局面遥遥无期？可以说，进入"后'伊斯兰国'"时期的叙利亚局势仍然悬念丛生，复杂多变，叙利亚问题的走向仍牵动着中东地区乃至世界各方的敏感神经，备受人们的关注。因此，本文拟以叙利亚问题的生成、演变和影响为主线，分析叙利亚问题的新变化和新特点，观察解决叙利亚问题的新进展并分析其困境和出路，进而预判叙利亚问题的走向和趋势。

一 叙利亚问题的形成和实质

（一）叙利亚问题的生成

叙利亚问题是指围绕叙利亚主权独立和政权合法性等一系列重大问题的地区和国际安排，它反映了在新的历史条件下重塑叙利亚以及中东秩序的复杂博弈。

叙利亚问题是 2011 年以来中东剧变的产物。在"阿拉伯之春"爆发之前，并不存在"叙利亚问题"。此前，对于叙利亚而言，尽管其内部问题复杂，社会矛盾尖锐，但是叙利亚在整体上政局较为平稳，社会相对稳定，族群和教派矛盾尚在控制范围之内。在动荡频仍的中东地区，叙利亚曾一度被看作该地区拥有较强军事和经济实力的相对稳定的国家，在中东地区事务中发挥着举足轻重的作用，甚至有人认为"战争离不开埃及，和平离不开叙利亚"。特别是在 21 世纪第一个十年，叙利亚政府因推动"有限改革"等举措，频频见诸西方媒体，这被誉为"大马士革之春"并得到一定的肯定。

这一时期，叙利亚与西方国家以及土耳其、以色列等邻国的关系得到了改善。其中，叙利亚与土耳其关系升温，叙土之间往来密切，巴沙尔总统访问土耳其时，被土耳其称为"尊贵的客人"。

叙利亚问题不是叙利亚危机爆发之初就出现的，而是在叙利亚危机上升到一定程度，尤其是域外大国和地区诸强干预不断强化，从而导致叙利亚局势逐渐走向失控，并演化为一场持续性跨国和跨地区的重大争端，直接威胁叙利亚国家存亡，导致中东地区秩序剧烈变动时而产生的。

从时间顺序上看，叙利亚问题是继利比亚问题之后又一个关乎中东局势和权力结构的新问题。因为在利比亚卡扎菲政权垮台之后，通过外部干预"顺利"推动政权更迭的"利比亚模式"遂成为新干涉主义在中东的巨大"成果"，进而变成一种"顺势而为"的强烈预期。于是，向叙利亚推销"利比亚模式"就成为西方大国干预叙利亚的动力和目标。① 在这种背景下，干预叙利亚的动机、目标指向"倒巴"，其行动不断升级，不仅仅局限于压迫叙利亚推进内部改革，还直接推动政权更迭——要求巴沙尔下台，由此促成了叙利亚问题。可见，叙利亚问题在很大程度上是"被制造"的结果，是外部势力强加于叙利亚国家和人民的，并非完全"由内而外"产生的。

叙利亚问题的"被制造"，预示着叙利亚危机从一开始就超出了国家范畴，成为地区和国际层面各种行为体之间的一场较量，是中东地缘政治利益关系和中东地区秩序重塑的焦点，这是观察叙利亚问题及其走向的关键。因此，叙利亚问题就其内涵而言，包括了三大层面。

就叙利亚而言，它涉及主权、政权和安全，即能否维护国家主权和领土完整，能否维持政治安全（政体形态）和社会安全，能否恢复和维系其稳定和发展的态势。换言之，它包括叙利亚政权的构成和合法性的重塑。

就中东地区而言，它涉及地区力量受到叙利亚问题的冲击和影响，地区力量的再平衡问题以及中东地缘政治利益和中东秩序，即中东地区国家及非国际行为体基于地缘政治利益的考量，围绕叙利亚问题展开持续互动，以及

---

① Wang Lincong, "Libyan Model Is Dangerous Game," *China Daily*, March 17, 2012, p. 5.

在彼此合作和竞争基础上所形成的地区权力格局和地区秩序。

就国际层面而言，它涉及全球性大国在叙利亚及其周边的利益和博弈，这些利益既包括彼此竞争的国家利益，也包括存在合作空间的全球安全利益，即维护基本的国际规范和全球治理机制、联合反恐、解决难民问题等，实际上主要是围绕着"谁来主导叙利亚，谁来统治叙利亚"这些根本性问题展开的。

因此，叙利亚问题的核心是政权建设以及支撑该政权的地区和国际体系。叙利亚问题在国内、地区和国际三个层面相互交织，彼此勾连，从而构成了 21 世纪发生在中东的最为错综复杂的较量。

（二）跌宕起伏的叙利亚危机和叙利亚问题的演变

1. 跌宕起伏的叙利亚危机

叙利亚危机自爆发以来，其演变可谓一波三折，经历了"颜色革命"、全面内战、大国干预、代理人战争、反恐战争、地区国家间接或直接介入等阶段。从叙利亚战争进程看，大体上经历了三个不同阶段和两次重大转机。

第一阶段是叙利亚危机的爆发和扩大（2011 年 3 月至 2013 年 8 月）到"以化武换和平"（2013 年 9 月），出现了第一次重大转机。该阶段的表现是叙利亚政府与反对派对峙，西方施压并推动叙利亚"政权更迭"，尤其是"化武事件"，美国以触碰红线为由，以军事干涉相威胁，步步紧逼，导致巴沙尔政权陷于全面被动。在此节点上，一方面，俄罗斯、中国在联合国安理会坚决反对武力干涉叙利亚；另一方面，俄罗斯推动"以化武换和平"帮助叙利亚政府暂时度过险境，叙利亚战争出现转机，但是叙利亚政府被动的局面并未好转。

第二阶段是从"伊斯兰国"武装组织的崛起和叙利亚危机的全面升级（2014 年 1 月至 2015 年 8 月）到俄罗斯果断出兵叙利亚（2015 年 9 月），出现了第二次重大转机。"伊斯兰国"武装组织崛起后迅速攻城略地，建立了以拉卡为"首都"的准国家权力实体，直接威胁叙利亚的存亡和全球安全。叙利亚境内政府军、反对派武装、"伊斯兰国"武装、库尔德武装等各

据一方，相互攻伐，政府军在战场上节节败退，首都大马士革频频告急，巴沙尔政权一度岌岌可危。叙利亚政府实际控制区域最小时仅占国土面积的20%。与此同时，大量叙利亚难民不仅涌向周边国家——土耳其、约旦、黎巴嫩，还涌向欧洲，给欧洲各国造成了巨大压力。在巴沙尔政权处在生死攸关之际，2015年9月30日，俄罗斯果断出兵叙利亚，阻遏了叙利亚反对派和"伊斯兰国"武装力量的扩张势头，巴沙尔政权转危为安，叙利亚战争遂出现了具有决定性意义的新转机。

第三阶段则是叙利亚反恐战争从转折迈向胜利（2015年11月以来）。敌对双方在叙利亚战场上处于胶着对峙之后，2016年12月，叙利亚政府军收复北部重要城市阿勒颇，叙利亚反对派武装遭到沉重打击，节节败退。2017年9月，在俄罗斯的有力支援下，叙利亚政府军攻入代尔祖尔省首府代尔祖尔市后，接着收复"伊斯兰国"控制的重镇迈亚丁，又攻克了"伊斯兰国"在叙利亚的最后主要据点阿布卡迈勒。至此，叙利亚政府控制的区域已经占到国土面积的70%以上。与此同时，叙利亚库尔德"民主军"在美国的支持下，拿下了"伊斯兰国"的"首都"拉卡。随着"伊斯兰国"在叙利亚的全面溃败，叙利亚战争进入最后阶段。但是，叙利亚政府收复失地——伊德利卜省的行动受到重重阻挠。与此同时，政治解决叙利亚危机和战后重建等问题被提上日程，叙利亚危机的焦点也将逐渐从"战场"转向"会场"，新的争夺将会持续。

2. 叙利亚问题的演变

如果说叙利亚危机从一开始就有着明显的外部干预性质，那么，叙利亚问题在不同时期的内涵则有所差异。从争夺的性质和主要内涵上看，叙利亚问题大体上经历了三个阶段，每个阶段的划分依据不完全是叙利亚战场局势的变化，而是综合考虑对立双方斗争的焦点及需要解决的主要问题，以及表现出的态势等。可以说，矛盾的转化决定着性质的变化，不同阶段矛盾的双方或各方决定了叙利亚问题的性质及其反映。

（1）地缘政治较量和叙利亚维护主权阶段。从2011年下半年开始，叙利亚政府面临的内外压力显著增强，国家主权面临严重冲击。一方面，美国总统奥巴马要求巴沙尔下台，而土耳其、沙特、卡塔尔等地区国家也对巴沙尔持续施压；另一方面，反对派在伊斯坦布尔成立"叙利亚全国委员会"，而叛逃的穆斯塔法·谢赫将军组织成立"叙利亚自由军最高军事委员会"。①在内外夹击之下，巴沙尔政权一度岌岌可危。然而，俄罗斯和中国对维护国际社会主权原则的坚持，有力支持了巴沙尔政权，其中以"化武换和平"更使叙利亚形势"戏剧性逆转"。

（2）反恐和地缘政治较量阶段。进入2014年，虽然地区大国和全球大国依然在叙利亚进行着激烈的地缘政治博弈，但是随着极端主义武装组织——"伊斯兰阵线"、"努斯拉阵线"和"伊斯兰国"声势渐大，国际社会遂对打击极端主义势力形成共识，反恐成为多股政治力量最关切的议题。但值得注意的是，不同的国家在打击恐怖主义力量的同时，仍然没有放松对地缘战略利益的保护和争夺。

（3）地缘政治较量再度尖锐化阶段。随着"伊斯兰国"被击溃，以及巴沙尔政府在叙利亚战场上重新获得主动权，美国及其地区盟友沙特、土耳其等国家积极在叙利亚建立军事基地网络，努力抵消俄罗斯和伊朗支持的叙利亚政府军在战场上获取的优势。各种域内外的政治力量对于地缘政治的争夺进一步激化，巴沙尔政府力图借助军事胜利维护国家主权的困难显著增大。

由此看来，叙利亚问题在每个阶段的主要问题不同，由此形成不同力量集团之间的较量。同时，不同阶段各方的态度和策略也发生一定的变化，最直接表现在各方"倒巴"（即推翻巴沙尔政权）还是"护巴"，抑或"扶巴"的态度上。俄罗斯、伊朗等国一直是坚定的"护巴"派，并付诸行动。美国和欧洲国家的态度发生了几次变化。第一阶段坚持政权更迭——推翻巴沙尔政权；第二阶段则是在共同敌人"伊斯兰国"的威胁下，强调借助叙利亚政府，联合伊朗等国共同打击恐怖主义；第三阶段则是随着"伊斯兰国"的溃败，美国又重新将推翻叙利亚政府的目标放在首位，同时改变了对伊朗的态度，即不再将伊朗看作反恐的力量，而是打压的首要目标。美国

---

① 吴冰冰：《叙利亚危机的演变》，载王缉思主编《中国国际战略评论2016》，世界知识出版社，2016，第240页。

立场变化的主要标志是其新版安全战略大纲的发布。2017 年 12 月，美国发布《国家安全战略报告》，公开宣布反恐战争不是首要任务，最重要的是大国竞争。从一定意义上说，这是叙利亚问题性质发生转向和变化的标志。①其后，美国在 2018 年 1 月出台的《国防战略报告》中再度重申了现阶段美国国家安全的首要关注点不是反恐，而是国与国之间的战略竞争，并将亚太、欧洲以及中东列为重点关注的地区。② 透过美国的《国家安全战略报告》和《国防战略报告》，可以清晰看出，在中东地区的反恐行动居于次要地位，大国竞争以及传统的地缘政治较量不仅是首要目标，而且是长期目标。

（三）叙利亚问题的根源和实质

叙利亚问题就其产生的根源而言是多方面的，既有复杂的历史和社会经济根源，又有极其深刻的国际政治斗争的现实背景，是特定时期内因与外因相互作用的结果。其中，外因是叙利亚问题"被制造"的主要因素。

从内因看，它是巴沙尔执政以来国内多种矛盾积累和叠加的结果，在一定程度上反映了叙利亚现代民族国家建构进程中的挫折。国内多种矛盾的积累和"叠加效应"促成了叙利亚危机的爆发，为叙利亚问题的产生埋下了"伏笔"。众所周知，叙利亚民族和教派构成复杂，历史积怨颇深，存在着难以弥合的社会裂痕，再加上气候干旱等自然因素，2006 年起连续四年发生严重旱灾，30% 的民众生活在贫困线以下，社会矛盾日趋尖锐，③ 这些问题不断侵蚀着执政党——叙利亚阿拉伯复兴社会党（简称"复兴党"）政权的统治根基。巴沙尔执政以来，虽然进行了一定程度的经济自由化（主要是私有化）和政治自由化改革，但它带来的消极影响是深远的。一方面，改革加剧了社会贫富分化，在一定程度上激化了社会矛盾；另一方面，伴随

---

① "National Security Strategy of the United States of America," December 2017, https://www. whitehouse. gov/wp - content/uploads/2017/12/NSS - Final - 12 - 18 - 2017 - 0905. pdf.

② "Summary of the 2018 National Defense Strategy of the United States of America," 2018, https://dod. defense. gov/Portals/1/Documents/pubs/2018 - National - Defense - Strategy - Summary. pdf.

③ 王新刚等：《现代叙利亚国家与政治》，人民出版社，2016，第 412 页。

着复兴党在叙利亚系统中主导地位的削弱，出现了复兴党社会主义、伊斯兰主义和自由主义相互竞争的局面，这三种意识形态背后交织着家族、教派和族群矛盾。形形色色的反对派多以反抗阿拉维派独占政治权力为诉求，结果严重削弱了国家认同，扩大了社会裂痕，直接威胁着巴沙尔政权的统治根基。

但是，从外因看，叙利亚问题之所以能够成为决定叙利亚命运、牵动中东地区的重大问题，则是叙利亚境外分裂势力尤其是域外大国主导的结果，它反映了中东乃至国际地缘政治博弈的激烈程度。实际上，域外大国或境外国家的干预，加剧了叙利亚危机的"聚变效应"。叙利亚地处中东地区心脏地带，具有多重地缘政治属性。它既是大国觊觎的对象，又是中东地区逊尼派和什叶派间较量的场地。当叙利亚政府控制力下降和弱化时，叙利亚极易沦为各方的政治博弈场。换言之，叙利亚危机的扩大和逐步升级乃是外力推波助澜的结果，进而引发了中东秩序的变动。①

叙利亚问题实质上是叙利亚的国家定位和政权建设等问题，即如何确定叙利亚的国家属性，即叙利亚是继续保持其阿拉伯共和国的国家属性，还是体现多民族的国家属性（即反映库尔德等族群在国家中的地位），继续保持少数派阿拉维派在政治上的统治地位，抑或是体现逊尼派在政治上的诉求，以及巴沙尔政权在政治架构中的安排是否仍具有合法性。与此同时，地区国家及域外大国在叙利亚的利益安排，构成了叙利亚问题的核心。围绕这些问题的较量，既有战场上的决战，也有会场上的争夺。目前，叙利亚战场胜负对决已初见分晓，政治解决提上日程，集中反映在"宪争"和"政争"两个方面：究竟是重新制宪，还是在既有框架下修宪；是建立一个以巴沙尔政权为核心的民族团结政权，还是成立一个排斥巴沙尔的政权。从现实情况看，巴沙尔政府在战场上的胜利必然是其谈判和博弈的资本，血的教训也表明巴沙尔政权不可能有大的退让，因为通过战场较量形成的优势怎能拱手相让，而叙利亚反对派已经难以改变这一局面。随着战后重建在许多城市展开，反对派坚持巴沙尔下台的主张将变得没有实际意义。

---

① 王林聪：《叙利亚危机与中东秩序的重塑》，《当代世界》2017 年第 12 期，第 53 页。

二 叙利亚问题的新变化及其影响

（一）叙利亚问题的新变化

如前所述，伴随着叙利亚危机的多次"变轨"，叙利亚问题的内涵出现了许多新变化，集中表现在以下五个方面。

第一，叙利亚危机进入"后'伊斯兰国'"时期。随着"伊斯兰国"大本营拉卡被攻占和叙利亚政府军解放代尔祖尔省，"伊斯兰国"武装力量被击溃，叙利亚战事接近尾声，反恐战争取得全面胜利，叙利亚危机进入"后'伊斯兰国'"的新阶段。历史经验表明，共同敌人的丧失往往意味着机会主义"盟友关系"的破裂，叙利亚战争再次印证了这一定律。反恐战争基本尘埃落定，支持巴沙尔政权的力量与反对巴沙尔政权的力量随即展开了新一轮的博弈。

目前，敌对各方处于僵持和胶着状态，对峙的最新态势是围绕伊德利卜归属的最后较量。与之相伴的是博弈主体和介入方的增多，除了美国、俄罗斯、伊朗等传统博弈力量之外，以色列和土耳其在叙利亚表现得也很积极和活跃。以色列从观望到主动介入并频频发动军事攻击，以安全为名义打击叙利亚军事设施以及伊朗在叙利亚的军事存在。土耳其从资助"叙利亚自由军"等反对派力量到直接出兵叙利亚，占领阿夫林，其名义是打击库尔德力量。

第二，叙利亚战争迈向最后阶段，叙利亚问题正处在从军事解决转向政治解决的过渡期。虽然战场胜负已见分晓，但反对派仍负隅顽抗，要真正结束战争还需要相当长的时间，甚至会出现一定范围内的反复。应该说，叙利亚政府军已经稳操胜券。但是，政治解决的砝码、主导权并没有掌握在叙利亚政府手中，各种势力对叙利亚的影响仍然很大。美国在叙利亚的军事存在，叙利亚库尔德地区事实上的割据状态，都使得政治解决难以起步，处在僵持状态。由此可见，这个过渡期可能会持续一段时间，是各种力量博弈和此消彼长的长期过程。叙利亚问题的解决并没有迅速从"战场"转向"会场"，即叙利亚问题政治解决进程并没有实现快速启动，而是仍处在原有的僵局中。

围绕叙利亚问题的博弈终将从"战场"转向"会场",而"会场"的争夺必将激烈而复杂,同样是中东和国际地缘政治博弈的延续。目前,叙利亚正迈向新阶段——过渡期,即从军事解决向政治解决的过渡,这既是军事解决的最后阶段,又是政治解决的起步阶段。尽管之前存在联合国主导的政治解决方案,但其难以付诸实施,原因在于反对派坚持一个没有巴沙尔的政治过渡。这种不切实际的幻想是其背后域外大国或地区国家支持的产物,这反映了反对派不愿意面对失败,以及西方不愿意承认在叙利亚"被逆转"的事实,从而将叙利亚问题的解决拖延至今。但是,叙利亚问题的解决最终仍将由现实主义的逻辑决定,并且终将走上政治解决的道路,即巴沙尔政权已经胜券在握,其地位难以撼动,俄罗斯在叙利亚的优势难以改变。

第三,叙利亚问题的性质发生变化——从反恐战争重回地缘政治较量。叙利亚危机几乎汇聚、展现中东地区各种矛盾的复杂斗争。叙利亚危机从爆发时起就具有突出的地缘政治博弈性质,叙利亚战争进一步使中东回归地缘政治冲突的轨道。其间,因为恐怖主义崛起,反恐性质凸显。但是随着"伊斯兰国"的溃败,地缘政治冲突再度凸显,并达到了白热化程度,即从以反恐战争为主到以地缘争夺为主,从而直接影响中东局势的走向。

实际上,地缘政治较量一直是中东国际关系的主旋律。在叙利亚问题上,"伊斯兰国"的兴起曾经一度使反恐压倒了地缘政治竞争,但目前又重回地缘政治较量。一方面,域外大国通过大量战略投入,试图在叙利亚未来的战略利益分配中占据有利的位置,具体措施包括直接加强战略存在、巩固盟友关系、威慑战略对手等;另一方面,地区国家尤其是土耳其、伊朗、以色列、约旦等国积极谋划,大胆出击,通过扶植亲己力量、在叙利亚寻求建立势力范围、直接采取军事行动等战略手段维护自身地缘战略利益。

第四,叙利亚问题的政治解决进程形成了"多轨机制"。目前的三大机制①为联合国主导的日内瓦和谈机制,俄罗斯、土耳其、伊朗构建的阿斯塔

---

① 近期,一些欧洲大国开始寻求解决叙利亚问题的新途径。德国、法国、俄罗斯、土耳其等国首脑举行峰会,商讨叙利亚问题解决办法,很可能形成没有美国参与的"新机制"。

纳和谈机制和俄罗斯主导的有部分叙利亚反对派参加的索契和谈机制。其中，联合国主导的日内瓦和谈机制具有名义上的国际合法性，而以俄罗斯主导的政治解决机制发挥着实质性作用。在日内瓦和谈机制中，反巴沙尔政权的力量占据主导地位，包括美国和欧洲国家，以及沙特等国，而有资格参加该和谈的主要是反对派力量。由俄罗斯、伊朗、土耳其构建的阿斯塔纳和谈机制与索契和谈机制吸纳了叙利亚政府和反对派等各种力量，是目前最重要的叙利亚问题解决机制。

事实上，不同机制的形成反映了中东权力格局的变化。叙利亚问题加剧了中东地区的权力斗争，不仅引起全球大国中东政策的调整，而且导致地区权力均衡发生改变。一方面，叙利亚战争为俄罗斯强势回归中东提供了契机，并削弱了美国的影响力；另一方面，叙利亚战争遏制了沙特在阿拉伯剧变之初地区的权力相对上升势头，伊朗明显获益，土耳其则有得有失。这种权力转变对叙利亚问题解决机制产生着重要影响，从日内瓦和谈机制到索契和谈机制就是对这种权力平衡变化的重要反映。

第五，叙利亚问题与中东其他热点问题的联动效应越来越强。阿拉伯剧变以来，中东热点问题呈全方位爆炸态势。中东又可分为三个次区域，由西向东依次是马格里布地区，包括毛里塔尼亚、摩洛哥、阿尔及利亚、突尼斯、利比亚；马什里克地区，包括埃及、以色列、巴勒斯坦、约旦、黎巴嫩、叙利亚和伊拉克，或许可以加上土耳其；海湾地区，包括沙特、也门、科威特、巴林、卡塔尔、阿曼和伊朗。1980年之前，中东热点问题主要集中在马什里克地区。1980～2010年，海湾地区成为中东热点问题的高发地。阿拉伯剧变以来，利比亚内战、叙利亚内战、也门内战的爆发和延续及其相互交织意味着中东热点问题已经波及整个地区。

叙利亚问题与其他中东地区问题——诸如伊朗核问题以及中东其他热点问题的关联程度增强，成为整个中东问题的一部分。从中东地区来看，随着"伊斯兰国"这个共同敌人的彻底溃败，美国与伊朗之间一度缓和的矛盾再度上升为主要矛盾，双方的对抗加剧，在美国看来，伊朗对叙利亚的用兵成为其扩张的证据。于是，无论伊朗是否遵守核协议，美国都将伊朗视为威胁，叙利亚问题与伊朗核问题就具有了关联性。在没有"伊斯兰国"的直接威胁后，美伊双方在叙利亚、也门、伊拉克以及其他地区的对抗逐步升级，美国不惜以退出核协议并逐步加强制裁来应对伊朗的实力上升。

（二）叙利亚问题的深远影响

叙利亚问题堪称目前中东地区复杂矛盾形态的缩影，其几乎囊括了中东所有矛盾和问题：内部治理危机、西方新干预主义、恐怖主义和难民问题、地缘政治冲突、教派矛盾、政治转型、战乱重建以及族群冲突、库尔德问题。叙利亚危机演进过程诸多矛盾激化和交织，并产生了深远影响。可见，叙利亚问题的形成是一连串因素相互作用的结果。叙利亚问题对叙利亚、中东地区秩序和全球安全都产生了深远影响。叙利亚战争是除阿富汗战争之外持续时间最长的战争，并且引发了规模最大的难民潮和中东地区最大的教派冲突，出现了破坏力极大的非/准国家行为体。

首先，叙利亚战争对国家发展造成严重危害。叙利亚危机不仅对叙利亚国内经济造成了毁灭性打击，而且引发了人道主义灾难。叙利亚战争之前，叙利亚人均收入 2640 美元，年经济增长率接近 6%，国家经济形势整体较好，并且政局稳定、社会团结。战争严重破坏了叙利亚的发展势头，据联合国西亚经济社会委员会（Economic and Social Commission for Western Asia, ESCWA）在 2018 年 8 月的估计，叙利亚因战争蒙受的损失超过 3880 亿美元，这一数字尚不包括战争中人员伤亡和高学历人口流失带来的损失。在战争持续的 7 年中，叙利亚有一半以上人口选择了逃亡。[①] 此外，叙利亚战争也注定成为人类文明史上的巨大创伤。超过 47 万人在战争中死亡，150 万人致残，1200 万人流离失所，650 万人沦为难民，其中土耳其接纳 300 万

---

① "Experts Discuss Post-conflict Reconstruction Policies after Political Agreement in Syria," August 7, 2018, https：//www. unescwa. org/news/syrian – experts – discuss – post – conflict – reconstruction – policies – after – political – agreement – syria.

人，黎巴嫩接纳 100 万人，约旦接纳 66 万人。① 叙利亚战争已经成为人类良知的创伤，使人不禁想起了罗兰夫人的名言："自由，多少罪恶借你之名行使。"此外，叙利亚危机与战争对叙利亚人的日常生活造成了严重影响。在叙利亚的许多地方，公共服务崩塌。许多孩童错过了入学时间，流行病泛滥，粮食短缺和性暴力经常被用为战争工具。最终，民众根本无法掌握自身命运，极端主义群体、外国民兵、反对派军队和文官派系等力量主导着普通人的命运。

其次，叙利亚问题对民族国家建构以及国内治理产生影响。目前，叙利亚仍面临分裂的局面。伴随着危机的演化，叙利亚国内修改宪法以及权力分配等多重博弈，深刻影响着叙利亚的国家属性和定位，即叙利亚很可能从"叙利亚阿拉伯国家"逐渐变成"叙利亚共和国"，弱化国家定位中的阿拉伯属性，这在一定程度上反映了其他族群主体意识的增强。

长期以来，叙利亚的库尔德人并不过分强调自己的民族身份，而是与中央政府保持着友好关系。叙利亚战争爆发之后，尤其是在对抗"伊斯兰国"的过程中，库尔德人的民族意识更加强烈，并建立了强有力的政党组织和颇有战斗力的军队，同时奉行坚定、灵活的外交立场。显然，叙利亚将面临日益突出的族群问题。

起初，叙利亚抗议者在反对巴沙尔政权的时候采取了非教派的方式。然而，在随之而来的冲突中，教派言论和观念开始盛行。在 2011 年 3 月中旬第一波抗议活动后的一个月，教派身份成为解释暴力和暴力升级的一个重要元素。随着敌对的精英和媒体通过教派的棱镜来描述解释诸多事件，教派冲突最终成为一种自我证实的预言。② 在可预见的将来，国家教派的碎片化将会持续。

---

① The World Bank，"The Toll of War：The Economic and Social Consequences of the Conflict in Syria，" July 10, 2017, http：//www. worldbank. org/en/country/syria/publication/the – toll – of – war – the – economic – and – social – consequences – of – the – conflict – in – syria.

② Heiko Wimmen，"The Sectarianization of the Syrian War," in Frederic Wehrey, eds.，*Beyond Sunni and Shia：The Roots of Sectarianism in a Changing Middle East*（Oxford：Oxford University Press，2017），p. 62.

再次，对地区秩序和地区安全治理产生影响。叙利亚战乱也逐渐演变为代理人战争，持续影响着中东地缘政治。阿拉伯剧变以来，中东国家普遍经历了失序和混乱，部分国家甚至滑向战争深渊。代理人战争成为中东地区的重要现象之一，其中最为典型的是发生在叙利亚、也门和利比亚的代理人战争。尽管代理人战争对庇护国和代理人的影响是混杂的，但整体上它们的收益更大。然而，代理人战争对叙利亚的人道主义状况，以及叙利亚的国家安全和地区安全危害尤甚。

同时，叙利亚战争见证了两种干预主义的威胁，一种来自域外大国，另一种来自地区国家。其中，土耳其的直接干预和插手，为土耳其共和国建国以来最大规模的军事干预行动，更是自奥斯曼土耳其帝国瓦解后土耳其军队首次进入阿拉伯世界，进一步削弱了地区国家对主权规范的认同，不利于地区秩序的维持。另外，大批叙利亚难民使接收难民的邻国面临社会、经济、安全等巨大威胁，加重了接收国的负担，导致接收国社会经济形势逐步恶化。例如，叙利亚难民的进入使黎巴嫩陷入全面危机，秩序濒临崩溃；严重拖累了约旦经济，成为其难以承受之重荷；加重了土耳其的社会和经济负担。2017 年 11 月 5 日，土耳其外交部长在国际红十字会和红新月国际联合会的一次活动中称，2011 年叙利亚危机爆发以来，土耳其在叙利亚难民上的花费已达 300 亿美元。①

最后，对国际关系以及全球安全体系产生重大影响。一方面，叙利亚问题的"被制造"显示了新干涉主义的巨大危害。其中，借口"化武事件"打击叙利亚的行为表明，美国的干涉理论实际上是"破窗理论逻辑"在中东国际关系中的延伸。冷战之后，美国和北约以人道主义事务为借口入侵南斯拉夫和伊拉克等主权国家，国际法大有被人道主义法破坏和取代的趋势。国际法对主权国家使用或威胁使用武力的规定是清楚的，即除了有联合国安全理事会的授权或进行合法自卫之外，所有入侵行为都是非法

---

① "Turkey Spends $ 30 Billion on Syrian Refugees: FM," November 6, 2017, http://www.hurriyetdailynews.com/turkey – to – continue – responding – to – humanitarian – crises – 121982.

的。叙利亚并未对邻国使用武力或威胁使用武力，相反，它其实是外部入侵的受害者。外部力量资助、培育代理武装力量和使用雇佣军，试图推翻巴沙尔政权的做法违反了国际法。另一方面，叙利亚危机的跌宕起伏和叙利亚问题的演变，尤其是叙利亚危机的"戏剧性逆转"，在一定程度上遏制了西方干预主义行径，更是西方推动政权更迭行动受到沉重打击的独特案例，它表明了联合斗争、发挥联合国作用的重大意义。叙利亚危机并没有沿着西方设计的"剧本"发展下去，没有出现"利比亚模式"，相反，巴沙尔政权挺过了最艰难的时期，迎来了真正的胜利——叙利亚没有变成第二个利比亚。这是 21 世纪西方新干预主义的重大挫折，西方在叙利亚导演的剧本"被逆转"，这在中东国际关系史上是罕见的，同样也是西方主宰下的国际关系中的特例。然而，西方军事威胁和干预行为仍然不会停止。2018 年以来，西方多次威胁并利用"化武袭击事件"来打击叙利亚，恰恰反映了这种干预的目的。

长期以来，中东地区被看作全球安全体系中的高危区域、传统安全和非传统安全问题在全球最为集中、激烈的地区。叙利亚战争之后的中东，进一步成为恐怖主义势力的策源地和难民输出地，对世界安全治理的消极影响——恐怖主义和难民的全球化——非常明显，这种情况愈演愈烈。叙利亚危机最为深刻的教训有二：第一，从体系建构看，西方新干涉主义和中东地区国家地缘政治博弈几乎摧毁了一个相对稳定的国家，开了危险的"先河"，这是国际关系中最危险的信号，也加速了中东碎片化进程，分裂与反分裂的斗争成为新的焦点；第二，从损益对比看，叙利亚危机中的真正"获益者"是极端组织和恐怖组织"伊斯兰国"，新一轮地缘政治博弈的参与方完全低估了这种非国家行为体的能量，其颠覆性和破坏性以及危险性长期存在。在新一轮地缘政治博弈中，非国家行为体"伊斯兰国"崛起、坐大，甚至改变了中东国际关系。虽然叙利亚危机即将结束，但是在地缘政治博弈和大国争夺过程中，受益者是谁？透过叙利亚危机，中东需要新的安全机制，一个相对稳定的叙利亚尚且如此，有着相同问题的其他国家能否从中吸取教训？因此，只有将发展和民生提上更高议程，才能阻止形形色色的极端组织借机野蛮生长，才能扭转中东碎片化的趋势，才能遏制分裂主义的蔓延，这或许是破解叙利亚问题的理性选择。

三 叙利亚问题诸特征分析

叙利亚战争历时七年之久，逐渐迈向尾声。然而，叙利亚问题尖锐复杂，充满变数，解决之路更是困难重重。究其缘由，可以对叙利亚问题诸特征予以分析。

1. 叙利亚问题的外部性特征

从叙利亚问题之生成、演变及其走向看，域外力量主导叙利亚问题。联合国在其中发挥了一定作用，但不是关键性作用。可见，叙利亚问题具有明显的外部性特征。实际上，现代叙利亚的建立是外部力量运作的结果。外部性又是当前叙利亚问题的始作俑者，是叙利亚危机升级的直接推手。在现代中东构造和演变中，可以说，主宰中东的力量主要是域外大国，由此形成了中东国际关系演变的"外部性"[1] 特征，即域外大国长期主宰中东秩序。相反，中东国家被迫受制于外部势力的操控，难以主导其自身发展，缺乏自主性。

"外部性"是塑造中东国际关系的独特根源。[2] 在国际体系转型和安全全球化的今天，叙利亚危机的教训尤为深刻。一方面，它表明域外大国主宰中东国家的命运，将叙利亚引向地狱的是域外大国——美国，挽救叙利亚现政权的仍然是域外大国——俄罗斯；地区国家在其中也起着推波助澜的作用，伊朗的角色和沙特、土耳其的角色截然不同。另一方面，这场危机意味着地区国家实际上面临巨大的生存挑战和压力。中东的民族国家建立时间

---

① "外部性"（externality）是经济学术语，是指主体的经济活动对客体或社会造成的非市场化的影响（效应），按其损益情况，可分为正外部性（positive externality）和负外部性（negative externality）。将这一术语引入国际关系领域，"外部性"即反映了一国的行为给另一国或地区带来的正面或负面效应。因此，这里的外部性指的是域外大国行为对中东地区的影响及其连锁效应。

② 王林聪：《中东安全问题及其治理》，《世界经济与政治》2017 年第 12 期，第 17 页。

短，它们尚未发展出完全符合自身国情的国家制度，导致大部分中东国家尤其是阿拉伯国家国力弱小，自主安全能力有限，在动荡纷争的中东地区缺乏强大的生存能力。

2. 叙利亚问题的多重性和复合性特征

从叙利亚问题汇聚的利益各方及其矛盾性质上看，叙利亚问题具有显著的复合性特征。

一方面，叙利亚问题的利益相关方复杂多样，包括地区国家（伊朗、土耳其、沙特、约旦、卡塔尔、埃及、伊拉克、黎巴嫩等）、域外力量（美国、俄罗斯、欧盟、联合国等）、非国家行为体［真主党、"伊斯兰国"、库尔德"人民保卫军"（也译作"人民保护部队"）等］。

另一方面，叙利亚问题涉及的矛盾类型多样，既有国家集团之间（支持巴沙尔政权和反对巴沙尔政权的两大阵营）、国家集团内部（如沙特与卡塔尔）的矛盾，又有国家之间、族群之间、教派之间、部落之间、社会阶层之间、政党之间、世俗与宗教集团之间的矛盾。地缘政治竞争的原因既有政治利益，又有经济利益；既有边界领土问题，又有社会矛盾，更有意识形态斗争——极端思潮与温和思潮，恐怖主义与统治合法性。

叙利亚问题则是复杂地缘政治背景下西方干涉主义与叙利亚政府和民众的反干涉主义，叙利亚反对派的分裂主义与叙利亚政府和民众的反分裂主义，"伊斯兰国"等恐怖主义组织与各国政府联合反恐之间的复杂斗争，性质复杂，正义性与非正义性交织在一起。

3. 叙利亚问题的工具性、交易性和多变性

叙利亚问题的处理方式和解决途径，具有明显的工具性和交易性特征。美国作为一超多强国际体系中的超级大国，在面对国际规则时，存在明显的功利性和选择性，即有意识地让沙特、土耳其等地区盟友冲在前面，但并不愿意真正承担战略责任。在打击叙利亚"伊斯兰国"武装力量的过程中，美国不仅采取双重标准，而且充满着交易，其核心是扶植亲美力量，打击反美力量。值得注意的是，美俄在叙利亚战场的对峙中也存在默契和交易，双方通过热线机制保持战略沟通，避免爆发直接冲突。

叙利亚问题也表现出多变性，既包括叙利亚发展形势的多变性，也包括行为主体政策的多变性。前文已经详细论述过叙利亚发展形势的多变性。不同的国际行为主体根据自身的意识形态和战略背景来界定利益诉求，这意味着战略背景的转变将促使行为体的政策发生变化。以土耳其为例，叙利亚危机之初，它积极敦促巴沙尔下台，并追随美国的叙利亚政策。随着库尔德武装力量的崛起，以及美土关系交恶，土耳其不再要求巴沙尔下台，并且与俄罗斯保持更加紧密的关系。

4. 叙利亚问题的跨国和跨区域特征

中东国家之间历史上就保持着高频度的交往和互动，包括物资、人员、思想和观念的普遍联系。因此，在当代中东，无论是跨国的世俗民族主义运动还是跨国的伊斯兰政治运动，往往都能产生重大冲击力。就叙利亚问题涉及的范围和领域而言，它不仅是国内的，而且是跨国和跨区域的。它的跨国性不仅表现在难民对邻国的影响上，而且表现在恐怖主义对地区的影响上。整体看来，"努斯拉阵线"和"伊斯兰国"组织的影响遍及整个中东地区。跨地区主要是指难民问题早已越出中东，成为当前欧洲关切的问题。为了阻止叙利亚难民外逃，减轻对自己国家的压力，欧洲大国之间展开了激烈对决。2015 年 5 月，欧盟公布了一揽子行动计划，向各成员国摊派难民安置指标。然而，难民安置问题事关各成员国国家利益，最终决定权乃在各成员国政府。与此同时，难民问题导致欧洲多国明显收紧移民政策，甚至导致民族主义抬头。极右派匈牙利运动在 2014 年国会大选中得票率达 20%，成为欧洲最成功的反移民政党；英国保守党呼吁欧盟制定新规定，限制移民的福利。可见，难民问题导致欧洲民众排外情绪和不安全感上升，成为欧洲各国最为头疼的问题。

5. 叙利亚问题具有地缘政治背景下的多层多边博弈特征

多层多边博弈说明围绕叙利亚问题的多个行为体，既有国家行为体，又有非国家（准国家）行为体。从国际政治和国际关系层面看，叙利亚问题不仅具有突出的地缘政治博弈性质，而且阵营对垒明显；从引发的中东秩序和中东国际关系变化看，具有突出的地缘政治较量和竞争等特点。

多层多边博弈的焦点是对待叙利亚巴沙尔政权的态度，即围绕着"倒巴"还是"护巴"，形成了两大阵营、三个层面的"两组三层"态势。"两组"即支持反对派的阵营和支持巴沙尔的阵营，"三层"即"叙利亚层面、中东地区层面和国际层面"。

第一层是叙利亚内部各方，即巴沙尔政权、叙利亚反对派以及"伊斯兰国"武装组织，三方互为敌人。巴沙尔政权与反对派都视对方为首要敌人，而"伊斯兰国"武装组织则是乘地区形势恶化乱中崛起的第三方。

第二层是围绕叙利亚问题博弈的地区国家，包括伊朗集团与沙特集团，双方分别支持巴沙尔与反对派，以消灭另一方为目标。伊朗集团包括伊朗、巴沙尔政权、黎巴嫩真主党；沙特集团包括海湾合作委员会各国与大多数逊尼派阿拉伯国家。土耳其与沙特集团在"倒巴"目标上一致，但又保持相对的独立性，其态度随着土俄关系的好转出现了变化，即默认了巴沙尔政权。

第三层是域外大国，主要是美国、欧洲国家与俄罗斯，各自扶持反对派与巴沙尔政权。

不同层级之间作用不同，又相互牵制。第一层兵戎相见，第二层出钱出枪，第三层决策拍板。因此，叙利亚战争表现为两大阵营间的代理人战争，即美国、欧盟扶持阿拉伯逊尼派联盟，共同支持反对派打击巴沙尔；而俄罗斯支持伊朗什叶派联盟，支持巴沙尔镇压反对派。

6. 叙利亚问题与其他中东热点问题的联动性

在中东复杂的地缘政治关系中，叙利亚问题牵一发而动全身，由此形成了叙利亚问题与中东其他热点问题之间的联动。中国中东问题专家董漫远研究员认为："叙利亚乱局与中东地区其他热点形成了紧密联动，并推动地区格局加速演变。"① 例如，西方国家致力于打击伊朗什叶派阵营——叙利亚被看作伊朗什叶派轴心的延伸和扩展。西方针对叙利亚推动政权更迭，针对伊朗采取"极限施压"，由此导致叙利亚问题与伊朗核问题之间的联动性。与此同时，在国际舞台上，俄罗斯、美国、欧盟之间的较量升

---

① 董漫远：《叙利亚乱局：博弈新态势与前景》，《国际问题研究》2018 年第 5 期。

级，俄罗斯以军事介入叙利亚为契机，缓和在乌克兰问题上的被动局面，缓解了来自欧洲的压力。可以说，目前中东几大热点问题以及国际争端都不同程度与叙利亚问题有着明显的关联性。

四　当前叙利亚问题的焦点和面临的困境

2017年底，"伊斯兰国"极端组织在伊拉克和叙利亚被击溃，其大本营拉卡也被收复。然而，叙利亚战争并未结束，因为随之而来的是地缘政治博弈的尖锐化和复杂化。换言之，在共同的敌人被击溃后，反恐阵营的"暂时合作"或"默契"旋即终止，代之而起的是相互争夺和威胁，重新回归地缘政治较量。

（一）当前叙利亚问题的焦点

当前，叙利亚问题聚焦于叙利亚战争、政治谈判以及叙利亚重建（包括难民回归和安置）三大方面。围绕叙利亚战争，核心问题是战场的进展和得失；围绕政治谈判，核心问题是建立一个什么样的政府、什么性质的政权以及谁来主导，即管理、制宪、选举三大阶段；围绕叙利亚重建，核心问题是谁来主导重建以及重建中的利益分配。

1. 关于战争诸问题

叙利亚战争迈向最后阶段，战局的焦点是伊德利卜的归属以及军事割据局面能否结束。

对于叙利亚政府来讲，问题的关键是如何解决最后的"顽敌"和"残敌"。"顽敌"是叙利亚反对派武装，其背后有不同势力支持，其中包括土耳其支持的盘踞在伊德利卜省的"叙利亚自由军"，以及美国支持的幼发拉底河以东的"库尔德民主军"。"残敌"则主要是极端主义组织和恐怖主义组织，这些势力尽管被击溃，但其残余势力的威胁犹在，存在死灰复燃的可能性。

进入2018年以来，叙利亚政府军的"南定北进"策略取得重大进展。6月19日，叙利亚政府军对叙利亚南部的反政府武装发动持续军事打击，不断收复失地。8月1日，叙利亚政府军收复了极端组织"伊斯兰国"在叙

利亚南部德拉省的最后一个据点古赛尔镇。至此，德拉省已完全被叙利亚政府军控制，整个南方地区的战事取得胜利。8月上旬，叙利亚政府军已经控制了全国70%以上的地区。

南方战事平息后，叙利亚政府军抽调战力，逐步向叙利亚西北部地区集结，目标是盘踞在西北部地区——伊德利卜省的武装分子。该省是目前叙利亚反对派控制的最后一块人口密集区域，约有300万人口。有5万武装分子，占据主导的武装力量，是土耳其所支持的"叙利亚自由军"。另外还有"征服阵线"（"征服阵线"前身是"基地"组织叙利亚分支"支持阵线"，2016年更名为"征服阵线"并宣称与"基地"组织脱离关系）主导的"解放叙利亚"联盟，"征服阵线"仍被国际社会认定为恐怖组织。因此，对于叙利亚政府而言，铲除极端势力、收复伊德利卜省将是决定战争最终结局的关键之战。

然而，收复伊德利卜省遭遇重重阻碍，主导权并非完全掌握在叙利亚政府军手中。此前，2017年9月14~15日，俄罗斯、土耳其和伊朗在阿斯塔纳和谈中达成一致，即在叙利亚设立包括伊德利卜省部分地区在内的4个"冲突降级区"，并授权在冲突降级区部署观察员。随后，土耳其在伊德利卜省部署了12个军事观察点。然而，针对这种情况，叙利亚官方声明，阿斯塔纳和谈协议并不能使土耳其在叙利亚的军事存在合法化。显然，叙利亚政府对伊德利卜的收复是势在必得。但是，土耳其为庇护其支持的"叙利亚自由军"，坚决反对叙利亚政府军的收复行动，甚至不惜动用武力加以阻挠。与此同时，美国等西方国家再次以军事打击相威胁，要求叙利亚政府停止对伊德利卜的军事行动。围绕伊德利卜的争夺可谓剑拔弩张。在此情况下，2018年9月17日，俄罗斯总统普京和土耳其总统埃尔多安在索契会晤并商定在10月15日前沿武装反对派与政府军在伊德利卜省的接触线建立宽15~20公里的非军事区，并令激进武装分子从该区撤离；俄罗斯和土耳其将派兵巡逻伊德利卜非军事区；土耳其负责将不肯和解的激进武装分子与其他武装反对派分开。

与此同时，围绕叙利亚东北部的争夺也呈现新态势。在过去七年的大部分时间里，美国通过支持叙利亚北部的库尔德武装，一方面打击"伊斯兰国"武装组织；另一方面则防止土耳其对该地区的渗透，并阻碍叙利亚政府军进入，借此确立了美国在叙利亚的势力范围。美国在该地区投入有限兵力（约2000人），以便加强对该地区的控制。但是，为了减少投入，避免卷入冲突，特朗普曾声称将从该地区撤出武装人员。其他力量试图利用这一机会加强在该地区的存在，叙利亚政府则希望重新取得对库尔德地区的控制权。于是，叙利亚东北部的局势变得更加微妙。如果脆弱的平衡被打破，叙利亚东北部就可能爆发新的战争，土耳其、巴沙尔政府和伊朗支持的民兵力量可能与"库尔德民主军"因为争夺领土和资源爆发冲突。① 这种场景如果出现，不仅将造成安全危机和人道主义灾难，而且会为极端主义重新崛起创造条件。

当前，在俄罗斯、伊朗和黎巴嫩真主党的支持下，叙利亚政府军已经控制70%的国土面积（俄罗斯方面认为叙利亚政府军已控制了90%的国土）。经过战争的锤炼后，如今叙利亚政府军无论从战斗力还是从装备来说，都远胜于以往。相反，叙利亚反对派内部派系林立，互不统属，很难形成统一阵营；反对派在遭受多次军事打击之后，力量锐减，士气低落，已难以与叙利亚政府军相抗衡。同时，反对派的每个团体实际上又听从支持自己的外国，并不能自由且独立地做决定。于是，从长远来看，主动权已经逐渐掌握在叙利亚政府手中，收复伊德利卜省只是时间问题。

2. 关于政治解决进程和政治安排问题

政治解决进程的焦点是修改还是重新制定宪法、新政府如何组成、巴沙尔去留等问题。

自叙利亚危机爆发以来，叙利亚问题就成为冷战后安理会常任理事国分歧最严重、对立最为尖锐的安全议题。在联合国范围内前后召开了多轮会谈，通过了多个决议。随着战事接近尾声，尽快开启由各方广泛参与的政治对话愈加紧迫，政治解决进程却处在僵持之中。近期，联合国框架下的叙利亚问题维也纳和谈，俄、土、伊三国主导的索契叙利亚全国对话大会、阿斯塔纳和谈以及其他相关国际机制等，都为叙利亚问题的政治解决积极探索和

① International Crisis Group, Prospects for a Deal to Stabilise Syria's North East, Middle East Report N°190, September 5, 2018.

尝试。这些和谈机制的主要目的是解决谁是政治利益受益者，如何将各方的利益制度化的问题。

联合国是调解争端、谋求和平，解决叙利亚问题的主要渠道。然而，联合国框架下的叙利亚问题谈判机制和斡旋行动常因各方争执，难以发挥应有的作用。2017 年 11 月，在经过多次延期之后，第八轮叙利亚问题日内瓦和谈举行。叙利亚反对派组成联合代表团，仍坚持以巴沙尔离任作为启动政治解决进程的前提。于是，和谈陷入僵局。2018 年 1 月 25 日，新一轮叙利亚问题日内瓦和谈在维也纳举行，叙利亚政府代表团与反对派都拒绝直接谈判，联合国秘书长叙利亚问题特使德米斯图拉分别与双方进行会谈，围绕新宪法等问题展开讨论，因分歧巨大谈判无果而终。

阿斯塔纳和谈自 2017 年 1 月开始由俄、土、伊三国倡导举行，旨在辅助联合国主导的叙利亚和平进程，目前已进行了十轮。2018 年 7 月 30 ~ 31 日的叙利亚问题阿斯塔纳和谈从哈萨克斯坦转移到俄罗斯索契，主要讨论叙利亚局势现状、人道主义危机以及伊德利卜命运等问题。①

叙利亚全国对话大会于 2018 年 1 月 30 日在索契召开，1500 多位叙利亚各界代表参加对话大会，其中包括 100 多名境外反对派。但是，沙特阿拉伯支持的“叙利亚反对派高级谈判委员会”和美国支持的叙利亚库尔德民主联盟党等主要反对派团体拒绝出席。尽管如此，大会仍取得了重要成果，与会代表同意在瑞士日内瓦设立叙利亚宪法委员会（初步确定由 150 人组成）并在叙利亚举行民主选举。索契对话大会符合联合国安理会第 2254 号决议精神，是将第 2254 号决议——组建过渡政府、制定宪法、选举等——付诸实施的第一步。因此，索契对话大会具有里程碑意义。

实际上，多个国际斡旋平台的出现，其背后是各方根据其利益并按照自己的方式推动叙利亚政治解决进程，这给叙利亚问题的最终解决带来了诸多难题。其中，巴沙尔的去留问题始终是各方势力博弈的焦点。叙利亚反对派

① 《第十轮叙问题阿斯塔纳和谈召开　主要讨论叙局势现状等问题》，https：//baijiahao. baidu. com/s？id = 1607461313056851583&wfr = spider&for = pc。

及其背后的支持者常常对此纠缠不休，并视其为叙利亚迈向民主政治的关键。然而，从过去七年里中东地区的政治实践看，企图通过建立所谓民主政体一蹴而就解决各种矛盾和问题，是不切实际的。教俗矛盾、恐怖主义、民生问题等依旧困扰着各国。从近期看，强人政治回归中东政治舞台，恰恰反映了中东国家对稳定和发展的现实追求。

在政治和谈过程中，叙利亚总统巴沙尔积极与俄罗斯和伊朗方面进行沟通。2011 年叙利亚危机爆发以来，巴沙尔总统先后三次访问俄罗斯。2015 年 10 月，俄罗斯在叙利亚展开打击"伊斯兰国"武装的军事行动后，巴沙尔旋即"闪电"访问莫斯科；2017 年 11 月，巴沙尔访问俄罗斯索契。2018 年 5 月 17 日巴沙尔再次飞抵索契，与俄罗斯总统普京举行了会谈，双方就合作打击恐怖主义、推进政治解决进程等议题交换了看法。巴沙尔表示，打击恐怖主义的进展为推进政治解决进程"打开了大门"，叙利亚政府将尽快向联合国提交一份宪法委员会候选人名单。

随着叙利亚在打击恐怖主义方面取得积极进展，恐怖分子在叙利亚的空间被大幅压缩，大量叙利亚人重返家园。叙利亚局势的稳定将为政治解决进程打开一扇大门。巴沙尔强调叙利亚政府对政治解决进程的一贯支持，认为推进政治解决进程应和打击恐怖主义并行不悖。"尽管有些国家并不希望看到叙利亚全面稳定，但我们仍将继续和俄方以及其他伙伴一起，努力实现叙利亚的和平。"①

政治解决进程看似处在僵持状态，但是，随着巴沙尔政府在战场上赢得一系列胜利，其在政治谈判中的主动权和优势越来越明显，叙利亚境外反对派组织如果不做出相应的妥协，就只能错失"机会"，因为主动权并不在反对派一方，其只能陷入更大的被动之中。因为叙利亚反对派在战场上得不到的东西同样在谈判桌上很难得到，巴沙尔政府在战场上的胜利转化为政治谈判的优势。因此，在政治解决进程中，力量的天平已经发生倾斜。尽管在国际博弈中，叙利亚政府的自主性和主导能力有限，但是在经过残酷的战火

---

① 《巴沙尔说叙利亚将尽快向联合国提交宪法委员会候选人名单》，2018 年 5 月 18 日，http://m.xinhuanet.com/2018 – 05/18/c_ 1122854658. htm。

洗礼和遭受沉重的战争创伤之后，期盼和恢复稳定是大势所趋，境内外反对派力量企图重新挑起战端已很难有号召力。

2018年9月10日，联合国主导的叙利亚问题会谈在日内瓦召开，联合国秘书长叙利亚问题特使德米斯图拉会见了伊朗、土耳其和俄罗斯三国的高级代表，就叙利亚问题展开讨论。会谈讨论的重点是组建叙利亚宪法委员会，并希望以此为突破口推动叙利亚问题的政治解决进程。

3. 关于重建和难民回归与安置问题

叙利亚重建问题的核心是如何重建、谁参与重建以及难民回归安置等问题。

重建通常包括政治重建、经济社会重建和安全重建。对于许多战乱国家来说，政权建设、安全重建应当是"当务之急"。[①] 这里涉及重建的优先顺序，安全重建应居于首位，旨在恢复和维护社会秩序；经济恢复和重建是根本性任务，核心在于解决民众最紧迫的问题，包括难民回归和安置、基础设施恢复和建设等。随着大部分地区被收复，叙利亚恢复和重建工作已经展开，且重建的主体是明确的，即巴沙尔政府。

叙利亚重建的条件不同于阿富汗、伊拉克、利比亚和也门等国。叙利亚并没有发生政权更迭，仍保持其政治结构、执政党体系和政权系统的正常运作，巴沙尔政权仍得到世界上多数国家的承认。同时，经过了七年多战争的锤炼，叙利亚拥有了一支战斗力较强且得到俄罗斯源源不断支持的军事力量，具有一定的维护政治和社会安全的能力。因此，叙利亚有着完整的政治体系，不存在"政治重建"，而是需要进行一定的政治改造。换言之，叙利亚政治解决进程的核心是增强政治包容性、合法性和权威性，前者是体现各种政治力量以及民众的广泛参与，后者则是要确立政权和政府的权威，避免出现"弱政府"，导致极端主义和分裂主义趁机卷土重来，将叙利亚再度拖入分裂和动荡的深渊。

实际上，随着战局出现转折和部分地区被收复，叙利亚重建工作已经启动。2017年8月17日，第59届大马士革国际博览会开幕（该博览会创办

---

① Barry Buzan and Ole Waver, *Regions and Powers: The Structure of International Security* (Cambridge University Press, 2003), p. 217.

于 1954 年，是中东地区历史最悠久、规模最大的展会之一），这是自 2011 年叙利亚危机爆发后叙利亚政府举办的首届博览会。叙利亚政府希望借此展现局势好转、经济逐步恢复的积极信号，恢复国际社会对叙利亚市场的信心。来自 40 个国家以及叙利亚国内 1000 多家企业参展（中国有 20 多家企业参展），涉及食品、纺织、能源、机械装备、汽车、建筑、家具、家用电器等多个行业。2017 年 9 月 19 日，叙利亚公共工程与住房部和 Al-Basheq 基金会共同举办重建博览会，来自阿拉伯地区、欧洲、亚洲和非洲 23 个国家的 164 家企业参展，涵盖建筑、机械、环保、能源、卫生、教育、旅游、农业、通信、水资源利用等领域。2018 年 5 月 5 日，阿勒颇国际博览会开幕。这是自 2016 年底叙利亚政府军收复阿勒颇市后在当地举办的首届国际博览会，共有来自叙利亚国内和其他国家的 400 多家企业参展，涉及食品、工程、旅游、农业、教育、文化、科技等多个领域。

叙利亚政府通过举办一系列博览会，不仅向人们展示恢复经济的决心，也在一定程度上增强了各方对叙利亚局势好转的信心。2018 年 5 月 29 日，叙利亚政府决定组建"被解放地区重建委员会"，并向其拨款 500 亿叙利亚镑（约合 1.2 亿美元），旨在重建被解放地区的基础设施和国家机构。叙利亚外交部发表声明，欢迎所有未对叙利亚采取侵略行为并遵循明确的打击恐怖主义方针的国家参与叙利亚经济重建进程。

然而，受战局的掣肘，叙利亚全面重建进展缓慢，困难重重。叙利亚全面重建工作只有在战争结束、安全环境好转之后才能真正展开。目前，叙利亚重建面临的主要困难有二。一是如何创造一个安全的环境。在已收复之地，加强安全建设，防范极端势力的袭扰，巩固胜利成果是当务之急。二是如何解决巨大的资金缺口和人力资源短缺问题。根据世界银行估计，叙利亚重建需要的基础资金至少为 2000 亿美元。战争破坏惨重，有一半医院在战争中损毁，大批校舍毁坏，入学率下降 40 个百分点，2/3 的叙利亚人生活在贫困线之下。[①]

---

① Faysal Itani and Tobias Schneider, "Rebuilding Syria," Part 1, The Atlantic Council, December 2017.

叙利亚国内大多数的道路、机场、桥梁、医院、学校、住宅和电力设施等都需要重建，资金缺口或将逼近 1 万亿美元。

巨大的资金缺口制约着全面重建、恢复民生、难民回归和安置以及经济发展，也考验着各方的智慧和行动能力。叙利亚阿萨德大学社会学研究员马哈茂德在接受《人民日报》记者采访时认为："首先是资金问题。考虑到严重的基础设施损毁，以及物资匮乏、通货膨胀等诸多问题，重建进程的稳步推进和可持续发展所需的资金，将突破万亿美元。"① 虽然有为数不少的外资机构和企业赴叙利亚考察，但是，战争尚未结束，许多投资意向尚不明朗。

人力资源短缺是又一个突出问题。战争造成数十万人死亡，其中以青壮年男性为主；大批人口逃往境外，国内人口锐减，人力资源短缺，这给战后恢复和重建带来了困难。因此，创造条件吸引高素质人力资本回流投身于国家重建工作也是当务之急。

与此同时，围绕谁参与重建等问题，也出现了严重的分歧，已经争论了很久，这主要是因为重建本身具有非中性、工具性和政治性等特征。历史经验表明，重建不会脱离政治，也不单纯考虑人道主义诉求或经济需求。作为非中性的进程，重建总是使某些力量有得有失，地方力量和外部力量可能通过重建进程变得强有力或被边缘化。在叙利亚政府看来，多年战乱无法平息的主要原因，是美国等西方国家通过各种手段支持反对派势力，甚至制造借口对叙利亚直接实施军事干涉。因此，对于叙利亚的重建进程，叙利亚政府多次公开表态，欢迎俄罗斯、伊朗、中国等国参与，这些是支持叙利亚政府和人民的主要国家；将不会允许或不愿意西方国家参与。在西方国家看来，在巴沙尔政权逐渐掌控叙利亚形势的情况下，参与重建就等于帮助巴沙尔巩固政权。因此，美欧等西方国家对叙利亚重建目前并不特别关注。② 这也从一个侧面反映出美欧强权的虚伪性，即宁愿不对叙利亚民众提供人道主义支持，也不能让西方的反对者获益。

因此，在未来的叙利亚重建进程中，支持巴沙尔政权的力量将会发挥更大

---

① 李潇：《叙利亚重建进程面临多重考验》，《人民日报》2018 年 8 月 15 日，第 21 版。
② Marc Lynch, Maha Yahya, "The War after the War," September 14, 2018, https://carnegie-mec.org/diwan/77228.

的作用。在叙利亚内部，叙利亚民众将是最重要的重建主体。叙利亚国内政治分析人士阿德南曾表示，难民的回归、安置和就业等问题，将是影响叙利亚重建进程的关键因素之一。他强调，"叙利亚的重建进程依然需要叙利亚人作为主力来推动和实施；大量的重建工作，需要庞大的人力资源作为支撑，能否提供安全的居住环境和合理的工作回报，将在很大程度上左右难民的回归意愿"。①在外部，俄罗斯、伊朗等叙利亚政府的友好伙伴将发挥重大作用。其中，中国无疑是叙利亚重建中的重要力量，特别是在基础设施的恢复和建设问题上。

（二）当前叙利亚问题面临的主要困境

在叙利亚问题上，驱动和平的关键要素包括有效治理、民众参与、安抚地方势力与温和派伊斯兰主义者、发挥媒体和教育的作用。阻碍和平的要素包括针对平民的暴力、叙利亚反对派、非国家行为体诸如极端势力的破坏、国际行为体的消极作用、教派和族群身份的工具化等。

当前，叙利亚问题仍面临诸多困境。第一，军事割据和暴力破坏了叙利亚的安全。目前，巴沙尔政府掌控绝大部分国家领土，但土耳其占据阿夫林地区，并在曼比季与美军联合巡逻，同时支持伊德利卜的部分反对派；另外，在美国的支持下，叙利亚库尔德武装占据叙利亚东北部，这样就形成了事实上的三足鼎立格局。军事割据状态的形成，短时间内难以改变，因为单纯依靠叙利亚政府军很难结束割据状态。各种暴力组织针对彼此以及平民实施暴力，不仅使叙利亚政治和社会进一步碎片化，而且渲染了结构性的暴力文化，造成流离失所者和难民。民众的恐惧和保护意识迫使他们寻求工具化的教派、宗教和族群身份。

第二，外部干预尤其是美国对叙利亚稳定的破坏。一是美国在叙利亚的军事存在，以及美国对叙利亚军事目标的袭击和对叙利亚库尔德人的支持加大了叙利亚问题政治解决的难度；二是西方势力对巴沙尔政府的军事威慑，以及以

---

① 《叙利亚政府军不断收复失地》，新华网，2018 年 6 月 27 日，http：//www.xinhuanet.com/world/2018 - 06/27/c_ 129901550. htm。

色列的军事袭扰对叙利亚结束战争和恢复稳定构成了直接威胁；三是西方力量妖魔化巴沙尔政府，以及利用化武袭击事件给叙利亚问题解决带来变数和悬念。

第三，面临恐怖主义袭击和分裂主义倾向的威胁。随着叙利亚教派主义斗争加剧，教派、宗教和族群身份被工具化，不同族群之间的不信任感加剧，群体之间彼此恐惧并相互对立，这为极端主义的生存和发展提供了机会。2018年7月25日，"伊斯兰国"组织在叙利亚南部的苏韦达省的省会发动了一系列袭击事件，造成200多人死亡。因此，叙利亚仍然面临恐怖主义的严重威胁。此外，随着库尔德地区局势的紧张，巴沙尔政府如果迟迟不能与库尔德人达成相关协议，库尔德人力量坐大，其分裂主义倾向必将加剧，① 危及叙利亚国家领土和主权完整。

第四，叙利亚问题政治解决多轨并行，相互掣肘。根据国际危机的和谈经验，一是政治谈判的成功一般需要解决"承诺难题"，即冲突各方的核心诉求保障不会因未来情境的变化而遭受破坏；二是关键利益攸关方要被容纳，即冲突中的主要内外力量都要参与谈判，这样才能保证和谈机制的有效性；三是和谈斡旋者的作用和角色的公正性问题。当前，美国主导的日内瓦和谈，俄、伊、土主导的阿斯塔纳和谈与索契和谈虽然各有特色，但是斡旋者的身份和参与者角色的不同，导致这些机制都没能很好地解决这三大问题。政府和反对派都不愿给对方坚定可信的承诺，叙利亚问题的利益攸关群体没能被充分容纳，斡旋者的身份不能被普遍接受。最终，三轨谈判机制相互掣肘，联合国日内瓦和谈机制陷于停顿，很难形成推动叙利亚问题解决的合力效应。

五　叙利亚问题的趋势、前景和出路

解决叙利亚问题的真正转机最终取决于战争的结局。由于战局胶着，政治解决进程中的各方无疑不愿投入太多精力，与此同时，经济重建进程也难以顺利推进。由此看来，战争结局将是政治解决和经济重建的真正起点。有关

---

① "ISIS Bombings Shatter Quiet in Southern Syria, Killing More than 200 People," *New York Times*, July 25, 2018.

叙利亚问题的政治谈判常常无果而终，很重要的原因是对峙双方互不认可对方的利益关切，尤其是反对派力量不愿意承认巴沙尔政权，幻想着出现类似利比亚的结局，似乎认为只要有西方的干预，就必然达到其目的。值得关注的"怪"现象是：每当叙利亚政府军在战场上取得重大胜利并出现重大转机时，"化武事件"就会"浮现"，西方媒体迅速以"化武袭击罪责"污蔑叙利亚政府，以此削弱或否定其合法性，并给叙利亚问题的顺利推进和解决设置重重障碍。

（一）影响叙利亚问题解决的诸因素及其作用

从整体来看，影响叙利亚问题走向及其变化的因素包括内部因素和外部因素。内部因素主要是库尔德力量和极端主义力量，而外部因素则包括俄罗斯因素、美国因素、土耳其因素、以色列因素、伊朗因素等。

就内部因素而言，核心问题是叙利亚政府与叙利亚库尔德人之间的博弈如何展开，巴沙尔政权已经与叙利亚库尔德人进行谈判，双方在反恐的背景下曾经有联合行动，目前的利益分割究竟如何尚难以预测。但是，只要叙利亚库尔德力量的扩张意图有所收敛，库尔德地区就有可能获得高度自治。然而，外部因素或许是更加重要的因素。上述诸因素作用差异较大，有些是推动叙利亚问题解决，即维护叙利亚主权独立和领土完整；有些则相反，仍然制约着叙利亚问题解决，阻碍叙利亚维护主权独立。还有些因素仍存在变数。

俄罗斯仍将在叙利亚问题上起主导作用。由于在叙利亚的军事存在，以及当前在叙利亚政治解决机制中的主导性地位，俄罗斯将在叙利亚问题上举足轻重。俄罗斯的支持不仅是巴沙尔政权生存的保障，而且是对西方国家和地区力量反对巴沙尔政权的有力威慑。沙特阿拉伯、以色列、埃及等中东国家首脑纷纷出访俄罗斯，显示了俄罗斯在中东及叙利亚问题上的影响力。客观上看，俄罗斯在中东的影响力仍然有限，并非有些学者所说，"俄罗斯取代美国成为中东的中心"。[①]

---

① Claude Salhani, "Russia Replacing Washington as the Middle East's Political Centre of Influence," *The Arab Weekly*, Issue 126, October 8, 2017, p. 2.

伊朗的作用举足轻重。伊朗凭借与叙利亚的传统友好关系，在叙利亚问题的解决中一直扮演着极其重要的角色。但是，随着美国单方面宣布退出伊核协议，对伊朗采取"极限施压"政策，力图拖垮伊朗经济，动摇伊朗统治根基，并逼迫伊朗从叙利亚撤出其力量。因此，伊朗正面临空前的国际压力。其国内通货膨胀严重，民生问题凸显。在此背景下，伊朗在叙利亚问题上的战略投入会有所减少，但其对巴沙尔政权的支持将会持续。

中国在叙利亚问题的解决中发挥了积极作用。中国倡导发挥联合国的主渠道作用，以联合国为平台通过政治途径解决叙利亚问题，早日建立叙利亚人主导、叙利亚人享有的政治架构。中国将在重建进程中发挥主要作用。中国设立了叙利亚问题特使，以推动叙利亚问题的解决。中国始终认为政治解决是叙利亚问题的唯一现实出路，叙利亚主权独立和领土完整应当得到维护和尊重，叙利亚的未来应由叙利亚人民自主决定，联合国应在叙利亚问题上发挥斡旋主渠道作用。谢晓岩特使以"中医疗法"的形象比喻贡献中国智慧，推动叙利亚问题的解决。他认为，中国的作用是独特的，一是继续同叙利亚政府和反对派保持沟通，就劝和促谈深入做各方工作；二是继续支持联合国的斡旋主渠道作用；三是继续积极参与日内瓦和谈、叙利亚国际支持小组等促和机制，支持一切有利于推动叙利亚问题政治解决并为各方所接受的促和倡议；四是继续向叙人民提供力所能及的援助；五是未雨绸缪，考虑在安全形势允许的情况下，参与叙利亚重建进程。①

与此相反，阻挠叙利亚问题解决的主要力量是美国、土耳其、以色列以及以沙特阿拉伯为首的逊尼派集团。

美国在叙利亚问题上建设性不足，但破坏性有余。美国曾多次以化武袭击为由，对叙利亚政府军事设施及人员进行空中打击，造成严重的损失。美国的叙利亚政策一直以"倒巴"为目标，因此，在打击恐怖主义力量方面，基本上是半心半意。随着"伊斯兰国"的溃败，叙利亚战局的逐渐明朗，

---

① 《叙利亚问题国际研讨会在沪举行》，2018年5月14日，http://news.cri.cn/20180514/7c71ea64-9a1d-f793-2a39-29b69fc773cb.html。

美国"倒巴"的意图更加明显。2018 年 1 月 17 日，美国国务卿蒂勒森在斯坦福大学的演讲中阐述美国的叙利亚政策。他概括称叙利亚现状有 3 个特点："伊斯兰国"式微但未被完全击败；巴沙尔政府控制着半数国土及人口；伊朗在叙利亚扩大影响，对美国构成战略威胁。因此，他认为，美国将长期在叙利亚保持军事和外交存在，向库尔德人及其他反对派武装控制区提供支持，直到巴沙尔下台、叙利亚政权更迭。蒂勒森还告诫说，美国应该吸取 2011 年从伊拉克"过早"撤军的"错误教训"，美军会继续驻留叙利亚，确保"伊斯兰国"不会死灰复燃，防止叙利亚政府军攻取反对派控制区，同时遏制伊朗，削弱伊朗在叙利亚的影响力。① 因此，美国不会停止对叙利亚反对派的支持，反而可能表现出更明显的干预倾向，以此增强在未来叙利亚政治安排中的话语权。② 美国支持由库尔德民兵和阿拉伯反对派组成的"叙利亚民主军"（SDF）。在叙利亚与约旦、伊拉克接壤的坦夫镇建立缓冲区，庇护亲美武装力量的安全，并继续以发动空袭威慑巴沙尔政权，扶植盟友与巴沙尔政府及其支持者在叙利亚东部展开争夺。总体上看，西方阵营对叙利亚现政权的敌视态度实际上阻碍了叙利亚问题的解决。

土耳其是影响叙利亚问题解决的重要因素。土耳其政府对巴沙尔政权仍充满敌意，2017 年 12 月 27 日，埃尔多安在访问突尼斯期间公开说："巴沙尔·阿萨德是一个恐怖主义分子，未来绝不可能与这样一个恐怖分子相处。"更为重要的是，叙利亚面临的一个严酷的现实是土耳其对叙利亚西北领土的军事占领。2018 年 1 月，土耳其以打击恐怖主义力量"人民保护部队"为由，对叙利亚北部阿夫林地区展开军事行动。此举遭到叙利亚政府强烈谴责，认为这是对叙利亚主权的"野蛮侵犯"。3 月，在占领阿夫林之后，土耳其总统埃尔多安多次表示，土军将进入曼比季地区。美国曾多次表示担心美土在曼比季擦枪走火，美军在曼比季驻有 2000 名士兵。2018 年 6

---

① Rex W. Tillerson, "Remarks on the Way Forward for the United States Regarding Syria," January 17, 2018, https：//www. state. gov/secretary/remarks/2018/01/277493. htm.

② Carla E. Humud, Christopher M. Blanchard, Mary Beth D. Nikitin, "Armed Conflict in Syria：Overview and U. S. Response," CRS, 2017.

月4日，土耳其外长恰武什奥卢与美国国务卿蓬佩奥在华盛顿签署关于叙利亚北部曼比季安全稳定问题的合作路线图，对"人民保护部队"撤军及其后的政治安排制订了"三步走"计划，即"曼比季路线图"。"曼比季路线图"分三步，首先是库尔德武装撤出，其次是土军和美军共管曼比季，最后是在当地组建政府。现在的难题是，土耳其占领着叙利亚领土阿夫林，这种占领会持续多久，究竟以何种方式撤出？叙利亚政府军如何收服伊德利卜省，围绕该问题，土耳其与叙利亚之间是否会发生冲突，因为双方曾于20世纪90年代剑拔弩张。显然，土耳其将通过其庇护的反对派向叙利亚政府施压。土耳其究竟在什么条件下才能从叙利亚撤出？土耳其总统表态，等到叙利亚选举之后撤出叙利亚。从土耳其的角度看，一方面，要扶植叙利亚反对派，并让他们参与叙利亚未来的政治解决进程；另一方面，要极大地削弱叙利亚库尔德力量并限制其所占区域范围。土耳其对叙利亚北部阿夫林的占领很可能长期化，从其在阿夫林推行土耳其化就可以看出，建立所谓缓冲区带，将叙利亚难民悉数迁回北部，从而扶植一支亲土的力量与叙利亚政府相抗衡，这可能是相当长时间内土耳其的战略选择。土耳其军队滞留于叙利亚领土，土耳其由此成为继以色列之后又一个占领叙利亚疆土的国家。不仅如此，土耳其军事力量在叙利亚的存在，也打破了奥斯曼土耳其帝国瓦解后土耳其对外关系中的先例。

与此同时，以沙特阿拉伯为首的逊尼派阵营在叙利亚问题上的影响力正在减弱。目前，沙特阿拉伯等国支持的叙利亚反对派处境艰难，在叙利亚战场上陷于被动，但仍不愿向叙利亚政府做出让步和妥协。而其支持者沙特阿拉伯则因深陷也门战争，无法抽身，很难为叙利亚反对派提供更多的支持。

此外，以色列在叙利亚问题上的作用不容忽视，其影响力逐渐增强。以色列频频以国家安全为由，出兵空袭叙利亚。对以色列而言，它的目标既要强迫伊朗的军事力量撤出叙利亚，又要避免一个无政府状态的叙利亚对以色列的安全威胁和恐怖主义的渗透。出于这种考虑，以色列的目标是继续维持与叙利亚在1974年达成的约定，继续保持对戈兰高地的控制。

上述情况表明，叙利亚问题受制于诸多因素。尽管叙利亚政府在战场上取得了优势，但是，在许多人看来，叙利亚仍存在不确定性，[①] 面临的挑战艰巨而复杂。

（二）叙利亚问题的趋势、走向及前景

叙利亚问题从反恐战争重回地缘政治博弈这一中东地区博弈的"常态"，显示了叙利亚问题解决的艰巨性、曲折性和复杂性。叙利亚战争进入后期阶段，叙利亚局势或陷入僵持。[②] 一方面，大规模战争冲突的可能性较小。叙利亚战争虽然没有结束，但是围绕伊德利卜之争重新爆发更大规模战争冲突的可能性较小。美国全面介入叙利亚的可能性较低。美国既无法掌控叙利亚战局，更难以主导叙利亚重建。另一方面，叙利亚政府全面收复国土仍然很难完成。叙利亚政府曾多次表态，要求所有未经叙利亚政府允许入境的外国军队立即无条件撤出（主要指土耳其军队、美国驻军以及沙特阿拉伯等国支持的武装力量）。实际上，在没有达到一定的利益交换前提下，仅依靠叙利亚政府之力尚难以逼迫土耳其、美国撤军，其中俄罗斯仍将发挥主导作用。由此看来，叙利亚从战争迈向和平可能会经历一个漫长的过渡期，叙利亚问题的解决将艰巨而复杂。换言之，叙利亚问题的长期化是必然的，它包括三个方面：叙利亚割据态势长期化、政治解决进程长期化、恢复和重建进程长期化。

第一，叙利亚或将处于三足鼎立的割据状态。从未来变化看，叙利亚短期内将出现叙利亚政府、北部叙利亚库尔德地区和叙利亚与伊拉克交界的坦夫等、土耳其控制下的叙利亚西北部（阿夫林和伊德利卜）"三分天下"的局面。伊德利卜争夺战关系着这一格局微妙平衡的变化。土耳其一再宣示决不允许叙利亚政府对伊德利卜采取军事行动，实质上是以安全为名保持对叙利亚西北部的控制。但是，随着中部、南部和东部地区控制在叙利亚政府手中，叙利亚整体上已迈向恢复秩序和重建阶段。目前，爆发全国性大

---

① James Snell, "Despite Military Victory in Sight, Damascus Faces Uncertain Future," *The Arab Weekly*, April 1, 2018, p. 8.
② 董漫远：《叙利亚乱局：博弈新态势与前景》，《国际问题研究》2018 年第 5 期。

规模冲突的可能性较小，但是，局部地区的对抗——例如在西北部和东北部出现冲突的可能性仍然存在，甚至不排除出现土耳其与叙利亚之间的直接对抗。考虑到近年来土美关系急转直下，土耳其亟须寻找摆脱困境的出路。因此，在俄罗斯的斡旋下，围绕叙利亚西北地区归属的军事对抗将是可控的。

第二，在未来政治和谈进程中，重启政治解决进程、"多轨合一"是必然趋势。目前，叙利亚战争迈向最后阶段，战后安排必然被提上日程，从"战场"转向"会场"、重启政治解决进程势在必行。然而，互不统属又相互交叉的"多轨机制"（联合国日内瓦和谈机制、阿斯塔纳和谈机制、索契和谈机制以及正在酝酿的土耳其、俄罗斯、德国、法国的四国协调机制，后者准备在2018年10月专门召开叙利亚问题会议），制约着政治解决叙利亚问题。因此，只有"多轨合一"，发挥联合国平台的权威性和有效性，才能真正推进叙利亚问题政治解决进程。更重要的是，谈判中的各方必须从现实出发，摒弃政权更迭的幻想，展现包容性，只有这样才能实现政治和解，有效解决战后政治安排问题。

为了创造有利于叙利亚和平进程的环境，以沙特阿拉伯为首的阿拉伯国家应着眼于现实，尽早恢复叙利亚的阿盟成员国资格，进而推动阿拉伯世界的团结，减少阿拉伯国家之间的内讧，将阿拉伯世界关注的重点转到发展和稳定上。

第三，叙利亚的国家定位和属性的变化，即叙利亚的阿拉伯国家属性可能会弱化。叙利亚的新宪法制定工作尚未真正启动，但是，对未来叙利亚国家构成的相关规定，很可能显示在战争中各种力量的实力变化，以及与之相关的国家属性的变化。新变化的表现之一就是库尔德的力量随着打击"伊斯兰国"的军事斗争而壮大，叙利亚境内库尔德人的力量上升，逊尼派阿拉伯人的力量被削弱。这种强弱变化将持久地影响叙利亚未来走向、叙利亚的国家属性和定位，也是今后叙利亚国内分歧的显著影响因素。伴随着叙利亚危机的演进、叙利亚国内修改宪法以及权力分配等多重博弈，可能逐渐改变叙利亚的国家属性，即叙利亚国名可能从阿拉伯叙利亚共和国变为"叙利亚共和国"，弱化阿拉伯国家属性。这在一定程度上反映了叙利亚库尔德人的愿望，以及不同族群主体意识和教派意识的增强、阿拉伯认同的削弱和淡化。

第四，叙利亚问题已成为中东地缘政治博弈的焦点。对叙利亚未来走向具有重大影响的力量仍然是俄罗斯和美国等大国；土耳其、伊朗、以色列对叙利亚的稳定至关重要。值得注意的是，俄罗斯仍将在叙利亚问题上发挥主导作用，叙利亚不仅是俄罗斯在中东的利益所在，而且是撬动俄罗斯与欧洲关系的"杠杆"。与此同时，在叙利亚重建进程中，中国、俄罗斯、伊朗等国也发挥着举足轻重的作用，而重建顺利既关乎叙利亚现政权的生存，也决定着叙利亚问题的最终解决。

经受了七年战争的严峻考验，叙利亚最终既避免了"利比亚化"——干预下西方推演的政权更迭，又避免了"索马里化"——击溃并肃清了恐怖主义的主要势力，政府军的力量也大大增强。

从未来走向上看，叙利亚不会重演黎巴嫩模式和伊拉克模式。

"黎巴嫩模式"堪称有和平无稳定。黎巴嫩在经历了长期内战之后，通过《塔伊夫协议》实现了和平。然而，由于种种内外因素，黎巴嫩并未实现最终的稳定。目前来看，叙利亚重演"黎巴嫩模式"的可能性不大。一方面，叙利亚国内政权并未发生根本性改变，这意味着叙利亚国内的权力格局仍将基本维持；另一方面，从地区而言，叙利亚较之于黎巴嫩具有更强的自主性，也就是说，它具有更强的外部抗压性。

"伊拉克模式"被视为一种"有民主但无稳定"的模式。伊拉克是在美国入侵推翻萨达姆政权之后，开启了所谓民主转型进程，但并未实现真正的稳定和发展。如今的叙利亚不可能成为第二个伊拉克。不仅美国对叙利亚政府的影响有限，而且叙利亚政权体系完整，能够维持国家的基本秩序和政权模式。

内外因素决定着未来叙利亚的走向是独特的。就域外力量对中东地区的影响而言，叙利亚不仅是弱国，更是小国，其自主性是脆弱的，仍受大国的"摆布"。这一严酷现实表明，叙利亚很难在大国博弈的局面下摆脱被动。

甚至需要高度的战略灵活才能掌握自己的命运。① 一方面，叙利亚政府自主性尚弱，受多方力量掣肘，无力把控叙利亚局势并主导叙利亚问题的走向，也难以控制叙利亚危机的态势；另一方面，俄罗斯对叙利亚政府的坚定支持没有改变，俄罗斯仍拥有叙利亚问题解决之主导权，尽管俄罗斯与美国等国家之间存在交易，但俄罗斯仍在一定程度上维护了叙利亚政府和国家的利益。由此来看，解决叙利亚问题的主导权已经逐渐向巴沙尔政权转移，整体形势对巴沙尔政权更为有利：外有俄罗斯"作保"，内有政府军节节胜利的优势。近期，随着俄罗斯和联合国维和部队返回戈兰高地，以色列和叙利亚之间维持现状的局面逐渐形成，双方发生直接冲突的风险有所降低。叙利亚政府在肃清南部省的反对派力量和"伊斯兰国"力量之后，集中力量解决西北部问题。由此看来，叙利亚问题的解决将持续相当长的时间。叙利亚的主权和领土完整受到这几大因素的掣肘，很难在短期内得到解决。未来的焦点不仅仅是巴沙尔政权的合法性问题，更关键的是叙利亚的主权和领土完整与利益界限问题。

六　结语

2018 年是第一次世界大战结束 100 年，回首百年中东沧桑巨变，叙利亚是巨变长河中的一个缩影，也是最突出、最特殊的案例。如果说现代中东的形成与叙利亚有着直接关联的话，那 21 世纪中东秩序的重塑又与叙利亚发生了直接关联。这究竟是一种巧合，还是有着深厚的历史缘由？百年之后，叙利亚问题乃是撬动中东格局、重塑中东秩序的枢轴，深刻地改变着21 世纪的中东国际关系，也影响着国际体系转型。

叙利亚战争是叙利亚内部以及中东地区矛盾激化的反映。叙利亚问题汇聚了叙利亚内外各种复杂的矛盾，不同矛盾及其性质的转化促成了叙利亚问

---

① Christopher Phillips, *The Battle for Syria*：*International Rivalry in the New Middle East*（New Haven：Yale University Press, 2016）, p. 10.

题性质的变化，从而导致叙利亚问题的性质从反恐战争重回地缘政治博弈这一中东地区博弈的"常态"，显示了叙利亚问题解决的艰巨性、曲折性和复杂性。叙利亚问题的解决之路充满悬念，贯穿着干涉与反干涉、分裂与反分裂的复杂斗争。

叙利亚战争历时七年多，叙利亚经历了生死存亡的严峻时期之后，逐渐迈向全面胜利的后期阶段。但是，叙利亚从战争状态迈向和平稳定将经历一个漫长而充满变数的过渡期。由于内外诸因素的相互交织，叙利亚问题的解决将是一个长期博弈的过程，呈现着叙利亚割据态势长期化、政治解决进程长期化、恢复和重建进程长期化。实际上，尽快解决叙利亚问题是真正爱好和平者的共同期盼，这需要国际社会不懈努力。"你如果不想做，会找到一个借口；你如果想做，会找到一个方法。"这一古老的阿拉伯谚语，应该能启迪人们相向而行，"多轨合一"，推动叙利亚问题尽早解决，建设一个和平、稳定和发展的新叙利亚。

专题报告

Special Report

Y.2

叙利亚问题对中东地区格局的影响

余国庆*

摘　要：　动荡多年的叙利亚局势在 2017～2018 年发生了重大转折。
在叙利亚肆虐多年的极端组织"伊斯兰国"被击溃，极端
组织武装控制的领土基本被收复，它在叙利亚建立的"首
都"拉卡被攻克。在叙利亚局势转折过程中，俄罗斯发挥
了重要作用，土耳其、伊朗、以色列等中东地区国家也正
不断增强对叙利亚局势的影响力。与此同时，围绕如何解
决叙利亚问题的多边国际调解密集进行，在日内瓦和谈举
行的同时，俄罗斯另起炉灶，主导了阿斯塔纳和谈与索契
和谈，叙利亚正成为大国中东博弈的焦点。未来叙利亚局
势的发展，将对中东地区的格局产生重大影响。

* 余国庆，中国社会科学院西亚非洲研究所研究员。

关键词: 叙利亚问题 大国 区域势力 地区格局

一 叙利亚危机:从国内冲突演变为国际问题的路径

叙利亚危机发轫于 2011 年 3 月,直接原因是受"阿拉伯之春"的影响①。当时突尼斯、利比亚和埃及三国相继发生政权更迭。危机爆发后,初期以国内冲突为主,后分为多个地区国家直接卷入、"伊斯兰国"武装乘虚而入、大国对叙利亚局势进行军事干预等不同阶段。2016 年之后,国际调解力度加大,形成多个国际调解平台并存的局面,也使叙利亚局势呈现更加复杂。叙利亚问题的国际化,对地区局势的发展带来了巨大的影响。

(一)巴沙尔总统与反对派较量

2011 年 3 月中旬,叙利亚南部城市德拉一些少年因在学校墙壁上涂画反政府标语遭到逮捕和虐待,引发了大规模反政府抗议活动,并随即波及全国多座城市。巴沙尔政府一方面承诺进行改革、重组政府;另一方面派出安全部队镇压民众示威活动,造成大量平民伤亡。叙利亚境内外的反政府力量借此机会纷纷粉墨登场,支持示威民众,并要求巴沙尔总统下台。最初成立的反政府组织有全国民主变革力量——民族协调机构、叙利亚全国委员会等。这些组织很快与境外反对派合谋,并在一些城市与叙利亚安全部队武装对抗。2011 年 7 月,叙利亚军队的一些叛变军官逃至国外,在土耳其成立"叙利亚自由军",叙利亚内战正式拉开序幕。为了缓和国内局势,巴沙尔政府在 2011 年 7 月召集了各政治派别和反对派独立人士举行民族对话磋商

---

① "阿拉伯之春"始于 2010 年底爆发冲突的突尼斯,叙利亚危机 2011 年 3 月爆发时,突尼斯和埃及已经出现政权更替。因此,当叙利亚出现政治危机时,外界一般认为叙利亚危机的出路是时任叙利亚总统巴沙尔·阿萨德下台。迄今巴沙尔的出路问题仍是讨论叙利亚问题前景的重要议题。

会议。但由于主要反对派的缺席，此次磋商没有取得成果。

西方国家在叙利亚局势发展的初期，企图效仿利比亚模式，首先推动联合国安理会通过对叙利亚动武的决议，但遭到了俄罗斯与中国的反对。2011年8月和10月、2012年1月和2月，俄罗斯和中国先后4次在联合国行使否决权，避免了以美国为首的西方国家经联合国授权对利比亚采取军事行动。由于在联合国框架内受阻，美国及其西方伙伴与阿拉伯国家联盟一起推动召开了"叙利亚之友"大会，开始系统地支持叙利亚反对派，并于2012年2月和2013年4月分别在突尼斯和土耳其召开第一次和第二次"叙利亚之友"大会、俄罗斯与中国以没有收到邀请为由，拒绝出席会议。

（二）西方与巴沙尔政府断交，逼迫其交权未成

叙利亚国内政治危机加剧后，欧盟国家迅速做出反应，对叙利亚实施制裁，并禁止向叙利亚出口武器，但叙利亚政府与民众的冲突并没有停止。2012年5月，叙利亚中部霍姆斯省胡拉镇发生了100多位平民被屠杀的惨剧，美国等西方国家指责巴沙尔政府制造了这起惨案。作为回应，包括美国、英国、法国、德国、西班牙等在内的17个西方国家宣布召回大使并驱逐叙利亚外交官。此后，一些西方国家开始直接扶植"叙利亚之友"，在国外加大对巴沙尔政府的施压力度。但由于叙利亚反对派始终没有形成统一的政治力量，西方借助于"利比亚模式"来推翻巴沙尔政权的阴谋未能得逞。

（三）俄罗斯巧施"化武换和平"方案，加强对叙利亚局势的影响

叙利亚国内局势进入僵持阶段后，美国总统奥巴马为叙利亚政府划定了红线：一旦叙利亚政府使用化武，美国就将对叙利亚进行军事打击。2013年8月，叙利亚首都大马士革郊区的东古塔地区发生严重的化武袭击事件，美国政府认定此次袭击共造成1429名平民遇害。正当美国开始谋划对叙利亚进行军事打击时，俄罗斯开始精准介入叙利亚危机。2013年9月14日，俄罗斯外长拉夫罗夫与美国国务卿克里在瑞士日内瓦展开了"高强度"的磋商，并且宣布就叙利亚化武移交问题达成框架协议。根据

协议，叙利亚政府于一周内提交有关化武的详细报告，联合国武器核查人员进入叙利亚核查，最终目标是在 2014 年年中前将化武全部销毁或转移至国外，以换取美国停止对叙利亚动武的承诺。叙利亚政府随后宣布接受俄罗斯的倡议，并加入《禁止化学武器公约》，由俄罗斯将所有化学武器和生产设备转运出叙利亚并负责销毁，叙化武事件就此得以和平解决。至2014 年年中，《禁止化学武器公约》组织确认，叙利亚化武和资料全部销毁或运至国外。叙利亚局势由此进入一个新的阶段：西方免除对叙利亚政府动武，叙利亚政府得以继续存在。

（四）极端组织"伊斯兰国"在叙利亚的兴起与覆灭

2014 年 6 月，"伊斯兰国"在伊拉克宣告诞生。不久，这股势力很快越过叙伊边界，进入叙利亚境内。叙利亚北部城市拉卡被"伊斯兰国"武装占领并成为其"首都"，成为"伊斯兰国"的行政中心和军事指挥枢纽。此后，除了叙利亚国内各派的冲突外，反恐成为叙利亚问题的又一主要议题，也使叙利亚战场态势向着更加不利于叙利亚政府的方向发展，巴沙尔政权岌岌可危。但与此同时，包括美国、俄罗斯在内大国也以打击"伊斯兰国"为名，开始军事干预叙利亚局势。2014 年 9 月，美国组建了由 54个国家组成的国际反恐联盟，其中包括英、法等西方国家和沙特、埃及等阿拉伯国家，主要对在伊拉克活动的"伊斯兰国"恐怖分子进行空袭。此后，俄罗斯又组建了包括伊朗、伊拉克、叙利亚政府、黎巴嫩和库尔德武装在内的新反恐联盟，全面打击"伊斯兰国"。美国、俄罗斯、沙特叙利亚境内很快形成了各自主导的国际反恐联盟，并以反恐为名进行地缘政治博弈。

2015 年 9 月，俄罗斯总统普京宣布出动空天部队，对叙利亚境内的"伊斯兰国"和其他极端武装组织进行军事打击。俄罗斯出兵，也标志着"伊斯兰国"在叙利亚的势力由盛转衰。

2017 年 6 月，由叙利亚库尔德武装主导的"叙利亚民主军"宣布，完成对"伊斯兰国""首都"拉卡的合围。在库尔德武装发动地面攻势的同

时，美国主导的国际反恐联盟也持续对拉卡实施空袭。此外，美军还向"叙利亚民主军"提供了军事顾问和武器装备支持。但多国军事力量的介入，也使得解放拉卡的战斗造成大量平民伤亡，对城市造成严重破坏。据总部设在英国伦敦的"叙利亚人权观察组织"说，为期4个多月的拉卡战役中共有3250人死亡，包括1130名平民。① 2017年11月，经过4个多月的联合打击，拉卡被收复。拉卡的解放，标志着叙利亚境内"伊斯兰国"的主要据点都被叙利亚政府军或者其他武装派别控制，"伊斯兰国"势力和武装在3年多的时间内，在叙利亚经历了从兴起到覆灭的过程。尽管"伊斯兰国"武装控制的叙利亚领土绝大部分被收复，但小股"伊斯兰国"残余势力仍然在叙利亚和伊拉克两国交界的偏远地区活动，叙利亚境内的反恐形势仍然不容乐观。

二　叙利亚危机中大国的干预、角色和利益

叙利亚危机爆发后，出于不同的战略与现实利益的考虑，美国、俄罗斯、欧盟等主要大国和国际力量，对叙利亚国内不同的政治力量和政治派别施加了不同的影响。由于力量的差异，以及对叙利亚危机不同的利益考虑，大国对叙利亚危机的干预和在叙利亚问题上扮演的角色是不同的，它们对叙利亚问题的影响大小不一。

（一）美国：从奥巴马的"有限介入"到特朗普的"坚决抗衡"

叙利亚危机和叙利亚内战爆发后，美国的叙利亚政策经历了奥巴马的"有限介入"到特朗普的"坚决抗衡"阶段。奥巴马时期美国的叙利亚政策主要表现为坚决要求巴沙尔下台，但在是否直接军事介入问题上十分谨慎，设置"红线"，与俄罗斯合力推动"化武换和平"。在"伊斯兰国"兴起

---

① 《拉卡收复，"伊斯兰国"何时覆灭》，http：//news. eastday. com/w/20171018/u1ai10933102. html。

后，美国负责组织打击"伊斯兰国"的国际反恐联盟，但仍然在是否派出地面部队问题上谨慎行事。但特朗普总统上台后，美国的叙利亚政策重心已经不再是关注叙利亚政治，而是全力抗衡俄罗斯和伊朗在叙利亚力量的增长，防止自己在叙利亚问题上"战略性缺位"。

美国对叙利亚的干预主要出于三大目的。第一，推翻巴沙尔政府，在叙利亚扶植亲美政权。早年美国总统布什将叙利亚和伊朗、伊拉克、朝鲜称为"邪恶轴心国"。所以，当叙利亚国内出现大规模反政府示威时，美国政府以此为契机大力扶持叙利亚境内外的反对派势力，要求巴沙尔下台。但因为当时美国正在经历严重的经济衰退且美国国内反战情绪高涨，奥巴马政府不打算对叙利亚开展军事打击行动。因此，奥巴马一方面为巴沙尔政府划定"化武红线"；另一方面为反对派武装提供资金和武器，并派遣多名军事指挥人员前往叙利亚训练反对派和制订作战计划。此外，美国通过沙特和以色列等地区盟友对巴沙尔政府进行打击。美国将巴沙尔下台作为解决叙利亚问题的先决条件，希望在叙利亚扶植一个亲美政权，民主化改造叙利亚。第二，限制和防范伊朗在中东势力的扩张。叙利亚是伊朗的盟友，并被美国认定为是向黎巴嫩真主党提供武器和物资的主要国家。推翻巴沙尔政权既可以削弱伊朗在中东的势力，又能切断伊朗对黎巴嫩真主党的补给线。第三，美国担心"伊斯兰国"不断壮大，助长恐怖主义，因而在"伊斯兰国"崛起并扩张到叙利亚后，组织国际反恐联盟。但是，美国对"伊斯兰国"的打击更多是在伊拉克北部地区，并且支持叙利亚境内的库尔德武装，把库尔德武装视为美国在叙利亚境内最可靠的武装力量。

总之，美国的叙利亚政策纠结于巴沙尔去留及打击恐怖主义武装两个主要问题。前期奥巴马政府主要目标在于推翻巴沙尔政权；特朗普执政后，反恐的重要性超过巴沙尔是否下台问题。特朗普本人及其核心团队在竞选时多次表示，打击"伊斯兰国"具有优先性，暗示巴沙尔去留是可以讨论的问题。此后，美国对叙利亚反对派的支持甚至有所下降，包括停止中央情报局向叙利亚"温和反对派"提供武器和训练的秘密项目。2017 年 11 月，叙利

亚境内的"伊斯兰国"势力被击溃后,美国的叙利亚政策重点再次转向,从打击"恐怖主义"转向防止俄罗斯与伊朗势力在叙利亚做大。2018年4月,美国以叙利亚政府军在大马士革东郊东古塔地区使用化学武器为借口,对叙利亚军事目标实施打击,但外界普遍认为美国的轰炸针对的是伊朗在叙利亚的基地和设施。

(二)俄罗斯强势介入叙利亚,取得叙利亚问题主导权

"阿拉伯之春"爆发后,俄罗斯开始紧盯中东局势,在"离开"中东近20年后,俄罗斯选择借叙利亚危机强势重返中东。这主要有以下三个原因:首先,强势介入叙利亚,助推俄罗斯重返中东,摆脱乌克兰危机带来的战略压力;其次,通过军事行动打击"伊斯兰国",掌握战略主动权,占领道义制高点;最后,通过拉拢伊朗组建盟友体系,同时发展与土耳其、沙特、以色列、埃及等国家的关系,借以分化美国盟友。

2011年3月叙利亚危机爆发以后,俄罗斯便在政治、经济、军事、外交等方面对叙利亚政府给予全方位的支持,维护中东唯一盟友的政权安全和俄罗斯在叙利亚塔尔图斯港的战略利益。

2013年9月俄罗斯提出"化武换和平"方案后,不断抓住在叙利亚的机会。2014年乌克兰危机爆发后,俄罗斯进一步利用叙利亚与西方博弈。2014年夏"伊斯兰国"在叙利亚崛起后,面对巴沙尔政权岌岌可危的局面,俄罗斯于2015年9月底果断军事介入叙利亚,一举扭转了整个叙利亚局势。

2015年9月,俄罗斯在经过精心准备后,出其不意地对叙利亚境内的"伊斯兰国"目标展开大规模空袭。此举推动叙利亚危机进入新阶段,扭转了叙利亚战局,也使俄罗斯实现了摆脱乌克兰危机带来的战略压力、重返中东等多重战略目标。俄罗斯强势介入叙利亚问题,要实现的战术需求和战略目标有以下三个。

第一,维护巴沙尔政权,保障俄罗斯在中东的利益。俄罗斯在叙利亚拥有自己在中东地区唯一的军港——塔尔图斯港,一旦巴沙尔政府倒台,这个

战略支点将被拔除，日后俄罗斯想再进入中东地区就会十分困难。俄罗斯务必保护巴沙尔政权以维护俄罗斯在中东地区的战略利益。当叙利亚反对派得到西方国家支持后不断壮大，叙利亚政府军在战场上节节败退之际，俄罗斯担心巴沙尔政权会被颠覆，便高调介入叙利亚危机，要求通过政治手段和平解决叙利亚问题。

第二，俄罗斯在乌克兰问题上受挫，借叙利亚问题反击西方。乌克兰危机爆发后，俄罗斯遭到西方国家的围剿，虽然收回了克里米亚半岛，但是西方国家不断追加的制裁措施几乎击垮了俄罗斯的经济。俄罗斯在乌克兰问题上面临进退两难的困境，因此希望通过强势干预叙利亚危机，迫使西方国家在乌克兰问题上做出退让。

第三，遏制极端分子对高加索地区的渗透，维护自身利益和安全。长期以来，高加索地区是俄罗斯的薄弱地带，其与中东和中亚地区接壤，为宗教极端分子进入俄罗斯提供了途径。"伊斯兰国"成立后，威胁要推翻普京和"解放"北高加索，极端分子与车臣武装勾结对高加索地区进行渗透，多名俄罗斯公民前往叙利亚加入"伊斯兰国"。为了维护边境安全，遏制恐怖主义在高加索地区的蔓延，俄罗斯在 2015 年 9 月开始军事打击"伊斯兰国"，直接改变了叙利亚战局走向。叙利亚政府军在俄罗斯的帮助下收复了许多城镇，俄罗斯也乘机歼灭了大量恐怖主义和极端武装分子，有效地阻遏了恐怖主义向俄罗斯的蔓延。

进入 2017 年后，俄罗斯的叙利亚政策在军事和外交领域收获颇丰。在军事领域，俄罗斯助力巴沙尔政权收复失地，解放被反对派和极端组织控制的大片领土，彻底扭转了叙利亚战场态势，并不失时机地于 2017 年 11 月宣布从叙利亚撤军，向国际社会释放政治解决叙利亚危机的信号，同时向美国施加压力。在外交领域，俄罗斯于 2017 年 1 月建立俄罗斯、土耳其、伊朗主导的叙利亚问题阿斯塔纳和谈机制，成功在叙利亚建立"冲突降级区"，既取得了推动叙利亚战场停止冲突的外交成果，也在战场有效分离了极端组织"支持阵线"和叙利亚反对派。2017 年 11 月，在俄罗斯支持的叙利亚政府军与叙利亚库尔德武装的共同包围下，叙利亚境

内"伊斯兰国"的大本营拉卡被收复，俄罗斯在叙利亚的军事影响达到顶峰。经过几年的经营，俄罗斯在叙利亚境内建立和巩固了空军和海军军事基地，并尽量避免在叙利亚与美国直接发生军事冲突。2018年4月，美国以"化武袭击"事件为借口，对叙利亚政府军基地进行大规模空袭，俄罗斯利用和美国此前建立的避免俄美军事冲突"热线"进行联系，巧妙地避免了与美国发生冲突和人员损失，显示出俄罗斯在叙利亚的战略的底线是不寻求与美国直接对抗。

（三）欧盟：从倒巴先锋到调解叙利亚危机配角

叙利亚危机爆发之际，北约和欧盟主导的利比亚战争已取得决定性胜利，欧盟就希望在叙利亚复制"利比亚模式"，借此提升欧盟的政治影响力。欧盟不断向巴沙尔政府施压，谴责其暴力镇压示威民众并要求巴沙尔下台。随着叙利亚国内局势日益紧张，欧盟第一个宣布对叙利亚政府进行制裁，甚至首次将巴沙尔本人纳入制裁名单。此外，欧盟还大力扶植叙利亚反政府势力，协调整合反对派势力，其中法国最早承认叙利亚反对派"全国对话联盟"的合法地位。

然而，随着叙利亚局势的不断恶化，数以百万计的叙利亚民众逃离家园，取道土耳其、希腊等国家进入西欧，冲击了欧盟国家的内部秩序，加重了财政负担，发生了多起严重的社会治安事件，引发欧盟内部的难民危机。难民的涌入还加速了"伊斯兰国"极端分子外溢，欧盟国家发生了多次严重的恐怖袭击事件。欧盟参与了美国发起的国际反恐联盟，对"伊斯兰国"进行空袭，"伊斯兰国"之后展开报复，在欧盟一些国家制造了包括法国巴黎《查理周刊》枪击事件、尼斯恐袭、比利时布鲁塞尔自杀式袭击等在内的多起恐怖袭击事件。与此同时，越来越多的叙利亚难民通过土耳其等地进入欧洲国家，使欧盟在应对难民涌入和防止恐怖分子袭击方面的压力日益显现。

在不断加剧的难民危机和日趋严重的恐怖主义威胁的双重压力下，欧盟越来越感到无法单独在叙利亚问题上施加影响，也无法实现在欧盟政治与安全框架下促使欧盟成员国同意向叙利亚出兵。因此，欧盟转而重新与美国协调立场。在联合国斡旋叙利亚问题的日内瓦和谈开始后，欧盟积极向国际社会表明态度，希望重回政治解决叙利亚问题的道路，愿意在叙利亚问题上扮演国际调停者角色。欧盟主要成员国参与了美国主导的打击恐怖主义的国际反恐联盟在叙利亚的军事行动，但没有派出地面部队。另外，欧盟也要求俄罗斯、伊朗和土耳其在叙利亚实现停火，敦促巴沙尔政府重回国际和谈。

（四）叙利亚问题国际谈判多轨并举

自叙利亚危机爆发以来，国际社会一直寻求和平解决方法。出于对成员国国内局势恶化的关注，阿拉伯国家联盟（阿盟）是最先倡导就叙利亚局势举行国际会谈的地区性国际组织，希望能在地区内部化解叙利亚危机。2011 年 10 月，阿盟提出"阿拉伯倡议"，力促巴沙尔政府与反对派谈判。但阿盟内部在叙利亚问题上利益分歧严重，而且叙利亚拒绝阿盟派观察员进入叙利亚。2011 年 11 月下旬，阿盟宣布取消叙利亚会员资格，并将叙利亚问题提交联合国解决。2012 年 6 月，包括联合国安理会 5 个常任理事国在内的"叙利亚问题行动小组"在日内瓦多次会晤后，签署了旨在解决叙利亚问题的《日内瓦公报》。其内容包括尽快结束叙利亚动乱，开启叙利亚政治对话。这是国际社会在叙利亚问题上最初达成的重要政治共识。2013 年，联合国、美国、俄罗斯等为解决叙利亚问题举行了日内瓦和谈，虽展开多次磋商，但未取得实质性成果。2014 年 1 月，叙利亚政府和反对派在日内瓦举行首轮和谈，但以失败告终。此后，联合国加大了对叙利亚问题的调解力度。

1. 叙利亚问题日内瓦和谈

2015 年 12 月 18 日，联合国安理会就政治解决叙利亚问题一致通过决议（即安理会第 2254 号决议），重申安理会认可 2012 年《日内瓦公报》达成的共识，强调由叙利亚人民决定叙利亚的未来。2016 年 1 月 29～31 日，由联合国作为主要召集人的首轮叙利亚问题和谈在日内瓦举行，美国、欧盟以及沙特阿拉伯、阿联酋等海湾阿拉伯国家派代表参加。叙利亚国内各政治

和武装派别也基本上参加。但此后两个多月，日内瓦和谈进展并不顺利，叙利亚政府和反对派代表并没有实现直接会谈。叙利亚政府与反对派在巴沙尔的去留、反对派的资格、如何保障人道主义救援等问题上存有分歧，美国、俄罗斯、欧盟，以及沙特阿拉伯、土耳其、伊朗等地区大国也在叙利亚问题上展现出不同的利益诉求，日内瓦和谈举步维艰。

为落实 2015 年底达成的叙利亚问题和平路线图，第四轮叙利亚问题日内瓦和谈于 2017 年 3 月举行。本次和谈在联合国安理会第 2254 号决议框架下就政治解决叙利亚问题设定了政治过渡、修订宪法、举行大选和反恐等主要议题。此后，由于双方在巴沙尔去留问题和恐怖主义认定问题上的严重分歧，和谈未能取得实质性成果。

2017 年 7 月 10 日到 14 日，第七轮叙利亚问题日内瓦和谈举行。这一轮和谈依旧是间接对话。在第七轮和谈结束后，联合国秘书长叙利亚问题特使德米斯图拉表示，本轮和谈取得了一些进展，但没有获得实质性突破。

2017 年 11 月 28 日，由德米斯图拉召集的第八轮叙利亚问题日内瓦和谈举行。这轮和谈是在叙利亚形势出现重大变化、俄罗斯针对叙利亚问题展开一系列主动行动的背景下举行的。德米斯图拉特别强调，联合国在叙利亚问题政治解决进程中应发挥主导作用。12 月 2 日，叙利亚政府代表团中途退出，返回大马士革进一步协调立场，和谈暂停。12 月 10 日，叙利亚代表团重返日内瓦，但这轮和谈最终没有取得实质性成果。

2. 俄、伊、土主导的阿斯塔纳和谈机制与索契和谈机制

叙利亚问题阿斯塔纳和谈是在俄罗斯主导下举行的，与日内瓦和谈基本并行，但和谈的内容各有侧重。阿斯塔纳和谈侧重于斡旋叙利亚内部各派与会并讨论叙利亚内政政治和解进程。其背景是 2015 年 9 月俄罗斯军事介入叙利亚，出兵援助叙利亚政府军，并且很快扭转了战局，为俄罗斯主导解决叙利亚问题提供了前提。阿斯塔纳和谈一开始主要是由叙利亚反对派参加的有关叙利亚问题的会议。2015 年 5 月，叙利亚的一些反对派代表在阿斯塔纳举行首轮和谈。10 月 2~4 日，主要由叙利亚反对派代表参加的第二轮阿斯塔纳和谈举行。根据叙利亚"多元社会反对派运动"领导人

兰达·卡西斯的说法，包括 40 ~ 60 个来自叙利亚各反对派代表参加了这轮阿斯塔纳和谈。按照俄罗斯官方的说法，阿斯塔纳和谈最初的目标是"为叙利亚政府和反对派达成协定提供担保"。在叙利亚政府军收复阿勒颇后，俄罗斯加大了调解力度。2016 年 12 月 20 日，俄罗斯、土耳其和伊朗三国外交部长和国防部长在莫斯科就合作解决叙利亚问题举行会谈并达成共识。2016 年 12 月 30 日，在俄罗斯、土耳其、伊朗的推动下，叙利亚国内各派最新停火协议在当地时间零时开始生效。为了巩固停火协议，2017年 1 月 23 ~ 25 日，俄罗斯、土耳其、伊朗三国，联合国秘书长叙利亚问题特使德米斯图拉，以及大部分叙利亚反对派武装派代表参加了阿斯塔纳正式和谈第一轮会议。刚刚完成换届的美国特朗普政府派观察员参加了阿斯塔纳和谈。2017 年 2 月 16 日，叙利亚问题阿斯塔纳和谈第二轮会议举行。俄罗斯、土耳其和伊朗作为邀请国参加了和谈，美国和约旦作为观察国参加了和谈，叙利亚政府代表团及 9 个叙利亚反政府武装也派出代表参加了本轮和谈。这次会谈并没有取得重要成果，但主要的参加方都同意前往日内瓦参加和谈。由阿斯塔纳系列和谈形成的叙利亚问题解决机制被称为阿斯塔纳机制。

2017 年 5 月 4 日，第四轮叙利亚问题阿斯塔纳和谈签署了"冲突降级区"备忘录，以降低冲突烈度，缓解人道主义危机。这是美俄双方达成的妥协方案，同时也意味着美国同意俄罗斯主导"冲突降级区"的工作，加速了叙利亚政府军打击恐怖主义的军事行动的胜利。2017 年 11月 22 日，俄罗斯、土耳其、伊朗三国总统在俄南部城市索契举行会谈，就叙利亚问题的最新进展、出路等一系列问题交换意见并签署了联合声明。

在阿斯塔纳和谈的积极影响下，叙利亚全国对话大会于 2018 年 1 月在俄罗斯索契举行。会上决定成立叙利亚宪法委员会，并共同确认政治解决叙利亚问题的若干原则。索契和谈是对俄罗斯主导的阿斯塔纳和谈的补充，反映了俄罗斯希望在多个渠道介入叙利亚战后政治和解与重建，继续保持对叙利亚问题的重要影响力。

三 叙利亚冲突中地区国家的角色

叙利亚危机爆发后，首先卷入危机的外部力量是周边邻国。出于不同的利益考虑，土耳其、伊朗、沙特阿拉伯、以色列等国相继卷入叙利亚冲突，使得叙利亚冲突迅速成为影响地区稳定与安全的一个最大的因素。

（一）土耳其：边界安全与库尔德问题是土耳其对叙利亚政策的主要考虑因素

土耳其是叙利亚北部重要邻国。冷战期间，土耳其和叙利亚分属美苏阵营，但出于维护边界安全与稳定的需要，土叙关系总体上保持稳定，但叙利亚境内的库尔德人问题始终牵动着土耳其对叙利亚政策的神经。

库尔德人是中东最古老的民族之一，据估计人口在 3000 万人左右，主要分布在土耳其、伊朗、伊拉克、叙利亚等国。由于库尔德人主要居住在上述几个中东国家毗邻的地区，相关国家对各自国家的库尔德人口的统计没有确切的数字。叙利亚境内的库尔德人口总数约为 82.5 万人，主要居住在叙利亚东北部地区。[①] 在相当长时期内，叙利亚境内的库尔德人问题并不突出，他们与中央政府的矛盾也不尖锐。

由于土耳其把在其境内活动的库尔德工人党（PKK）视为恐怖组织，因而其对任何境外库尔德人与土耳其境内库尔德人的联系都保持高度警觉。20 世纪 90 年代，叙利亚政府曾为土耳其库尔德工人党领导人奥贾兰提供庇护，这一度使土叙关系跌入低谷。在土耳其政府强大压力下，叙利亚政府被迫在 1998 年驱逐奥贾兰。2002 年正义与发展党上台后，土耳其需要良好的外部环境发展经济，而且开始更多地参与中东事务，土叙关系有所好转。

自叙利亚危机爆发以来，土耳其的叙利亚政策不断变化。总的来说，土耳其在叙利亚问题的立场，经历了从前期以要求推翻巴沙尔政权为主到后期

---

① Gerard Chaliand, *A People Without a Country* (New York: Olive Branch Press, 1993), p.194.

以打击库尔德武装为重的转变。土耳其还试图利用"阿拉伯之春"向阿拉伯国家输出土耳其在政治和经济发展道路上取得的经验，推广"土耳其模式"，增强地区影响力。

2011年3月叙利亚危机爆发后，土耳其先向巴沙尔政府施压，要求其兑现改革的承诺。叙利亚国内局势恶化后，2011年9月土耳其宣布与叙利亚断交。此后，土耳其开始大力支持叙利亚反对派，允许"叙利亚自由军"将总部设在土耳其，为其提供武器装备和人员培训，默许叙利亚境外反对派通过土叙边境进入叙利亚，还协助叙利亚反对派通过土耳其将石油运往其他地区出售以换取资金。埃尔多安多次发表讲话，公开要求巴沙尔下台。土耳其还展开宣传攻势，不断在媒体上抹黑叙利亚政府。在2016年7月土耳其未遂军事政变之前，土耳其叙利亚政策的核心是全面支持叙利亚反对派，并不惜与俄罗斯对抗。这期间土耳其主持召开了"叙利亚之友"大会，为叙利亚反对派提供组织平台和国外活动的大本营；扶植叙利亚国内反对派并提供各种支持；对极端组织"伊斯兰国"态度暧昧，纵容其消耗巴沙尔政权；支持同属突厥人的叙利亚土库曼人反对派力量；不惜与支持巴沙尔政权的俄罗斯发生摩擦，甚至在2015年11月于土叙边境附近击落了一架俄罗斯战机。但是土耳其在巴沙尔的去留问题上并不是一直坚持强硬的立场，在与俄罗斯的关系改善后，土耳其开始与俄罗斯联手在叙利亚问题上发挥作用，积极参与阿斯塔纳和谈与索契和谈。

"伊斯兰国"崛起后，叙利亚库尔德武装在美国的支持下实力不断增强，成为打击"伊斯兰国"恐怖分子的重要力量。在土耳其看来，叙利亚库尔德武装实际上是库尔德工人党在叙利亚的分支，不仅担心叙利亚库尔德武装的崛起会煽动土耳其国内的库尔德人反抗土耳其政府的高压政策并要求独立，更担心叙利亚库尔德地区日后会成为库尔德工人党的基地。为此，土耳其空军不断越过土叙边界，打击叙利亚库尔德势力目标。

2016年7月，土耳其发生未遂军事政变。据悉，埃尔多安在应对未遂军事政变过程中得到俄罗斯的帮助。此后，土耳其对俄罗斯的政策发生重要变化，开始转向积极改善俄土关系，并于2017年1月加入俄罗斯主导的阿

斯塔纳机制，与俄罗斯及伊朗协调，在叙利亚设立四个"冲突降级区"，土耳其成为重要的担保国。2017年，土耳其总统埃尔多安先后三次访问俄罗斯，俄罗斯总统普京也访问了土耳其。两国总统一年内举行了四次会谈，重点讨论了叙利亚局势、改善并重整双边关系等议题。

2018年1月20日至3月18日，土耳其跨境对叙利亚阿夫林地区实施代号为"橄榄枝"的军事行动，旨在解除库尔德武装"人民保护部队"对该地区的控制，并通过后续行动在土叙边界沿线建立"安全区"。此次军事行动的短期目标是驱逐阿夫林地区的库尔德武装"人民保护部队"，并把该地区控制权转交土耳其扶植的叙利亚反对派武装"叙利亚自由军"，控制从阿夫林至幼发拉底河岸的广阔区域，遏制库尔德分离主义势力，并将大量滞留在土耳其的叙利亚难民迁移至"安全区"内。通过建立土叙边界隔离区，斩断两国库尔德力量之间的联系，进而维护土耳其南部安全。

（二）伊朗：乘机在叙利亚扩大势力和影响力

1979年伊斯兰革命以来，伊朗一直受西方国家和以沙特为首的逊尼派国家敌视。叙利亚支持伊朗新政权，在两伊战争期间叙利亚和伊朗出于对伊拉克的共同敌意结为联盟，虽然后期迫于阿盟的压力，叙利亚转向反对伊朗的立场，但伊叙联盟并没有破裂。伊核问题使伊朗与美国和逊尼派国家之间的关系愈发紧张，2003年的伊拉克战争更让伊朗感觉到前所未有的安全危机。叙利亚危机爆发后，伊朗成为叙利亚巴沙尔政权最主要的外部支持者，其主要原因有两个。

首先，维护什叶派巴沙尔政权，保障伊朗自身安全。叙利亚作为伊朗的邻国，对伊朗有着重要的战略意义，维持一个对伊朗友好的什叶派政权能够为伊朗免遭美国及其中东盟友打击提供屏障。一旦叙利亚政权发生更迭，占多数的逊尼派必然会在美国的支持下上台掌权。这不仅使本就孤立的伊朗少了一个坚定的什叶派盟友，而且一个由美国支持的叙利亚很可能会在将来成为打击伊朗的先锋。

其次，维护"什叶派新月走廊"（又称"什叶派新月地带"），抗衡逊尼派国家。伊朗、伊拉克什叶派、叙利亚和黎巴嫩真主党事实上形成了"什叶派新月走廊",再加上也门胡塞武装,伊朗通过什叶派势力的扩张对以沙特为首的逊尼派国家形成了合围之势,对伊朗谋求伊斯兰世界领导权至关重要。叙利亚是"什叶派新月走廊"中的关键一环,也是当前最脆弱的一环,是伊朗为黎巴嫩真主党提供武器和物资援助的重要通道。在伊朗的帮助下,在伊拉克占多数的什叶派在萨达姆倒台后迅速崛起,黎巴嫩真主党也日益融入黎巴嫩国内政治。只要叙利亚巴沙尔政权能够一直维持下去,"什叶派新月走廊"的力量将不断增强,甚至可以在中东地区抗衡逊尼派国家。反之,如果巴沙尔下台,在叙利亚占少数的阿拉维派将无法掌控政权,多数派逊尼派也将取而代之,"什叶派新月走廊"将在中部被"腰斩",伊朗也会再次被孤立于中东的边缘。

尽管叙利亚和伊朗政权性质不同,但叙利亚的掌权者为什叶派中的阿拉维派,两国均与海湾逊尼派阿拉伯国家存在矛盾。因此,伊叙准联盟关系的建立有利于伊朗抗衡沙特主导的逊尼派阵营,这也是伊朗在中东变局中选择支持巴沙尔政权的原因之一。可以说,叙利亚和伊朗多年来已经形成了生死依存的安全同盟,虽然伊朗支持"阿拉伯之春",但是其从没有打算放弃叙利亚巴沙尔政权。伊朗核问题谈判期间,伊朗也拒绝将叙利亚问题作为对美国的交换条件。除此之外,伊朗派出革命卫队在叙利亚战场上支援叙利亚政府军作战,主要打击反对派武装和"伊斯兰国"。在叙利亚问题上的一致立场使伊朗与俄罗斯开展了一系列合作。从 2017 年开始,伊朗还与俄罗斯、土耳其一起,在叙利亚问题日内瓦和谈框架之外,发起并参与了阿斯塔纳和谈与索契和谈,成为影响叙利亚未来局势发展的重要地区国家。

(三)沙特阿拉伯:主导海合会推倒巴沙尔政权的目标接连受挫

"阿拉伯之春"爆发并席卷整个中东地区后,以沙特为首的海合会国家一方面警惕国内出现革命的势头,另一方面也希望趁此机会加速对海合会国家不友好国家政权的更迭。叙利亚作为伊朗的坚定盟友,自然也成为海合会国家特别是沙特的心腹大患。然而,在叙利亚危机之初,海合会国家疲于应

付巴林反政府示威浪潮，直到 2011 年 8 月才首次就叙利亚局势表明立场，要求叙利亚政府停止镇压行动，立即进行改革。

为了提升和维护海合会的地区影响力和在伊斯兰世界的领导权，海合会国家一开始积极响应俄罗斯的提议，希望运用外交和政治手段解决叙利亚问题。随着叙利亚政府对示威镇压行动的升级，海合会公开呼吁巴沙尔下台，大力支持叙利亚反对派，甚至打算派"半岛盾牌"部队进入叙利亚作战。海合会国家在叙利亚问题上追随美国等西方国家，就在西方与叙利亚断交后不久，海合会宣布驱逐叙利亚驻海合会 6 国大使并召回 6 国驻叙利亚外交人员。海合会国家为反对派提供武器装备，对抗巴沙尔政府。

以沙特阿拉伯为代表的海合会国家，基本上是逊尼派占多数的国家，对巴沙尔政权以少数阿拉维派统治多数逊尼派不满。更重要的是，巴沙尔政府治下的叙利亚是伊朗的忠实盟友，更是"什叶派新月走廊"中的重要一环。一旦叙利亚国内的逊尼派取代巴沙尔政权，伊朗对阿拉伯半岛的威胁就能解除，也能突破什叶派对海合会国家所形成的合围之势。沙特的具体介入手段包括：为叙利亚反对派提供资金支持、活动平台；支持叙利亚极端组织消耗巴沙尔政权；在叙利亚和平进程谈判中顽固坚持巴沙尔必须下台，为叙利亚和平进程设置障碍。在 2017 年 11 月末 12 月初举行的第八轮叙利亚问题日内瓦和谈中，在代表叙利亚反对派的"高级谈判委员会"中，据说受到沙特支持、态度强硬的利雅得派在 36 人的代表团中占据 28 席，他们的"倒巴"立场令叙利亚政府代表团推迟参会，甚至一度返回大马士革。但到目前为止，除了继续坚持巴沙尔下台，在谈判中支持叙利亚反对派外，海合会国家在叙利亚问题上的作用正在减退，相较于俄罗斯、伊朗、土耳其等外部力量，沙特阿拉伯面临的内忧外患限制了其在叙利亚问题上的抱负和作用。

（四）以色列：防止真主党和伊朗势力在叙利亚坐大

以色列从 1948 年建国起就是叙利亚的宿敌。以色列在 1967 年六五战争中占领叙利亚西南部的戈兰高地至今。叙利亚军队曾占领黎巴嫩多年，庇护黎巴嫩真主党日益坐大。现在黎巴嫩真主党、叙利亚和伊朗成为以色列最大的安全威胁。

叙利亚危机初期，以色列战略家为以色列叙利亚政策制定的战略是不介入叙利亚冲突，但必须"为叙利亚国家的分裂和持续不稳定做好应对准备"。①以色列本打算坐观阿拉伯国家内部混乱以及逊尼派与什叶派两败俱伤的争斗，从而削弱阿拉伯国家和伊朗，保障以色列的安全。但是叙利亚局势的发展最终不能让以色列静观其变，尤其是黎巴嫩真主党在巴沙尔政府的要求下进入叙利亚作战，改变了叙利亚内战的格局。黎巴嫩真主党多年来受叙利亚与伊朗的庇护和支持，成为支持叙利亚政府军的重要军事力量。鉴于此，以色列决定"趁火打劫"，打击叙利亚境内黎巴嫩真主党的有生力量，削弱伊朗的势力，震慑伊朗。随着美国继续在中东实行战略收缩，以色列越来越担心会受到伊朗的打击，因而加大了对叙利亚境内目标的打击力度。凭借其优越的情报能力，以色列多次精准打击了伊朗在叙利亚的军事基地并炸死多名黎巴嫩真主党的核心成员。从表面看，以色列对叙利亚危机的干预都是为了打击和削弱伊朗，但真正的目的是保障自身的安全。

2017年底"伊斯兰国"武装在叙利亚被击溃后，俄罗斯、土耳其、伊朗围绕着主导和控制叙利亚局势展开了激烈争夺。以色列也密切关注着叙利亚局势的发展，尤其是担心流散的极端武装分子在叙以边界地区扎根。此外，以色列还对伊朗乘机扩大在叙利亚的基地与军事存在表示极大关注，不惜对伊朗在叙利亚的目标进行军事打击。2018年4月14日，就在美、英、法联军以大马士革东古塔地区"化武袭击事件"为借口对叙利亚进行导弹攻击之后，位于叙利亚阿勒颇南部的一个据称是伊朗革命卫队军事基地的地方也发出了"离奇"的巨大爆炸声。据叙利亚媒体称，当天以色列空军对伊朗革命卫队发动了空袭，造成了包括伊朗官员在内的20多人伤亡。② 尽

---

① BESA Centre Associates, "Israel Should Stay out of the Conflict but Prepare for Continued Instability as Syria Breaks up," Bulletin No. 29 the Begin-Sadat Centre for Strategic Studies, January 2013.

② 《以色列也来空袭? 叙境内伊朗军事基地也发生了严重爆炸》，http://mil. news. sina. com. cn/world/2018 - 04 - 15/doc - ifzcyxmv0259873. shtml。

管事后以色列并没有承认对叙利亚进行了空袭，但以色列与伊朗、黎巴嫩真主党在叙利亚境内形成的对抗局面更加明显，未来以色列可能加大对叙局势的介入力度，叙利亚局势将更为复杂。

四　叙利亚问题对地区格局的影响

叙利亚位于中东核心地带，持续多年的叙利亚危机不仅使叙利亚成为沙特阿拉伯、伊朗、土耳其和以色列四个中东地区强国利益的交会点，也使叙利亚成为俄罗斯、美国等大国在中东争夺的焦点。一些域外国家正在不断扩大在叙利亚的势力范围，这使各方直接爆发冲突和摩擦的机会增加，对中东局势产生深远影响。

（一）叙利亚危机改变地区政治生态

叙利亚危机直接改变了自 2003 年伊拉克战争以来中东地区总体和平、局部冲突的局面。已经持续 7 年的叙利亚危机和冲突仍见不到和平的曙光，各方势力在叙利亚混战，外部大国的干预和地区内国家的介入使叙利亚问题的解决遥遥无期，叙利亚局势导致地区大国间发生冲突的可能性上升。目前叙利亚四分五裂，虽然在俄罗斯的帮助下巴沙尔政府收复了首都大马士革周边地区，保证了首都的安全，但反对派武装也撤离到伊德利卜省等地，休整后大有可能卷土重来。叙利亚北部的库尔德武装也在美国的扶持下日益壮大。即使达成了停火协议，叙利亚问题政治解决进程也将持续很长一段时间，各方在叙利亚的博弈使叙利亚的分裂变得不可避免，叙利亚全国统一的实现变得遥遥无期。

叙利亚危机还使中东地区逊尼派和什叶派的教派之争进入白热化阶段，达到 1979 年伊朗伊斯兰革命以来的最高点。过去中东地区的战争和冲突主要表现为阿拉伯人和犹太人、阿拉伯人和波斯人的民族之争，但现在已经演变为宗教外衣掩盖下对地区领导权的争夺。在教派之争下，中东国家已在当前的基础上分化为逊尼派国家和什叶派国家两大阵营，从前的局部冲突上升为代理人战争乃至地区全面战争的可能性大大增加。

尽管极端组织"伊斯兰国"在叙利亚被击溃，但是受到极端思想影响的"圣战"分子借助叙利亚的混乱局势已经渗透到几乎整个中东地区。这些极端分子普遍接受过军事训练，具有单独实施袭击的能力，近年来中东地区不断遭到"独狼式"恐怖袭击。同时，这些极端分子可以不断为恐怖组织招募和训练新成员，成为中东地区的定时炸弹。

持续多年的叙利亚危机还造成了难民大量外流，加重了周边国家负担，可能带来严重的社会与安全问题。联合国难民署 2017 年发布的难民数据显示，叙利亚内战爆发 6 年来，难民人数突破 500 万人。[①] 数量庞大的叙利亚难民除了部分前往欧洲以外，更多的难民滞留土耳其、约旦、黎巴嫩等周边国家。这些国家经济本就不发达，接收难民带来了沉重的经济负担，导致社会治安问题频发，有可能为中东地区未来动荡埋下隐患，并成为一些国家社会发展的不稳定因素。根据联合国难民署 2018 年 6 月 19 日最新公布的数据，迄今为止，土耳其成为接纳难民人数最多的国家，共接收 350 万名难民，其中大部分为叙利亚难民。[②] 而按照难民人数与本国人口比例，黎巴嫩则是接纳难民人数最多的国家。无论是叙利亚、伊拉克这些难民持续外流的国家，还是土耳其、约旦、黎巴嫩这些近年来接纳大量难民的国家，都必将因难民问题面临沉重的经济社会压力。

（二）叙利亚危机正在重组地区国际关系体系

叙利亚危机对地区国际体系的重组主要分为两个方面。

首先，中东地区正在形成俄罗斯 - 土耳其 - 伊朗联盟与美国 - 沙特阿拉伯 - 以色列联盟对阵的格局。俄罗斯的强势回归打破了自冷战结束后美国"独霸"中东的局面。尽管俄罗斯近年来在中东的进取有目共睹，

---

① 《联合国指叙利亚难民人数突破 500 万人》，http：//news. youth. cn/jsxw/201703/t20170330_9390101. htm。

② 联合国难民署 2018 年 6 月 19 日发布的年度《全球趋势报告》，http：//www. unhcr. org/cn/。

但中东的地缘政治格局错综复杂，历史上俄罗斯在中东从没有真正的朋友。尽管目前俄罗斯与土耳其、伊朗在叙利亚问题上采取了合作或相似的立场，但并不表明未来俄罗斯、土耳其、伊朗会成为真正意义上的盟友。俄罗斯之所以暂时与土耳其、伊朗结成准联盟关系，主要还是考虑到单靠自身的力量难以与美国及西方在中东的势力抗衡。为了自身利益最大化，俄罗斯成功地改善了与土耳其的关系，并拉近与在叙利亚问题上有很大发言权的伊朗的关系，充分显示俄罗斯在中东打造新的盟友体系具有战略想象力。随着俄罗斯不断卷入中东事务，特别是2015年开始军事干预叙利亚后，俄罗斯事实上已经重返中东，在未来很长一段时间里将与美国在中东的盟友体系相抗衡。另外，美国特朗普政府为了更好地让中东的盟友分担义务和责任，不惜把沙特阿拉伯和以色列这对过去的敌人拉到自己的身边共同对付伊朗，这显示出特朗普政府正在中东打造新的盟友体系。一旦以色列与沙特阿拉伯关系出现转机，中东地区国际关系将出现新的裂变。

其次，围绕叙利亚问题，中东地区国家正在新的盟友体系形成过程中寻求新的定位。由于在叙利亚问题上发挥着不同的作用，中东正在形成沙特阿拉伯、伊朗、土耳其、以色列四强并立的地区新格局。20世纪90年代形成的沙特、埃及、伊朗、以色列、叙利亚和伊拉克地区"六强格局"正在改变。埃及和伊拉克由于自身的问题无暇顾及叙利亚问题；叙利亚危机为沙特、伊朗、土耳其和以色列主导中东新地区国际体系创造了条件。四国在叙利亚问题上分别支持巴沙尔政府和反对派，并且与不同的外部大国拉近关系，以此谋求自身利益和扩大地区影响力。这四个地区强国分别依附于美、俄两个大国，以增加自己在地区领导权竞争中的筹码。值得注意的是，原来数十年内互为敌人的以色列和沙特阿拉伯，出于对地缘政治利益和国家长远利益的考虑，在美国的促和下接近。伊朗为避免被进一步孤立选择与俄罗斯合作，而土耳其则试图在美俄之间左右逢源。所有这些大国与地区国家正在中东地区构建新的盟友体系，使中东地缘政治格局迈入新的阶段。

（三）叙利亚问题影响大国关系和中东长期地缘政治格局

首先，叙利亚国内已经出现地方武装和势力割据一方的局面，大国对叙利亚内部派别的支持使国家主权虚化。叙利亚危机发展至今已有7年多，现今叙利亚局势与7年前相比已经发生了翻天覆地的变化。2011年以前的叙利亚是一个局势比较稳定的国家，尽管经济发展比较落后，但没有政治反对派、教派冲突、极端武装势力，民众生活虽不富裕，但社会比较稳定，境内的库尔德人问题也并不突出。但2018年的叙利亚四分五裂，北部土耳其与叙利亚交界的阿夫林地区及周边由土耳其军队控制，土耳其意在叙利亚北部建立"安全区"，主要目的在于阻止土耳其国内库尔德工人党势力与叙利亚境内的库尔德势力连成一片。在多年的内战中，叙利亚境内形成了形形色色的武装势力，如库尔德武装"人民保护部队"①。此外，俄罗斯巩固了在叙利亚的军事基地和势力，伊朗也增强了在叙利亚的军事存在。库尔德武装和受土耳其、伊朗支持的武装在叙利亚各占据一方领土，使叙利亚局势更趋复杂，如果这种割据局面长期化，对叙利亚的主权和领土完整提出了严重挑战。

其次，大国在叙利亚问题上目标各异，把叙利亚问题作为向对方施压的工具，影响叙利亚国内政治和解与局势稳定。叙利亚问题国际化后，大国对叙利亚问题有不同的战略目标。俄罗斯把叙利亚问题作为重返中东的关键一步，同时还把介入叙利亚问题作为西方借乌克兰问题向俄罗斯施压的战略反制措施，希冀美国及欧盟放松对俄罗斯的制裁。美国叙利亚政策的目标是既要防止伊朗势力在叙利亚壮大，警惕俄罗斯在叙利亚"一手遮天"，也要防止叙利亚局势恶化对以色列安全带来威胁。欧盟在叙利亚问题上的目标是希

---

① "人民保护部队"是叙利亚库尔德政党民主联盟党（PYD）的下属军事组织。叙利亚危机爆发后，叙利亚库尔德人成立了自卫组织，主要用来对抗其他试图占据叙利亚库尔德地区的非库尔德武装。2014年"伊斯兰国"势力深入叙利亚后，叙利亚的库尔德武装成为抗击极端势力的主力之一。这支部队得到美国的支持和庇护。2018年1月21日，土耳其军队进入叙利亚境内阿夫林地区，推进针对美国在叙利亚的盟友、叙利亚库尔德武装"人民保护部队"的"橄榄枝行动"。

望巴沙尔下台，防止叙利亚局势恶化导致恐怖主义蔓延至欧洲并给欧洲及安全带来冲击。

2018 年 4 月 14 日，美、英、法三国借口叙利亚政府使用化学武器攻击平民而对叙利亚展开轰炸。三国的军事行动表面上是针对叙利亚政府，但暗指叙利亚政府背后的支持者俄罗斯与伊朗。值得关注的是，俄罗斯本来希望通过在叙利亚开辟"第二战场"来减轻西方在乌克兰等问题上对俄罗斯施加的压力，但美国和欧盟显然没有像俄罗斯设想的那样把叙利亚问题作为讨价还价的筹码。就在俄罗斯与美国在叙利亚暗中角力的同时，美国财政部先后在 2018 年 4 月 6 日和 6 月 11 日宣布，对俄罗斯多名商业领导人、企业、政府高级官员等实施制裁。受制裁的个人和企业在美国境内的资产将被冻结，美国公民不得与其进行交易，受制裁的人士禁止入境美国等。在俄罗斯看来，美国和欧盟不断对俄罗斯实施制裁，矛头也指向"俄罗斯在中东的政策"①。在俄美关系紧张的大背景下，叙利亚问题既可以作为俄美改善关系的战术筹码，也可以作为双方在中东进行战略投资的重要场所。另外，中东地区由俄罗斯与美国主导的新的国际关系格局仍然比较模糊和脆弱。因此，大国博弈背景下的叙利亚问题，远远没有进入局势明朗的阶段。

---

① "The Sanctions against Russia: The Approaches of the United States and the European Union," Report of Russian International Affairs Council (RIAC), 37/2018, p. 14.

Y.3
叙利亚库尔德问题的现状与未来

唐志超　王利莘*

摘　要： 继"伊斯兰国"之后，库尔德问题成为叙利亚战场的一个新热点。叙利亚库尔德问题并非新问题，与土耳其、伊拉克等国的库尔德问题相比并不突出。2011 年以来爆发的叙利亚危机为叙利亚库尔德人提供了发展壮大的良机，库尔德问题得以凸显。借助战乱与局势动荡，叙利亚的库尔德人趁机坐大，建立了自治政权和独立武装，成为叙利亚国内一支举足轻重的政治力量。不过，叙利亚库尔德人的自治地位并不稳固，面临诸多挑战，前景很不明朗。各方在库尔德人的自治权利问题上尚未达成共识。叙利亚库尔德问题也是整个中东库尔德问题的一部分，它的未来不仅与叙利亚的未来相关，而且与土耳其、伊拉克等国的库尔德问题的解决前景息息相关。

关键词： 库尔德问题　叙利亚　自治

一　叙利亚库尔德问题的由来与发展

库尔德人是中东的一个重要民族，人口约 3000 万人，主要居住在土耳其、伊拉克、伊朗和叙利亚四国。在四国中，叙利亚库尔德人口最少，但库

---

* 唐志超，博士，中国社会科学院西亚非洲研究所中东研究室主任，研究员；王利莘，中国社会科学院研究生院西亚非洲系硕士研究生。

尔德人是叙利亚人口最多的少数民族，约有 200 万人，约占叙利亚总人口的
10%。库尔德人主要生活在叙利亚北部，这一地区与土耳其、伊拉克接壤，
俗称"西库尔德斯坦"。

库尔德人是全球未建立自己的独立民族国家的最大民族之一。自第一次
世界大战结束奥匈帝国解体后，库尔德问题就在土耳其、伊朗、伊拉克和叙
利亚四国先后出现。库尔德人的首要目标是争取自治或独立，谋求平等的政
治和经济、社会权利。在上述四国中，库尔德问题都不同程度地存在，总体
上叙利亚库尔德问题并不突出。从历史发展来看，叙利亚库尔德问题的演进
大致可分为三个阶段。

第一阶段，法国委任统治时期（1918～1946 年）。第一次世界大战后，
战胜国在《色佛尔条约》中提出要建立一个独立的"库尔德斯坦国"，但由
于各方利益无法调和，特别是新生的土耳其共和国赢得了民族独立战争，该
条约未能得到执行。1920 年，圣雷莫会议决定叙利亚由法国委任统治，次
年叙土边界谈判确定了以库尔德人为主的阿夫林地区划归叙利亚。此后直到
1946 年独立，叙利亚一直处于法国统治之下。其间，叙利亚面临的主要问
题为法国殖民统治和叙利亚民族主义反殖民斗争。库尔德人作为叙利亚人的
一部分，积极参与民族独立运动。法国殖民统治期间，库尔德人在国内没有
受到明显歧视。在法国委任统治前中期，库尔德人既有进入叙利亚议会和政
府重要机构的，也有参加叙利亚共产党等组织进行反殖民斗争的。早期叙利
亚境内的库尔德民族主义组织"自由"（Xoybûn/Khoyboun）[1] 主要反对土耳
其对库尔德人的政策，并参与了 1930 年反对土耳其政府的亚拉腊山起义。[2]
由于历史上叙利亚属于奥斯曼土耳其帝国以及各地库尔德人之间的密切联
系，这一时期大量土耳其库尔德人进入叙利亚北部并定居。

第二阶段，阿拉伯化时期（1946～2011 年）。随着 20 世纪 40 年代法军

---

① 唐志超：《中东库尔德民族问题透视》，社会科学文献出版社，2013，第 225 页。
② Robert Olson, The Kurdish Rebellions of Sheikh Said（1925），Mt. Ararat（1930），and Dersim
（1937－8）: Their Impact on the Development of the Turkish Air Force and on Kurdish and Turkish
Nationalism, Die Welt des Islams, New Series, Vol. 40, Issue 1（Mar., 2000），pp. 67.

撤出、叙利亚获得独立和 60 年代阿拉伯复兴社会党上台执政，叙利亚国内阿拉伯民族主义高涨，叙利亚政府推行同化政策，试图以统一阿拉伯民族来同化库尔德人。因此，库尔德问题开始显现。1957 年，叙利亚库尔德民主党（Kurdistan Democratic Party of Syria，KDPS）成立，并在党章中提出党的主要目标是建立一个独立统一的"库尔德斯坦国"。1965 年，库尔德民主党发生分裂，库尔德民主进步党（KDPP）成立，达维希（Abd al-Hamid Darwish）任总书记。该组织与伊拉克的库尔德爱国联盟有密切关系。20 世纪 60 年代初埃叙统一流产后①，叙利亚政府以反分裂为目的打击国内库尔德民族主义组织，还剥夺了"沉默的人"（Maktoumeen，一部分库尔德人）和"外国人"（Ajanib，包括部分库尔德人和土库曼人通婚后代)② 的公民权利，导致了"无国籍库尔德人问题"。1966 年阿拉伯复兴社会党上台后，同化库尔德人的政策愈发激进，在人口、语言、文化和教育等方面都进行了严格限制，警惕库尔德民族社会发展。除"外国人"仍被剥夺权利外，叙利亚政府还于 1967 年设置了"阿拉伯带"，隔离国内外库尔德民族分离运动的影响，并派军队进驻库尔德地区，大量迁移阿拉伯人到库尔德地区；同时，政府还派兵帮助邻国镇压库尔德分离运动。70 年代哈菲兹·阿萨德上台，制定紧急法案，实行高压统治。此后，叙利亚政府对库尔德人的政策一直以打压为主，间或做出有限让步来拉拢民心，但阿拉伯化的宗旨总体上未变。其间，库尔德民族主义意识逐步觉醒。冷战结束后，尤其是两次伊拉克战争爆发后，伊拉克库尔德人的地位大幅提高，土耳其库尔德工人党活动日益频繁，受其影响，叙利亚库尔德人的政治活动也日益活跃，出现了库尔德流亡议会和流亡政府之类的组织，宣扬民族独立思想。2003 年 9 月，叙利亚库尔德民主联盟党（PYD）在科巴尼成立，开始从事地下活动，并组织了多次示威活动。2004 年，民主联盟党在卡米什利骚乱后组建了自己武装组织"人民保卫军"（YPG，亦译作"人民保护部队"）。2005

---

① 1958 年 2 月，埃及和叙利亚两国合并组建新的国家"阿拉伯联合共和国"。1958 年 3 月，也门穆塔瓦基利亚王国加入。1961 年 9 月 28 日，叙利亚宣布退出。
② 唐志超：《中东库尔德民族问题透视》，社会科学文献出版社，2013，第 231 页。

年，库尔德自由党（Azadi）和库尔德未来运动（The Kurdish Future Movement in Syria）成立。2009 年，库尔德联盟党（Yekiti）成立。泛阿拉伯化政策激发了库尔德人的民族斗争意识，尽管尚未演变为大规模武装斗争，但抗议活动在政府镇压下依旧此起彼伏。2004 年 3 月 12 日，卡米什利地区爆发大规模的库尔德人示威活动，叙利亚政府逮捕了许多库尔德政治领袖。

第三阶段，"阿拉伯之春"以来库尔德人事实上的自治时期（2011 年至今）。2011 年的"阿拉伯之春"以及中东地区的动荡，为库尔德人提供了历史性机遇。从土耳其到伊拉克，从叙利亚到伊朗，各地库尔德人的生存和斗争面貌都有了重大变化。"阿拉伯之春"演变为地区性的"库尔德之春"。叙利亚陷入动荡，政府瘫痪，这为库尔德民族主义运动带来了新的契机。持续数年的内战为叙利亚库尔德人发展壮大提供了机会和空间，使其近代以来第一次自我掌控库尔德地区。叙利亚库尔德人的生存状况和社会地位正在发生历史性变化。

二 叙利亚库尔德问题现状

自叙利亚陷入动荡以来，库尔德问题呈现出全新的特点。第一，大量库尔德组织涌现，库尔德人成为叙利亚舞台上一支重要的新生力量；第二，库尔德人与中央政府关系有了历史性突破；第三，库尔德人首次实现了事实上的自治，建立自治政府；第四，库尔德人建立了自己的独立武装，并成为叙利亚内战中一支重要的武装；第五，库尔德人与叙利亚周边国家的库尔德人频繁互动，建立了紧密联系，日益成为全球库尔德运动的组成部分；第六，库尔德人积极利用国际反恐和反巴沙尔两场战争争取国际支持，并与域外大国建立了一定联系。

2011 年 3 月，受埃及和突尼斯等国抗议活动的影响，叙利亚国内也爆发了抗议运动。最初库尔德人并未积极参与。在内外巨大压力下，巴沙尔政权为分化反对派，拉拢库尔德人，于 2011 年 4 月颁布第 49 号总统令，给予登记在册的"外国人"国籍①,但不包括"沉默的人"②。无国籍库尔德人问题的部分解决,对缓解库尔德人与中央政府的矛盾与冲突有一定积极作用。不过,局势并未向巴沙尔预想的方向发展。2011 年 5 月,库尔德政党"民主联盟党""未来运动""库尔德民主党 – 阿鲁吉派"等组成"库尔德爱国运动"(the Kurdish Patriotic Movement),并向政府提出一系列政治诉求,如废除种族政策,废除针对库尔德人的所有秘密法规;允许无国籍人回国,允许他们成为叙利亚公民,要求公正民主地解决库尔德问题,宪法应承认库尔德人是叙利亚民族不可分割的一部分,并保障其民族权利。③ 7 月,"库尔德爱国运动"加入"民主变革全国协调机构"(NCB)。10 月,叙利亚库尔德领袖马歇尔·塔莫(Mashaal Tammo)被政府军击毙,自此库尔德人开始大规模加入反政府抗议潮。2011 年 10 月 26 日,得到土耳其政府和伊拉克库尔德地区政府支持的"库尔德全国委员会"(KNC)成立。该组织强调,政府必须承认库尔德人身份,承认库尔德人是叙利亚的重要组成部分和第二大民族;要求公正民主地解决库尔德问题,承认库尔德人在一个统一的叙利亚国家中享有自决权;声称叙利亚危机只有通过政权更迭和推翻独裁统治才能解决,必须建立一个世俗、民主、多元、实行议会制的新体制。④ 2011 年 12 月 6 日,民主联盟党等部分库尔德组织成立了"西库尔德斯坦人民委员会"(PCWK)。2012 年 6 月,叙利亚反对派"叙利亚全国委员会"(SNC)在土耳其伊斯坦布尔召开会议,选举库尔德人阿卜杜勒·巴塞特·西达为主席。为加强库尔德人之间的协调,2012 年 6 月 11 日,库尔德全国委员会与民主联盟党达成七点协议,成立了叙利亚库尔德最高委员会

① Zahra Albarazi, "The Stateless Syrians, Middle East and North Africa Nationality and Statelessness Research Project," Tilburg University Statelessness Program, 2013, http://www.refworld.org/pdfid/52a983124.pdf, p. 18, 最后访问日期:2018 年 5 月 7 日;唐志超:《中东库尔德民族问题透视》,社会科学文献出版社,2013,第 242 页。

② Thomas McGee, "Statelessness Displaced:Update on Syria's Stateless Kurds," Statelessness Working Paper Series No. 2016/02, http://www.institutesi.org/WP2016_02.pdf. pp. 1 – 2, 最后访问日期:2018 年 5 月 7 日。

③ 唐志超:《"阿拉伯之春"背景下的库尔德问题新动向》,《和平与发展》2013 年第 3 期。

④ 唐志超:《"阿拉伯之春"背景下的库尔德问题新动向》,《和平与发展》2013 年第 3 期。

（DBK），作为库尔德解放区的自治机构。

2012 年以后，政府军被迫进行战略收缩，一时多地出现权力真空，库尔德人趁乱控制了本族人数占优势的库尔德地区。巴沙尔政府为了集中精力打击反对派，主动从库尔德地区撤军。库尔德武装纷纷接管各地城市，填补权力真空。截至 2012 年 8 月，库尔德人宣布大部分库尔德地区城市已被接管。截至 2012 年底，库尔德人在北叙利亚实际上已取得了事实上的自治地位。2013 年，民主联盟党中断与库尔德全国委员会的合作，单独组建了由多个左翼组织参加的"民主社会运动"（TEV-DEM）①，并取代库尔德最高委员会成为库尔德地区的实际管理机构。在自己的控制区，库尔德民主联盟党实施了大规模政治、经济和社会改革，建立了政府机构、地方议会。2014 年 1 月，库尔德地区宣布建立三个省——阿夫林省、贾兹拉省和科巴尼省，并实行自治。随后，制定并颁布了《北叙利亚民主联邦宪法》。2015 年 12 月，地区议会"叙利亚民主理事会"成立。2016 年 1 月，建立了第四个省：沙赫巴省。2016 年 3 月 17 日，北叙利亚民主联邦正式宣布成立。2016 年 12 月，"叙利亚民主理事会"召开会议，批准了新宪法。

内战期间，库尔德政党和组织大量成立，并纷纷建立自己的独立武装。其中，民主联盟党的"人民保卫军"和"妇女保卫军"规模最大，人数达 5 万人，实力最强。库尔德全国委员会也建立了武装组织"努贾瓦敢死队"，规模约 5000 人。库尔德武装是得到美国支持的"叙利亚民主军"（Syrian Democratic Forces，SDF）的核心队伍，充当了西方打击"伊斯兰国"的先锋和地面主力。

需要指出的是，库尔德党派并不统一，帮派林立，意识形态分歧严重，而且大多与境外国家和组织有密切联系。比如民主联盟党并未加入库尔德全国委员会，两者严重对立，甚至爆发军事冲突。库尔德全国委员会因其反对民主联盟党的立场，在叙利亚的影响力日趋下降。2016 年 2 月，库尔德民

---

① "民主社会运动"成员包括民主联盟党、叙利亚团结党（SUP）、叙利亚库尔德民主和平党（PADKS）和叙利亚库尔德自由联盟党（PYLK）。

主团结党等 5 个党派宣布脱离库尔德全国委员会。

在叙利亚内战中，库尔德人扮演了特殊角色。其中，库尔德人扮演的三种角色对叙利亚局势有着重要影响，在叙利亚政府与反政府武装者之间扮演中立者的角色。库尔德人对政府军并未持完全反对态度，虽然也与政府军爆发过多次冲突，但并未直接与之大规模对抗。这在一定程度上缓解了巴沙尔政府的压力，是军事对抗极端组织"伊斯兰国"的先锋和主力。"伊斯兰国"崛起后，由于种种原因，很长一段时间内各方并未尽力针对该组织采取大规模军事行动，这也是该组织得以长期存在的重要原因。"伊斯兰国"侵占了库尔德人的大片土地，因此二者水火不容。再加上美国等西方国家不愿动用地面部队直接与"伊斯兰国"对垒，为此转而支持叙利亚库尔德人充当军事打击"伊斯兰国"的主力，并向其提供大量军事和经济援助。库尔德人为了争取国际支持尤其是西方的支持，也愿意扮演这一角色。第三种角色美国的主要盟友。成为美国的盟友，是库尔德人不得已的选择。在成立自治政府后，库尔德人面临各方面的压力，尤其是来自土耳其和巴沙尔政府的巨大军事压力。争取美国的支持成为库尔德人自保的首要选择。而美国借助库尔德人在叙利亚库尔德地区立足并建立军事基地，不仅借助库尔德武装有力打击"伊斯兰国"等恐怖组织，也利用库尔德人作为美国参与叙利亚战后政治安排、分一杯羹的有力筹码。

三 域内外国家对叙利亚库尔德问题的政策

域内外国家对库尔德问题的政策存在较大差异，在叙利亚内战中随战局变化不断进行调整。总体上，库尔德人主要分布的国家对叙利亚国内库尔德人的独立倾向及与其本国境内库尔德组织的联系较为警惕，域外大国则选择性地利用库尔德武装谋取自身利益。

1. 叙利亚政府

"阿拉伯之春"以来，叙利亚政府对库尔德人的压制政策有所松动。2011 年 4 月巴沙尔宣布给予登记在册的"外国人"国籍后，"无国籍"库

尔德人问题在一定程度上得到解决。叙利亚政府对库尔德人也有利用的一面，甚至一度与之联合打击"伊斯兰国"。对叙利亚政府而言，当前首要敌人并非库尔德人，而是"叙利亚自由军"和"伊斯兰国"。而库尔德人虽宣布自治并建立北叙利亚民主联邦，但一直强调不从叙利亚分裂出去。因此，双方有妥协的余地。不过，总体上，叙利亚政府对库尔德人追求自治或独立的努力持反对态度。2016年1月，叙利亚常驻联合国代表巴沙尔·贾法里在日内瓦会谈中对叙利亚库尔德地区的自治或联邦制表示反对。① 同年8月，双方在叙利亚北部哈塞克省多次交战②。叙利亚政府军在当时压力较大的情况下选择妥协让步。叙利亚政府对自治区虽然反对，但并未采取军事行动。2017年以来，随着"伊斯兰国"的逐步瓦解以及叙利亚政府军绝对优势的逐步确立，叙利亚政府对库尔德武装的态度开始变得强硬起来。美军在库尔德地区的存在对叙利亚政府军收复库尔德地区构成了严重制约。2018年土耳其政府对阿夫林地区采取的军事行动，为叙利亚政府提供了契机③，库尔德人主动将一些阵地移交给政府军。

2. 土耳其

在叙利亚邻国中，土耳其政府对叙利亚库尔德人最为警惕，总体上采取打击和限制政策。由于叙利亚库尔德地区与土耳其接壤，叙利亚库尔德人与土耳其库尔德人有着天然的联系，大量叙利亚库尔德人为土耳其裔，再加上民主联盟党与土耳其库尔德工人党之间的特殊关系，因此土耳其对叙利亚库

---

① "Syria's Man at Geneva Talks Warns Kurds to Forget about Claiming Self-rule," January 30, 2016, http：//www. rudaw. net/english/middleeast/syria/310120162，最后访问日期：2018 年 5 月 2 日。

② Wladimir van Wilgenburg, "U. S. -Backed Kurds to Assad Forces：'Surrender or Die'," August 23, 2016, https：//www. thedailybeast. com/us－backed－kurds－to－assad－forces－surrender－or－die；Scott Lucas, "Syria Daily：Regime Fighting with Kurds Continues in Hasakah," August 20, 2016, http：//eaworldview. com/2016/08/syria－daily－regime－fighting－with－kurds－continues－in－hasakah/，最后访问日期：2018 年 5 月 2 日。

③ Kareem Shaheen, "Kurds Call on Syrian Regime to Intervene in Afrin Battle," January 25, 2018, https：//www. theguardian. com/world/2018/jan/25/kurds－call－on－syrian－regime－to－intervene－in－afrin－battle，最后访问日期：2018 年 5 月 2 日。

尔德人的动向格外关注。土耳其一再强调，民主联盟党实际上就是库尔德工人党的分支，因此是一个恐怖组织。土耳其政府还反对任何外国政府与民主联盟党开展合作，对美国与民主联盟党的密切合作持强烈反对态度。对土耳其而言，民主联盟党的不断发展壮大以及北叙利亚库尔德自治区的建立，都意味着库尔德工人党的境外扩张，意味着叙利亚战争后库尔德工人党势力的膨胀。土耳其对叙利亚政策的目标最初是支持叙利亚反对派推翻巴沙尔政权。但随着库尔德势力的日益兴起，土耳其的政策与目标也在转移。2016年未遂军事政变后，随着俄罗斯的军事介入，土耳其将打击和限制库尔德人的发展作为对叙利亚政策的首要目标。

针对库尔德人的内部分歧，土耳其采取"分而治之"的政策来分化瓦解库尔德人。土耳其采取多种手段打击被其称为库尔德工人党分支的库尔德民主联盟党及其主导的北叙利亚民主联邦。土耳其高度警惕叙利亚库尔德独立运动对土耳其国内库尔德人造成的影响，尤其是与库尔德工人党相关的活动。在叙利亚内战前，土耳其就曾多次越境大规模打击伊拉克境内的库尔德工人党。"伊斯兰国"被击溃前，土耳其顾虑美国视包括"叙利亚民主军"在内的库尔德武装为反恐盟友，并未大力予以打击，但谴责对美国对其的支持。土耳其对叙利亚也多次越境打击，发动了"幼发拉底之盾"（Operation Euphrates Shield）等军事行动。叙利亚境内的"伊斯兰国"势力被基本清除后，土耳其对库尔德武装的打击更为猛烈。2018年4月，土军及其支持的"叙利亚自由军"（Free Syrian Army，SFA）发动"橄榄枝行动"（Operation Olive Branch），占领阿夫林市，"叙利亚民主军"撤出阿夫林市。2018年1月至今，土耳其出动空军和地面部队进攻阿夫林地区，支持"叙利亚自由军"攻击民主联盟党和"人民保卫军"。目前，土军已控制阿夫林地区，库尔德人被迫东撤。土军还威胁要攻打曼比季地区。土耳其采取军事行动，一方面是要打击库尔德人，警告美国不要大力支持库尔德武装；另一方面是为了抢占地盘，试图影响战后政治安排。对于叙利亚库尔德全国委员会，土耳其的政策是招抚与利用为主。土耳其为叙利亚库尔德全国委员会提供支持以对抗民主联盟党的扩张，土耳其支持的叙利

亚反对派也称叙利亚库尔德全国委员会真正"代表叙利亚的库尔德人"①。当然，这种支持在土耳其警惕库尔德人发展壮大的前提下必然是有限的，库尔德全国委员会曾因"没有库尔德人的席位"而威胁要退出土耳其主导的叙利亚全国联盟（Syrian National Coalition，SNC）②。最终库尔德全国委员会仍加入了叙利亚全国联盟。对此，民主联盟党予以猛烈抨击。

3. 美国

美国对库尔德人一直采取机会主义政策，进行选择性利用。冷战时期，苏联支持解放被压迫民族，因此库尔德民族运动与苏联密切相关。为遏制苏联影响，美国也拉拢库尔德人，通过扶持亲苏政权国内的库尔德政党和组织来削弱苏联盟友。此类支持既不真诚，也不持久，如伊拉克的库尔德民主党仅获得短暂支持，局势缓和后即被抛弃。美土盟友关系也影响美国对库尔德人的支持。在土耳其的要求下，美国将库尔德工人党列为恐怖组织。对叙利亚库尔德人，美国采取的也是利用政策。对美国而言，叙利亚库尔德人有两大价值：一是作为反恐盟友，二是作为影响叙利亚局势和插手叙利亚事务的工具。奥巴马和特朗普政府都利用叙利亚库尔德人作为打击"伊斯兰国"的地面主力，并为叙利亚库尔德民主联盟党提供武器和军事训练等援助，赞扬库尔德人在反恐战争中的表现。美国并不支持叙利亚库尔德人独立，对是否支持库尔德人自治态度也不明朗，但总体上支持改善库尔德人的地位。美国对叙利亚库尔德人的支持，引起叙利亚和土耳其等国的警惕，它们担心叙利亚北部库尔德地区成为当年伊拉克北部库尔德地区建立国中之国的翻版。为此，围绕叙利亚库尔德问题，土美矛盾不断激化。

---

① "Syrian Opposition Chief Says Barzani-backed ENKS Represent Syria's Kurds," April 5, 2016, http://ekurd.net/syrian-opposition-enks-kurds-2016-04-05，最后访问日期：2018年5月6日。

② Hisham Arafat, "Kurdish National Council Excluded from Turkey-based Syrian Opposition," July 13, 2016, http://www.kurdistan24.net/en/news/02510c0a-3aea-4b59-9d45-6d8a74b0c8bb/Kurdish-National-Council-excluded-from-Turkey-based-Syrian-opposition，最后访问日期：2018年5月6日。

4. 俄罗斯

俄罗斯对叙利亚库尔德人的政策比较暧昧。① 一方面，俄罗斯政府与叙利亚中央政府保持盟友关系，俄政府明确表示维护叙利亚国家统一，反对库尔德人独立；另一方面，俄罗斯又与库尔德人保持一定的联系，在叙利亚北部开展合作，同意叙利亚库尔德人参与叙利亚和平进程，邀请库尔德组织参加于2017年底在索契举行的叙利亚全国和解大会，并允许民主联盟党在俄设立办事处。2017年3月，民主联盟党宣布与俄罗斯签署了合作协议，俄罗斯将在阿夫林地区建立一个军事基地并训练"人民保卫军"。② 历史上，库尔德人是苏联和俄罗斯在中东"一张重要的牌"。该地区几乎都与俄罗斯有着紧密关系。对俄罗斯而言，叙利亚库尔德人实力强大，库尔德地区地理位置重要并拥有石油，因此不愿轻易拱手让与美国。鉴于俄罗斯在叙利亚的影响力，库尔德人也在竭力争取俄罗斯的支持。但库尔德人对俄罗斯较为失望。一方面，俄罗斯未能向叙利亚库尔德人提供军事支持；另一方面，俄罗斯在关键时刻总是牺牲库尔德人的利益，在库尔德人面临来自"伊斯兰国"、叙利亚政府和土耳其的军事威胁时俄罗斯并未提供保护。2018年初，土耳其出兵阿夫林地区，很大程度上得到了俄罗斯的首肯。为此有库尔德人声称，库尔德人被俄罗斯再次出卖。③ 库尔德人指责是俄罗斯施压要求其将阿夫林移交给土耳其。④

① Andrew Korybko，"Russia's Delicate Dance with the Syrian Kurds," September 12, 2017, https：//orientalreview. org/2017/12/09/russias – delicate – dance – syrian – kurds/，最后访问日期：2018年6月1日。
② "Syrian Kurds Say Russia to Build Base in Afrin," March 21, 2017, https：//www. aljazeera. com/news/2017/03/russia – strikes – deal – syrian – kurds – set – base – 170320142545942. html，最后访问日期：2018年6月1日。
③ "Russia Betrayed the Kurds in Syria," http：//www. eurasiareview. com/27052018 – russia – betrayed – the – kurds – in – syria – oped/，最后访问日期：2018年6月1日。
④ Edwin Mora，"Syrian Kurds：Russia Pressured Us to Give Afrin to Assad 'One Day' before Turkish Attack," February 5, 2018, http：//www. breitbart. com/national – security/2018/02/05/syrian – kurds – confirm – russians – pressured – them – to – give – afrin – region – to – assad – one – day – before – turkish – attack/，最后访问日期：2018年6月1日。

四　未来前景

目前，北叙利亚民主联邦面积约 49854 平方公里，人口 400 万人左右，[①][②]占叙利亚总人口的 16.9%。[③] 库尔德人口过半[④]，阿拉伯人为少数群体，其余则是亚美尼亚人、雅兹迪人、土库曼人等少数民族。北叙利亚民主联邦 2016 年颁布的《北叙利亚民主联邦社会契约》[⑤]，认为北部联邦政府过渡到联邦制是叙利亚库尔德问题最好的解决方法；民主联盟党并不追求分裂和独立，但要求地方自治。北叙利亚民主联邦内多语种、多民族和多宗教信仰共存；以直接民主为主，根据地区人口构成确定各民族在联邦各行政机构中的代表比例，各族群享有一定的自决权；州的官方语言包括库尔德语、阿拉伯语和阿拉米语。北叙利亚民主联邦主要产业为农业和石油生产。石油是当地主要收入来源，日产原油约 4 万桶[⑥]。该地区出产粮食、棉花和肉类，区域生产总值占叙利亚国民生产总值的 40% 以上，出口额占全国的 70%。[⑦]

---

① Information File, May 2014, Kongreya Neteweyî ya Kurdistanê-Kurdistan National Congress, https：//peaceinkurdistancampaign. files. wordpress. com/2011/11/rojava – info – may – 2014. pdf. p. 14，最后访问日期：2018 年 5 月 2 日。

② "A Mountain River Has Many Bends：An Introduction to the Rojava Revolution. Excerpted from a Small Key Can Open a Large Door：The Rojava Revolution," http：//tangledwilderness. org/pdfs/ amountainriver – web. pdf. 最后访问日期：2018 年 5 月 2 日。

③ https：//syriancivilwarmap. com/war – statistics/，数据为截至 2018 年 4 月的面积占比，最后访问日期：2018 年 5 月 2 日。

④ Fabrice Balanche, "Rojava's Sustainability and the PKK's Regional Strategy," August 24, 2016, http：//www. washingtoninstitute. org/policy – analysis/view/rojavas – sustainability – and – the – pkks – regional – strategy，最后访问日期：2018 年 5 月 8 日。

⑤ "The Social Contract," https：//peaceinkurdistancampaign. files. wordpress. com/2014/03/english – version_ sc_ revised – 060314. pdf，最后访问日期：2018 年 5 月 7 日。

⑥ "A Mountain River Has Many Bends：An Introduction to the Rojava Revolution. Excerpted from a Small Key Can Open a Large Door：The Rojava Revolution," http：//tangledwilderness. org/pdfs/ amountainriver – web. pdf，最后访问日期：2018 年 5 月 2 日。

⑦ "A Mountain River Has Many Bends：An Introduction to the Rojava Revolution. Excerpted from a Small Key Can Open a Large Door：The Rojava Revolution," http：//tangledwilderness. org/pdfs/ amountainriver – web. pdf，最后访问日期：2018 年 5 月 2 日。

　　但新兴的北叙利亚民主联邦也面临多重问题。首先，土耳其及其支持的"叙利亚自由军"的军事打击。目前由于地面军事行动和空袭，北叙利亚民主联邦控制地区已有所缩小，大量民众逃离阿夫林等地重新沦为难民。其次，一系列经济社会问题也影响着北叙利亚民主联邦的发展。多年内战和"伊斯兰国"的占领对经济社会造成了巨大破坏，与之接壤的土耳其对北叙利亚民主联邦实行经济和军事封锁，民主联盟党也未制订具体明确的战后重建经济计划。① 虽通过公社合作等方式促进经济发展，但在石油输出渠道面临土耳其和政府军两方面威胁下，北叙利亚民主联邦仍缺乏长期稳定的经济来源；大量难民的涌入加重了经济负担。经济不稳定影响政权巩固。北叙利亚民主联邦分为三个地理上并不连贯的大区，阿夫林地区相对于其他区孤悬西部，与土耳其距离较近，也是被首先攻击的目标。共同的语言和文化是民族凝聚力的重要来源。但经过各国多年的阿拉伯化和强制同化政策，库尔德人的语言文化普及度低，库尔德语在中东的使用率也远低于阿拉伯语。北叙利亚民主联邦内大兴库尔德语教育，民众却不得不担忧库尔德语在升学就业等方面不如阿拉伯语占优势。② 另外，库尔德人内部不同政党之间的分歧也削弱了北叙利亚民主联邦吸纳人口的能力和对外话语权、代表权。除领导北叙利亚民主联邦的库尔德民主联盟党，还有多个由不同势力支持的库尔德政党和民间团体，民族团结性不强，时常内讧，甚至发生暴力冲突。这对于联合起来为库尔德人在阿斯塔纳和谈、日内瓦和谈或是其他与政府军、反对派的谈判中争取一席之地，无疑是不利的。民族内部在利益和目标上的分歧也增加了政治谈判和平解决库尔德问题的难度。最后，大国尤其是美国支持的可靠性也存疑。特朗普政府对库尔德人的政策主要是利用，不会支持其独立。如对土军进攻阿夫林，美国并未出手救援。

---

① Maksim Lebsky, "The Economy of Rojava"，原文为俄文，发表于 2016 年 3 月 17 日，转引自 https：//cooperativeeconomy. info/the－economy－of－rojava/，最后访问日期：2018 年 5 月 7 日。

② Omar Abdallah, "Hassakeh Schools Switch to Kurdish Language Education," November 24, 2015, https：//www. newsdeeply. com/syria/articles/2015/11/24/hassakeh－schools－switch－to－kurdish－language－education，最后访问日期：2018 年 5 月 6 日。

从目前来看，叙利亚库尔德问题的解决还存在一定的不确定性，主要有三个原因：第一，叙利亚战争仍在继续，战局最终如何结束，何时结束，还是一个未知数，不确定性因素很多；第二，叙利亚向何处去仍是一个未知数，是实现国家统一还是割据分裂，都未可知，都存在可能性；第三，各方对叙利亚库尔德人的政策还不明朗，仍存在博弈。

不过，关于叙利亚库尔德人的未来，有两点是可以确定的：一是叙利亚库尔德人不会独立建国；二是叙利亚库尔德人在叙利亚战后政治安排中的政治地位将有所提升。现有的自治地位能否保留，并在叙利亚实现联邦制，还存在很大不确定性。叙利亚政府对自治区和联邦制都持反对态度。叙利亚政府过去一直实行"大阿拉伯主义"的同化政策，但内战至今已七年有余，北叙利亚民主联邦建立也已有四年，数年中库尔德人的民族意识不断增强，自身实力也大大提升，仅仅承认少数民族地位和放宽民族政策恐怕难以满足库尔德人的需求。联邦制是库尔德民主联盟党最为倾心的解决方案。《北叙利亚联邦社会契约》规定自治区是叙利亚不可分割的一部分，但也要求国家克服沙文主义和解决歧视性政策的遗留问题。① 联合国叙利亚问题特使德米斯图拉也将联邦制纳入考虑范围，但叙利亚反对派表示不可接受②。联邦制的实行需要叙利亚国内各方妥协，也需要考虑邻国特别是土耳其的感受。如果继伊拉克之后，叙利亚库尔德人又建立自治区，那必将强烈刺激土耳其和伊朗。因此，叙利亚库尔德人虽借内战之乱建立了自治区，但最终要取得合法地位仍路途遥远。

---

① "The Social Contract," https：//peaceinkurdistancampaign. files. wordpress. com/2014/03/english – version_ sc_ revised – 060314. pdf，最后访问日期：2018 年 5 月 7 日。

② "Syria Civil War：Key Powers 'Consider Federal Division'," https：//www. aljazeera. com/news/ 2016/03/syria – civil – war – key – powers – federal – division – 160311072916545. html，最后访问日期：2018 年 5 月 9 日。

Y.4
化武危机与大国在叙利亚博弈的新动向

马学清[*]

摘　要：　2018 年 4 月 7 日，叙利亚再次发生化武袭击事件，美英法等西方国家发动了对叙利亚政府军目标的空袭。化武危机反映了叙利亚战争相关各方角逐战局主导权的斗争，表明随着叙利亚战争局势向有利于叙利亚政府军的方向发展，域内外大国在叙利亚的博弈加剧。中国一贯主张政治解决叙利亚问题，维护叙利亚的国家主权和领土完整，积极参与叙利亚问题的国际谈判，为叙利亚难民提供急需的人道主义援助，积极参与叙利亚战后重建。

关键词：　化武危机　叙利亚　博弈　战后重建

一　叙利亚战争中的化武危机

化学武器具有毒性强、持续时间长、杀伤范围广泛、杀伤力强等特性，对敌人具有巨大的心理威慑力。第一次世界大战中，参战各方大规模使用化学武器杀伤敌人，西方国家对化学武器的使用留下了惨痛的记忆。因此，一战以后世界各国都强烈反对使用化学武器，视之为人类公敌，致力于推动禁止使用化学武器。尽管如此，在第二次世界大战以及之后的越南战争等局部战争中，都不乏法西斯国家或者西方国家在战争中使用化学武器的记录，遭

＊　马学清，中国社会科学院西亚非洲研究所助理研究员，研究方向为中东历史及文化问题。

到了世界各国人民的谴责。在中东，历次战争中也不乏使用化学武器的记录，特别是在两伊战争和伊拉克内战中，化学武器给战区人民造成了巨大的伤害。1993 年，《禁止化学武器公约》正式签署，世界各国相继加入该条约。截至 2015 年，一共有 192 个国家签署了该条约，覆盖了全世界约 98% 的人口和土地以及全世界 98% 的化学工业，由此禁止化学武器组织成为有史以来成长最为迅速的国际裁军组织。《禁止化学武器公约》促使世界各国接受了反对、禁止、抛弃化学武器的观念和立场。但是，自叙利亚战争爆发以来，先后发生数起大规模的化学武器袭击事件，引起国际社会的震惊，遭到强烈谴责。

2013 年 8 月 21 日，叙利亚首都大马士革郊区的东古塔地区发生一起化学武器袭击事件，造成了大量的人员伤亡，国际社会对此强烈谴责，美国指责叙利亚政府制造了化武袭击事件，法国总统奥朗德积极推动美国对叙利亚政府军实施军事打击。面对强大的国际压力，在俄罗斯的调解下，叙利亚政府接受了联合国调查。在此次化学武器袭击事件之前，联合国叙利亚问题独立调查委员会刚刚发布报告称，委员会有"适当理由"认为，数量有限的化学武器在叙利亚被使用。然而，委员会在报告中并未确认被使用的是何种化学物质及其使用者。[1] 经过联合国调查，2013 年 9 月 27 日，安理会一致通过决议，授权禁止化学武器组织对叙利亚存在的化学武器进行核查和销毁。[2] 美国总统奥巴马要求叙利亚全面放弃化学武器以避免遭到军事打击，同时加强了对叙利亚反对派的武器援助。

为了避免遭到西方国家的武力打击，叙利亚政府迅速接受了联合国决议，决定放弃储存的化学武器。在禁止化学武器组织的监督实施下，叙利亚政府销毁了境内的 1300 多吨化学武器。2013 年 10 月，禁止化学武器组织确认叙利亚境内的化学武器生产和组装设备全部被销毁，叙利亚同时也加入了禁止化学武器组织，也就是说，叙利亚政府军失去了所有化学武器及其生产能力。

---

① 联合国网站，https：//news. un. org/zh/story/2013/06/195162。
② 联合国网站，https：//news. un. org/zh/story/2013/09/201922。

2017 年 4 月，叙利亚西北部伊德利卜省的汉谢洪（Khan Sheikhun）地区再次发生化学武器袭击事件，美英等西方国家和叙利亚反对派指责叙利亚政府军制造了这次事件，但叙利亚政府予以否认，叙利亚总统巴沙尔接受法新社专访时指责西方国家捏造了化学武器袭击事件。新任美国总统特朗普指责叙利亚政府已经触动美国划定的化学武器"红线"，将对叙利亚发动军事打击。4 月 7 日，在联合国尚未展开调查之前，美国使用 59 枚巡航导弹袭击了叙利亚沙伊拉特（Shayrat）空军基地，摧毁了叙利亚政府军的军事设施。美军在发动袭击之前，向俄罗斯军队通报了美军行动，以避免伤及俄罗斯军事目标。特朗普以军事打击表明了自己在叙利亚问题上的强硬态度，同时表明其与奥巴马在叙利亚问题上的软弱作为彻底决裂。

2018 年 4 月 7 日，叙利亚首都大马士革附近的东古塔地区发生疑似化学武器袭击事件。4 月 13 日，美国以此为借口，联合英国和法国军队对叙利亚大马士革和霍姆斯三处涉化武地点实施精确打击，对叙利亚政府军目标发动空袭。这次空袭动用了 100 多枚先进导弹，目标多达三处，强度和力度大大超过 2017 年对叙利亚的空袭。美国总统特朗普强调，一旦叙利亚再次使用化学武器，美国将再次对其发动攻击。

叙利亚战场多起发生化学武器袭击事件，特别是 2017 年和 2018 年的两起事件发生在战场形势大大有利于政府军的背景之下，表明反对派武装图谋以化武袭击事件为契机扭转战场形势，美俄等参与方的反应集中体现了各方在叙利亚政治舞台上即斗争又合作的博弈态势。

（一）叙利亚反对派武装和在叙利亚活动的国际救济组织是此次化武事件的主要推手，意图借此机会加强美国等西方国家对叙利亚的武力介入，从而达到在叙利亚战场上扭转战局的目的

2017 年以来，叙利亚政府军取得了重大胜利，收复了大部分国土，全面胜利指日可待。2018 年初，叙利亚政府军对东古塔地区的反对派武装和恐怖分子展开了大规模的军事行动。4 月初，在政府军即将取得胜利之际，

叙利亚反对派武装"伊斯兰军"和在当地活跃的国际救济组织宣称东古塔地区多处遭到化武袭击。叙利亚暴力侵犯记录中心（Violations Documentation Center，VDC）① 发布报告指责叙利亚空军向东古塔地区的红新月目标发射了含有化学物质的导弹，叙利亚美国医学会②、医疗护理和救济组织联盟、杜马革命、叙利亚人权观察组织（Syrian Observatory for Human Rights）③、"白头盔"组织（Syria Civil Defence）④ 等也发布了相似的化武袭击报告，都指责是叙利亚政府军制造了这些化武袭击事件。尽管禁止化学武器条约组织宣布将向遭到袭击的地区派遣专家调查组，但是美、英、法在禁止化学武器条约组织发布调查结果之前就以此为借口对叙利亚政府军目标发动了空袭。

（二）叙利亚政府军竭力证明自己清白，避免再次遭到西方国家的军事打击，以免即将到手的胜利果实旁落他手

反对派武装爆出化学武器袭击的消息后，叙利亚政府坚决否认发动化学武器袭击，对反对派武装和美英对其使用化学武器的指控逐一进行了反驳。首先，叙利亚政府于2013年10月正式加入了《禁止化学武器公约》，并在联合国监督下销毁了境内的化学武器，叙利亚政府军已经没有化学武器，并失去了制造化学武器的能力。其次，美国明确划定了化学武器"红线"，在取得决定性胜利的情况下，叙利亚政府军没有必要触碰美国划定的"红线"；再次，叙利亚政府军得到了俄罗斯的全力支持，尽管俄罗斯政府也宣布将从叙利亚撤军，但其仍将保留塔尔图斯军港和赫梅明空军基地，美俄在叙利亚的矛盾进一步升级不符合叙利亚政府的利益；最后，叙利亚政府军收复东古塔的战斗已经取得胜利，政府军完全没有必要使用大规模杀伤性武器从而招致国际社会谴责。与政府军恰恰相反，在军事上遭受重挫的反政府武

---

① http：//vdc－sy. net/en/.
② https：//www. sams－usa. net/.
③ http：//www. syriahr. com/en/.
④ http：//www. syriacivildefense. org/.

装有强大的动机通过化学武器事件使西方国家有借口打击政府军，从而获得在战场上翻盘的机会。

（三）美英法的空袭是一次相当有节制的军事行动，既宣示了西方国家对叙利亚战争的发言权，保持了对巴沙尔政府的军事压力，又小心翼翼地避免了与俄罗斯的直接军事对抗，显示了美俄在叙利亚默契合作的一面

美国总统特朗普在叙利亚的战略目标与主要内容包括消灭"伊斯兰国"组织、遏制伊朗在叙利亚继续坐大并制止化学武器的使用，同时力图避免大规模的地面部队军事介入。2018 年 3 月 29 日，特朗普在一次演说中进一步阐述了美国对叙利亚的政策是快速撤出叙利亚，① 表明了美国在叙利亚博弈中逐步退缩的态势。

1. 叙利亚政府军损失有限，叙利亚战争的基本走向不会改变

美国从威胁要发动打击到具体实施，经过了两天时间的酝酿，这对叙利亚政府军和在叙利亚的俄罗斯与伊朗的武装力量无疑是一段重要的缓冲期。在这段时间里，叙利亚军队将重要的军事目标转移到了塔尔图斯和赫梅明的俄罗斯空军基地，并置于俄军 S-400 地对空导弹的保护伞下。此外，叙利亚重要的陆军基地和武装力量指挥及控制中心也撤到了安全地点。所以，尽管美军发动了比上一次规模更大的袭击，但是并没有对叙利亚政府军造成重大损失，根据叙利亚政府提供的消息，仅有 6 名士兵受伤，无人死亡。美军空袭后不久，叙利亚军方即宣布全面收复东古塔地区，巴沙尔政权在俄罗斯和伊朗的支持下，仍然相当稳固。尽管如此，美国此后仍然有可能对叙利亚发动类似的军事打击，甚至有美国议员要求美军对巴沙尔实施斩首行动。

2. 美俄避免直接军事接触，叙利亚战争不至于升级为美俄直接冲突

美国将对叙利亚的军事打击定位为有限的、精准的军事行动，避开了俄军军事基地和防空导弹防区。在行动之前，美国向俄罗斯通报了要发动导弹

---

① https：//edition.cnn.com/2018/03/29/politics/trump - withdraw - syria - pentagon/index.html.

打击的消息，俄罗斯重要的军事装备撤出了塔尔图斯军事基地。因此，美军的打击行动没有波及俄罗斯在叙利亚的军事存在，以免引起俄罗斯的激烈反应。俄罗斯对此次导弹袭击的反应也相当有分寸。在袭击发生前，俄罗斯多次表态对任何袭击都将做出猛烈的回击；但是袭击发生后，俄罗斯仅仅在口头上表示了愤怒，并没有做出实质性的回击。美国与俄罗斯小心翼翼地避免在叙利亚发生直接军事冲突。

3. 反对派武装借此鼓舞士气，但是无法避免失败的命运

叙利亚反对派阵营借助外力，特别是美、英、法等西方国家的军事支持打击巴沙尔政府。美英对叙利亚的空袭无疑给反对派武装打了一剂强心针，但是战争的天平已经大大倾向政府军方面，有限的军事行动并不能改变战争的结局。

二 域内外大国博弈叙利亚的主要阶段

叙利亚战争自爆发以来已经发生了三次化学武器危机，对事件真相的调查都不了了之。从各方的反应来看，化武袭击事件仅仅是表象，各参与方争夺叙利亚政局的主导权是问题的实质。以此为纬，可以把外部势力博弈叙利亚划分为四个阶段。

（一）第一个阶段：2011年3月至2013年8月①

叙利亚内战一开始，外部势力即介入叙利亚危机，沙特阿拉伯为首的阿拉伯国家联盟、土耳其以及英美等西方大国支持叙利亚反对派，组成反巴沙尔政府阵营；巴沙尔政府主要得到来自俄罗斯的支持。两大阵营既支持双方在战场上厮杀，同时也在联合国框架内激烈博弈。俄罗斯和中国在联合国框架内于2011年8月和10月、2012年1月和2月四次行使否决权，使叙利亚避免遭到以美国为首的多国部队得到联合国授权的军事打击，反巴沙尔阵营在

---

① 刘中民：《外部力量干预与叙利亚危机的多层博弈》，《澎湃新闻》2018年5月15日。

联合国框架内受挫。不久，法国总统萨科奇在美国、欧盟成员国和阿拉伯国家联盟主要成员国的支持下提出召开"叙利亚之友"大会，其主要目的是为叙利亚反对派谋求国际支持。叙利亚主要反对派组织参加了大会，但是叙利亚政府、俄罗斯和中国没有出席。"叙利亚之友"大会分别于2012年2月在突尼斯和2013年4月在土耳其召开了两次会议，美国承诺再向叙利亚反对派提供价值约1.23亿美元的物资援助及非杀伤性武器装备，总额达2.5亿美元。

（二）第二个阶段：2013年8月至2015年9月

这一阶段始于第一次东古塔化学武器袭击事件，终于俄罗斯出兵叙利亚。代理人战争和围绕反恐问题的博弈构成支持叙利亚政府和叙利亚反对派的两股外部力量斗争的主要内容。

2013年8月，东古塔曝出化学武器袭击事件后，西方国家认定叙利亚政府已经触碰化学武器"红线"，计划对叙利亚政府军发动军事打击。经过美、俄的外交斡旋，叙利亚政府接受了"化武换和平"方案，放弃了化学武器，签署了《禁止化学武器公约》，反对派组织推动西方国家对叙利亚政府军动武的图谋未能实现。第一次东古塔化武危机后，美国主导的外部力量放弃以战争方式干预叙利亚危机，双方各自支持反对派和政府军的代理人战争，美国主要负责对叙利亚反对派提供武器和培训，沙特等地区国家提供资金支持。

2014年6月，"伊斯兰国"强势崛起，成为叙利亚危机中一支新的强大力量，巴沙尔政权陷入朝不保夕的困境。由于"伊斯兰国"的恐怖政策，反恐成为叙利亚战争的一大主题，美国、俄罗斯、沙特阿拉伯在反恐名义下形成各自主导的反恐联盟，并以此进行地缘政治博弈。

（三）第三个阶段：2015年9月至2017年4月

这个阶段始于俄罗斯军事介入叙利亚战争，终于2017年4月叙利亚再次爆发化学武器危机。这一时期俄罗斯支持叙利亚政府军扭转了战局，反对派势力式微。

2015年9月，俄罗斯声称受到叙利亚政府邀请，开始对叙利亚境内的

"伊斯兰国"目标展开大规模空袭，这标志着叙利亚危机进入了有利于叙利亚政府的新阶段。俄罗斯的军事介入扭转了叙利亚战局、推动叙利亚危机重回政治解决轨道，同时也使俄罗斯实现了摆脱乌克兰危机压力、重返中东等多重战略目标。

在俄罗斯军队的支持下，叙利亚政府军接连取得重大胜利，先后收复了阿勒颇、霍姆斯等重要城市。美俄在反恐问题上达成一致，"伊斯兰国"遭到沉重打击。

2016年8月9日，埃尔多安在粉碎军事政变后访问俄罗斯，土耳其与俄罗斯实现和解，双方在叙利亚问题上达成重要共识。俄罗斯对土耳其打击叙利亚北部地区库尔德武装采取中立政策，土耳其则放弃推翻巴沙尔政权的立场。双方在叙利亚问题上结成新的联盟，加上大力支持巴沙尔政府的伊朗，三国结成支持巴沙尔政府的联盟，成为叙利亚博弈中的重要组合，推动叙利亚危机实现政治解决。

在美国与俄罗斯的合作下，2015年，先后召开了两次叙利亚问题外长会议，为叙利亚危机寻求政治解决方案。同年底，联合国安理会通过了第2254号决议，就叙利亚政治过渡提出6个月内停火并组建联合政府、18个月内起草新宪法并进行自由选举的"和平路线图"。这是2013年以来联合国安理会首次就叙利亚"和平路线图"达成一致。2016年2月，美国与俄罗斯宣布叙利亚内战停火协议，叙利亚政府军和反对派表示接受。2016年3月，联合国主导的叙利亚问题日内瓦和谈启动，但是由于反巴沙尔阵营坚持以巴沙尔下台为和谈先决条件，日内瓦和谈举步维艰，未能取得重大突破。

（四）第四个阶段：2017年4月至今

2017年4月，新任美国总统特朗普以叙利亚政府军发动化学武器袭击为由对叙利亚政府军的军事打击，2018年再次发动军事打击，尽管美国实现了对叙利亚的直接军事介入，但从细节看，更多地展现了美俄在叙利亚危机中的默契和合作，巴沙尔政府及其阵营占据着主动权。

由于各方分歧严重，日内瓦和谈迟迟不能取得有效成果，而支持叙利亚政府的俄罗斯、伊朗等外部力量组织的阿斯塔纳和谈在叙利亚实现停火和建立停火监督机制问题上取得明显成果。2017 年 5 月 4 日，第四轮叙利亚问题阿斯塔纳和谈签署了"冲突降级区"备忘录，以降低冲突烈度，缓解人道主义危机。这是美俄双方达成的妥协方案，同时也意味着美国同意俄罗斯主导"冲突降级区"的工作，加速了叙利亚政府军打击恐怖主义的军事行动取得胜利。2017 年 11 月 22 日，俄罗斯、土耳其、伊朗三国总统在俄罗斯南部城市索契举行会谈，就叙利亚问题的最新进展、出路等一系列问题交换意见并签署联合声明。

在战场上，叙利亚政府军也取得了一系列重要胜利，2017 年先后收复了霍姆斯、拉卡等地，年底宣布彻底击溃"伊斯兰国"组织。进入 2018 年以来，叙利亚战争已经进入收尾阶段，叙利亚政府军继在年初收复大马士革郊区的东古塔地区之后，又发动了收复德拉的战役，于 2018 年 7 月收复了德拉。至此，叙利亚政府军控制了大部分国土，牢牢掌握了叙利亚战争的主导权。

三　外部势力博弈叙利亚的最新动向

（一）俄罗斯继续主导叙利亚局势

叙利亚是俄罗斯在中东的传统盟友。自叙利亚战争爆发以来，俄罗斯给予叙利亚政府政治、经济和军事等多方面的支持，并七次否决了不利于叙利亚政府的安理会决议。2015 年 9 月，在巴沙尔政府最困难的时期，俄罗斯直接军事介入叙利亚战争，帮助叙利亚政府军扭转了战局，一举成为叙利亚局势的主导力量。尽管普京一度宣称要从叙利亚撤军，但并未付诸实际行动。目前，在叙利亚政府军占据有利形势下，俄罗斯将继续扶持巴沙尔政权并加强与伊朗的关系，利用伊朗境内的军事基地加强在叙利亚的军事存在。

俄罗斯主导叙利亚战局的有利形势遏制了俄罗斯在中东影响力持续下滑的颓势，维护了俄罗斯在中东的利益，巩固了俄罗斯在中东的存在，提升了

俄罗斯在地区事务中的话语权，重塑了俄罗斯作为全球性大国的形象。海湾阿拉伯国家纷纷谋求与俄罗斯改善关系，与之达成了一系列经济合作、军贸采购协议。2017年10月4日至7日，沙特阿拉伯国王萨勒曼访问俄罗斯。这是1932年沙特阿拉伯建国以来沙特阿拉伯国王首次访问莫斯科，是两国关系史上的破冰之旅。两国签署多项合作协议，特别是加强了在石油、核能、双边投资等方面的合作；双方还签署了重要的武器供应协议，俄罗斯计划向沙特阿拉伯出售S-400防空导弹、"短号"反坦克导弹以及在沙特阿拉伯生产AK步枪。① 以色列也寻求加强与俄罗斯的合作，以削弱伊朗在叙利亚的军事存在。叙利亚已经成为俄罗斯打破西方堵截的战略突破口。

（二）美国整体退缩，有选择性干预

自叙利亚战争爆发以来，美国的叙利亚政策呈现出战略犹豫和战略谨慎的特征。奥巴马时期，面对诸多对叙利亚政府军发动军事打击的呼声，美国抑制住了冲突，甚至在叙利亚发生化学武器袭击事件时排除了军事干预的选项，而选择借助地区和西方盟友以及经济制裁、低烈度军事打击及援助、训练、武装反对派等手段。

特朗普执政后，先后两次借口化学武器袭击事件对叙利亚政府军发动象征性的军事打击，而反对恐怖主义、打击伊朗在叙利亚的军事存在是其主要的关注点。其基本放弃要求巴沙尔下台的政策，默认俄罗斯对叙利亚问题的主导权，并与俄罗斯合作寻求叙利亚问题的政治解决方案。

（三）中东地区大国深深卷入叙利亚战局

1. 伊朗

自叙利亚战争爆发以来，伊朗在政治、外交和军事上大力援助巴沙尔政权。特别是在军事上，伊朗向叙利亚政府军提供了大量的武器装备，并派遣

---

① 俄罗斯卫星电视台，http://sputniknews.cn/military/201710161023822965/。

了大量的军事顾问和民兵武装。① 此外，伊朗还招募阿富汗难民组成志愿军帮助叙利亚政府作战。黎巴嫩真主党也在伊朗的支持下深度参与叙利亚战争，成为巴沙尔政府的一支重要依靠力量。经济上，伊朗向巴沙尔政府提供了大量的能源等物资援助，帮助叙利亚政府渡过严重的经济危机；在政治和外交上，伊朗反对西方和阿拉伯国家颠覆巴沙尔政权的图谋，积极参与阿斯塔纳和谈，与俄罗斯和土耳其一道为叙利亚危机寻求政治解决方案。

伊朗的支持是巴沙尔政权渡过危机的重要原因之一，伊朗也从叙利亚博弈中获益颇丰，叙利亚成为伊朗扩大地区影响力的重要突破口。经过七年的叙利亚战争，伊朗的影响力从阿拉伯海越过伊拉克，到达地中海西海岸，在中东地缘政治格局中异军突起。同时，伊朗也加强了与俄罗斯的合作，俄罗斯成为伊朗对抗西方封锁的重要盟友。伊朗在中东地缘格局中的强势也带来了诸多负面影响，导致中东政治格局失衡，加剧了中东逊尼派和什叶派两大阵营的矛盾。伊朗的坐大也引起了美国在中东的盟友以色列和沙特阿拉伯等国的恐惧，以色列与伊朗的矛盾迅速激化，美国则废除伊核协议，明确要求遏制伊朗在中东的扩张势头。

2. 沙特阿拉伯

沙特阿拉伯一贯坚持推翻巴沙尔政权的政策，联合海湾阿拉伯国家支持叙利亚反对派武装与叙利亚政府军作战，推动西方大国对叙利亚政府军实施军事打击，加速实现其既定目标。

沙特阿拉伯是泛伊斯兰主义中心，而构成叙利亚政府的阿拉伯复兴社会党主张泛阿拉伯主义的意识形态，双方在意识形态上相互对立。从宗教派别上看，巴沙尔政权得到了中东地区什叶派势力的大力支持，与沙特阿拉伯代表的逊尼派矛盾重重。从地缘政治上看，伊朗是叙利亚的重要盟友，沙特阿拉伯认为伊朗在中东地缘政治的扩张是巨大的威胁。基于此，外交上，沙特阿拉伯推动对叙利亚政府的外交封锁，将叙利亚逐出了阿拉伯国家联盟。军

---

① 何志龙：《论伊朗对叙利亚巴沙尔政权支持的原因及影响》，《陕西师范大学学报》（哲学社会科学版）2017 年第 6 期。

事上，沙特阿拉伯为叙利亚反对派武装提供资金支持，甚至支持极端组织打击巴沙尔政权。沙特阿拉伯坚持巴沙尔必须下台的立场是叙利亚危机政治解决方案寸步难行的重要原因。

随着叙利亚战争接近尾声，为了在叙利亚战后安排中获取更多利益，沙特阿拉伯外交大臣朱拜尔在一次新闻发布会上声称有意与阿拉伯联合酋长国等阿拉伯国家组成阿拉伯联军进驻叙利亚，以代替撤出的美军。① 但是由于受到国内政治问题以及也门内战的牵扯，沙特阿拉伯向叙利亚派军的计划不容乐观。

3. 土耳其

土耳其对叙利亚的政策经历了重大的转变。叙利亚危机爆发伊始，土耳其支持叙利亚反对派及极端组织打击叙利亚政府。土耳其不惜与俄罗斯对抗，甚至在 2015 年 11 月于土叙边境附近击落了一架俄罗斯战机，导致土俄外交危机。2016 年 7 月，土耳其发生军事政变，埃尔多安粉碎军事政变后开始调整与俄罗斯的关系。政变后不久，埃尔多安访问俄罗斯，实现了与俄罗斯的和解，并于 2017 年 1 月加入俄罗斯主导的阿斯塔纳和谈机制，达成设立四个"冲突降级区"的协议，这成为叙利亚危机政治解决进程中的重要成果。

由于得到美国的支持，叙利亚库尔德人势力不断坐大，在土叙边界地区形成了相对独立的库尔德人控制区。土耳其担心叙利亚库尔德人势力继续壮大，会与土耳其国内的库尔德人联手，成为土耳其的心腹大患。因此，打压叙利亚库尔德人势力成为土耳其政府面临的紧迫任务，库尔德问题成土耳其对叙利亚政策的核心。② 2018 年 1 月 20 日至 3 月 18 日，土耳其军队跨境对叙利亚阿夫林地区实施了持续近两个月的代号为"橄榄枝"的军事行动，对该地区的库尔德武装"人民保护部队"进行军事打击。土耳其扶植的该地区反对派武装"叙利亚自由军"，控制从阿夫林至幼发拉底河岸的广阔区

---

① http://www.xinhuanet.com/mil/2018-04/19/c_129853557.
② 刘中民：《库尔德问题成为土耳其对叙利亚政策核心》，《中国社会科学报》2018 年 4 月 12 日。

域，遏制库尔德分离主义势力，并计划在叙利亚北部地区建立纵深 30 千米的"安全区"，用于安置滞留在土耳其的叙利亚难民。土耳其的军事行动得到美国和俄罗斯的默许，叙利亚政府忙于收复东古塔的战役，也仅仅表示口头抗议。

4. 以色列

自叙利亚危机爆发以来，以色列一直作壁上观。叙利亚是中东军事实力最雄厚的国家之一，在历次中东战争中，叙利亚都是以色列最强劲的对手，以色列曾遭到叙利亚的重创。以色列乐于看到周围的阿拉伯国家击败这个强劲的对手，这符合以色列的国家利益。随着叙利亚战争局势的发展，伊朗在叙利亚的军事存在进一步加强，黎巴嫩真主党武装也在叙利亚战争中变强，以色列开始担心伊朗在叙利亚的军事部署。一方面，以色列推动美国废除伊核协议，遏制伊朗在中东地缘政治中的扩张势头；另一方面，以色列频频对伊朗在叙利亚境内的目标发动小规模的军事打击，伊朗和以色列在叙利亚的军事摩擦增多，双方发生直接军事冲突的危险逐步增加。以色列反对伊朗的立场得到了美国的大力支持，也得到了反对伊朗扩张的海湾阿拉伯国家的支持。以色列与海湾地区的沙特阿拉伯等一直互相敌对的阿拉伯国家基于反对伊朗的共同利益相互接近、逐步改善关系，这成为中东地缘政治格局的一个新动向。

随着叙利亚战争进入尾声，叙利亚政府及其支持者掌握了叙利亚局势的主动权，各方围绕叙利亚问题的战略博弈进入新的阶段。美、俄依然是叙利亚乱局的博弈主角，传统的反恐依然是关注点，战后的政治安排、外国的军事存在、经济重建成为新的焦点，各方在这些问题上依然是合作和竞争并存。美俄等都明白，在叙利亚只有各方照顾彼此利益，才可能最终解决叙利亚问题。最重要的是，巴沙尔去留一直是叙利亚交战各方争议的一个焦点问题，西方和沙特阿拉伯支持的反对派阵营一直主张巴沙尔下台是启动叙利亚政治解决进程的前提条件，但是巴沙尔得到了俄罗斯、伊朗等国的支持。随着叙利亚战局的发展，反巴沙尔阵营主张巴沙尔必须下台的声调有所降低，美国和沙特阿拉伯也意识到了巴沙尔在叙利亚政治重建中不可替代的作用，

特别是美国已经基本放弃了巴沙尔必须下台的主张，巴沙尔的地位有所巩固。

四　中国对叙利亚危机的参与

自十八大以来，中国外交战略进行了诸多调整，以习近平同志为核心的新一届中央领导集体更加重视积极进取和有所作为，提出了"中国梦""新型大国关系""正确义利观"等外交理论创新，对发展中国家的"真、实、亲、诚"和对周边国家的"亲、诚、惠、容"等外交理念逐渐形成。随着"一带一路"倡议的逐步实施，中国对巴以问题、叙利亚危机、伊朗核问题等热点问题参与程度逐渐增强。中国在叙利亚具有重要的安全利益、政治利益和经济利益，自叙利亚战争爆发以来，中国一贯主张通过政治手段和平解决叙利亚问题，反对外部干涉尤其是军事干涉。中国主张维护叙利亚的独立自主和领土完整，在联合国安理会秉持公正立场，否决了多起不符合叙利亚国家利益的决议，使叙利亚免受国家分裂和军事侵略的威胁。即使在叙利亚战争最紧张的 2014 年，中国一直坚持在叙利亚首都大马士革保留大使馆，以维护中国政府在叙利亚问题上的政治立场。2016 年，中国政府任命解晓岩为叙利亚问题特使，与有关各方沟通和调节，为叙利亚问题的政治解决贡献政治智慧。中国的努力得到了叙利亚人民和政府的欢迎，叙利亚《复兴报》总编辑、前叙中友好协会会长阿卜杜勒·拉提夫·奥姆兰认为，"从维也纳到日内瓦，再到阿斯塔纳，中国始终在叙利亚问家题和谈中发挥重要作用"。①

1. 人道主义援助是中国参与叙利亚危机的主要方式

自叙利亚战争爆发以来，中国为叙利亚难民提供了大量的援助，包括现金、粮食及医疗设备等。

2. 中国支持在联合国框架内解决叙利亚危机

解晓岩特使积极参与日内瓦和谈、阿斯塔纳和谈，促使两大机制早日达

---

① 郑一晗、车宏亮：《叙利亚专家认为中国在叙利亚问题上发挥了重要作用》，新华社，2017年 8 月 26 日电。

成可行有效的解决方案。解晓岩特使多次出访叙利亚、俄罗斯、欧盟、英国、土耳其、沙特阿拉伯等叙利亚局势相关各方国家以及国际研讨会,^① 在有关各方间积极斡旋,寻求政治解决方案。中国政府与叙利亚政府和反对派保持沟通,并多次邀请叙利亚政府代表团和反对派代表访问中国,就劝和促谈深入做各方工作。2018 年 5 月,由上海国际问题研究院和上海外国语大学(中东研究所)联合主办的"叙利亚问题的出路与前景"国际研讨会在上海举行,中国、英国、法国叙利亚问题特使和联合国叙利亚问题特使代表齐聚一堂,叙利亚、俄罗斯、伊朗、沙特阿拉伯、美国等叙利亚战争相关各方的代表出席了研讨会。^②

3. 积极准备参与叙利亚战后重建

随着叙利亚战争走向尾声,战后经济重建也逐步开始实施。根据联合国估计,叙利亚重建需要 1800 亿美元,将是一个庞大艰巨的系统工程。由于中国在基础设施建设等领域具有技术优势和成功经验,叙利亚战后重建离不开中国的积极参与,叙利亚政府也积极邀请中国参与战后重建项目。2017 年 4 月,应叙利亚政府邀请,中国阿拉伯交流协会副会长秦勇率团访问了大马士革和霍姆斯,探讨中国企业参与叙利亚重建工作,得到了叙利亚政府各部门的热情接待。2017 年 5 月 4 日,中国首次举办的叙利亚战后重建会议在北京召开,^③ 出席会议的叙利亚驻华大使伊马德·穆斯塔法希望中国在未来叙利亚重建中能成为"第一主角",具有无可比拟的重建优先权,为此叙利亚欢迎和支持中国企业尽快进入叙利亚,参与叙利亚重建。

叙利亚政府支持中国提出的"一带一路"倡议,随着"一带一路"倡议在中东地区的深入推行,叙利亚战后重建与"一带一路"倡议对接后,将为叙利亚战后重建提供更多的机遇。

---

① 《中国政府叙利亚问题特使解晓岩出席"支持叙利亚及地区未来"布鲁塞尔国际会议》,中华人民共和国外交部网站,2018 年 4 月 28 日,https://www.fmprc.gov.cn/web/wjbxw_673019/t1555476.shtml。

② 中华人民共和国外交部网站,http://www.mfa.gov.cn/web/wjbxw_673019/t1559261.shtml。

③ http://www.xinhuanet.com/world/2017 - 05/05/c_129591298.htm。

五 结语

经过多年的战争，叙利亚政府在俄罗斯和伊朗的支持下取得了战争的主动权，叙利亚战争逐步接近尾声，各方围绕叙利亚问题的战略博弈进入新的阶段，美、俄依然是叙利亚战争中博弈的主角，土耳其的作用凸显，反恐问题依然是各方的关注点，战后的政治安排、外国的军事存在、经济重建成为新的焦点。各方在这些问题上既有合作也有竞争，叙利亚问题的最终解决，还需各方贡献更多的政治智慧和更加灵活的政治妥协方案。

Y.5
叙利亚危机中的美国因素

吴毅宏*

摘　要： 美国东部时间 2018 年 4 月 13 日上午 9 时，美国总统特朗普宣布对叙利亚发起军事行动，对叙利亚"化学武器设施"实施精确打击。英国和法国随后也对叙利亚"宣战"。事后，网络播放了一段令人动容的视频，叙利亚驻联合国大使控诉美英法空袭罪行，指出美、英、法三国的做法是对国际法和《联合国宪章》宗旨和原则的侵犯，是对联合国 190 多个成员国的袭击。七年旷日持久的连绵战火，让叙利亚满目疮痍，古迹摧毁殆尽，人民饱受战火之苦。本文着重探讨叙利亚危机中的美国因素和美国所起的作用。

关键词： 美国　叙利亚　政治军事　收缩

自 2011 年叙利亚危机爆发以来，叙利亚这个曾经的"天堂国度"一直处于战争状态，满目疮痍。什叶派和逊尼派之间的争端使叙利亚内战变成代理人战争，中东地区强国如土耳其、伊朗、沙特、以色列等都加入其中。据联合国统计，自 2011 年 3 月中旬叙利亚危机爆发以来，持续七年的暴力冲突已造成至少 35 万人死亡、150 万人致残，近 1100 万人流离失所，超过 560 万叙利亚人沦为难民，610 万人成为流离失所者（截至 2018 年 3 月）。叙利亚境内有 1300 多万人需要人道主义援助，其中包括近 600 万儿童。到

---

* 吴毅宏，新华社世界问题研究中心研究员。

2017 年底，叙利亚超过半数的医院、诊所和初级卫生保健中心遭到破坏且无法修复，只有部分设施能够运转。①

一　叙利亚危机中的美俄政治军事博弈

从表面上看，叙利亚危机似乎只是叙利亚政府同国内反对势力的一场政治和军事较量。然而，内战的背后牵涉众多国际力量：俄罗斯、美国、土耳其、伊朗、沙特、以色列等国。各方关系盘根错节，相互制衡。叙利亚成为各方势力展示力量的搏击场。而在这些国际因素中，最主要的就是美俄两个大国之间的政治和军事博弈。

始于 2010 年底的"阿拉伯之春"，迅速蔓延至整个阿拉伯世界。这为以美国为代表的西方势力在叙利亚策动政权更替提供了难得的契机。他们打着"民主和自由"的旗号，大力扶持叙利亚的反对势力，煽动起民众对巴沙尔政府的愤怒与不满，以达到让巴沙尔下台的目的。

2011 年 3 月 15 日，叙利亚首都大马士革爆发了大规模的反政府游行示威活动。起因是几个学生在墙上涂画反政府内容，遭到逮捕和拷打，引发家长、学生和老师的不满，他们走上街头抗议，遭到军警镇压，并动用了武器，导致冲突升级、局面失控。

叙利亚总统巴沙尔曾在一次接受采访时认为，示威游行早有预谋，一开始就有一些军警在现场被打死、打伤，而在政府试图控制局面时，那些号称进行和平游行的"平民"却又在第一时间获得了武器。②

2011 年 5 月，美国总统奥巴马下令对包括总统巴沙尔在内的 7 名叙利亚政府高官实施制裁。随后多国驱逐叙利亚外交官。西方大国的打压不断加

---

① 李潇：《战争改变了这里的一切》，《人民日报》2018 年 3 月 28 日，"国际视点"版，http：//paper. people. com. cn/rmrb/html/2018 - 03/28/nw. D110000renmrb_ 20180328_ 1 - 21. htm。

② 《破解叙利亚危机迷局：血腥内战背后的大国博弈》，新华网，2016 年 12 月 23 日，http：// www. xinhuanet. com/world/2016 - 12/22/c_ 129414962_ 3. htm。

剧，叙利亚的内外部生存环境不断恶化。

2011 年 8 月中旬，美国公开支持反政府组织"叙利亚自由军"，同时英国、法国、沙特、土耳其等在经济、军事、装备、人员培训等方面也给予反对派大力支持。随着内战不断升级，阿拉伯国家联盟和联合国逐渐介入调停。

2012 年 2 月 24 日，"叙利亚之友"大会在突尼斯举行。来自阿盟、联合国、美国、法国、德国、土耳其等 60 多个国家和国际、地区组织的外长或代表出席。美国国务卿希拉里强调，叙利亚巴沙尔政权已经失去合法性，大会承认叙利亚主要反对派"叙利亚全国委员会"是"追求民主和平变革的叙利亚人民的合法代表"。①

2012 年 5 月 25 日"胡拉惨案"的发生标志着联合国"安南计划"的失败。2012 年 8 月 2 日安南卸任联合国 – 阿盟叙利亚危机联合特使，也标志着联合国和阿盟调停失败，叙利亚陷入全面内战。

随着叙利亚内战不断升级，域外大国开始直接介入。相关国际组织出面调停，以寻求和平解决争端。国际组织的调停主要包括安南调停、卜拉希米调停、德米斯图拉调停、阿斯塔纳和谈、索契和谈。

叙利亚是俄罗斯在中东的传统盟友。自 20 世纪 70 年代以来，叙俄关系经受住了考验。1970 年哈菲兹·阿萨德（叙利亚现任总统巴沙尔的父亲）发动政变上台后，就和苏联建立了紧密的联系，并在 1972 年将塔尔图斯港租借给苏联，作为苏联地中海舰队的重要基地。两国在政治、经济、军事等领域密切合作，叙利亚成为当时苏联中东战略的基石。苏联解体后，俄罗斯历届政府基本上继承了苏联的中东政策，视叙利亚为俄罗斯重返中东的一枚重要棋子，向叙利亚政府军提供了全部所需武器。2005 年，巴沙尔·阿萨德就任总统后，首先访问俄罗斯，双方达成了一系列协议。俄罗斯免除了叙利亚所欠的大部分债务，叙利亚则允许俄罗斯进一步完善、扩大叙利亚境内的塔尔图斯港，在叙利亚境内部署反导导弹。叙利亚危机爆发之后，俄罗斯

---

① 安国章：《美国承认叙全国委员会为叙利亚人民合法代表》，人民网，2012 年 2 月 25 日，http://world.people.com.cn/GB/1029/42355/17217622.html。

坚定地支持巴沙尔政权，坚持履行俄罗斯与叙利亚的军售合同，并反对以叙利亚总统巴沙尔下台作为解决叙利亚危机的前提条件。2015年9月30日，俄罗斯宣布对叙利亚进行军事干预。根据《莫斯科时报》报道，一家俄罗斯国防智库的调查显示，俄罗斯针对叙利亚境内极端组织的空袭行动从2015年9底开始，持续到年底，每天的花费高达400万美元。在俄罗斯的强力军事干预下，目前，叙利亚政府的颓势得到扭转，叙利亚政府军击溃了极端组织武装，控制了绝大部分国土。

叙利亚内战爆发前，美叙关系总体上还是平稳的，美国一度支持叙利亚政府，以期换来叙利亚对美国中东政策的支持。但叙利亚没能如美国所愿支持美在巴以问题上的立场，它坚决反对美国偏袒以色列，反对美国对中东事务的干涉和介入。特别是在伊朗核问题上，叙利亚与伊朗立场一致，既是坚定的战略盟友，也是中东地区反美的同路人。"9·11"事件后，在沙特、卡塔尔、英国、法国等欧洲盟友的舆论鼓噪和道德绑架的影响下，美国将叙利亚、苏丹、伊朗、朝鲜、伊拉克等国列入支持恐怖主义政权的黑名单，美国态度趋于强硬，叙利亚成为美国首先要扫除的障碍。

从俄叙、美叙的复杂关系中不难看出，叙利亚一直是俄、美两个大国博弈的舞台。对俄方而言，要竭尽全力保住叙利亚——这个俄罗斯在中东地区的最后战略依托；而对美方而言，则要尽可能推翻叙利亚现政权——这个美国在推行中东战略道路上的主要障碍。可见，叙利亚危机不仅关乎叙利亚人民的生死存亡，而且关乎美俄两国今后在中东地区的战略格局。除了美俄两个大国的介入外，其他一些国家的态度也深刻影响着叙利亚局势的走向。其中尤以法国为甚。在二战结束以前，叙利亚一直受法国控制，后来法国迫于美国的压力才从叙利亚撤军。恢复昔日在叙利亚的影响力是法国梦寐以求的事。法国支持军事干预叙利亚危机、推翻反西方倾向明显的巴沙尔政权的目的一目了然。

2013年9月，美国以叙利亚政府在冲突中使用了化学武器为由，准备对叙利亚政府目标采取军事行动，随后英、法等15国明确表态支持美国对叙动武，美国对叙利亚的军事行动一触即发。后经俄罗斯从中斡旋，叙利亚政府同意交出化学武器，才使一触即发的危机得以戏剧性化解。但西方反巴沙尔政权的呼声日渐高涨。

随着"伊斯兰国"的建立，叙利亚恐怖主义肆虐和外溢，美国对叙利亚的政策也在不断调整。2014年9月11日，美国和10个阿拉伯国家决定建立涵盖各个层面的反"伊斯兰国"联盟，共同应对包括"伊斯兰国"在内的所有恐怖组织。2014年9月22日，美国及其盟国对在叙利亚的"伊斯兰国"基地发动了空袭。

面对美国及其盟友的军事介入，俄罗斯毫不示弱。2015年9月30日，俄罗斯应叙利亚政府请求对叙利亚境内的"伊斯兰国"等极端组织目标发动空袭。在俄空天部队支援下，叙利亚政府军在多个战场上实现了攻守易位。叙利亚政府军不仅把反政府武装赶出了大马士革城区，而且在北部多条战线赢得胜利。

2017年1月，美国特朗普政府上台后，加大了全球范围内打击恐怖主义的力度，通过军事行动和外交手段直接或间接地打击恐怖主义极端武装。2017年5月，特朗普首次出访沙特并把美国领导下的国际反恐联盟与沙特领导的伊斯兰反恐军事联盟联合起来。

随着"伊斯兰国"的溃败，叙利亚政府军在俄罗斯、伊朗和黎巴嫩真主党武装的支持下，于2016年4月逐步收复阿勒颇、代尔祖尔省、拉卡省南部等地。2018年初叙利亚政府军开始加大对东古塔地区的围困，并切断反对派的外援，时不时发动小规模袭击以消耗反对派力量。

俄罗斯在中东的步步紧逼让美国和其西方盟友感到紧张。美国时间2018年4月13日，美、英、法三国发射100多枚导弹，对叙利亚政府设施实施空袭，再次震惊世界。这是继2017年4月使用军事手段打击叙利亚政府军目标后，西方国家再次对叙利亚采取军事行动，理由也如出一辙，为了回应之前叙利亚东古塔地区发生的"化学武器袭击"。

叙利亚常驻联合国代表贾法里在发言时表示，世界正处在"新冷战"的边缘，美、英、法三国的做法完全是"顺我者昌，逆我者亡"。贾法里建议美、英、法三国仔细阅读《联合国宪章》有关主权内容的条款，去了解

如何维护国际和平与安全，而不是危害国际和平与安全。贾法里说，对叙利亚的袭击，是对国际法和《联合国宪章》宗旨与原则的侵犯，是对联合国190多个成员国的袭击。①

2018年4月17日，在美、英、法三国联手打击叙利亚数日后，叙利亚政府军宣布全面收复大马士革东郊东古塔地区，并对叙利亚反动派大本营伊德利卜形成合围，决战在即。

二　美国的叙利亚政策

随着美国领导人的更迭，美国的叙利亚政策呈现出战略犹豫和战略谨慎两大特征。中东国家对美国领导和控制中东的能力开始感到疑虑。奥巴马政府执政后期，美国拒绝在叙利亚设立禁飞区和向反对派提供防空武器，支持库尔德武装和逊尼派武装；拒绝加大干预力度和向叙利亚派出地面部队，仍然坚持综合运用空中打击和派遣有限特种部队的做法，并通过外交和舆论施压。而借助地区和西方盟友通过低烈度军事行动来打击叙利亚并援助、训练、武装反对派，则成为美国介入叙利亚问题的主要方式和手段。

特朗普执政一年多以来，叙利亚问题并未成为美国中东政策的重点，反恐问题和巴沙尔去留问题成为其主要关切，前者的重要性甚至超过后者。特朗普本人及其核心团队成员多次表示打击"伊斯兰国"具有优先性，暗示巴沙尔政权去留是可以讨论的问题。美国对叙利亚反对派的支持甚至有所下降，包括停止中央情报局向叙利亚"温和反对派"提供武器和训练的秘密项目。

美国政策的不连贯和不确定，导致叙利亚库尔德人势力不断坐大，叙利亚难民问题压力倍增，极端组织不断制造暴恐事件，美土和美欧关系龃龉不断，从而促使土俄两国在叙利亚问题上不断走近，相互配合和支持。

---

① 《弱国无外交！"叙利亚的1919"，值得所有中国人警醒!》，《北京青年报》2018年4月16日。

2016 年 4 月 10 日，在接受美国福克斯新闻频道采访，被问及"任期内犯的最大错误是什么"时，奥巴马表示："我认为干预利比亚是正确的决定，可能（我的错误）在于，对干预之后所发生的事情缺乏计划。"① 这对叙利亚同样适用。

实际上，在反恐问题上，美俄都处于被动。美国一直将反对巴沙尔政府摆在第一位，而将"伊斯兰国"的威胁摆在第二位，这是"伊斯兰国"等恐怖组织（例如与"基地"组织有联系的"努斯拉阵线"）能够不断发展壮大的一个重要原因。俄罗斯则将支持巴沙尔政府摆在第一位，为此，俄罗斯既打击"伊斯兰国"又打击其他反政府派别。

对俄罗斯领导人来说，一个关键的问题是，在叙利亚要介入多深。由于经济形势日益恶化，俄罗斯国防开支逐年缩减。据公开的数据，2017 年美国的国防预算为 5827 亿美元，俄罗斯的国防预算约为 491 亿美元。② 就国防预算规模而言，俄罗斯在世界各国中不仅落后于美国、中国，而且落后于印度、沙特。普京是一位注重现实需求的领导人，如果代价太大，风险太高，国内反对声强烈，他不会排斥收缩、妥协和放弃。

推翻巴沙尔政权是沙特的既定政策，沙特介入叙利亚危机的动因在意识形态方面。长期以来，沙特的具体介入手段包括：为叙利亚反对派提供资金支持、活动平台；支持叙利亚极端组织消耗巴沙尔政权；在叙利亚和平进程谈判中顽固坚持巴沙尔必须下台，为叙利亚和平进程设置障碍；等等。

在伊拉克萨达姆政权垮台和埃及穆巴拉克政权倒台后，沙特的目标就是通过支持叙利亚的逊尼派反对派推翻什叶派派的巴沙尔政权，削弱乃至肢解伊朗主导的"什叶派新月联盟"，扩大沙特主导的泛伊斯兰主义的影响力，确立沙特在阿拉伯伊斯兰世界的领导地位。

另一个地区大国伊朗之所以介入叙利亚危机，既有维护伊朗现实利益的战略需要，又有通过建立从伊朗、伊拉克、叙利亚到黎巴嫩南部的"什叶

---

① 《奥巴马：干涉利比亚后缺规划是任期内最大错误，盟友也不给力》，澎湃新闻网，2016 年 4 月 11 日，https：//www. thepaper. cn/newsDetail_ forward_ 1454830。
② 《亚洲将加速军备竞赛》，香港亚洲时报网站，2018 年 5 月 9 日。

派新月地带"，加强对黎巴嫩真主党等力量的领导和控制，维护自身安全和抗衡沙特、美国的目的。

以色列介入叙利亚危机，不断空袭叙利亚目标，是出于对自身安全的关切，尤其是十分忌惮伊朗、黎巴嫩真主党等在其周边的扩张。在美国宣布退出伊核协议后，以色列对伊朗在叙利亚目标的打击呈不断升级的态势。从未来态势看，以色列对叙利亚危机介入的力度有可能进一步加大。

三　叙利亚危机背后的美国"油"文章

1999 年 11 月，在美国的牵头支持和直接投资下，阿塞拜疆、格鲁吉亚和土耳其签署了巴库—第比利斯—杰伊汉石油管道项目，计划将里海原油从阿塞拜疆经格鲁吉亚运到土耳其，里海的石油不再经过俄罗斯的管道出口欧洲。2006 年，该管道正式投产，年出口量达到 5000 万吨，从而打破了俄罗斯对里海石油外运欧洲的垄断。[①]

众所周知，俄罗斯出口欧洲的 60% 左右的天然气须经过乌克兰的管网。乌克兰危机后，美国控制了乌克兰的管线，严重威胁俄罗斯油气出口欧洲。但鉴于切断该管线将极大恶化欧美关系，所以美国不敢轻易这样做。而俄罗斯开始积极筹建绕开乌克兰的油气管线。2012 年，俄罗斯开始建设经黑海海底到保加利亚，然后通过两条支线分别通达奥地利、意大利等国家的"南溪"管道。按照规划，该管道于 2015 年底投入运行，年输气量达 600 多亿立方米，可绕道乌克兰从南部进入欧洲，由俄罗斯天然气工业股份公司负责全线建设。2014 年 6 月 8 日，约翰·麦凯恩等三名美国议员与保加利亚总理举行闭门会议，会后保加利亚突然宣布暂停"南溪"管道建设。2014 年 6 月 24 日，普京宣布放弃"南溪"管道。

"南溪"管道项目失败后，2014 年 12 月 1 日，俄罗斯与土耳其签署了修建跨黑海通向土耳其的"土耳其流"天然气管道，并向西延伸到意大利。

---

① 《叙利亚战争沉思录：背后的美俄能源格局大较量》，《环球时报》2018 年 4 月 28 日。

作为"南溪"管道替代方案，该管道年供气总量可达 300 亿立方米，部分线路可向东南欧国家供气，原计划 2018 年动工、2019 年底投入使用。在 2015 年底土耳其击落俄战机后，该项目暂停。后随着俄土关系改善，俄土于 2016 年 8 月 9 日恢复该项目。[①] 但该项目建成还远需要较长时间，而且将受到俄土关系发展中不确定因素的影响。

目前，美国已经控制了中东一半以上的油气资源。沙特、伊拉克和卡塔尔的油气资源，基本上被美国控制。

中东另一个能源国伊朗，其油气出口有东、南、西、北、四条通道。南部通道通过波斯湾向其他国家出口，但是这里有美国第五舰队驻守，伊朗的油气田都在美国空军的攻击范围内。北部通道可以通过与土库曼斯坦、俄罗斯等国的合作将油气资源出口到中国，但是这条通道受到驻阿富汗美军的威胁。东部通道可以通过巴基斯坦的中巴经济走廊出口中国新疆，但阿富汗恐怖活动猖獗，安全问题堪忧。伊朗能源要想出口只能通过西部的叙利亚。

2011 年 7 月 25 日，伊朗、伊拉克和叙利亚签署建造什叶派管线协议，建设将伊朗境内的南帕尔斯油气田[②]的石油经过原有的基尔库克—巴尼亚斯管道输往叙利亚东部港口的石油管线。该管线得到了俄罗斯的大力支持，俄罗斯也将参与修建该管线。但就在协议签署后不久，叙利亚内战全面爆发。

美国规划把卡塔尔南帕尔斯油气田的石油天然气，绕过伊朗，经伊拉克、叙利亚、土耳其送往欧洲。打通逊尼派石油管线的巨大利益也使得逊尼派国家与美国立场坚定一致，坚持要推翻巴沙尔政权。

四　美国因素中犹太人的力量

特朗普政府中东政策的特点是注重美国利益，强调务实，善于制造和利

---

① 《叙利亚战争沉思录：背后的美俄能源格局大较量》，《环球时报》2018 年 4 月 28 日。

② 南帕尔斯气田是世界上最大的气田，位于波斯湾的伊朗和卡塔尔交界处，为两国共有。该气田占世界天然气储量的 19%，达到 50 万亿立方米，气田覆盖面积 9700 平方千米。《探访中东最大的天然气田——伊朗南帕尔斯气田》，国际在线（北京），2010 年 7 月 20 日 http://news.cri.cn/gb/27824/2010/07/20/3245s2927655.htm。

用矛盾，以反恐和防核扩散为名强化对伊朗的遏制，维护美国盟友的安全，尤其是以色列的安全利益。

2016年竞选总统期间，特朗普因发表种族言论，以及对其部分支持者的反犹倾向不做表态在美国犹太人群体中十分不受欢迎。即便如此，特朗普对参加当年的美国—以色列公共事务委员会年会也十分认真，他推掉了一场电视辩论，在年会现场罕见地发表即时演讲。他当时承诺，将不承认伊核协议，要把美国驻以色列大使馆迁至耶路撒冷。

特朗普兑现了这两项承诺，就像他自己说的，他是以色列的"真朋友"。特朗普的亲以立场从另一个角度也说明美国犹太人对美国政界、议员、国会领袖有着巨大的非同一般的影响力。美国一家华裔民间调查组织最近公布的一份调查报告显示，虽然美国犹太人仅600万人（美国总人口约3.2亿人），但犹太人的影响力远远超过其人口比例。

据美国以色列公共事务委员会（美国犹太人游说团体）介绍，它有15000多名付费会员，其中有五六千名业余但活跃的政治活动家，他们经常自己组织捐款给政界。委员会每年运作经费近2亿美元，完全依靠个人捐款。50人的董事会每个月在华盛顿东区开两天会，全是自费。捐款人士没有任何回报，与议员会面也只允许谈美以关系。

该委员会每年送近千名美国重要人物去以色列参观访问；每年组团40～60次，每次10～20人，包括联邦政要、州或地方政界有潜力的新秀、有影响力的社区领导和智囊团，不分党派，能对促进美以关系即可。

自以色列建国以来，美以关系亲密已是国际政治常识，而以色列游说团体在其中发挥了强大作用。其实，以色列游说团体"令人生畏"的影响力并不局限于美国，美国前情报官员吉拉尔德说，这已成为"全球现象"，在美国、加拿大、澳大利亚以及西欧国家，都会有一个组织严密、资金充足的以色列游说组织随时准备保护以色列利益。

卡塔尔半岛电视台曾报道说："与早期的犹太复国组织不同，如今的以色列游说组织不再只是敦促美国政府和国会采纳亲以议程，而是渗透至政府各个层面，直接参与政策制定，并且努力确保公共舆论塑造对以色列的正面影响。"

五　叙利亚危机中的美国情报黑幕

2017 年 7 月 20 日，《华盛顿邮报》刊登了专栏作者戴维·伊格内修斯的分析报告：虽然中央情报局的计划最终未能实现将巴沙尔赶下台的目标，但它并不是"无功者"，"该计划向数十个民兵组织输送了数亿美元的资金。在过去的四年里，由中情局支持的武装分子可能已经杀害或打伤了 10 万名叙利亚士兵及其盟友"。

美国中央情报局针对叙利亚的活动由来已久，从 20 世纪 40 年代末至叙利亚内战前一直没有中断。叙利亚战争期间，美国曾执行"梧桐木"行动（Timber Sycamore）。该行动实际上就是通过资金援助、武器输送、人员培训等方式联合沙特等阿拉伯国家的情报机构扶持叙利亚反对派，以推翻巴沙尔政权。该行动在 2012 年年底或 2013 年初付诸实施。

"梧桐木"行动的主要步骤是：首先由美国联邦商业招标网站公布相关标书，其次通过航运渠道从东欧国家向土耳其梅尔辛省的塔舒朱港（Taşucu）以及约旦的亚喀巴港（Aqaba）运送武器装备和物资，最后由位于安曼的军事行动指挥部（MOC）负责武装和培训叙利亚反对派。

根据《华盛顿邮报》《纽约时报》等美国媒体的揭露，实施计划的根据地设在靠近叙利亚的邻国约旦境内。最初阶段，美国中情局训练反对派武装使用军事装备，但不直接提供设备。随后几个月内，中情局为反对派武装（"叙利亚自由军"）提供装备，资金主要来源于沙特、卡塔尔、土耳其以及约旦。

澳大利亚媒体《堪培拉时报》2016 年 3 月报道称，近期约有 2000 吨原苏联的武器装备交付给叙利亚反对派。英国《卫报》2016 年 7 月刊登了"巴尔干调查报告网络"（BIRN）和"有组织犯罪与腐败报告项目"（OCCRP）记者团队的报道，证实数十亿欧元的东欧武器在过去四年内源源不断输入叙利亚、也门和利比亚。

约旦境内的军事行动指挥部负责协调具体事务，由美国等 14 个国家的高级

军事官员组成，主要帮助叙利亚反对派制订计划，获得弹药，穿越边境。

阿联酋《国民报》2013年12月28日援引叙利亚反对派成员提供的情报说，军事行动指挥部通常的步骤是先安排反对派成员与军事行动指挥部成员进行非正式会晤。如果方案被认可，反对派成员将在数日后被邀请在军事行动指挥部进行全体会议商谈细节，随后美国中情局和阿拉伯国家的军事顾问对行动细节进行调整，包括时间和行动方式。之后分配武器，建立补给供应站。仅在2013年11月就有80名该组织成员被派往沙特接受军事通信训练，前后有数百人接受了培训。培训结束时反对派成员都获得了个人武器，每5人的小队有一挺重型机枪。在距离约旦首都安曼以北75公里的叙利亚德拉省，"叙利自由军"的一名头目表示，他们80%的补给供应来自安曼的军事行动指挥部。不过由于复杂的供应链，各国情报机构、私人捐助者以及各种代理人机构名目繁多。

据美国媒体报道，仅2012年下半年至少有50个叙利亚反对派武装团体得到培训，但是没有透露具体的人数。美国官员一度表示"计划实施得非常高效"，得到美国支持的叙利亚反对派在战场上取得了显著的战果。但好景不长，在俄罗斯军事干预叙利亚内战后，美国方面承认，目前，该计划已失去活力。

美国中情局培训和武装的反对派也成为中东乃至更大范围的黑市武器交易来源。约旦和美国的情报部门注意到其中数百万美元的武器在约旦境内流入黑市，包括2名美国承包商在内的5名掮客被杀。

相对于中情局在叙利亚内战中主导的A计划，在叙利亚西南部和北部扶持叙利亚自由军为主的反对派，美国军方有自己的B计划，除了空中打击行动外，在地面上从拉拢反对派中的逊尼派逐渐过渡为扶植库尔德武装。土耳其《安卡拉日报》不久前援引土耳其情报机构的估算，美军向库尔德人提供的先进武器装备重达数千吨，足够武装几万人。

六　美国在中东是战略收缩而非战略退出

叙利亚危机使中东地区格局呈"整体失衡、局部失控"的新态势，导致阿拉伯世界整体性危机加剧和整体地位下降，加速了"俄美对垒、俄进美退"的进程。随着大国干预力度的加大，叙利亚的未来充满不确定性。

由于力量和影响力减弱，美国特朗普总统已多次表示美国要撤出中东。伊朗精神领袖哈梅内伊最近罕见提出要将美国"挤出"中东，他认为美国是中东"乱"和"战"的始作俑者。围绕着伊核协议修改，域外大国与地区大国已走到直接对抗和冲突的边缘，大战一触即发。但乱象纷呈的中东地缘政治仍呈多元化格局。

一是美国继续主导中东事务。冷战结束后，美国上成为世界上唯一的超级大国，没有一个国家可以与之抗衡。美国在中东有着广泛和持久的利益，如反恐、防扩散、确保地区盟友安全、防止危及美国利益的地区霸权的兴起、能源安全以及促进民主等。但"反恐"和"确保地区盟友安全"在美国中东战略中处于更优先的地位。

美国国务卿蓬佩奥 2018 年 4 月底结束中东之行，这是蓬佩奥担任国务卿之后的首次出访。蓬佩奥此次访问沙特、以色列和约旦，显示美国改变了对中东事务全面介入的传统做法，转而采取选择性介入的策略：在伊朗、伊朗核问题上强势出击，在中东其他问题上逃避责任。这是典型的保住重点、减少溃疡面的战术。但无论如何中东都是美全球战略的重要组成部分，美国在中东是战略收缩而非战略退出，美国的军事力量不会也不可能完全撤出中东，即使撤出也是象征性的。

2017 年 5 月特朗普访问沙特、以色列等国，表明其在重织中东盟友网，将盟友推到前台，通过代理人间接掌控中东局势的新意图。

二是俄罗斯军事干预中东是战略对冲，有着更广泛的地缘政治动机。它在叙利亚问题上发力旨在其他主要区域问题上发挥作用。俄罗斯的中东战略有三个主要目标：巩固和提升俄罗斯在原独联体国家的影响力；恢复俄罗斯在中东等关键地区的影响力；打击中东地区的恐怖主义。

2017 年 11 月 22 日，俄罗斯总统普京在索契举行了一系列小型峰会，分别会见了土耳其总统埃尔多安和伊朗总统哈桑·鲁哈尼，以巩固叙利亚的战后秩序。俄罗斯的目标不仅是支配东地中海，还包括支配苏伊士运河和红

海在内的这一地区。

特朗普同普京在叙利亚问题上互有妥协，但更多的是利益交换。俄罗斯将在叙利亚保留海军和空军基地，在伊朗、埃及、塞浦路斯、利比亚寻求空中或海军基地。美国则在海湾国家和土耳其保持军事存在。

三是地区强国之间的博弈中，土耳其和伊朗会更加活跃。据"今日俄罗斯"电视台报道，2018年9月17日，俄罗斯总统普京在索契与到访的土耳其总统埃尔多安就双方在叙利亚伊德利卜省的行动达成一致，准备在伊德利卜建立"非军事区"，并由土耳其和俄罗斯军队负责管控整个"非军事区"。俄土妥协的背后反映出俄罗斯中东战略深层次的调整和土耳其作为地区大国在中东乱局中的重新定位。

这种地缘政治变量集中体现了大国中东战略和中东大国战略意志力的对比及相互匹配和调整。

目前，在清剿共同敌人"伊斯兰国"之后，叙利亚境内出现了沿幼发拉底河形成的叙利亚政府军与叙利亚库尔德武装力量（美国支持，美军在叙利亚库尔德地区约有2000人）之间的对峙和叙利亚西北部等地的政府军与"叙利亚自由军"（土耳其支持）之间的对峙。只要各方利益分配不均或得不到保证，矛盾会重新激化，存在再次爆发军事冲突的可能。一旦爆发新的冲突，势必把叙利亚推向分裂和解体的深渊，恐怖组织也可能借机死灰复燃。

中东是美俄博弈的主战场。随着中国与中东国家关系进一步密切，中国作为成长中的负责任大国，也要利用外交、经济、军事等多种手段尽可能规避在中东面临的各种风险，多管齐下，通过促进地区发展与民生改善，加深中东各国和各政治力量对中国的认知，有效维护中国的海外利益。

Y.6
叙利亚危机中的俄罗斯因素

田文林[*]

摘　要：　俄罗斯在叙利亚危机中发挥着举足轻重的作用。俄罗斯介入叙利亚危机，主要原因有三：通过保卫巴沙尔政府，维护俄罗斯在叙利亚的地缘政治利益；通过打击"伊斯兰国"维护俄罗斯南翼安全；增强俄罗斯在中东地区的影响力和话语权。从效果看，俄罗斯军事介入叙利亚危机，使巴沙尔政权转危为安，"伊斯兰国"等极端恐怖分子遭遇重挫，俄罗斯在叙利亚乃至中东的影响力明显提升。然而，俄罗斯此举也面临多重风险：经济负担明显加重；有可能陷入叙利亚泥潭；美俄正面冲突风险增大。

关键词：　叙利亚危机　俄罗斯　军事介入

叙利亚危机是当前中东最大热点问题，也是外部势力介入最多的地区危机，某种程度上，叙利亚内战堪称一场"微型世界大战"。这其中，俄罗斯的作用尤为引人注目。为了深入探讨叙利亚危机，有必要对这场危机中的俄罗斯因素进行深入探讨。

一　俄罗斯出兵叙利亚的原因

2015 年 9 月 30 日，俄罗斯军事介入叙利亚危机，参与打击"伊斯兰

---

[*]　田文林，中国现代国际关系研究院中东研究所副研究员，主要从事中东政治研究。

国"等极端恐怖势力，这也是俄罗斯自冷战结束以来首次在领土外进行军事行动。俄罗斯出兵叙利亚，归结起来，主要有以下几方面原因。

首先，通过保卫巴沙尔政府，维护俄罗斯在叙利亚的地缘政治利益。从冷战时期开始，叙利亚就是苏联/俄罗斯在中东为数不多的战略盟友之一。冷战时期，叙利亚对内奉行阿拉伯社会主义，对外奉行亲苏政策，因此与当时的苏联关系密切。苏联解体后，叙利亚仍然是俄罗斯在中东地区的忠实盟友。从经济角度看，叙利亚是俄罗斯在中东的重要贸易伙伴，目前俄罗斯对叙利亚投资总额达到 200 亿美元。西亚北非是俄罗斯武器出口的重点对象，2006 年至 2015 年，俄罗斯对该地区出口总额为 127 亿美元，其中对阿尔及利亚出口排名第一，其次是叙利亚。① 双方近年签订的军事合同总额达 40 亿美元。另外，叙利亚的塔尔图斯港是俄罗斯在海外的唯一军港。因此，巴沙尔政权稳定与否，关系到俄罗斯在中东地缘政治影响力的消长。另外，叙利亚现政府还是防止"伊斯兰国"等极端势力向北高加索地区渗透蔓延的天然屏障。一旦巴沙尔政府倒台，叙利亚势必将沦为极端恐怖势力的活动天堂，并由此将直接威胁俄罗斯南翼安全。俄罗斯媒体此前认为，一旦巴沙尔政权垮台，"伊斯兰国"将获得地中海的出海口，加之其已经拥有石油和数百万人口的土地，因此很可能成为一个真正的恐怖国家，进而在俄罗斯南部边境出现难民潮和巨大动荡。因此，俄罗斯直接介入叙利亚危机势在必行。这样做，一则可以挽救岌岌可危的巴沙尔政府，二则能有效保障俄罗斯在叙利亚的既得利益。

其次，"御敌于国门之外"，通过打击"伊斯兰国"维护俄罗斯南翼安全。俄罗斯境内有 2000 万穆斯林（占总人口的 19%），绝大部分生活在北高加索地区。这些地区的穆斯林反俄情绪强烈，历史上曾多次出现打着"伊斯兰教"旗号反俄的活动（车臣战争就是典型案例）。2014 年 6 月"伊斯兰国"异军突起后，不仅在叙伊边境扩疆拓土，还不断煽动世界其他地

---

① Matlack, "Russia's Deadly Mideast Game," *Businessweek*, December 26, 2016, Issue 4505, pp. 16 – 17.

区的穆斯林起来反抗。该组织曾扬言要打到俄罗斯，"解放"车臣和整个高加索地区，并出资 7000 万美元在中亚开辟新战场。而俄罗斯境内的部分穆斯林对"伊斯兰国"抱着同情和认可的态度，还有极少数人直接参加了"伊斯兰国"。2015 年 10 月，普京表示，俄罗斯和中亚地区有 5000~7000名极端分子加入了"伊斯兰国"。[1] 如果这些极端恐怖分子返回国内，势必对俄罗斯的南翼安全构成巨大挑战。正因为如此，俄罗斯才痛下决心，"御敌于国门之外"。俄罗斯总统普京在接受采访时表示，俄罗斯军事介入叙利亚的最重要原因就是担心这股势力"反过来威胁我们"。普京担心中东的混乱会助长俄罗斯边境的极端主义，危及自身安全。[2]

最后，增强俄罗斯在中东地区的影响力和话语权。中东地区长期被美国视为禁脔，美国基本垄断了其使用武力的权力。但近年来美国软硬实力严重受损，继续主导中东心有余而力不足，尤其在奥巴马任期内，美国急于"战略东移"，应对中国崛起，因此在中东总体奉行战略收缩政策，希望在不增加乃至减少投入的情况下，继续保持在中东的影响力。降低反恐调门、从伊拉克撤军、与伊朗达成核协议等，都是美国战略收缩的具体体现。

美国从中东战略收缩留出的"权力真空"，为俄罗斯重返中东提供了难得的机遇。正是在这种背景下，俄罗斯开始在中东频频发力，日渐扩大影响力。数年来，俄罗斯与中东地区所有大国（包括埃及、伊拉克、叙利亚乃至沙特、以色列等）的关系都不同程度地得到加强。2015 年俄罗斯军事介入叙利亚，更是俄罗斯涉足中东、与美国争夺地区主导权的强烈信号。德国《明镜》周刊认为，俄罗斯出兵叙利亚折射出的中东战略，就是与西方争夺中东秩序的主导权。有分析认为，俄罗斯在叙利亚的军事行动，旨在确保莫斯科在"谁统治叙利亚"上拥有决定性的话语权，同时俄罗斯在叙利亚的行动也是其在中东地区挽回影响力的更大行动的一部分。[3]

---

① Dan De Luce, "Will Islamist Blowback Derail Russia's Gambit in Syria?" *Foreign Policy*, November 2, 2015.

② Stent, "Putin's Power Play in Syria," *Foreign Affairs*, Jan/Feb, 2016

③ Stent, "Putin's Power Play in Syria," *Foreign Affairs*, Jan/Feb, 2016

此外，俄罗斯出兵叙利亚还有国内政治考虑。此前，俄罗斯兼并克里米亚半岛，引发美欧对俄罗斯的一系列严厉制裁。而俄罗斯采取围魏救赵的办法，通过出兵叙利亚，成功转移了西方国家对克里米亚问题的关注，增加了俄罗斯与西方博弈的筹码。在宣布出兵叙利亚后不到一个月的时间里，普京在俄罗斯的支持率超过了90%。[①]

二 效果评估

军事介入叙利亚危机数年来，俄罗斯已成为这场地区危机中举足轻重的外部力量，对叙利亚危机产生了多重积极影响。

（一）巴沙尔政权转危为安

在俄罗斯军事介入叙利亚危机前，叙利亚政府军伤亡惨重，疲于应付，巴沙尔政府已经到了危急存亡之秋。2015 年 7 月 28 日，也就是俄罗斯出兵叙利亚两个月之前，巴沙尔总统公开称，由于人员伤亡和逃避服兵役等原因，叙利亚政府军的规模缩减将近一半。由于兵力不足，叙利亚政府军只能收缩战线，2015 年以来在多条战线接连后撤：3 月，反对派武装"征服军"占领北部的伊德利卜省；4 月，政府军丢失叙利亚南部与约旦接壤的口岸城市纳西卜；5 月，"伊斯兰国"夺取叙利亚中部历史古城帕尔米拉；6 月，"支持阵线"头目朱拉尼公开叫嚣，他将率军攻占巴沙尔总统的老家拉塔基亚。[②] 当时叙利亚政府军控制区仅占全国领土总面积的 25%（有报道称是17%），政府军死守的"大马士革 - 霍姆斯 - 沿海地区"区域面临极大威胁。可以说，如果没有外部援助，巴沙尔政府倒台只是时间问题。

俄罗斯在巴沙尔政府最危急时刻军事介入，从根本上改变了自 2011 年叙利亚危机爆发以来，美欧以及土耳其、沙特等中东地区国家"围攻"巴

---

① Totten, Michael J., "Moscow on the Tigris," *World Affairs*, Vol. 178, Issue 4, 2016, pp. 5 – 13.

② 杨臻：《大马士革街头"挺俄"气氛浓》，《国际先驱导报》2015 年 10 月 23 日。

沙尔、巴沙尔政府被动挨打的局面。事实证明，正是在俄罗斯军事介入的鼓舞下，叙利亚政府军在 2015 年 10 月组建了兵力超过 4 万人的"第四军团"，主要任务就是在俄罗斯空袭的帮助下发动地面攻势，并逐步收复失地，从叛军手里夺回哈马省、伊德利卜省和拉塔基亚省部分城镇和村庄。2017 年 5 月，叙利亚政府军发起代号为"伟大黎明"的军事行动，在哈马省、霍姆斯省和拉卡省取得阶段性胜利，收复 9000 平方公里土地，首次打通叙伊边境。10 月 17 日，"叙利亚民主军"攻占"伊斯兰国"的老巢拉卡。11 月 8 日，叙利亚政府军及其盟友的武装攻下"伊斯兰国"在叙利亚的最后一个主要据点——阿布卡迈勒。进入 2018 年后，叙利亚政府军加紧清扫残敌。从 2018 年 2 月开始，叙利亚政府军发动代号为"大马士革之钢"的军事行动，对盘踞在首都大马士革东部东古塔地区的极端恐怖分子发动全面围剿。到 2018 年 4 月，政府军全面收复东古塔地区，为期两个月的"大马士革之钢"军事行动以政府军的全面胜利告终。2018 年 5 月，叙利亚政府军又全面收复中部省份霍姆斯。至此，叙利亚巴沙尔政府已经转危为安，赢得了持续数年的叙利亚内战。而这一来之不易的胜利，与俄罗斯军事介入直接相关。

（二）中东反恐斗争取得决定性胜利

2014 年 6 月，极端组织"伊斯兰国"在叙利亚和伊拉克边境地区异军突起。不同于"基地"组织等传统的恐怖组织，该组织政治野心大（谋求独立建国），军事实力强，对叙利亚和伊拉克乃至整个中东地缘版图冲击巨大。

面对"伊斯兰国"兴起的挑战，美国虽然组建了由 60 多个国家参加的国际反恐联盟，但在打击"伊斯兰国"问题上，美国却是反恐之手"高高举起，轻轻落下"，尤其对叙利亚境内的极端势力袖手旁观，打击强度和力度有限。据统计，1999 年发动科索沃战争时，北约联军每天出动空袭飞机达到 250 架次；2001 年美国发动阿富汗战争时，每天出动空袭飞机约 110 架次。相比之下，美国针对"伊斯兰国"目标出动空袭的飞机每天只有 10~15 架次。[①] 这种

---

① "Many Players, Divergent Interests in Anti-IS Fight," Yahoo News, November 26, 2015.

打击强度使消灭"伊斯兰国"极端分子的速度,甚至赶不上该组织招募新成员的速度。

之所以出现这种差别对待的状况,原因就是美国蓄意使叙利亚政府军与"伊斯兰国"相互消耗,以便未来坐收渔利。据媒体报道,美国不仅不对叙利亚境内的"伊斯兰国"痛下杀手,还允许土耳其开放边境,为"伊斯兰国"人员和物资往来提供便利,甚至默许"伊斯兰国"和"基地"组织获得包括反坦克武器在内的各种武器。① 俄罗斯外长拉夫罗夫公开指责美国,称其是在"假装"打击"伊斯兰国",实则是间接支持叙利亚反政府武装和"伊斯兰国"等极端恐怖组织,目的就是反对巴沙尔政府。许多阿拉伯人也认为,美国在中东的真正目的不是打击"伊斯兰国",而是制造"可控的混乱",以便实现其地缘政治和地缘经济目标。② 甚至连美国总统奥巴马也不得不承认,打击"伊斯兰国"战略缺乏全面性和完整性。换言之,美国领导的国际反恐联盟要想真正消灭"伊斯兰国",实际上是不可能的。

相较而言,俄罗斯对"伊斯兰国"的打击效果明显。自2015年9月底开战以来,俄罗斯对"伊斯兰国"的重要目标(指挥所、军工厂、后勤仓库等)发动连续打击。据俄军方称,截至2015年11月30日,俄军已摧毁4000处恐怖设施,极大遏制了"伊斯兰国"的嚣张气焰和蔓延势头。在俄罗斯空袭和叙利亚政府军联手打击下,叙利亚南部数千名极端分子向邻国约旦转移;叙东部拉卡省的"伊斯兰国"分子开始向伊拉克转移;"支持阵线"下属的"法塔赫军"也从伊德利卜等城市撤向叙土边境。"伊斯兰国"占领区面积在2015年缩减14%。2017年,在俄罗斯空中掩护下,叙利亚政府军持续加大攻势,由此"伊斯兰国"在战场上逐步走向覆灭。2017年12月6日,俄罗斯总统普京宣布,叙利亚境内已经没有任何"伊斯兰国"控制区。叙利亚反恐战争取得决定性胜利,俄罗斯军事介入功不可没。

---

① Nicolas Davies, "Syria at a Crossroads: Carrying on with the War? The US and the Saudis Are still Working Together," *Global Research*, November 2, 2015.

② IRNA, "Arab Allies Have No Wish to Support Washington's 'Game' in Syria," November 10, 2015.

从更大范围看，俄罗斯军事介入叙利亚，还防止了中东地缘格局塌方式崩溃，恢复了中东力量平衡。我们知道，中东地区政治生态复杂脆弱，其地缘格局的稳定很大程度上依赖于以沙特为代表的亲美阵营与伊朗为代表的反美阵营之间的力量平衡。2011 年中东剧变后，由于西方国家对中东剧变的"选择性干预"，利比亚、叙利亚等反美阵营的国家日益遭到削弱。尤其是叙利亚地处西亚与北非接壤地带，又是伊朗在阿拉伯世界最主要的地区盟友。一旦叙利亚巴沙尔政府垮台，中东地区的力量格局将面临"一边倒"的失衡危险。而 2015 年 9 月俄罗斯强力介入叙利亚事务，并与叙利亚、伊朗、伊拉克组成四国情报中心，极大增强了什叶派阵营的力量，避免了中东地缘秩序继续崩塌和局势持续恶化。2015 年 10 月，叙利亚总统巴沙尔表示，俄罗斯军事介入对整个中东至关重要，否则整个地区将彻底遭到破坏。

需要指出的是，随着叙利亚战场形势缓和，俄罗斯在叙利亚和谈问题上扮演了十分重要的角色。2016 年 12 月，俄罗斯、土耳其、伊朗共同建立了阿斯塔纳（阿斯塔纳是哈萨克斯坦首都）会谈机制，截至 2018 年 5 月，各方已经举行了九轮会谈。2017 年，该会谈机制的主要成果就是共同签署备忘录，在叙利亚西北部伊德利卜省、中部霍姆斯省、大马士革郊区和叙利亚南部地区分别设立"冲突降级区"。此外，在俄、土、伊共同倡议下，2018 年 1 月 30 日，俄罗斯在索契组织召开了叙利亚全国对话大会，大约 1500 名叙利亚各界代表参加了大会，与会代表同意设立叙利亚宪法委员会，着手制定新宪法。此后，俄、土、伊三国领导人就此召开多次元首会议。尽管叙利亚问题和谈困难重重，但这毕竟是叙利亚由乱到治、由打到谈的开端。

（三）俄罗斯在中东影响力增强

长期以来，中东一直被美国视为禁脔，不容他国染指。然而，俄罗斯以叙利亚危机为切入点，以"反恐"为主要旗号，在叙利亚增加军事力量，并与伊朗、伊拉克、叙利亚组成四国情报中心，同时加强与土耳其、沙特、以色列、埃及等国协调立场。

俄罗斯围绕叙利亚危机的一系列外交和军事行动，使俄罗斯抢夺了中东反恐话语权，俄罗斯在中东地区的影响力也明显上升。据报道，叙利亚民间出现了热捧俄罗斯的潮流，市场上带有俄罗斯元素的商品成为畅销货，网络媒体上有关普京的漫画受到网友点赞并被转发。在伊拉克，包括总理阿巴迪在内的许多什叶派政治家呼吁，既然美国的反恐政策已经失败，伊拉克应该借助俄罗斯之力打击"伊斯兰国"。为此，伊拉克还派出官方代表团访俄，探讨俄罗斯在伊拉克参与空袭"伊斯兰国"、训练伊拉克安全部队的可行性。① 甚至那些相对亲美的阿拉伯国家（如阿联酋、埃及、约旦等）也都支持俄罗斯在叙利亚展开军事行动。2017 年 8 ~ 9 月，佐格比对 9 个中东国家（埃及、伊朗、伊拉克、约旦、黎巴嫩、巴勒斯坦、沙特、土耳其、阿联酋）的 7800 人进行的调查显示，这些国家的多数民众认为，与俄罗斯保持友好关系非常重要。在土耳其，这一比例达到 100%（2016 年仅为 24% ）。② 有评论称："莫斯科已经成功地成为中东政治的核心参与者。"③

三 风险与挑战

俄罗斯介入叙利亚并非没有风险，相反，随着时间推移，俄罗斯深度介入叙利亚危机面临的挑战和风险越来越大。

（一）俄罗斯经济负担越来越重

俄罗斯军事介入叙利亚危机时，俄罗斯经济十分困难。当时，由于国际油价持续低迷，加上西方国家制裁俄罗斯，俄罗斯经济形势并不乐观。一是

---

① Y. Graff, "In Iraq, Public Debate over Russian Involvement, Disappointment at U. S. Failure Against ISIS," The Middle East Media Research Institute, November 2, 2015.

② Thomas Seibert, "Poll Shows Better Image for Russia in the Middle East as US Standing Erodes," Middle East Online, November 5, 2017.

③ Judah Grunstein, "Is Russia the West's Potential Partner, Rival, Adversary—or Even Enemy?" India Quarterly, Vol. 73, Issue 2, June 2017.

经济增长率低迷。据国际货币基金组织估计，2013 年，俄罗斯经济增长率为 1.6%，2014 年为 0.2%，2015 年则出现经济紧缩（第一季度下降2.2%，第二季度下降4.7%）。二是资本外流严重。2014 年，俄罗斯资本净流出 1340 亿美元，由此导致卢布对美元汇率持续下跌，国际三大评级机构均下调了俄罗斯的主权债务信用等级。据估计，2018 年俄资本外流总额或达到 330 亿美元。三是财政收入减少。俄罗斯出口的约 70% 是油气，油气收入占俄罗斯财政收入的一半，因此，全球油价每下降 1 美元，俄罗斯预算收入就损失约 20 亿美元。2014 年 6 月以来，国际油价一路下跌，导致俄罗斯财政收入持续减少。俄罗斯财长西卢阿诺夫表示，油价下跌每年给俄罗斯造成的损失高达 1000 亿美元。

2017 年，俄罗斯经济增长 1.5%，但经济总量仅相当于中国广东省。同时，美国并未放松对俄经济制裁。2018 年 4 月 6 日，美国宣布对 7 名俄罗斯商业人物、17 名政界精英及 12 家寡头企业进行制裁。此举使俄罗斯经济进一步动荡，出现了汇率下跌、抛售国债、股价大跌等诸多问题。4 月 10 日，俄罗斯股市和汇率双双下跌，RTS 指数暴跌超过 12%，创有史以来最大跌幅；卢布对美元汇率重挫 2.69%，创 2016 年 6 月以来最大跌幅。俄罗斯铝跌幅高达 50%，市值单日跌去近 300 亿人民币。

众所周知，现代战争某种程度上就是经济消耗战。当前俄罗斯经济如此困难，但俄罗斯仍持续在叙利亚进行军事行动，这使原本就十分虚弱的俄罗斯经济更加困难。尽管俄罗斯在叙军事行动的消耗低于美国，但总量相当可观。据《简氏防务周刊》和《莫斯科时报》报道，俄罗斯在叙利亚的行动每天花费 400 万美元，每年花费 15 亿美元。[1] 据俄罗斯媒体《商业咨询日报》计算，俄军在叙利亚的军事行动每日至少耗资 250 万美元。到目前为止，俄罗斯仍不得不继续向叙利亚输血，花费了 40 亿美元。巨大的经济负担决定了俄罗斯在叙利亚的军事行动不可能无限地持续下去。

---

[1] Totten, Michael J., "Moscow on the Tigris," *World Affairs*, Vol. 178, Issue 4, Winter 2016, pp. 5 – 13.

需要指出的是，俄罗斯在叙利亚维系军事存在，已经遭遇不少风险，付出不小的代价：2018年3月6日，俄罗斯一架安-26飞机在叙利亚赫梅明空军基地进场降落时坠毁，造成27名军官（包括一名少将）死亡；5月3日，俄罗斯一架苏-30SMs双座战斗机从赫梅明空军基地起飞后坠入地中海；5月7日，俄罗斯一架卡-52攻击直升机因技术故障坠毁，两名飞行员遇难。迄今为止，俄罗斯已经损失了7架直升机和6架战机。叙利亚官方通讯社援引俄罗斯国防部消息称，2018年5月27日，位于叙东部代尔祖尔省郊区一处叙利亚政府军据点遭极端分子袭击，共造成4名俄罗斯军事顾问死亡，另有3人受伤。另据叙利亚反对派媒体（"叙利亚人权观察"）称，此次袭击共造成俄罗斯5名士兵和4名军事顾问死亡。

目前，俄罗斯在叙利亚的军事存在面临两难选择：撤出叙利亚，叙利亚战场形势有可能重新恶化，"伊斯兰国"等极端恐怖组织可能死灰复燃；在叙利亚继续耗下去，经济负担将难以承受。俄罗斯在叙利亚的军事行动如何收场，成为一大难题。2017年12月11日，俄罗斯总统普京访问叙利亚，并在赫梅明空军基地宣布，俄将开始从叙利亚撤军。此举标志着俄罗斯在叙利亚两年多的军事行动告一段落。然而，由于叙利亚国内形势仍不稳定，尤其是要确保在叙利亚的既得利益不受侵害，俄罗斯仍不得不继续保持在叙利亚的军事存在。

（二）俄罗斯遭受恐袭风险和深陷叙利亚泥潭的风险同时增大

美国在实力鼎盛期在中东发动"反恐战争"，导致自身软硬实力严重受损。当前俄罗斯在叙利亚的反恐行动，尽管不能与当年美国"反恐战争"简单类比，但俄罗斯不可能单靠军事打击根除"伊斯兰国"等极端势力。这是因为，"伊斯兰国"不仅仅是一股极端恐怖势力，还具有很强的意识形态色彩，而意识形态是不可能简单地通过军事力量来消灭的。

相反，俄罗斯高调反恐，使俄罗斯遭受恐袭的危险性大增。美国官员认为，俄罗斯军事介入叙利亚，将激发针对俄罗斯的恐袭浪潮，这类似于当年苏联入侵阿富汗后的处境。① 2015 年 10 月 12 日，"支持阵线"领导人朱拉尼公开号召手下袭击俄罗斯目标，以报复俄参与叙利亚空袭行动、支持巴沙尔政权。"支持阵线"悬赏 100 万叙利亚镑（约合 5300 美元）绑架一名俄罗斯士兵。② "基地"组织头目扎瓦赫里 11 月初称，"基地"组织与"伊斯兰国"应"团结"对外，共同应对来自西方和俄罗斯的威胁。沙特有 55 名萨拉菲学者发表公开声明，呼吁所有穆斯林对俄罗斯发动"圣战"。③

从事实层面看，自 2015 年 9 月底俄罗斯在叙展开军事行动后，俄罗斯已经成为极端恐怖势力报复的对象。2015 年 10 月 12 日，俄罗斯驻叙利亚使馆遭迫击炮袭击；10 月 31 日，一架俄罗斯客机在埃及坠毁，机上 224 人全部遇难，"伊斯兰国"宣布负责；2015 年 11 月 13 日巴黎枪击案发生后，"伊斯兰国"称，为报复出兵叙利亚，将很快血洗俄罗斯；2018 年 4 月 25 日，俄罗斯在叙利亚的赫梅明空军基地遭不明空中目标袭击，所幸这些来袭的空中目标被全部摧毁。

面对无影无形的恐怖袭击，普京虽然要求俄罗斯军方不惜一切代价，对"伊斯兰国"目标进行报复，但由于极端分子无法辨识，因此俄罗斯对"伊斯兰国"的复仇，很大程度上是在"与影子作战"，由此使俄罗斯面临陷入反恐泥潭的危险。

（三）俄美迎头相撞风险日增

自 2011 年叙利亚危机爆发以来，美国竭力谋求推翻巴沙尔政府，为此，美国向叙利亚反对派提供大量资金和武器援助，先后支持过"叙利亚自由军""伊斯兰国"、叙利亚库尔德武装等多股武装力量。但最终结果是，美国暗中支持的"伊斯兰国"行将覆灭，反对派武装在叙利亚政府军打击下

① Dan De Luce, "Will Islamist Blowback Derail Russia's Gambit in Syria?" *Foreign Policy*, November 2, 2015.
② Sami Nader, "Syria's 'Holy War'," Al-Monitor, October 28, 2015.
③ Madawi Al-Rasheed, "Saudi Religious Scholars Enraged over Moscow's Recent Syria Strikes," Al-Monitor, October 7, 2015.

溃不成军，其支持的叙利亚库尔德武装也遭到土耳其打击。美国在叙利亚问题上的目标一个也没实现。自 2009 年奥巴马上台以来，美国在中东一直进行战略收缩，以更好遏制中俄等传统大国。但俄罗斯军事介入叙利亚，且节节胜利，使美国不得不考虑"重返中东"。在此背景下，美国不得不考虑在叙利亚采取"地面直接行动"，① 并于 2015 年 10 月 30 日宣布派遣一支 50 人的特种部队进入叙利亚，担任军事顾问，这与奥巴马此前宣称"不会向叙利亚派遣地面部队"的承诺相悖。显然，俄罗斯在叙利亚影响越大，美国"重返叙利亚"的可能性就越高。

2017 年特朗普上台后，总体战略是从叙利亚撤军。早在竞选期间，特朗普明确反对布什发动伊拉克战争，认为这场战争劳民伤财，不仅搞乱了中东，美国也并未从中获益。在叙利亚问题上，特朗普在竞选期间就表示，不信任叙利亚反对派，认为美国不应介入叙利亚内战。他在 2017 年 1 月上台后，终止了中情局持续 4 年的武装叙利亚反对派的方案，并于 2017 年底停止向其支付酬金。2018 年 4 月，特朗普宣布将"很快"从叙利亚撤军，理由是美国花费 7 亿美元在中东建学校，最终却被武装分子炸掉，美国却没有在国内建设新学校。因此，美国要撤出叙利亚，"让别人处理那边的事"。但特朗普这种表态与美国军方对叙利亚政策背道而驰。美国军方一直认为，美国在叙利亚面临诸多挑战，撤军还不是时候。美国国防部长马蒂斯此前明确表示，美军希望长期在叙利亚保持军事存在。据 CNN 报道，在特朗普发表撤军言论前，军方高层已连续几天进行讨论，打算向叙利亚东北部小幅增兵。从战略层面看，叙利亚一直是美国推动政权更替乃至地缘分裂的重点对象。颠覆叙利亚政权，不仅有助于维护以色列安全，还能极大削弱宿敌伊朗的影响力，更好地遏制伊朗。因此，美国是否会从叙利亚撤军委实令人怀疑。

目前，美国和俄罗斯是左右叙利亚政局的最大外部力量，两国都不会轻易放弃在叙利亚的既得利益，而且双方在解决叙利亚问题上战略目标和政策

---

① Michel Chossudovsky, "'Boots on the Ground' Inside Syria? The Pentagon Comes to the Rescue of the 'Islamic State'," *Global Research*, October 28, 2015.

思路截然相反：美国执意要求推翻巴沙尔政府，而俄罗斯则恰恰相反，唯有确保巴沙尔的统治，才能维护俄罗斯在叙利亚的既得利益。当前俄罗斯介入叙利亚危机，就是为了确保叙利亚局势乃至中东局势向着俄罗斯期待的方向发展。换言之，在叙利亚问题上，美俄矛盾面明显大于合作面。尤其从2017年开始，随着"伊斯兰国"日趋覆灭，美俄在叙利亚问题上进行反恐合作的基础已经不复存在。这由此决定了未来双方摩擦和冲突将日趋增加，双方日趋由"暗斗"转向"明争"。

外交上，美国处处与俄罗斯作对，反对俄罗斯主导的阿斯塔纳和谈机制，阻碍叙利亚局势向俄罗斯期待的方向发展。2018年4月10日，美俄分别就叙利亚化武事件提出自己的决议草案，但在联合国安理会投票时，因双方相互否决，相关提案都未能获得通过。2018年4月14日美国对叙利亚发动军事打击后，普京谴责这是一次侵略行动，将导致国际关系陷入混乱。

在军事领域，随着俄叙加紧剿灭残余叛军和美国极力阻挠并维持在叙利亚的现有势力范围，美俄在叙利亚正面冲突的可能性增大。[①] 当前，俄美军事紧张对峙，一触即发，处于冷战以来最紧张时刻。联合国秘书长古特雷斯公开呼吁防止叙利亚局势失控，并称冷战将重新开始。

俄罗斯为了维护叙利亚现政权及自身利益，多次公开向美国发出警告。2018年3月14日，停泊在塔尔图斯海军基地的俄军舰向大马士革东部发射了数枚巡航导弹，警告美国的意味十分明显。同一天，俄军在24小时内紧急增派两艘搭载有"口径"巡航导弹的导弹护卫舰前往叙利亚。3月20日，俄军向叙利亚派出最新型的米 − 8MTPR − 1电子战直升机。4月8日，俄外交部警告，以虚假理由对叙利亚进行军事干预可能导致"最严重后果"。4月10日，俄军总参谋长格拉西莫夫直接警告美国，如果俄军受到威胁，俄将进行全面、即时的军事报复，将击落所有飞往叙利亚的导弹和发射平台，包括美国军舰。4月14日美国向叙利亚目标发射导弹后，俄军总参谋部行动总局局长鲁茨科伊和外长拉夫罗夫相继表示，俄方将考虑向叙利亚政府军

---

① 况腊生：《叙利亚战争沉思录——二十一世纪的微型世界战争》，人民出版社，2018。

提供 S-300 防空导弹。这显然是为了应对美国对叙利亚发动袭击。

美国不愿俄罗斯主导叙利亚事务，因此不断制造麻烦和障碍。2017 年特朗普上台后，在叙利亚问题上看似有所松动（表态撤军、停止资助叙反对派等），实则对叙政策变数更大。2018 年 4 月 14 日，美、英、法三国以叙利亚涉嫌使用化学武器为由，对叙利亚境内目标发射了 100 多枚导弹。《华尔街日报》次日披露，特朗普原本想执行更猛烈的军事打击计划——俄罗斯和伊朗在叙利亚的设施原本也是其袭击目标，但幸好在国防部长警告下取消。此举从侧面表明，美国与俄罗斯在叙利亚擦枪走火的危险性正日益上升。有专家称，叙利亚已经成为美国和俄罗斯进行间接战争的地点，正如冷战时在第三国的战争一样。①

四　前景展望

目前，叙利亚危机仍处在发展演变中，大国博弈仍很激烈，俄罗斯短期内不会撤出叙利亚。在可预见的未来，无论在军事领域还是政治和谈中，俄罗斯均不可或缺。

---

① 《美国专家：叙利亚已经成为美俄对抗的地点》，《环球时报》2018 年 4 月 20 日。

Y.7
叙利亚危机中的土耳其因素

魏 敏*

摘 要： 土耳其是较早介入叙利亚危机的国家之一，并逐步成为围绕叙利亚危机博弈的重要一方。在七年之久的时间里，与叙利亚危机不断演化升级相伴，土耳其在其"战略纵深主义"战略思想的主导下，运用外交和军事打击相结合的战略手段，成为国际社会推动叙利亚危机缓和或复杂化过程中不可小觑的力量，也成为影响未来叙利亚政治版图的主要因素之一。叙利亚危机爆发后，土耳其对其叙利亚政策进行了重大调整，并基于对叙利亚地缘政治、中东教派格局和库尔德问题的认识和判断，确立了明确的战略意图，即与西方盟国保持立场一致，要求巴沙尔·阿萨德下台，同时遏制并瓦解库尔德人势力，最终不仅实现提升土耳其地区影响力的目的，而且进一步提升土耳其的国际形象。围绕此战略意图，土耳其对其叙利亚政策也做出了动态调整，并且以小博大，阶段性实现了既定目标。未来，土耳其将以此为基础，在叙利亚危机的发展走向及战后叙利亚政治格局重构中发挥作用和影响，实现其国家利益最大化。

关键词： 叙利亚危机 土耳其 外交政策 "阿拉伯之春"

---

* 魏敏，经济学博士，中国社会科学院西亚非洲研究所研究员，研究方向为中东经济。

近八年时间过去了，最初由一场国内民众抗议活动引发的叙利亚危机逐步演变为叙利亚战争。截至 2018 年 3 月，持续的冲突和战事已造成超过560 万叙利亚人成为难民，610 万人流离失所。叙利亚危机造成的巨大灾难已经超越国界，超越中东地区，成为国际社会的重要关切。在国际社会政治解决叙利亚危机方面，从 2012 年至今，安理会共通过了 23 项主要与叙利亚相关的决议。自 2016 年以来，联合国共举行了八轮叙利亚问题和谈，为冲突寻求政治解决方案。2017 年，叙利亚是安理会 15 个理事国在非正式磋商中最常被提及的话题，共讨论了 33 次，① 土耳其是最早介入叙利亚危机的国际行为体之一。2011 年叙利亚政治动乱发生之前，土叙关系正处于历史上难得的"蜜月期"，土耳其是巴沙尔·阿萨德政府的盟友，也是叙利亚政府经济自由化改革的坚定支持者，时任土耳其总理埃尔多安和巴萨尔总统也建立了亲密的私人关系。然而，在叙利亚危机爆发后的多边较量中，土耳其与巴沙尔·阿萨德政府不仅反目成仇，而且兵戎相见。与此同时，土耳其在叙利亚危机中已经从一个次要角色，逐渐成为这场博弈中的重要一方，并最终成为对叙利亚境内冲突各方最具影响力的力量之一。2017 年 11 月，极端组织"伊斯兰国"被击溃，叙利亚战争接近结束，叙利亚局势进入新的发展阶段。12 月 14 日和 22 日，新一轮叙利亚问题日内瓦和谈和阿斯塔纳和谈分别结束。而在 2018 年 1 月 20 日，土耳其对阿夫林（Afrin）地区的库尔德"人民保护部队"（YPG）发动了代号为"橄榄枝"的军事行动，这是继"幼发拉底河之盾"军事行动后土耳其发起的又一次军事行动，并声称将继续向叙利亚西北部挺进，进攻有美国驻军的曼比季。叙利亚严重抗议此次军事行动，联合国安理会也于 2 月 24 日通过第 2401 号决议，呼吁叙利亚各方遵守为期 30 天的停火协议。但该决议允许继续与"伊斯兰国"（IS）、"基地"组织、"黎凡特阵线"（Jabhat Fatah al-Sham）及其附属机构进行战斗。4 月 11 日，联合

---

① 《事实和数据：叙利亚冲突》，联合国新闻，https：//news. un. org/zh/story/2018/03/1005151，访问日期：2018 年 4 月 1 日。

国就叙利亚化武问题表决，未获通过。4 月 13 日，美英法联军在未获联合国授权的情况下对叙利亚进行了精准打击，将叙利亚局势推向更为复杂的境地。叙利亚危机爆发后，土耳其不仅受到叙利亚难民和恐怖袭击带来的巨大困扰，库尔德人力量的日益壮大也使其如芒在背，不得不重新思考和调整其叙利亚政策。分析叙利亚危机中土耳其外交政策的调整，厘清其背后的外交理念变化和土耳其对叙利亚问题认识的变化，明晰其战略意图，对于预测叙利亚危机的未来走向具有一定的作用和影响。

一　土耳其与叙利亚外交关系的演进

土耳其与叙利亚是邻国，两国有 911 公里的边境线。历史上，叙利亚曾是奥斯曼土耳其帝国的一个行省，也是奥斯曼土耳其帝国的商业中心。第一次世界大战后到 1946 年取得独立，叙利亚一直处于法国的委任统治之下。二战结束后，东西方阵营在中东地区的激烈角逐以及土叙两国各自的外交政策取向奠定了两国关系的基本框架。

（一）冷战时期尖锐对峙的土叙关系

缘于地缘政治因素，冷战时期土耳其外交的一个根本特征是其面临持续不断的安全压力，这种压力既来自苏联，也来自希腊和塞浦路斯，还来自中东，这一特点在冷战时期表现得尤为突出。

在长期的阿拉伯国家与以色列的冲突中，叙利亚在中东地区以其强硬和坚定的反以态度著称，其执政党阿拉伯复兴社会党（简称"复兴党"）将复兴阿拉伯民族、捍卫阿拉伯民族利益作为政治目标。1948 年以色列建国后，在国际社会随即得到土耳其的公开承认。叙利亚与土耳其的关系在叙利亚建国后的初始阶段就失去了建立良好关系的地区国际政治基础。阿以冲突及其和平进程始终是双边关系或紧张或合作的焦点之一。[①] 继而，在冷战时期美

---

① 　王新刚：《叙土关系危机探源》，《西亚非洲》1999 年第 3 期，第 49～55、81 页。

苏两大阵营的对峙中，土耳其加入北约，并长期奉行与美国等西方国家结盟的外交政策。土耳其与叙利亚的边境线也成为北约与中东的边界，而叙利亚则与苏联结成战略联盟，成为苏联对抗北约的前线国家，两大阵营的尖锐对峙也使土叙两国关系龃龉不断，再加上边界领土纠纷、水资源问题等，土叙两国在冷战时期冲突和矛盾未曾间断。1978 年，土耳其库尔德工人党①成立，叙利亚政府对库尔德工人党的帮助和庇护则成为制约土叙关系发展的一个新问题。

（二）土叙关系的缓和——《阿达纳协议》的签署

冷战的结束从根本上改变了土耳其的外交环境，由于西方盟国对土耳其安全需求的降低，加上其长期追随西方的外交方针使其忽视了东方，土耳其在国际社会的外交地位急剧下降。时任土耳其总统厄扎尔积极调整外交战略，改变了之前对西方的依附，寻求与西方建立新型外交关系的可能性，并密切与中东国家包括叙利亚的关系，强调土耳其在东西方之间的桥梁作用。自厄扎尔时期开始，土叙关系较冷战时期有所缓和。1998 年，库尔德工人党领导人阿卜杜拉·奥贾兰逃亡叙利亚，由于叙利亚政府对此事的默许，土叙关系跌至谷底。在土耳其大兵压境的情况下，叙利亚政府迫于压力签署了《阿达纳协议》。根据协议内容，叙利亚政府承认库尔德工人党是恐怖组织，并关闭位于贝卡谷地的训练营地，同时不允许奥贾兰进入叙利亚边境。后在埃及的调停下，叙利亚总统哈菲兹·阿萨德主动让步，甚至在土耳其提出要求之前就驱逐了奥贾兰。《阿达纳协议》的签署，成为土叙关系的转折点。随后，两国开始了军事领域的合作，并于 2000 年 9 月签署了安全协议和培训合作框架协议，成立了双边军事沟通协调司令部。同年，叙利亚总统哈菲

---

① 土耳其库尔德工人党又称库尔德自由与民主大会或库尔德民主大会，1979 年成立。在意识形态上最初信奉马列主义和社会主义，之后不断调整，社会主义色彩淡化，伊斯兰主义、民主主义等成分增多。目标最初是建立"库尔德斯坦国"，范围包括土耳其东南部、伊拉克东北部、叙利亚东北部和伊朗西北部，后又提出自治、建立联邦制等方案。除土耳其外，库尔德工人党在国际上还被包括美国、欧盟、加拿大、以色列、伊朗和叙利亚在内的许多国家与组织列为恐怖组织。

兹·阿萨德去世，时任土耳其总统塞泽尔亲自参加了他的葬礼，这为土叙关系的进一步改善提供了契机。

（三）"阿拉伯之春"爆发前的土叙关系

土耳其温和的伊斯兰保守派政党正发党于 2002 年开始执政，其外交政策主要是艾哈迈德·达武特奥卢外交思想的直接体现，并随着正发党的政策实践而逐步完善。达武特奥卢提出的"战略纵深主义"外交理念，是冷战结束后土耳其外交理念的重要转变。其核心思想是，由于土耳其在地理上处于欧亚大陆核心位置，且拥有奥斯曼土耳其帝国深厚的历史遗产，所以土耳其在外交上具有明显的"战略深度"和"地缘深度"，土耳其具有成为国际政治中的"中心国家"和"积极贡献者"的天然优势，因此土耳其应该摒弃"安于一隅"的"桥梁国家"的国家定位，利用沟通东西方的独特地缘政治和文化地位，主动参与解决地区冲突，积极维护国际和平与安全。[①] 在此战略思想的指导下，正发党提出了土耳其外交政策的六项核心原则：安全与自由的平衡；邻国零问题；多层面外交政策；积极的区域外交政策；全新的外交风格；有节奏的外交。[②] 在中东政策上，由于在正发党执政的前两个任期内，土耳其经济快速增长，国力明显上升，土耳其也开始积极推行其作为中东地区民主政治体制典范的"土耳其模式"，欲彰显其地区大国的形象。

在执政的早期阶段，正发党积极推行"战略纵深主义"外交思想，并采用新的话语和外交风格，即通过经济外交、文化外交等方面的软实力来影响周边地区和国家。[③] 在中东地区，土耳其非常重视叙利亚巴沙尔·阿萨德政府并致力于土叙关系的重建，率先打破了美国主导的西方社会对叙利亚的

---

① Loannis N. Grigoriadis, "The Davutoglu Doctrine and Turkish Foreign Policy," Hellenic Foundation for European and Foreign Policy, Working Paper Nr 8/2010, p. 5.

② Ahmet Davutoglu," Zero Problems in a New Era," https://foreignpolicy.com/2013/03/21/zero – problems – in – a – new – era/, accessed on April 26, 2018.

③ Ahmet Davutoglu, "Turkey's Zero – Problems Foreign Policy," *Foreign Policy*, May20, 2010, pp. 3 – 5.

国际孤立。① 土耳其积极改善与叙利亚的关系。而土耳其的外交努力与巴沙尔·阿萨德总统通过经济改革以及实现国际关系正常化作为巩固政治地位和扩大自己权力基础的政治目标不谋而合，并且在巴沙尔政府之前，叙利亚政府已经采取了一系列政策和措施推进两国关系发展。2004 年，巴沙尔开启了自建国后叙利亚总统对土耳其的首次正式访问；同年底，土耳其与叙利亚签署了《土叙自由贸易协定》，这成为土叙关系的历史性转折点，两国经济关系迅速升温。2007 年，两国建立了战略伙伴关系，同时《土叙自由贸易协定》正式生效。2006 ~ 2010 年，两国贸易额从 7.96 亿美元增加到 25 亿美元，增长了 3 倍多。土耳其成为继欧盟和伊拉克后叙利亚的第三大贸易伙伴。② 双方于 2008 年签署了边境水资源协议，困扰两国多年的水资源分配问题得以解决。同时，土耳其甚至斡旋于叙利亚和以色列之间的和平谈判，努力缓和叙利亚与以色列的长期敌对关系。2009 年，土叙高层互访频繁，两国取消了签证制度以促进旅游与交流，也促成了土叙边界附近地区的经济繁荣。在此基础上，土叙两国举行联合军事演习，土叙关系到达顶峰。土叙关系的改善不仅成为土耳其"邻国零问题"外交政策的典范，而且成为土耳其作为地区强国的身份象征。③ 土耳其总理埃尔多安与叙利亚总统巴沙尔也以兄弟相称。土叙关系在此期间的良好发展为土耳其国内经济的快速发展提供了良好的外部环境，同时土叙双方对库尔德问题和边境问题等分歧也能采取包容与合作态度，这一时期堪称土叙关系的"蜜月期"。

---

① 两伊战争后，叙利亚是唯一与伊朗保持良好关系的阿拉伯国家。美国长期指责叙利亚支持恐怖主义，并在伊拉克问题上给美国制造麻烦。美国国会于 2003 年 10 月通过了《叙利亚责任法案》。这项法案把叙利亚继续列入"支持恐怖主义国家名单"，要求叙利亚从黎巴嫩撤军，谴责叙利亚的化学和生物武器项目，就伊拉克境内的针对美国军队的恐怖主义活动追究叙利亚的责任。该法案要求对叙利亚实施制裁，直至布什总统宣布叙利亚已停止对恐怖主义的支持，已停止发展化学及生物武器项目。

② https：//www.rt.com/op - ed/role - of - turkey - syrian - crisis - 826，最后访问日期：2018 年 4 月。

③ Ahmet Davutoglu, "Turkey's Foreign Policy Vision: An Assessment of 2007," *Insight Turkey*, Vol. 10, No. 1, 2008, p. 80.

（四）叙利亚危机的爆发以及土叙关系的转向

"阿拉伯之春"爆发后，从 2011 年 1 月 26 日开始，叙利亚国内也爆发了反政府示威游行，由于叙利亚政府对示威活动的残酷镇压，3 月 15 日冲突升级。尽管叙利亚政府先后采取了取消持续 46 年之久的紧急状态法、释放政治犯、扩大政治民主等措施，但是反对派拒绝与巴沙尔政府和谈，坚决要求巴沙尔·阿萨德下台，示威活动演变成武装冲突，叙利亚动乱也演变为叙利亚危机。"阿拉伯之春"后，土耳其的"邻国零问题"外交政策逐步转向更为积极主动的多维度外交和动态外交政策。土耳其认为，"邻国零问题"外交要实现安全和自由的平衡，就必须与土耳其的信念和价值观相结合。在土耳其外交政策重大调整的背景下，在叙利亚危机上，土耳其政府认为如果不推翻巴沙尔独裁政权，基于长期考虑，土耳其将很难有尊严地面对未来的新生代。尽管在执行"邻国零问题"外交政策之初，土耳其重点关注了经济与安全利益，但土耳其价值观是其外交基础，土耳其不能因支持巴沙尔给未来两国关系制造新的障碍。土耳其认为，"阿拉伯之春"后，伴随着中东国家的民主发展，它们都会成为土耳其可靠的合作伙伴，同时土耳其可以为这些国家更好地适应国际社会提供帮助。① 随即，土耳其选择了反对巴沙尔政府、支持民众为获得基本的民主权利而起义的外交决策，土叙关系也发生逆转。

应该注意到的问题是，在叙利亚动乱的初始阶段，土耳其并不愿巴沙尔政权倒台，并基于对叙利亚国内局势的判断，认为凭借土叙的亲密关系，土耳其能够影响叙利亚政府的行为。经过土耳其外长达武特奥卢和巴沙尔的斡旋会谈，以及埃尔多安的外交努力，土耳其试图说服叙利亚政府放弃镇压反对派，实施全面深远的政治改革。同时，土耳其还提出希望巴沙尔政府与穆斯林兄弟会共享权力，进一步平息叙利亚国内各方冲突，为民主政治

---

① Ahmet Davutoglu， " Zero Problems in a New Era，" https：//foreignpolicy. com/2013/03/21/zero－problems－in－a－new－era/，accessed on April 26, 2018.

奠定基础。① 然而，土耳其的建议均遭到巴沙尔·阿萨德的拒绝。通过短暂的交流与沟通，土耳其政府意识到自身对叙利亚政府影响有限，叙利亚不会遵从土耳其的意见。时任土耳其总统阿卜杜拉·居尔在政府文告中明确指出，"土耳其已经对巴沙尔·阿萨德政府失去信任"。随即，土耳其政府做出了重大外交政策调整，即抛弃巴沙尔政权，支持叙利亚的反对派武装。

2011 年 9 月 15 日，叙利亚反政府组织"叙利亚全国委员会"（SNC）在伊斯坦布尔宣布成立。土耳其开始为其武装力量"叙利亚自由军"（FSA）提供训练、武器和后勤保障。土耳其对包括"伊斯兰国"在内的所有反对派的支持，加速了"伊斯兰国"的崛起。② 随即，土耳其对叙利亚采取了停止两国央行金融往来、冻结叙利亚政府在土资产、中止双方高级别战略合作等一系列经济制裁措施。由于土耳其对反对派武装"叙利亚自由军"的支持和庇护，土叙两国边境异常紧张，与此同时，不断有难民逃往土耳其，土耳其军用战斗机也被叙利亚击落，叙利亚危机对土耳其构成威胁。2012 年 10 月，土耳其政府获得大国民议会授权，在必要的时候政府可以采取军事行动进入叙利亚。这也成为中东剧变后土耳其先前相对谨慎的外交政策发生重大转向的标志，土叙关系彻底破裂。

2014 年 8 月，埃尔多安当选土耳其总统。他重申土耳其将以人道主义和良知为主的方式实施更加积极有效的外交政策。③ 2015 年，土耳其举行了两次议会选举，最终正发党获胜。正发党称，土耳其将会继续坚持建立一个以多元价值为基础、以提升土耳其在世界上的地位这一清晰愿景为目标的外

---

① Erol Cebeci and Kadir Ustün, "The Syrian Quagmire: What's Holding Turkey Back?" *Insight Turkey*, Vol. 1, No. 2, 2012, p. 15.

② Jülide Karako, "The Failure of Indirect Orientalism: Islamic State," *Critique*, Vol. 42, No. 4, 2014, p. 598.

③ "Presidency Of the Republic of Turkey: Turkey's First President Elected by Popular Vote," https://www.tccb.gov.tr/en/news/542/3205/turkeys - first - president - elected - by - popular - vote.html, accessed on April 10, 2018.

交政策。① 为了加速巴沙尔的下台并打击库尔德武装，土耳其采取了激进的外交政策。2015 年底，土耳其以军演和训练当地军队为名，在没有获得伊拉克政府许可的情况下进入伊拉克境内，在伊拉克北部库尔德自治区长期驻军，平时还通过空袭等手段对伊拉克库尔德工人党武装实施打击。叙利亚外交部认为，土方的行为严重违反了《联合国宪章》，使地区局势更趋紧张，强烈要求土耳其尊重伊拉克主权和领土完整，立即无条件撤出部队。其后，土耳其又针对叙利亚库尔德武装发动了代号分别为"幼发拉底河之盾"和"橄榄枝"的两场军事行动，土叙关系已走向完全对立。

二 "阿拉伯之春"爆发后土耳其对叙利亚危机的认识和判断

2010 年 12 月，由突尼斯青年穆罕默德·布瓦吉吉自焚引发的群众示威迅速在突尼斯、埃及乃至整个西亚北非地区迅速蔓延，引发了阿拉伯世界的历史剧变。"阿拉伯之春"后，尤其是利比亚战争后，土耳其的中东外交政策发生调整，土叙关系也出现历史性的逆转。土叙关系的变化不仅与有关，也与地缘政治、历史上长期存在的教派关系和库尔德问题密切相关。

（一）地缘政治因素决定了土耳其对叙利亚危机认识的基础

叙利亚发生动乱后，土耳其看到了重返中东、实现地区大国抱负的良机。叙利亚北与土耳其接壤，向西可直接进入地中海，东与伊拉克交界，南与约旦毗邻，西南与黎巴嫩和巴勒斯坦为邻。历史上，叙利亚是世界古老文明的发源地之一。长期以来，在中东地区事务中，叙利亚是最强硬、最坚定的反对以色列的国家，也是继埃及和约旦与以色列先后签署和平协议后，仍然与以色列维持战争状态的阿拉伯国家。在叙利亚有大量的巴勒斯坦难民，除巴勒斯坦解放组织外，包括哈马斯在内，几乎所有的巴勒斯坦激进组织总

---

① Birce Bora, "More of the Same Foreign Policy under Ak Party?" *Al-Jazeer*, November 9, 2015.

部长期设在叙利亚首都大马士革,对解决阿以冲突问题有关键性影响。基辛格曾说过,没有埃及参加,阿以间不会发生大规模地区战争,而没有叙利亚参加,阿以间就不会有和平。① 从地缘政治的角度来看,土耳其与叙利亚有911公里的边境线,积极参与叙利亚危机解决进而获得话语权,不仅能在国际上尤其是北约中凸显土耳其的重要性,而且对土耳其国家安全和经济社会发展也十分有利。

(二)教派问题成为土耳其战略决策的又一重要关切

中东地区长期存在的教派问题对土耳其的叙利亚政策具有重要影响。在土耳其国内,逊尼派居于绝对主导地位。土耳其非常忌惮伊拉克战争后什叶派在中东地区的发展壮大。虽然叙利亚的逊尼派人口占多数,但政权却掌握在什叶派手中,而且叙利亚是阿拉伯国家中唯一与伊朗建立战略同盟关系的国家。叙利亚作为一个强烈反对美国和以色列的国家,对中东地区伊斯兰教派格局有着重大影响。伊拉克战争后,什叶派在伊拉克政治中崛起,什叶派势力从伊朗扩大到整个海湾北岸,随着伊朗影响力的上升,中东逐渐形成什叶派占主导、以伊朗为核心,包括叙利亚、黎巴嫩真主党和哈马斯在内的"什叶派新月地带",这是土耳其不能接受的。叙利亚与伊朗的战略同盟关系不仅提升了叙利亚在中东政治博弈中的地位,也扩大了伊朗在中东地区的影响力。叙利亚危机爆发后,推翻什叶派巴沙尔政权,改变"新月地带"什叶派与逊尼派的力量对比,也成为土耳其重要的外交选择。

(三)库尔德问题成为影响土耳其战略决策的重要因素

从国内层面来看,冷战结束后,土耳其国内的民族融合问题至关重要。库尔德作为一个独立民族,一直有建立民族国家的愿望。库尔德人是继阿拉伯人、土耳其人、波斯人之后中东地区的第四大民族,在土耳其、伊朗、伊

---

① 李国富:《大国博弈下的叙利亚局势》,《求是》2012年第15期,第55~57页。

拉克和叙利亚都有库尔德人聚居区，还有少数散居在黎巴嫩、阿富汗、约旦等国。库尔德人的建国诉求对土耳其领土完整构成了威胁。尤其是伊拉克战争中库尔德人自治区的成立，对聚居于土耳其西北部的库尔德人产生巨大的传导效应，土耳其政府不断通过军事行动，试图分散和瓦解叙利亚和伊拉克境内的库尔德武装。在解决民族问题上，土耳其对库尔德工人党的态度非常强硬，同时也将叙利亚库尔德民主联盟党（PYD）及其领导的"人民保护部队"（YPG）视为土耳其库尔德工人党的分支，并将其列为恐怖组织。但是，随着叙利亚动乱升级，2012年7月叙利亚政府军撤出幼发拉底河以东的库尔德自治区。而美国不仅为库尔德"人民保护部队"（YPG）提供武器，而且提供军事训练和军事指导。

在美国的支持下，库尔德武装势力在伊拉克、叙利亚进一步壮大，并在两国内形成事实上的割据之势。基于地区局势变化和对自身利益的考虑，土耳其全面尝试摧毁叙利亚和伊拉克的库尔德武装，对叙利亚的政策也实现了从外交手段到军事打击的升级。

三　土耳其在叙利亚危机中的战略意图和政策调整

叙利亚危机产生后不久，土耳其政府就毫不掩饰地表现出要成为叙利亚危机主导者的雄心。2012年10月17日，土耳其总理埃尔多安就说，"我与内贾德举行了多次会谈，并提出了解决叙利亚危机新方案，即建立由土耳其、伊朗和埃及参加的三方机制，或建立包括土耳其、伊朗和俄罗斯的三方机制，也可以是由土耳其、埃及和沙特组成的三方机制"。在土耳其提出的所有方案中，土耳其都是必然成员，围绕这一战略意图，虽然叙利亚局势错综复杂，但土耳其自始至终在两个问题上的立场从未改变。一是在大方向上与美国等西方国家及其中东盟友和叙利亚反对派保持一致，要求巴沙尔下台。二是坚决打击叙利亚库尔德民主联盟党（PYD）的"人民保护部队"。土耳其对叙利亚危机的战略意图是一以贯之的，即在保护边境安全利益的同时，谋求在中东局势中发挥更大作用，实现本国利益最大化。与此同时，为

了实现自身的战略目标，在保持战略方向不变的情况下，土耳其在叙利亚危机升级过程中进行了灵活的政策调整。

（一）土耳其对叙利亚政策的转向助推"伊斯兰国"崛起

土耳其对叙利亚危机的最初判断主要是基于突尼斯"茉莉花革命"、穆巴拉克政府倒台和利比亚卡扎菲政府崩溃的现实。2011年1月叙利亚动乱发生后，土耳其延续了以往对叙利亚友好的外交政策，但在不到一年的时间内就进行了全方位的政策调整，支持叙利亚反对派，甚至向反对派提供武器并进行军事培训，要求巴沙尔·阿萨德下台。与此同时，叙利亚国内长期的动乱为"伊斯兰国"等极端组织在叙利亚的发展提供了土壤。

为了推翻巴沙尔政府，从2013年12月开始，土耳其对"伊斯兰国"等极端组织采取了或明或暗的支持态度，甚至向"圣战"分子开放土叙边境，默许其进入叙利亚，并为"伊斯兰国"提供武器与经济支持。到2014年，叙利亚危机由前期的政治动乱逐渐演变为打击"伊斯兰国"恐怖组织的战争，叙利亚危机的性质已经发生改变。消灭"伊斯兰国"成为以美国主导的国际反恐联盟的核心目标。叙利亚危机已经演变成美国、俄罗斯等全球大国和土耳其、伊朗、沙特等地区大国的"代理人战争"，成上千万人为躲避战乱离开家园，引发了冷战后世界规模最大的流亡潮，导致了二战后最大的人道主义灾难。[①]

（二）土耳其政策"回摆"：叙利亚政府军收复阿勒颇

土耳其对叙利亚危机的激进外交政策以土耳其击落俄罗斯战机事件达到顶峰。由于俄罗斯对叙利亚的军事干预改变了叙利亚地面战场的力量对比，2015年11月24日，土耳其击落俄战机，土俄关系降到冰点。随后，俄罗斯对土耳其从经济和安全两方面采取报复性制裁，使土耳其现实利益遭受损

---

① "Council Conclusions on Syria-Consilium," http：//www. consilium. europa. eu/en/press/press - releases/2015/10/12/fac - conclusions - syria/，accessed on April 2, 2018.

失。迫于经济和安全的双重压力，土俄关系开始回暖。再加上俄罗斯在土耳其未遂军事政变中对土耳政府的支持，土耳其叙利亚政策的"回摆"，其标志性事件就是土耳其军队撤出阿勒颇。

阿勒颇地处叙利亚西北部，曾经是叙利亚最大的城市和商业中心，距离土耳其边境约有 50 公里，叙利亚反对派武装的供给大部分是从土耳其边境进入的，收复阿勒颇，就可切断反政府武装的供给，迫使其投降。但是，在历时 4 年的时间里，叙利亚政府军及其盟友在阿勒颇战场主要是同土耳其军队较量。2016 年 8 月 9 日，俄罗斯总统普京和土耳其总统埃尔多安达成谅解。土方同意撤回阿勒颇市及农村地区与叙利亚反对派武装进行协调的土耳其情报人员，将土耳其支持的一些叙利亚反对派武装从阿勒颇市撤到叙土边界的狭长地带，并对恐怖分子关闭土叙边界。土耳其的这一军事决策，成为影响阿勒颇战役的直接因素。2016 年 11 月下旬，叙利亚政府军加大了对阿勒颇东区反对派武装的围剿力度，迅速收复多个市区。12 月，叙利亚政府军和伊朗支持下的联盟武装在俄罗斯空军的帮助下，重新收复阿勒颇，扭转了叙利亚战争局势。土耳其在叙利亚危机中的影响力明显上升，土耳其也加大了对叙利亚问题的协调力度。阿勒颇战役成为叙利亚战事的转折点，自此，俄罗斯在很大程度上主导了叙利亚外交进程。

（三）以小博大：实现成为叙利亚危机主导者的战略目标的标志事件"橄榄枝行动"

在"伊斯兰国"溃败后，针对叙利亚危机，2017 年 5 月 4 日俄罗斯、伊朗和土耳其举行了第四轮阿斯塔纳和谈，签署了建立"冲突降级区"的合作备忘录。"冲突降级区"分别位于伊德利卜省、中部霍姆斯省、大马士革郊区和叙利亚南部地区，其目的是制止暴力并为未来政治解决叙利亚危机创造条件。但是，叙利亚政府及其盟友并没有遵守协议，继续对协议中除南部以外的所有地区发动进攻。美俄两国元首于 2017 年 7 月 7 日在德国汉堡二十国集团峰会期间举行闭门会晤并达成一项协议，旨在实现叙利亚西南部地区停火。美俄联合约旦在叙利亚德拉省、库奈特拉省和苏韦达省建立一个

"冲突降级区"，而这一峰会被认为对今后中东格局关键性的引导它实际上划分了势力范围。2017 年 9 月 14 日和 15 日举行的第六轮叙利亚阿斯塔纳和谈取得了技术层面的成果，也就是在叙利亚建立四个"冲突降级区"，这实际上是美国、俄罗斯、伊朗等既得利益一方在目前格局基础之上把它法律化、固定化。而更为直接的是，土耳其、俄罗斯、伊朗都取得了向叙利亚派驻军队的合法性。这是各方势力的一次利益大妥协。

但是，2018 年 1 月美国宣布计划建立一支三万人甚至更大规模的"独立王国"式的叙利亚库尔德"安全部队"，并为其提供军备和培训。这一计划碰触了土耳其的底线，土耳其随即宣布，为了打击恐怖主义，将联合叙利亚境内反政府武装在西北阿夫林地区发动针对库尔德武装的代号为"橄榄枝"的军事行动。占领阿夫林后，土耳其还宣称要向幼发拉底河以东拥有2000 名美国军事人员和设施的曼比季城发起进攻，甚至试图将战线推进到叙利亚和伊拉克边境地带，实现在靠近土耳其边境的叙利亚一侧建立一个"安全区"，以阻断两边库尔德人的联系，并消除叙利亚战乱向土耳其蔓延的可能性。土耳其外长恰武什奥卢于 4 月 28 日与美国国务卿蓬佩奥举行会谈。据媒体报道，双方一致同意批准"曼比季路线图"，以避免潜在的冲突。恰武什奥卢表示，路线图一旦得到执行，库尔德武装将撤出曼比季。否则，土耳其将再次发起类似"橄榄枝"的军事行动。此前有媒体披露，土耳其军队将代替库尔德武装，与美国共同驻守曼比季。恰武什奥卢还表示，这一模式将在幼发拉底河以东地区推广。也可以说，通过代号为"橄榄枝"的军事行动，土耳其向外界传达了对库尔德问题的强硬立场，在围绕叙利亚危机的美俄博弈中，土耳其以小博大，阶段性实现了既定目标。

四　结语

虽然历经 7 年之久的战事和面临来自美国等多方的国际压力，巴沙尔·阿萨德政权却"危而不倒"并呈趋稳态势，这远超土耳其政府的最初预期。土耳其对其叙利亚政策的调整成为土耳其处理内忧外患的一把双刃剑。一方面，土耳其政府对叙利亚政府的战略调整成为扰动叙利亚局势的重要力量，对叙利亚危机的走向产生了直接影响，彰显了土耳其对中东地区事务的影响力；另一方面，叙利亚危机使土耳其陷入极大的政治、经济和外交困境，也成为土耳其应对国内恐怖主义活动和库尔德问题的主导因素，并对土耳其国家利益和安全构成长期威胁。

在叙利亚危机上，土耳其不仅积极参与联合国日内瓦会谈机制和阿斯塔纳和谈机制，努力寻求外交利益最大化，而且出兵叙利亚，发动了代号分别为"幼发拉底河之盾"和"橄榄枝"的两场军事行动。土耳其的战略目标是摧毁由于伊拉克战争和叙利亚危机库尔德人占据的势力范围并要求巴沙尔下台。

在目标的实现过程中，土耳其没有因为任何大国的干预而放弃在叙利亚的利益，并且步步为营，实现了国家利益最大化。2018年4月12日安卡拉会谈结束后，埃尔多安在召开的新闻发布会上谴责叙利亚政府军以及俄罗斯军队要求土耳其政府将叙利亚阿夫林地区的指挥权归还叙利亚政府军的要求，埃尔多安说，"这些事情土耳其说了算"。此外，在巴沙尔政权问题上两国也是存在分歧的。就在外界看来，土耳其攻打曼比季的时机逐渐成熟时，土耳其却因美国发布了将对叙利亚采取军事行动的消息迅速改变军事部署，派前沿部队渗透到伊德利卜省和阿勒颇省，并且在那里构筑了军事工事和哨所，并对美英法三国对叙利亚的空中打击表示支持。

近日，土耳其政府已经任命"阿夫林州"（即土耳其占领的叙利亚北部阿夫林地区）各级政府长官，还将一支武装警察部队部署在"阿夫林州"，同时部署了观察哨、警戒线，以防叙利亚政府军反扑。[①] 而叙利亚外交部副部长米克达德在2018年5月23日接受记者采访时表示，大马士革希望能与安卡拉恢复关系，但为此土耳其当局必须停止支持叙利亚境内的恐怖分子并

---

① 《土耳其吞并叙利亚领土！美俄为何视而不见？》，凤凰军事，2018年5月23日，http://news.ifeng.com/a/20180524/58428225_0.shtml。

从叙利亚撤军。未来土耳其对叙利亚的政策主要取决于打击叙利亚库尔德武装，遏制库尔德势力和推翻巴沙尔政府三者中哪个是土耳其政府更为优先的选择。同时，土耳其在叙利亚驻军人数已近万人，在叙利亚北部阿夫林等地区保持现实的军事存在。这个局面不会在短时间内发生改变，土耳其下一步如何选择还有待观察。

Y.8
叙利亚危机中的伊朗因素

陆　瑾*

摘　要： 自 1979 年以来，伊朗和叙利亚保持着包容、持久的准联盟关系。叙利亚危机爆发后，基于对国家安全和地缘战略利益的考量，伊朗坚决维护巴沙尔政权，不遗余力地向其提供政治、经济和军事支援。伊朗在帮助叙利亚政府军打击极端组织"伊斯兰国"和扭转战场不利局面，以及推动叙利亚危机阿斯塔纳和谈进程中扮演了重要的角色。同时，伊朗扶植的黎巴嫩真主党武装和其他什叶派准军事力量的作战能力得到全面提升。奥巴马的中东政策为伊朗扩大地区影响力提供了空间。共同对付伊朗的战略需求促使沙特和以色列走近。特朗普试图借助沙特、以色列等中东传统盟友遏制伊朗的地缘政治扩张。以色列空军加大对伊朗在叙利亚的军事基地和设施的袭击，沙特主导的反伊联盟欲出兵叙利亚。2018 年 5 月，特朗普宣布美国退出伊核协议，并将对伊朗施加严厉的经济制裁。伊朗和以色列在叙利亚直接冲突升级。美国对伊朗的"心理、经济和政治战"导致伊朗市场出现混乱局面，商人和民众上街抗议。内外交困或将促使伊朗调整对叙利亚危机的政策。

关键词： 伊朗　叙利亚危机　以色列　伊核协议

---

* 陆瑾，博士，中国社会科学院西亚非洲研究所社会文化研究室副研究员、中国海湾研究中心副秘书长，主要研究方向为伊朗政治、经济、社会和外交问题及中伊关系。

自 2011 年叙利亚危机爆发以来，伊朗作为叙利亚的战略盟友，不遗余力地维护巴沙尔政权和向叙利亚政府提供全方位的支援。过去 7 年里，伊朗在协助叙利亚巴沙尔政权抗击反对派和消灭"伊斯兰国"极端组织、与俄罗斯联手扭转叙利亚战局、推动阿斯塔纳和谈进程及建立"冲突降级区"中发挥了重要的作用。伊朗领导的什叶派武装力量在叙利亚战场积累了丰富的实战经验，作战能力全面提升，并使"什叶派新月地带"从波斯湾延伸至地中海东岸。伴随叙利亚政府军收复大片失地，伊朗在叙利亚的军事设施达数十处。以色列担心宿敌伊朗会在叙利亚保持永久性军事存在和危及自身安全。为遏制伊朗的地区扩张行为，美国特朗普政府借助以色列、沙特等中东盟友"围猎"伊朗。以色列与伊朗在叙利亚的直接军事对抗不断升级。外部环境恶化给伊朗国内政治经济带来现实压力，内忧外患对伊朗的叙利亚政策形成掣肘。如果伊朗继续维持对叙利亚巨大的经济和军事投入，恐将陷入力不从心的局面。

一 叙利亚危机前的伊叙准联盟关系

1979 年伊朗伊斯兰革命之前，政治分歧是阻碍伊朗与叙利亚关系发展的主要因素。在巴列维政权时期，伊朗是美国和西方阵营在中东地区的重要盟友，扮演着阻止苏联意识形态和政治经济影响进入波斯湾地区的"宪兵"角色。巴列维政权公开承认以色列，双方之间建立了战略合作关系。在哈菲兹·阿萨德统治时期，苏联是叙利亚在中东地区重要的盟友和武器供应方，叙利亚亲近苏东集团，并因以色列占领巴勒斯坦及多次入侵和占领戈兰高地与之为敌。这一时期，伊朗伊斯兰革命领导人、什叶派精神领袖大阿亚图拉霍梅尼在反抗巴列维国王的运动中，长期高举支持巴勒斯坦人民和反对犹太复国主义的大旗，因此受到阿萨德的关注和支持。[1]

---

[1] 侯赛因·沙赫马拉迪：《伊朗与叙利亚同向而行的原因》，伊朗伊斯兰革命文献中心出版社和文化艺术公司，2016，第 93 页。

    伊朗伊斯兰革命取得胜利给伊叙关系带来变化，反对以色列的共同立场构成了双方建立战略合作关系的基础，开启了两国发展"准联盟关系"的历史进程。革命后诞生的伊朗伊斯兰共和国奉行反西方、反以色列的政策，并与埃及、伊拉克关系对立，叙利亚也与它们存在分歧和冲突。叙利亚是第一个承认伊朗新政权的阿拉伯国家，叙利亚总统哈菲兹·阿萨德对霍梅尼推翻巴列维君主专制统治表示祝贺，同时希望加强大马士革与德黑兰之间的关系，共同反对犹太复国主义和帝国主义者的阴谋。① 伊朗和叙利亚在民族属性、国家体制和意识形态上存在巨大差异。伊朗伊斯兰共和国是政教合一体制，而阿拉伯叙利亚共和国是世俗体制；伊朗和叙利亚分属有上千年恩怨纠葛的波斯民族和阿拉伯民族。但是，伊朗和叙利亚均为什叶派掌权的国家，革命后的伊朗同埃及和以色列断绝了外交关系，而且伊叙在外交政策方向上基本一致，都奉行不结盟、反对帝国主义、反对犹太复国主义及以色列占领巴勒斯坦的原则。20 世纪 80 年代，发生在中东地区的一系列重大历史事件和地缘政治变化，推动伊叙关系发展为长久的"准联盟关系"。②

    第一，1978 年 9 月埃及与以色列《戴维营协议》对推动伊朗和叙利亚关系转变发挥了重要的作用，反对以色列的共同目标使双方合作的政治基础得以加强。③ 埃及同以色列关系正常化和承认以色列的存在，给阿拉伯世界带来分裂。叙利亚和很多阿拉伯国家领导人对埃以单独媾和予以强烈谴责，叙利亚还极力促成阿拉伯国家把埃及开除出阿盟。④ 伊朗和叙利亚都视以色列为敌，均不承认以色列的存在，对于《戴维营协议》，两国拥有共同的立场。霍梅尼指出，《戴维营协议》是使以色列侵略合法化的阴谋，其结果是

---

① 侯赛因·沙赫马拉迪：《伊朗与叙利亚同向而行的原因》，伊朗伊斯兰革命文献中心出版社和文化艺术公司，2016，第 94 页。
② 双方拥有相似的战略目标，为了确保共同安全而聚合力量，扩充战略资源，相互协调政策，达成了一定程度的默契。尽管这种合作关系具有军事联盟的特征，但双方从未就应承担的安全义务和责任签订正式的军事协定，因此伊叙之间的战略合作关系被认为是准联盟关系。
③ 赛义德·亚古彼：《建设时期的伊朗伊斯兰外交政策》，伊朗伊斯兰革命文献中心出版社，2008，第 163 页。
④ 高光福、马学清：《列国志·叙利亚》，社会科学文献出版社，2008，第 279 页。

形势朝着有利于以色列、伤害阿拉伯和巴勒斯坦人民的方向发生变化，这种局面将不会被本地区人民接受。① 叙利亚是阿拉伯世界对抗以色列的前线国家，埃及与以色列的和解意味着埃叙对抗以色列的联盟解体，让叙利亚在独自面对军事强大的以色列时倍感无力和孤立。② 在伊朗与以色列及埃及外交关系的性质发生变化后，伊朗成为可以替代埃及成为制衡以色列和恢复地区权力平衡格局的角色，阿萨德称"革命的伊朗是战略盟友"。③

第二，1980 年 9 月伊拉克入侵伊朗，共同的国家安全利益需求促使叙利亚坚决支持伊朗，伊叙结成反对伊拉克的统一战线。伊斯兰革命后，霍梅尼提出"不要东方，不要西方，只要伊斯兰"的口号。由于脱离西方阵营和与美国关系从结盟转为敌对，以及奉行对外输出伊斯兰革命思想的原则，伊朗在国际社会和中东地区处于被孤立、被敌视的境地，阿拉伯国家特别是海湾国家普遍对伊朗采取防范态度。萨达姆把伊拉克对伊朗的军事进攻标榜为"不是为我们自己，更多的是为所有的阿拉伯国家。海湾地区阿拉伯化将铲除伊朗扩张和外来干涉的危险"。④ 阿萨德判断，伊拉克快速打赢对伊朗的战争后，目标将会转向叙利亚，届时叙利亚将受到来自伊拉克和以色列两个敌对国家的夹击。因此，叙利亚公开谴责伊拉克入侵伊朗，与伊拉克断绝了外交关系，并明确表明支持伊朗的立场。1982 年，伊叙两国签订扩大政治、经济和军事合作协议。⑤ 在历时 8 年的两伊战争中，叙利亚是为数极少的坚决支持伊朗并向其提供全方位帮助的阿拉伯国家。政治上，战争爆发仅数日，哈菲兹·阿萨德即出访莫斯科，与苏联签订友好合作条约，并从苏联获得向伊朗转售苏制武器的授权。叙苏还发表联合公报支持伊朗。在阿盟

① 侯赛因·沙赫马拉迪：《伊朗与叙利亚同向而行的原因》，伊朗伊斯兰革命文献中心出版社和文化艺术公司，2016，第 95 页。
② 侯赛因·沙赫马拉迪：《伊朗与叙利亚同向而行的原因》，伊朗伊斯兰革命文献中心出版社和文化艺术公司，2016，第 95 页。
③ 王新刚：《中东国家通史·叙利亚和黎巴嫩卷》，商务印书馆，2003，第 308 页。
④ 侯赛因·沙赫马拉迪：《伊朗与叙利亚同向而行的原因》，伊朗伊斯兰革命文献中心出版社和文化艺术公司，2016，第 97 页。
⑤ 侯赛因·沙赫马拉迪：《伊朗与叙利亚同向而行的原因》，伊朗伊斯兰革命文献中心出版社和文化艺术公司，2016，第 100 页。

会议上，叙利亚坚决反对孤立伊朗。由于叙利亚的极力坚持，最终决议中删除了关于"阿拉伯国家与伊朗彻底决裂，并对伊朗实施武器禁运的条款"。叙利亚竭力调解伊朗与海湾国家之间的关系，改善伊朗的外交孤立处境。经济上，叙利亚关闭了与伊拉克的边界及途经叙利亚通往地中海港口的黎波里和巴尼亚斯的伊拉克输油管道，导致伊拉克石油出口减半，经济受到重创。① 叙伊签署了一个为期 10 年的经济协议，内容包括伊朗用原油换取叙利亚的磷酸盐、农产品和丝织品等货物，伊朗以低于市场的价格或以赠送方式向叙利亚输送了大量的石油。军事上，为帮助伊朗削弱伊拉克的空中优势，叙利亚允许伊朗战机飞越其领空打击伊拉克境内的空军基地，并为往返的伊朗轰炸机提供油料。同时，叙利亚向伊朗最高防务委员会派驻军事顾问，以便及时向伊朗提供有关伊拉克的战略、战术、计划和训练等重要的军事情报和使用苏联武器方面的建议。此外，叙利亚接受大批伊朗伤员前往大马士革进行治疗，并充当伊朗与朝鲜之间石油换武器交易的中间人。②

第三，黎以战争促推伊叙在黎巴嫩联合开展对抗以色列的军事行动。黎巴嫩是抗击以色列的前线国家，对伊朗与叙利亚均具有重要的战略意义。黎巴嫩拥有大量什叶派人口，主要居住在南部和东部，而且与伊朗什叶派存在亲缘关系，因此是伊朗输出伊斯兰革命的重点目标。1982 年 6 月，以色列入侵黎巴嫩，数十万黎巴嫩什叶派穆斯林被迫逃离家乡。叙利亚长期在黎巴嫩驻军，利用黎巴嫩领土建立缓冲地带，以实现对以色列的战略防御和进攻，以及收复戈兰高地。入侵黎巴嫩南部的以色列军队与驻扎在戈兰高地的以色列军队对驻黎叙军构成双向威胁。伊叙联合支持黎巴嫩境内反抗以色列的伊斯兰团体对抗以色列入侵黎巴嫩。在伊朗的推动下，黎巴嫩真主党成立。经过叙利亚允许，伊朗派遣数百名革命卫队成员在其控制的黎巴嫩南部招募和训练真主党游击队，并提供数亿美元资金支持真主党开展一系列社会服务项目，使其快速成长为抵抗以色列的重要力量，缓解了以色列对叙利

---

① 穆哈默德·阿里埃玛米：《叙利亚的政策和统治》，伊朗外交部出版社，1997 年，第242 页。

② 张妮、何志龙：《霍梅尼时期叙利亚与伊朗关系》，《西亚非洲》2006 年第 6 期，第31～33 页。

亚的战略压力。伊朗与黎巴嫩并不接壤，需要利用叙黎边境向真主党提供各种支持，叙利亚对此予以积极配合。1983年，在美国的调解下，以色列和黎巴嫩实现停火，导致叙利亚担忧增多，更加倚重与伊朗的"准联盟关系"。①

20世纪90年代，叙利亚积极参与中东和平进程，希望收复戈兰高地，叙伊关系一度缓和。然而，在美国的撮合下，以色列和土耳其走近，两国在1993年8月正式公布《奥斯陆协议》，之后又签署了涉及安全合作、反恐和在中亚进行农业合作的协定，并以"反恐"为名开展广泛的军事合作，两国几乎每年都举行联合军事演习。为应对土以军事联盟在战略上形成的钳制之势和安全威胁，叙利亚加强了与伊朗的"准联盟关系"。②

进入21世纪后，土以军事联盟对叙利亚和伊朗的军事压力明显减弱，但进一步发展的美以特殊关系及伊叙同被美国列入支持恐怖主义的"邪恶轴心"国家名单，使叙伊"准联盟关系"获得继续向前发展的新动力。"9·11"事件后，美国以反恐名义扩大在中东地区的打压范围。随着美国入侵伊拉克和推翻萨达姆政权，与伊拉克接壤的叙利亚和伊朗同时感到"兵临城下"。美国借支持恐怖组织、伊朗核问题和黎巴嫩等不断向伊、叙施压，共同面对新挑战使伊、叙两国加强高层交往。2004年6月，伊朗最高领袖哈梅内伊在会见到访的叙利亚总统巴沙尔时，强调加强两国关系的重要性，并称"伊朗与叙利亚互为战略纵深"。双方在2004年和2006年签署了一系列双边战略合作协议和防务条约。③ 当美国以叙利亚干涉伊拉克内政为名对叙利亚实施经济制裁时，伊朗把自己应对制裁的经验传授给叙利亚政府。与此同时，叙利亚在伊核问题上始终支持伊朗和平利用核能和获取核技术，反对其他国家对伊朗施压。在2006年以色列与黎巴嫩真主党的"34天

① Hossein J. Agha and Ahmad S. Khalidi, *Syria and Iran：Rivalry and Cooperation* (London：Pinter Publishers，1995)，p. 17.
② 孙德刚：《叙利亚与伊朗准联盟关系浅析》，《阿拉伯世界研究》2006年第6期，第29页。
③ 赛义德·阿里·内贾特：《叙利亚危机和地区玩家》，伊朗当代国际问题研究文化院，2017，第234页。

战争"中，叙利亚和伊朗联手支持共同的朋友——黎巴嫩真主党，彰显了"准联盟关系"的效力。

纵观历史，叙利亚和伊朗抵抗以色列的共同目标及中东地缘政治格局的变化，使伊叙两国关系越来越密切，并不断向纵深发展，当然期间不乏波折。但总体上，两国是以包容的姿态维系双方之间的"准联盟关系"的。伊朗通过加强与叙利亚的关系，把国家安全的地理边界延伸至抵抗以色列的前沿阵地。叙利亚通过加强与伊朗的战略合作，彰显了自身的地区地位和作用。经受了历史和战争检验的伊叙"准联盟关系"奠定了伊朗应对叙利亚危机所采取立场的基础。

二 伊朗应对叙利亚危机的政策与措施

受"阿拉伯之春"多米诺骨牌效应的影响，2011年3月叙利亚爆发全国规模的抗议示威活动，不久升级为一场旨在推翻巴沙尔政权的政治危机。伊朗把同期发生在突尼斯、埃及、利比亚、也门等阿拉伯国家的政治变局称为"伊斯兰觉醒"或"革命运动"，并公开支持在西方盟友突尼斯、埃及这些国家发生的政权更迭，但对叙利亚的政局动荡采取了截然不同的态度，坚决反对颠覆巴沙尔政权。哈梅内伊公开表示，叙利亚的反抗者是"离经叛道者"，在为"帝国主义—锡安主义"的利益服务。伊朗方面认为，叙利亚国内冲突由民生问题引起，但美国和以色列的策划、沙特等阿拉伯国家的支持和土耳其的举措是冲突快速升级和导致叙利亚危机产生的关键因素。这些国家大力扶植和武装叙利亚反对派及坚决要求巴沙尔下台，目的在于打击伊朗的战略纵深，以特殊方式打击伊斯兰抵抗阵线，遏制伊朗和控制西亚北非地区的伊斯兰觉醒运动。[①] 鉴于叙利亚危机性质复杂，伊朗一方面谨慎地观察美国、以色列、土耳其、沙特和卡塔尔等外部力量对叙利亚局势变化的影

---

① 赛义德·阿里·内贾特：《叙利亚危机和地区玩家》，伊朗当代国际问题研究文化院，2017，第234页。

响；另一方面敦促叙利亚进行改革并向巴沙尔政权提供支持，以确保叙利亚的实力在抵抗以色列的斗争中不被削弱。① 2012 年 3 月 30 日，伊朗最高领袖哈梅内伊会在见到访的土耳其总理埃尔多安时，明确了伊朗对叙利亚危机的基本原则：因为叙利亚支持"抵抗以色列阵线"，伊朗将捍卫巴沙尔政权；坚决反对外国势力干涉叙利亚内政；支持任何有利于叙利亚人民的改革，呼吁改革持续下去。②

过去 7 年多来，伊朗作为中东地区重要的、有影响力的国家，在叙利亚危机中发挥了广泛且关键的作用。为保卫和维系巴沙尔政权的生存和防止在叙利亚出现反伊朗的新政权，伊朗做出了向叙利亚提供武器、军事顾问、石油以及外交和经济支持的战略决断。③

1. 政治和外交方面

伊叙之间保持频繁的高层互动和外交沟通，尤其是在战场形势不利于叙利亚政府军的关键节点，伊朗负责外交或安全事务的政府高层领导人必定会前往大马士革与叙方协调政策，并对外宣示立场。2011 年 8 月，叙利亚国内反对派与巴沙尔的安全部队武装冲突升级。伊朗总统内贾德表示，伊朗将竭尽所能促使叙利亚政府和反对派达成谅解，为解决叙利亚危机架起桥梁。2012 年 8 月，德黑兰举行关于叙利亚的国际协商会议，来自 30 个国家的官员和代表参会，其中包括叙利亚反对派代表。同月，伊朗成功举行第十六届不结盟运动峰会，包括联合国秘书长潘基文在内的 120 多位世界领导人参会，在伊朗的倡议下，会议同意不结盟运动应发挥作用，积极寻求解决叙利亚危机的方法。2012 年 11 月，有大约 200 名反对派人士和叙利亚民族和解部长阿里·海德尔参加了由伊朗主办的旨在促成叙利亚政府与反对派和解、结束叙利亚内战的会议。2013 年 8 月，伊朗总统鲁哈尼就叙利亚"化武危

① 赛义德·阿里·内贾特：《叙利亚危机和地区玩家》，伊朗当代国际问题研究文化院，2017，第 338 页。
② 《伊朗反对国外势力干涉叙利亚内政　支持叙现政权》，中新网，2012 年 3 月 30 日，http：//www.chinanews.com/gj/2012/03 - 30/3786055.shtml。
③ 赛义德·阿里·内贾特：《叙利亚危机和地区玩家》，伊朗当代国际问题研究文化院，2017，第 247 页。

机"与俄罗斯总统普京通电话时表示，叙利亚危机没有军事解决途径，应通过政治途径来解决；伊朗将倾尽所能阻止西方国家对叙利亚巴沙尔政权动武。2014～2015年是极端组织"伊斯兰国"在叙利亚势头凶猛和巴沙尔政权多面受压的关键时期，伊朗国家安全最高委员会秘书长沙姆哈尼、伊朗议会国家安全和外交政策委员会主席布鲁杰德、伊朗最高领袖外事顾问韦拉亚提、伊朗副外长阿卜杜拉希安接连率团访问叙利亚，反复重申伊朗支持叙利亚打击恐怖主义的立场。2018年4月，在特朗普宣布将就东古塔地区出现"化武袭击事件"对叙利亚进行军事打击前夕，伊朗最高领袖外事顾问韦拉亚提突访叙利亚，再次表示伊朗会继续帮助巴沙尔政府维护国家主权和领土完整。

伊朗一直积极参与解决叙利亚危机的斡旋，并致力于推动以政治外交手段而非军事手段尽快结束叙利亚危机。2012年7月，伊朗外长萨利希宣称，伊朗已与大部分叙利亚反对派建立了联系，并进行了双边磋商。在叙利亚危机逐渐转入政治解决阶段后，伊朗更加强调叙利亚的未来应该由叙利亚人民决定。伊朗主持叙利亚政府同反对派之间的谈判。2013年10月，伊朗外长扎里夫会见访问德黑兰的负责叙利亚事务的联合国秘书长特使卜拉希米时强调，伊朗支持任何有助于解决叙利亚危机的倡议和方案，并将为帮助推动这一进程不懈努力。2015年10月，伊朗首次获邀参加在维也纳举行的由联合国主导的解决叙利亚危机的多边会谈；11月，扎里夫再赴维也纳，参加第二次叙利亚危机外长会议，与会各方就叙利亚危机政治解决进程路线图达成共识，这标志着政治解决叙利亚危机进入新阶段。2017年1月，俄罗斯、土耳其和伊朗联合建立叙利亚危机阿斯塔纳和谈机制，这是与联合国主导的叙利亚危机日内瓦和谈机制并行的国际机制，目标是在叙利亚战场实现停火和建立停火监督机制，并已通过建立"冲突降级区"对抑制叙利亚内战发挥了重要作用。2018年5月，举行了第9轮叙利亚问题阿斯塔纳和谈。

2. 军事方面

伊朗外交部负责西亚北非事务的前副部长阿卜杜拉·阿希亚指出：如果没有伊朗军事顾问的支持，岌岌可危的巴沙尔政府在叙利亚内乱最初三年可

能就已两度崩溃。① 不可否认，没有伊朗在军事上的支持，巴沙尔政权难以坚持到今天。叙利亚内战爆发后，伊朗应巴沙尔政府邀请向叙利亚派遣军事顾问，帮助制定战略、提供军事训练和协调与其他进行反恐作战的武装组织的关系。尽管伊朗从未公布过派遣人数，但从零星的公开报道中可以获悉伊朗在叙利亚维持着大规模的军事存在。2012 年 5 月，伊朗伊斯兰革命卫队高级指挥官伊斯梅尔证实，伊朗军队正在叙利亚为巴沙尔政权提供军事援助；8 月，48 名伊朗朝圣者在叙利亚遭叙利亚反政府武装绑架，人质中有些是伊朗退役军人或前伊斯兰革命卫队成员。2016 年 12 月，伊朗公开报道称有 1000 名伊朗军人在叙利亚战事中阵亡。面对外界指责伊朗对盟国实施军事干预，伊叙双方都予以否认。伊朗承认在叙利亚有自己的军事人员作为军事顾问帮助叙利亚国防军，但没有直接参战的作战部队。俄罗斯创新发展学院中东冲突研究所所长安东·玛尔达索夫证实，在叙利亚有伊朗的航空引导员、陆军特种分队和伊斯兰革命卫队特种兵支队帮助叙利亚军人作战。黎巴嫩真主党是伊朗在叙利亚战场的代理人，伊朗最高领袖哈梅内伊指示黎巴嫩真主党直接军事干预叙利亚危机，不惜一切代价支持巴沙尔政权。经伊朗伊斯兰革命卫队和圣城旅组织训练的大量的伊拉克什叶派民兵、巴基斯坦和阿富汗什叶派战士等准军事力量在叙利亚战场上发挥着重要作用。②

3. 经济方面

叙利亚危机爆发以来伊朗向叙利亚提供的经济援助未见准确数据，但两国签订的经贸合作协议涉及的领域包括石油、港口、矿产、农业、电力等。自 2011 年 4 月起，美欧、阿盟和土耳其纷纷对叙利亚政府实施资产冻结、经济制裁、石油禁运等惩罚性措施，随着制裁范围和力度不断扩大与加大，以及内战，叙利亚外汇和出口下降，国家经济陷于瘫痪状态。2011 ~ 2012 年，伊朗向叙利亚提供 10 亿美元的援助，并承诺提供总计 50 亿美元的援

---

① 赛义德·阿里·内贾特：《叙利亚危机和地区玩家》，伊朗当代国际问题研究文化院，2017，第 244 页。
② 赛义德·阿里·内贾特：《叙利亚危机和地区玩家》，伊朗当代国际问题研究文化院，2017，第 244 页。

助。为解决叙利亚国内电力供应紧张问题，伊朗与叙利亚签订能源协议，帮助其建设一座发电容量 450 兆瓦的风能发电站。伊朗与叙利亚还签订了《伊叙自由贸易协定》，规定两国 5 年内实现关税互免和无限制的货物和产品贸易。此外，两国还签署了叙利亚将从伊朗进口电力的能源协议。根据协议内容，伊朗通过伊拉克向叙利亚出口电力，并帮助叙利亚进行污水和水资源管理。2013 年 5 月，伊朗再向叙利亚提供两项总额达 40 亿美元的优惠贷款，帮助其应对制裁和恢复被战争严重破坏的石油工业；8 月，伊叙两国中央银行签约，伊朗为叙利亚提供 36 亿美元贷款，帮助其购买所需石油产品及对叙利亚各行业进行投资。另外，伊朗对叙利亚政府增加了 10 亿美元的信贷额度用来购买伊朗的发电产品和其他指定产品。[1] 2014 年 6 月，伊朗向叙利亚提供 36 亿美元信贷额度用于购买石油产品。年末，国际原油价格大幅下跌导致伊朗石油收入减少，叙利亚总理访问德黑兰请求伊朗继续向叙利亚市场供应石化产品。[2] 2015 年 7 月，伊朗向巴沙尔政府提供了 10 亿美元的贷款，使自 2013 年以来已获批的对叙利亚信贷总额达到 56 亿美元。2015 上半年，伊朗每天向叙利亚运送原油约 6 万桶，年输送原油价值约 12 亿美元。除输送原油和精炼柴油燃料等能源产品外，伊朗还向叙利亚提供食物。

三 伊朗对叙利亚政策面临严峻的外部挑战

伊朗应对叙利亚危机的政策基于外交政策的基本原则和对国家利益的考量，政策的首要目标是确保自身和叙利亚的生存与安全，其路径选择以加强国家安全和增强地区作用为先决条件。在政策实施过程中，鉴于叙利亚的现实状况和伊朗的地区影响力，侧重于以"防御性现实主义政策"为指导思

---

① 何志龙：《论伊朗对叙利亚巴沙尔政权支持的原因及影响》，《陕西师范大学学报》（哲学社会科学版）2017 年第 6 期，第 149 页。

② 赛义德·阿里·内贾特：《叙利亚危机和地区玩家》，伊朗当代国际问题研究文化院，2017，第 244 页。

想，目标是增强两国在国际体系层面的安全感。① 在叙利亚危机中，伊朗国家利益包括国家安全和地缘政治利益两个层面。在国家安全方面，伊朗与叙利亚互为战略纵深和安全屏障，是唇齿相依的伙伴。一旦巴沙尔政权垮台，伊朗的领土安全将受到严峻挑战。而美国和一些阿拉伯国家坚持巴沙尔下台的目的显然是铲除伊朗的盟友和拆散不同寻常的"伊叙准联盟"，进而孤立、削弱和制服伊朗。在地缘政治方面，叙利亚既是联结伊朗、黎巴嫩真主党和巴勒斯坦哈马斯的纽带，也是连通伊朗与近东和地中海地区的关键环节。巴沙尔政权崩溃对于德黑兰意味着地区战略的失败，继之是什叶派抵抗轴心衰弱或断裂，伊朗在地区的影响力下降，以色列得到安宁，反伊极端主义组织壮大。在应对叙利亚危机的过程中，伊朗通过坚定、长久和全方位地支持叙利亚政府，主观上是服务于自身战略目标，但客观上起到了反对西方和逊尼派海湾国家干涉叙利亚内政的作用。伊朗与国际社会的反干涉力量不仅为巴沙尔政权维持生存发挥了重要作用，而且为叙利亚人民决定自己的命运创造了条件，更为防止产生更大规模的人道主义灾难做出了贡献。② 伊朗对叙利亚政策的成效彰显了其在地区事务上不可或缺的作用，增加了与西方讨价还价的砝码，但同时引发了地区反伊朗势力的强烈担忧和联合抵抗。

（一）美国不断强化对伊朗的遏制政策

"9·11"事件后，反恐是美国中东政策的重要关切。然而，随着什叶派政权替代萨达姆在伊拉克掌权，特别是"阿拉伯之春"后，伊朗趁地区之乱在叙利亚、也门、伊拉克、黎巴嫩等地培植什叶派势力，影响力越来越大，给美国的中东力量相对平衡政策带来严峻挑战。因此，在叙利亚危机中，美国明确支持叙利亚反对派，坚持逼迫巴沙尔下台，遏制伊朗是主要动因之一。但是有阿富汗战争、伊拉克战争和利比亚战争的教训在先，奥巴马坚持不以武力推翻巴沙尔政权，而是向反对派提供武器支持。即使在巴沙尔

---

① 赛义德·阿里·内贾特：《叙利亚危机和地区玩家》，伊朗当代国际问题研究文化院，2017，第338页。
② 金良祥：《伊朗的宗教地缘战略分析》，《阿拉伯世界研究》2014年第1期，第96页。

政府被控越过"红线"使用化学武器后，奥巴马仍未选择动武，力排众议接受俄罗斯提出的"化武换和平"方案。随着"伊斯兰国"在中东的崛起和扩张，奥巴马在打击恐怖主义问题上积极寻求与伊朗合作，推动伊朗与六国达成伊核协议，使伊朗摆脱了国际制裁。

美国现任特朗普总统反对奥巴马的对伊缓和政策，把遏制伊朗的地区影响力作为中东战略首要目标之一。在叙利亚危机上，设定了巴沙尔必须下台、击败"伊斯兰国"和将伊朗势力赶出叙利亚三大目标，并延续了奥巴马通过政治施压而非军事打击逼迫巴沙尔下台的政策。在极端组织"伊斯兰国"被消灭后，美国有意将地区盟友推到与伊朗对抗的前台，确保伊朗和什叶派民兵不再继续扩大它们在叙利亚的存在，以防伊朗武装力量或军队给以色列的安全带来威胁。美国和以色列、作为逊尼派领头羊的沙特在遏制伊朗方面拥有共同语言。特朗普上台后的首次出国访问，前两站就是沙特和以色列，显示了其重织地区联盟网和联友抗敌的决心。

2018年5月9日，在国际社会强烈反对的背景下，特朗普宣布美国退出伊核协议，并对伊朗实施新制裁。特朗普指责伊朗是恐怖主义的主要支持者，支持黎巴嫩真主党、哈马斯、塔利班和"基地"组织等恐怖主义组织和民兵组织，出口危险的导弹，并把国际制裁解除后增加的外汇收入用于干预地区事务而非发展本国经济。5月21日，美国国务卿蓬佩奥对伊朗提出12点要求，坚持伊朗必须以此来换取美国免除所有经济制裁并全面重建两国关系，否则将面临"史上最严厉制裁"。主要内容包括敦促伊朗彻底放弃核武与弹道导弹计划、释放被拘押人员、停止支持"恐怖主义"、停止干涉地区国家内政或威胁其安全。伊朗从叙利亚撤军也是其中一项。

美国这套针对伊朗的"B计划"旨在彻底解除伊朗核威胁，使伊朗在中东苦心经营近40年的地缘成果化为乌有，重塑地区格局，而且利用其经济、金融和科技霸权，逼迫其他国家与伊朗断绝经贸往来。

（二）以色列强烈要求伊朗撤出在叙利亚的军事存在

以色列应对叙利亚危机前期采取的是防御性外交政策，在2011年2月

至 2012 年 9 月期间表现比较低调，不公开介入，也没有发挥作用。① 以色列国内政治精英对推翻巴沙尔政权持两种观点。支持者认为，巴沙尔政权倒台能够削弱伊朗在叙利亚的影响力，给"抵抗轴心"带来沉重的打击。叙利亚政权更迭将切断对黎巴嫩真主党的军事和武器输送通道，有效地削弱黎巴嫩真主党的实力。反对者认为，以色列北部与叙利亚接壤的边境是最安全的边境，一旦叙利亚政权变更，可能会使北部边境不再安全。主要是担心奉行伊斯兰主义的叙利亚穆兄会替代巴沙尔掌权，巴勒斯坦、约旦、埃及抵抗力量与叙利亚穆兄会结盟，将对以色列构成威胁。以色列对"阿拉伯之春"和叙利亚内战的关切主要在安全问题方面，十分忌惮伊朗、黎巴嫩真主党等势力在其周边的扩张。2012 年 11 月，以色列对叙利亚进行警示性炮击，以回应早些时候从叙利亚境内发射的迫击炮弹落入戈兰高地以色列控制区内。这是自 1973 年以来，以色列首次对叙利亚发动袭击。

自 2013 年伊始以色列外交政策开始转向进攻性保守主义，重点关注叙利亚的未来及以色列在其中的地位,② 并且采取直接干预手段。据美国《华盛顿邮报》报道，自 2012 年以来，以色列对叙利亚境内所谓"与伊朗有关"的目标发起的攻击累计超过 100 次。以色列一致密切关注叙利亚的武器流向，阻止伊朗及叙利亚政府将导弹技术和其他大规模杀伤性武器及技术转移给黎巴嫩真主党和其他什叶派武装，以避免自己的核设施和重要部门被真主党的导弹攻击。因为有情报显示伊朗通过叙利亚陆地走廊向黎巴嫩真主党输送武器，运载武器的伊朗军机或货机定期飞抵大马士革国际机场，为真主党的弹药库补充装备。2013 年 5 月，以色列袭击了据信载有叙利亚制的 M - 600 型导弹的车队，还空袭了大马士革郊外的一座军事研究中心，击中了叙利亚计划运送给黎巴嫩真主党的武器。2015 年 4 月，以色列空袭了大马士革国际机场附近一个军用仓库；9 月，以军在戈兰高地击落了一架从大

① 赛义德·阿里·内贾特：《叙利亚危机和地区玩家》，伊朗当代国际问题研究文化院，2017，第 208 ~ 209 页。
② 赛义德·阿里·内贾特：《叙利亚危机和地区玩家》，伊朗当代国际问题研究文化院，2017，第 211 页。

马士革起飞的伊朗无人机。

以色列不能容忍伊朗把叙利亚变成对抗以色列的前沿阵地，大范围地打击伊朗在叙利亚的军事存在。但叙利亚官方否认境内有伊朗驻军和伊朗的军事基地，只承认有应叙利亚政府要求派出的伊朗军事顾问。进入 2018 年后，以色列增加了对叙利亚境内"与伊朗有关"军事目标打击的频率，包括武器储存设施、后勤基地和情报中心，导致伊以在叙利亚的直接军事对抗升级。2 月，一架伊朗无人机从叙利亚基地起飞进入以色列控制区时，被以军武装直升机升空拦截并被击落。随后，以军出动数架战机空袭位于叙利亚境内的多处伊朗军事设施，其中一架 F－16 战机被叙方地面防空火力击落。这是以色列自 1982 年以来首次在战争中损失战机。当日，以军再次出动战机进行报复，打击了叙利亚境内包括伊朗军事设施在内的 12 个军事目标。4 月，以色列的 F－15 战机袭击了叙利亚霍姆斯省的 T4 空军基地，造成 4 名伊朗军事顾问死亡。

美国支持以色列进入叙利亚境内打击伊朗的军事基地，以色列与伊朗在叙利亚隐秘的低烈度"暗战"显著升温。5 月，在特朗普宣布美国退出伊核协议后，以色列战机对位于大马士革市南部的伊朗军事基地进行了先发制人的打击。次日，伊朗伊斯兰革命卫队"圣城旅"从位于叙利亚境内的军事基地向以色列控制的戈兰高地发射近 20 枚火箭弹，随后以色列以向叙利亚境内的伊朗军事基地发射 60 枚导弹予以反击。6 月，以色列导弹攻击了叙利亚首都大马士革的国际机场，当时一架伊朗货机正在大马士革机场卸货，但是未被击中。

普遍认为，以色列总理内塔尼亚胡对特朗普退出伊核协议施加了重要的影响，甚至有特朗普的中东政策被以色列"绑架"之说。特朗普政府需要获得国内犹太利益集团对国会 2018 年中期选举和其连任竞选的支持。在特朗普宣布美国退出伊核协议前夕，内塔尼亚胡公开展示本国情报机构从伊朗窃取的"半吨"文件，证明伊核协议签署后，伊朗仍在试图转移核设施和秘密发展核武器。以色列以各种手段施压，要求伊朗从叙利亚撤出其全部军事存在。

（三）美国推动沙特领导的反伊联盟出兵叙利亚

逊尼派掌权的沙特是原有地区秩序的维护者，什叶派主导的伊朗革命政权一心要改变地区的权力平衡。长期以来，双方就地区影响力展开竞争，叙利亚危机为两国开展地缘政治博弈提供了重要舞台。在叙利亚内战中，以沙特为首的逊尼派同盟与伊朗领导的什叶派同盟分别扮演着"倒叙派"和"挺叙派"的角色。一方面，沙特对叙利亚的政策反映了两国之间的竞争性关系，利雅得认为叙利亚在黎巴嫩、巴勒斯坦的政策和计划是导致其很多项目不成功的原因，萨达姆倒台和什叶派在伊拉克掌权增加了在沙特地缘政治竞争中的压力。沙特以支持叙利亚的萨拉菲主义者削弱巴沙尔政权的行动始于1982年，在2012~2016年达到高潮。另一方面，伊朗因素使利雅得与大马士革之间对抗加剧。沙特向叙利亚反对派提供外交、资金和武器支持，挑动叙利亚国内宗教、民族分裂，威胁进行武装干预，并坚持把叙利亚总统巴沙尔下台作为解决危机的前提条件，其重要目的是削弱伊朗乃至什叶派联盟，遏制其对波斯湾和整个西亚的影响。①

美国发动阿富汗战争和伊拉克战争帮助伊朗铲除了两翼劲敌，中东剧变削弱了阿拉伯国家的实力，伊朗趁机增加自身战略优势，扩大自身影响力，令沙特等海湾国家感到严重不安。奥巴马政府与伊朗关系缓和，伊朗与六国签订伊核协议进一步加重了中东地区反伊朗势力的不满和担忧。2015年12月，沙特阿拉伯宣布由34个伊斯兰国家组成伊斯兰军事反恐联盟（IMCTC）。该联盟以沙特和海合会国家为基础，以逊尼派宗教认同为纽带，以联合对抗恐怖主义为名义，实施遏制伊朗地缘政治扩张的战略。② 2017年11月，伊斯兰军事反恐联盟成员国增至41个，涵盖了几乎所有以逊尼派为主导的伊斯兰国家。

---

① 赛义德·阿里·内贾特：《叙利亚危机和地区玩家》，伊朗当代国际问题研究文化院，2017，第158页。

② 金良祥：《中东地区反伊朗力量的结盟及其脆弱性》，《现代国际关系》2017年第8期，第51页。

近年来，伊朗的地区影响力不断提升，伊沙通过代理人争夺地区主导权。沙特在阿拉伯世界的领导地位在卡塔尔、伊拉克、也门和黎巴嫩受到挑战，背后都有伊朗的支持。在叙利亚战场，亲伊朗的什叶派势力占上风。伊朗与俄罗斯空地合作，在打败"伊斯兰国"的战斗中发挥了重要的作用。叙利亚战场形势朝有利于伊朗支持的叙利亚政府军的方向发展，巴沙尔政权日渐稳固。

沙特和以色列一直相互仇视，但都视伊朗为中东地区安全的主要威胁，共同的利益促使双方走近。2017年5月美国总统特朗普访问沙特期间，50多位阿拉伯和伊斯兰国家领导人在利雅得参加"阿拉伯－伊斯兰国家－美国峰会"，讨论了组建中东战略同盟和大型联合反恐部队问题，目标直指伊朗。沙特和以色列有共同对付伊朗地缘政治扩张的战略需求，11月以色列称准备与沙特交换相关情报并筹建新联盟对抗伊朗。

此后，有以色列政府高官公开表示，很多阿拉伯国家暗中与以色列保持着"秘密联系"。2018年4月，沙特宣布其主导成立的"伊斯兰反恐军事联盟"拟向叙利亚派遣联合部队。美国也有意借助中东盟友之力，新任国务卿蓬佩奥5月访问沙特，试图说服沙特早日出兵叙利亚。

四 结语

2017年末2018年初，在伊朗爆发了自2009年"大选风波"以来最大规模的反政府抗议活动。物价上涨、失业率高居不下等经济问题是引发一些民众不满情绪的导火索，但抗议口号很快转向政治议题。哈梅内伊谴责伊朗的"敌人们"使用"金钱、武器、政治和安全机关"来煽动抗议活动，美国、以色列、沙特是阴谋的策划者。抗议者高呼"我们为伊朗牺牲，而不是为加沙和黎巴嫩""忘掉叙利亚，关心伊朗"等口号，表现出对国家现行地区政策的不认同，呼吁政权收缩对外战略，把关注重点放在国内经济建设上。多年来，伊朗在叙利亚和地区问题上投入了极大的精力和资源。伊朗在力挺巴沙尔政权中获得了许多战略利益，但也付出了巨大的代价，做出了巨

大的牺牲，伊朗国内对此一直存在争议。伊朗经济现状和前景恐不足以支撑继续在叙利亚的巨大投入。

俄罗斯和伊朗在地缘政治上互有战略需求，在维护巴沙尔政权问题上持相同立场，在军事、能源和经济合作方面存在利益契合点。近年来，两国的战略合作关系越来越紧密，但并非坚定的战略盟友，双方历史性的不信任从未消失。俄罗斯在叙利亚军事行动的主要目标是通过保护巴沙尔政权维护自身在中东和地中海唯一的地缘政治据点，并利用其作为平台，扩大在该地区的利益和影响力。美国、以色列与俄罗斯就叙利亚西南部"冲突降级区"的未来进行一系列谈判后，俄罗斯政府的态度出现变化。2017 年 11 月，俄罗斯外长拉夫罗夫表示，俄罗斯不能承诺迫使伊朗军队从叙利亚撤出，伊朗的军事存在是合法的。2018 年 5 月，俄罗斯总统普京公开表示，随着叙利亚境内反恐行动取得重大胜利，叙利亚境内的外国武装应该撤出叙利亚。俄罗斯外交部宣布，只有叙利亚军队才能驻扎在叙利亚南部边界地区。俄罗斯担心伊朗和以色列之间的战争可能会损害俄罗斯在叙利亚战争中的利益，俄罗斯在叙利亚建有两个重要的军事基地，不希望遭受外国军事力量尤其是美国和以色列的袭击。

美俄主导的两大阵营围绕叙利亚政治解决进程及战后安排的新一轮博弈已经展开，伊朗在叙利亚的军事存在已成为问题的焦点。美国特朗普政府提出与俄罗斯在叙利亚合作的前提是，需要确保伊朗和什叶派民兵不再扩大它们在叙利亚的存在和控制地区。沙特对"什叶派新月地带"在阿拉伯半岛逐渐成形，伊朗以此打入阿拉伯世界内部严重担忧。一旦沙特决定领导"伊斯兰反恐军事联盟"的联合部队进入叙利亚，沙特与伊朗的军队在就会在叙利亚发生直接对抗。2018 年 5 月，叙利亚政府军准备对盘踞在南部邻近以色列领土的反对派发动进攻，但遭到以色列和美国的阻止。以色列态度坚决，不允许伊朗及黎巴嫩真主党的军事力量出现在叙以边界 70 公里内。

美国退出伊核协议后，英、法、德和欧盟竭力维护伊核协议，并向伊朗承诺在 6 月底之前提出一系列切实可行的具体方案，以维护伊核协议中伊朗的相关利益。但美国公开警告欧洲公司应逐步终止与伊朗的贸易，很多在美国有业务、与美国有关联或在美国有银行账户的欧洲企业迫于压力纷纷从伊朗撤资。美国单边制裁给伊朗经济造成严重压力，美元对里亚尔市场的非官方汇率几乎失控。内忧外患很可能会迫使伊朗在叙利亚政策上做出调整。伊朗总统鲁哈尼已表示会从叙利亚撤军。伊朗国内政治力量博弈和欧洲国家维护伊核协议的结果是影响伊朗未来对叙利亚政策进行调整的重要因素。

Y.9
叙利亚重建与中国的参与

章　波[*]

摘　要： 截止到2018年上半年，叙利亚政府军已收复了大片领土。叙
利亚重建问题受到广泛关注。中国参与叙利亚重建有较大的
政治优势。中叙有着传统友好关系，中国和俄罗斯等国一道
支持叙利亚的主权独立和领土完整，在联合国多次否决西方
关于叙利亚问题的决议草案。中国积极推动叙利亚问题政治
解决。中国向叙利亚提供了多批次的援助。叙利亚欢迎中国
参与叙利亚重建。美国和欧盟不支持或限制叙利亚重建。叙
利亚重建资金缺口巨大，面临较大的政治和安全挑战。中国
企业在参与叙利亚重建时应有效应对各种挑战。

关键词： 叙利亚重建　中国参与　政治优势

　　2017年11月，叙利亚政府军收复"伊斯兰国"在叙利亚最后的主要据
点阿布卡迈勒。2018年4月14日，政府军宣布全面收复大马士革东郊东古
塔地区；5月21日，叙利亚军方发表声明，在大马士革南部打击极端组织
"伊斯兰国"的军事行动取得胜利，大马士革及其周边地区武装分子被完全
清除。2018年6月，叙利亚南部德拉省多地的反对派武装接连同意与政府
和解。叙利亚多地反政府武装已同意交出武器并参与政府的和解进程。6月

---

* 章波，博士，中国社会科学院西亚非洲研究所创新工程项目"中国与西亚非洲国家关系的国
际舆情研究"执行研究员。

24 日，叙利亚军方发表声明，说在叙利亚和伊拉克边境地区消灭大量极端组织"伊斯兰国"残余分子，并收复约 1800 平方公里土地。叙利亚政府军不断收复失地。① 7 月 12 日，叙利亚政府军正式收复整个德拉市。巴沙尔将在未来几年继续领导叙利亚并应对叙利亚重建问题。从民族重建的角度，巴沙尔需要在各派之间建立和谐共存的新机制。在叙利亚政府军收复行动取得重大进展的背景下，有关叙利亚重建等问题的讨论，成为国际社会关注的焦点之一。

一 中国参与叙利亚重建的政治优势

1956 年 8 月，中国与叙利亚正式建交。两国有着长期的传统友好关系，叙利亚危机爆发前，两国各领域交流频繁。中叙两国的交往与合作没有因 2011 年爆发的危机而中断。中国能够在叙利亚问题上发挥劝和促谈的独特作用。中国提出要推进恢复停火、政治和谈、合作反恐和人道救援，坚持"叙人所有、叙人主导"的原则，积极支持联合国发挥斡旋叙利亚问题的主渠道作用，推动政治解决叙利亚问题。

1. 中国与俄罗斯等国开展合作，共同推动叙利亚问题政治解决

2014 年 6 月，最后一批叙利亚化学武器在中国、俄罗斯、丹麦等国军舰的联合护航下运出叙利亚领海。② 中国对政治解决叙利亚化武问题发挥了积极、建设性作用。中俄主张尊重叙利亚主权，通过对话解决危机。

2017 年 7 月 4 日，中俄两国元首发表联合声明，称应尊重叙利亚的主权、独立、统一和领土完整，呼吁以政治外交手段，通过广泛的对话解决叙利亚危机。双方强调，在叙利亚化武问题上，各方应在尊重叙利亚主权的前

---

① 郑一晗、汪健：《叙利亚军方收复叙伊边境地区大面积土地》，新华社大马士革电，2018 年 6 月 24 日，http：//www. xinhuanet. com/2018－06/25/c_ 1123030846. htm。

② 辛闻：《外交部：中国军舰参与护航 叙利亚化武全部运出》，中国网，2014 年 6 月 24 日，http：//news. china. com. cn/world/2014－06/24/content_ 32759051. htm。

提下，开展独立全面的调查；双方强烈谴责任何人在任何地点使用化武。①中俄对政治解决叙利亚问题发挥了重要的建设性作用。

2. 中国邀请叙利亚政府和反对派代表访华，开展劝和促谈

2015 年 12 月 24 日，叙利亚副总理兼外长穆阿利姆访华，双方达成重要共识：一是坚持叙利亚问题的政治解决方向，二是坚持由叙利亚人民决定叙利亚的前途与未来，三是坚持由联合国发挥斡旋主渠道作用。中国再向叙利亚提供 4000 万元人道援助。② 2016 年 1 月 5 ~ 8 日，叙利亚反对派"全国联盟"主席胡杰应中国外交学会邀请访华。中方多次邀请叙利亚政府代表和部分反对派代表访华，为促进和谈、推进叙利亚问题的政治解决发挥了建设性作用。

3. 中国在联合国安理会对涉叙利亚问题决议草案6次投反对票、1次投弃权票

中国在联合国安理会涉叙利亚问题会议上所投的 6 次反对票，如表 1 所示。

表 1　中国在联合国安理会涉叙利亚问题会议上的 6 次反对投票

日　期	决议草案	联合国安理会会议编号
2011 年 10 月 4 日	S/2011/612	6627
2012 年 2 月 4 日	S/2012/77	6711
2012 年 7 月 19 日	S/2012/538	6810
2014 年 5 月 22 日	S/2014/348	7180
2016 年 12 月 5 日	S/2016/1026	7825
2017 年 2 月 28 日	S/2017/172	7893

资料来源：联合国网站，http：//www. un. org/zh/sc/meetings/veto/china. shtml。

中国对联合国安理会涉叙利亚问题的 6 项决议草案投反对票的主要理由如下。

在 2011 年 10 月 4 日举行的联合国安理会第 6627 次会议上，中国常驻

---

① 《中华人民共和国和俄罗斯联邦关于当前世界形势和重大国际问题的联合声明》，《人民日报》2017 年 7 月 5 日，第 3 版。

② 《王毅："三点坚持"应贯穿叙利亚问题政治解决进程的始终》，中华人民共和国外交部网站，2015 年 12 月 24 日，http：//www. fmprc. gov. cn/web/wjbzhd/t1327817. Shtml。

联合国代表李宝东大使说:"中国呼吁叙利亚政府落实有关改革承诺,也希望由叙利亚主导的、具有包容性的政治进程尽早启动。中方认为在当前形势下,制裁或威胁使用制裁无助于叙利亚问题的解决。一味对叙利亚施压甚至威胁使用制裁,不利于叙利亚局势走向缓和。"①

在 2012 年 2 月 4 日举行的联合国安理会第 6711 次会议上,李保东大使说,"中国支持阿盟斡旋叙利亚危机的努力。中国认为在当前的形势下,片面向叙利亚政府施压,预判对话的结果,或强加任何解决方案都无助于叙利亚问题的解决,反而有可能导致局势进一步复杂化。"②

2012 年 7 月 19 日的联合国安理会第 6810 次会议上,李宝东大使说,"国际社会当务之急是全力支持和配合联合国叙利亚问题特使安南的斡旋,支持落实叙利亚问题'行动小组'日内瓦会议公报和安理会有关决议。而英国、美国、法国等提交的安理会决议草案旨在对单方施压。这种做法无助于解决叙利亚问题,反而导致叙利亚问题脱离政治解决的轨道。"③

在 2014 年 5 月 22 日的联合国安理会第 7180 次会议上,中国常驻联合国副代表王民说:"中方一贯主张叙利亚各方都应尊重人权,遵守国际人道法,在冲突中应避免伤及无辜。中方坚决反对叙利亚冲突各方任何违反国际人道法和严重侵犯人权的行为。由国际刑事法院追究严重违法行为人的责任,应当以尊重国家司法主权为前提。在当前形势下强行将叙利亚局势提交国际刑事法院,将损害国际社会推动政治解决叙利亚问题的努力。"④

在 2016 年 12 月 5 日举行的联合国安理会第 7825 次会议上,中国常驻联合国代表刘结一大使发言说:"安理会就叙利亚问题采取的行动,应有助

---

① 《联合国安全理事会第 6627 次会议记录》,2011 年 10 月 4 日,http：//www. un. org/zh/documents/view_ doc. asp？symbol = S/PV. 6627。

② 《联合国安全理事会第 6711 次会议记录》,2012 年 2 月 4 日,http：//www. un. org/zh/documents/view_ doc. asp？symbol = S/PV. 6711。

③ 《联合国安全理事会第 6810 次会议记录》,2012 年 7 月 19 日,http：//www. un. org/zh/documents/view_ doc. asp？symbol = S/PV. 6810。

④ 《联合国安全理事会第 7180 次会议记录》,2014 年 5 月 22 日,http：//www. un. org/zh/documents/view_ doc. asp？symbol = S/PV. 7180.

于推进恢复停火、政治和谈、合作反恐和人道救援四轨工作。在各方仍存严重分歧的情况下就决议草案采取行动，无助于叙利亚局势的改善。① 西方的意图是借人道主义保住反对派在阿勒颇的地盘。西方媒体一边倒地指责俄罗斯和叙利亚对人道主义局势负责。中国认为应避免将人道主义政治化。"②

在 2017 年 2 月 28 日举行的联合国安理会第 7893 次会议上，刘结一大使说："中方对叙利亚境内发生使用化学材料作为武器事件深表关注并予强烈谴责。当前，对在叙利亚境内使用化武的调查仍在进行当中，得出最终结论为时尚早。曾经所谓'大规模杀伤性武器'被用来作为借口发动战争，给中东地区的人民带来了巨大灾难。历史的经验教训必须汲取，这样才能避免重蹈覆辙。"③

2017 年 4 月 4 日，叙利亚伊德利卜省遭到化武袭击。4 月 12 日，联合国安理会就有关叙利亚化学武器问题决议草案进行表决，中国投了弃权票。刘结一大使说："中方对叙利亚境内发生的使用化武事件深表关切，坚决反对任何国家、任何组织和任何人使用化武的行为。该决议草案包含了谴责叙利亚境内发生的使用化武行为、要求对有关事件进行调查等中方支持的内容，但部分其他内容完全可以为达成一致而做出修改。鉴于上述，中方对草案投了弃权票。"④

中国的 6 次反对票、1 次弃权票在维护叙利亚国家主权、缓和与化解叙利亚危机、反驳西方借人道主义干涉叙利亚、推动叙利亚问题的政治解决等方面发挥了重要的作用。

4. 中国积极劝和促谈，推动和平解决叙利亚问题

2016 年 3 月中国政府任命解晓岩出任叙利亚问题特使。中国积极发

---

① 《常驻联合国代表刘结一大使在安理会表决叙利亚问题决议草案后的发言》，2016 年 12 月 5 日，中国常驻联合国代表团网站，http：//www.fmprc.gov.cn/ce/ceun/chn/hyyfy/t1421710.htm.

② 钟声：《还人道主义以圣洁》，《人民日报》2016 年 12 月 15 日，第 3 版。

③ 《联合国安全理事会第 7893 次会议记录》，2017 年 2 月 28 日，http：//www.un.org/zh/documents/view_doc.asp？symbol = S/PV.7893.

④ 《常驻联合国代表刘结一大使在安理会表决叙利亚化学武器问题决议草案后的发言》，2017 年 4 月 12 日，http：//www.china - un.org/chn/zgylhg/jjalh/alhrd/zd/syria1/t1453230.htm.

挥劝和促谈作用。2017 年 4 月 4 日，位于叙利亚西北部的伊德利卜省发生化学武器袭击事件，造成数十人死亡。中国政府叙利亚问题特使解晓岩对此表示，中方一贯反对任何国家、任何组织、任何个人在任何情况下、出于任何目的使用化学武器；中国支持联合国有关机构对所有使用或疑似使用化武事件进行独立、全面的调查，有关结论必须以确凿证据为基础，经得起历史和事实的检验；中国坚决反对任何使用化学武器的非法行径，对此予以强烈谴责；在叙利亚问题上，政治解决仍然是唯一可行的正确途径。

2018 年 4 月 14 日，美、英、法从空中和海上对叙利亚政府的军事设施进行"精准打击"，作为对此前叙利亚东古塔地区发生"化学武器袭击"的回应。中方表示反对在国际关系中使用武力，主张尊重各国的主权、独立和领土完整；应对叙利亚疑似化武袭击事件进行全面、公正、客观调查；在此之前，各方不能预断结果。①

二 中国向叙利亚提供援助

叙利亚冲突给叙利亚人民带来深重苦难。在积极推动政治解决叙利亚问题的同时，中国政府还向叙利亚提供了人道主义援助。中方已通过多渠道、多批次向叙利亚境内以及叙利亚邻国的叙利亚难民提供人道主义援助。

2016 年 2 月 3 日，中国驻叙利亚大使王克俭会见由卡尔库塔长老率领的叙利亚贾拉曼纳市德鲁兹部落长老会代表团，并与其签署了中国驻叙利亚大使馆向贾拉曼纳市捐赠人道援助物资交接证书。贾拉曼纳市接纳了许多来自叙利亚境内的流离失所者，长老会在难民救济方面发挥了重要作用。中国驻叙利亚大使馆愿通过长老会向有需要的叙利亚民众提供被子、毯子等物

① 李潇、高石、胡泽曦、殷淼、张晓东、李永群：《美英法对叙利亚发动空袭》，《人民日报》2018 年 4 月 15 日，第 3 版。

资，以此帮助有困难的叙利亚民众度过寒冬。①

2016年11月14日，中国驻叙利亚大使齐前进在大马士革向叙利亚创新委员会主席伊马德·阿兹卜交付了一批由中方援助的电脑设备。② 2017年2月，中国驻叙利亚大使馆向叙方提供两笔无偿援助。中叙两国政府签署了关于提供无偿援助的经济技术合作协定。中国政府为叙利亚提供了多批人道主义援助。③ 3月22日，中国驻叙利亚大使馆向叙利亚一所军队医院捐赠一批医疗器械。④

中国政府叙利亚问题特使解晓岩2017年4月初说，中国向叙利亚及周边国家的叙利亚难民提供了4.8亿元人民币的人道主义援助。叙利亚总统巴沙尔·阿萨德在多个场合赞扬了中国政府在叙利亚问题上的立场，肯定中国作为安理会常任理事国为维护《联合国宪章》所发挥的重要作用。⑤

中国以多种形式向叙利亚提供的援助，在一定程度上缓解了饱受战乱的叙利亚人民面临的人道主义危机，有利于叙利亚问题的政治解决，体现了中国推动世界和平与发展、共建人类命运共同体的大国担当。

中国是在叙利亚危机期间少数几个一直在叙利亚保留大使馆的国家。一方面，中国希望中东地区保持稳定，以更好地实施"一带一路"倡议。另一方面，中国担心"东突"分裂势力参与叙利亚国内冲突。⑥ 中国和叙利亚保持着外交、军事和经济等方面的关系。随着叙利亚形势的好转，中国正积极准备参与叙利亚的战后重建。

---

① 《中国驻叙利亚使馆向叙贾拉曼纳市捐赠人道援助物资》，中华人民共和国外交部网站，2016年2月3日，http：//www.fmprc.gov.cn/web/zwbd_673032/gzhd_673042/t1338035.shtml。
② 宦翔：《中国向叙利亚援助一批电脑设备》，《人民日报》2016年11月15日，第21版。
③ 杨臻：《中国将向叙利亚提供两笔无偿援助》，《人民日报》2017年2月6日，第21版。
④ 车宏亮：《中国驻叙利亚使馆向叙医院捐助医疗器械》，《人民日报》2017年3月23日，第21版。
⑤ 车宏亮：《中国斡旋叙利亚 谋求与叙"互利共赢"》，《国际先驱导报》2016年8月25日，http：//ihl.cankaoxiaoxi.com/2016/0825/1281723.shtml。
⑥ Michael ClarkeRaffaello Pantucci, "China Is Supporting Syria's Regime. What Changed?" August 14, 2016, http://nationalinterest.org/feature/china – supporting – syrias – regime – what – changed – 17738.

　　以色列巴伊兰大学学者盖迪昂·艾莱扎博士（Dr. Gideon Elazar）认为，随着极端组织"伊斯兰国"被消灭以及叙利亚内战即将结束，中国将在叙利亚重建中发挥中心作用（a central role）。[①]

　　准备积极参加叙利亚重建的有三个国家，分别是伊朗、中国和俄罗斯，从罗伊·叶林内克（Roie Yellinek）的角度看，最符合叙利亚人民利益的是中国积极参与叙利亚重建。

　　罗伊·叶林内克认为，中国需要和叙利亚合作打击极端分子。一些中国企业还想要赢得在叙利亚的重建合同。中国将在叙利亚重建过程中获得较大的优势。在叙利亚问题上，与俄罗斯和伊朗相比，中国是较为中立的国家。俄罗斯和伊朗深度介入叙利亚战争。他认为伊朗希望在叙利亚获得袭击以色列的立足点，也为了更加接近其盟友黎巴嫩，从而增强其控制下的"什叶派新月地带"的力量。俄罗斯的利益在于保护俄军在塔尔图斯海军基地的安全和保护巴沙尔政权。

　　相比较之下，中国在叙利亚的利益总体上都和经济发展以及维护稳定有关。因此，如果中国领导叙利亚重建，有关各方都会为叙利亚的经济恢复与增长贡献力量。而且，从以色列的角度，以色列希望看到中国公司在叙利亚戈兰高地施工，而不是伊朗公司。当然，中国的经济实力和基建施工实力强于俄罗斯和伊朗。以色列更希望在戈兰高地看到中国的援助项目，而不是伊朗的项目。[②]

　　叙利亚全国对话大会于 2018 年 1 月 29 日至 30 日在俄罗斯索契举行，会议决定成立宪法委员会，宪法委员会将负责叙利亚宪法的修正工作。会议声明指出，尊重叙利亚主权、独立、统一和领土完整，保证所有族裔和宗教团体的权利。中国政府叙利亚问题特使解晓岩出席了叙利

[①]　Edwin Mora, "Report: China 'Determined to Take On a Central Role' in Rebuilding Syria," December17, 2017, https://www. breitbart. com/jerusalem/2017/12/17/report－china－determined－to－take－on－a－central－role－in－rebuilding－syria/.

[②]　Roie Yellinek, "Who Will Rebuild Syria?" https://www. algemeiner. com/2018/02/26/who－will－rebuild－syria/.

亚全国对话大会，他指出，中国是寻求和平解决叙利亚问题所有国际机制的参与者；叙利亚的"伊斯兰国"恐怖组织虽已被消灭，但是其残余势力和其他恐怖组织仍然存在；中国呼吁国际社会扩大反恐合作；中国愿意参加叙利亚战后重建工作，中国企业已经在同叙利亚政府进行接触。①

三 叙利亚欢迎中国参与叙利亚重建

2017 年 2 月 14 日，叙利亚驻华大使伊马德·穆斯塔法说，目前的中叙关系非常稳固；中国长期是叙利亚最大的贸易伙伴，对华贸易占叙利亚对外贸易总额的 80%，叙利亚几乎所有的进口商品都来自中国；在推动政治解决叙利亚危机进程中，中国发挥了极具建设性的作用，中国是重要的平衡力量；中国可以在叙利亚战后重建中发挥非常重要的作用。②

3 月 11 日，叙利亚总统巴沙尔说，"叙利亚和中国的关系处在上升阶段。中国是叙利亚能够依靠的朋友。叙利亚赞赏中国在联合国否决针对叙利亚的制裁草案。中国通过行使否决权，捍卫了《联合国宪章》的原则，维护了地区稳定。中国的否决票有助于增进地区稳定，中国是帮助小国和弱国制衡西方的重要力量。中国将在叙利亚重建中发挥重要的作用。中国可以毫无例外的参与叙利亚任何一个领域的重建。"③ 5 月 14~15 日，叙利亚文化部部长穆罕默德·艾哈迈德作为叙利亚政府代表参加"一带一路"国际合作高峰论坛。

7 月 9 日，由中国阿拉伯交流协会和叙利亚驻华大使馆联合主办的

---

① 《俄媒：中国参与叙利亚全国对话大会 大国角色不断凸显》，参考消息网，2018 年 2 月 1 日，http://www.cankaoxiaoxi.com/china/20180201/2254242.shtml。

② 《叙驻华大使：中国提高参与度影响叙利亚局势发展》，2017 年 2 月 16 日，参考消息网，http://www.cankaoxiaoxi.com/china/20170216/1690401.shtml。

③ Adam Taylor, "Bashar al - Assad Says Relations between Syria and China Are 'on the Rise'," March 12, 2017, https://www.washingtonpost.com/news/worldviews/wp/2017/03/12/bashar - al - assad - says - relations - between - syria - and - china - are - on - the - rise/.

"首届叙利亚重建项目洽谈会"在北京举行。叙利亚驻华大使伊马德·穆斯塔法在致辞中表示，"叙利亚相信只有中国才能发挥主力军的作用，帮助叙利亚实现重建"；中国的"一带一路"倡议和巴沙尔总统提出的"向东看"战略高度契合。中国阿拉伯交流协会副会长秦勇表示，中叙两国都希望借助叙利亚重建和"一带一路"倡议，在多等领域开展互惠互利的合作。[1] 8 月 20 日，叙利亚总统巴沙尔说，西方国家在叙利亚的政治图谋已经被挫败，叙利亚感谢"真伙伴"的支持，今后将"向东看"。[2]

2017 年 8 月 17 日，第 59 届大马士革国际博览会开幕。20 多家来自汽车、建材、能源和制药等多个行业的中国企业参加了此次博览会。中国企业对叙利亚形势的信心增强。[3] 2018 年 5 月 5 日，阿勒颇国际博览会在阿勒颇开幕。中国驻叙利亚大使齐前进表示，"首届阿勒颇国际博览会的举办表明叙利亚经济正在逐步恢复。经济发展需要和平稳定的环境。中国支持通过政治途径解决叙利亚问题，愿积极促进中叙经贸合作，支持和参与叙利亚经济社会重建"。这是叙利亚政府自 2016 年底完全收复阿勒颇市后在当地举办的首届国际博览会，共有来自叙利亚国内和其他国家的 400 多家企业参展。[4]

莫斯科远东研究所的高级研究员亚历山大·拉林（Alexandra Larin）说，中国的"一带一路"倡议将促使中国加入中东反恐斗争。叙利亚驻华大使伊马德·穆斯塔法说，在叙利亚战争中，中国、俄罗斯和伊朗已经向叙利亚提供了重要的支持。因此，这三个国家应该在叙利亚重建中发挥重要的

---

① 李潇：《首届叙利亚重建项目洽谈会在京举行》，人民网，2017 年 7 月 10 日，http：//world. people. com. cn/n1/2017/0710/c1002 – 29395150. html.

② 惠晓霜：《叙利亚总统巴沙尔：叙利亚以后要"向东看"》，新华网，2017 年 8 月 22 日，http：//news. xinhuanet. com/world/2017 – 08/22/c_ 129685625. htm.

③ 郑一晗、车宏亮：《时隔六年来相见！中东商贸盛会在叙利亚重开》，新华网，2017 年 8 月 21 日，http：//news. xinhuanet. com/world/2017 – 08/21/c_ 129684932. htm。

④ 《齐前进大使参加首届阿勒颇国际博览会开幕式》，中华人民共和国驻阿拉伯叙利亚共和国大使馆经济商务参赞处网站，2018 年 5 月 7 日，http：//sy. mofcom. gov. cn/article/jmxw/201805/20180502740513. shtml。

作用。如果让那些参与破坏叙利亚基础设施的国家参与叙利亚重建,那将是不公平的。①

四　中国参与叙利亚重建面临一定挑战

据估计,叙利亚重建需要 2500 亿~4000 亿美元,甚至更多。但是美国和欧盟不支持或限制叙利亚重建。俄罗斯和伊朗虽然积极帮助叙利亚重建,但是自身也受到美国的经济制裁。叙利亚重建所需要资金缺口巨大,需要集合国际社会的力量共同参与。

1. 美国和欧盟不支持或限制叙利亚重建

2018 年 4 月 23 日,美国负责中东事务的代理助理国务卿大卫·塞特福德(David Satterfield)估计,叙利亚需要 2000~3000 亿美元来重建。俄罗斯经济学家估计叙利亚重建大概需要 4000 亿美元。叙利亚政府估计,叙利亚重建大概需要 10~15 年完成。美国没有任何对巴沙尔政府管辖区域的重建给予支持的计划。② 2018 年 1 月,美国国务院宣布美国不会帮助叙利亚重建,除非叙利亚实行宪法改革,并且在联合国的监督下举行选举。只有当美国总统向美国国会提供证据表明叙利亚政府已经停止了对平民的袭击、采取了真正的措施解放政治羁押者、举行真正自由的选举、停止发展和部署巡航导弹之后,美国才能向叙利亚政府提供援助。而且,叙利亚政府官员及其家属都不能接受美国政府资助的项目。③

叙利亚中央统计局称,2010~2016 年叙利亚损失了 4/5 的 GDP。巴沙

①　"Report: China 'Determined to Take on a Central Role' in Rebuilding Syria," December 17, 2017, http: //www. breitbart. com/jerusalem/2017/12/17/report – china – determined – to – take – on – a – central – role – in – rebuilding – syria/.

②　"US Won't Help Assad's Syria Rebuild Nation," April 23, 2018, https: //www. globalsecurity. org/ wmd/library/news/syria/2018/syria – 180423 – sputnik03. htm.

③　"US Congress Refuses to Economically Help Syrian Government Rebuild," April 26, 2018 https: //newsobservatory. com/us – congress – refuses – to – economically – help – syrian – government – rebuild/.

尔说，叙利亚重建大概需要 2000 亿~4000 亿美元。当然，美国及其盟友不会施以援手，尤其在叙利亚政府控制的地区。对叙利亚政府进行经济制裁也是美国政府多年的政策。虽然这只是美国国会近期通过的法案，但是它早已经成为美国的政策。

设置严格的条件以及有选择的援助是美国和欧盟决策者对叙利亚重建的态度。以此来保证叙利亚政权转型是太简单化的行为。为援助叙利亚重建设置条件可能对叙利亚政府产生一定的影响，但是很难决定巴沙尔政权的命运。

2018 年 4 月 24 日，《禁止援助巴沙尔法案》（*The No Assistance for Assad Act*，NAAA）由美国国会众议院一致通过。该法案禁止向巴沙尔政府控制的地区提供援助，通过联合国向该地区提供食品和药品等基本人道主义援助除外。欧盟对叙利亚重建给予援助的前提也是叙利亚实现政治转型。

《禁止援助巴沙尔法案》的通过意味着叙利亚将不会从美国纳税人那里获得资金支持。美国还希望通过对叙利亚重建的制裁，间接地制裁伊朗。《禁止援助巴沙尔法案》使美国纳税人的资金不得用于叙利亚巴沙尔政府控制区的任何重建活动，包括禁止联合国、世界银行、国际货币基金组织对其的援助活动。正如俄罗斯不会为乌克兰的重建出钱，美国也不会为巴沙尔领导下的受俄罗斯支持的叙利亚付钱。批评人士认为，美国对叙利亚重建的制裁出于狭隘的政治目的，伤害了叙利亚民众。[1]

美国及其盟友都不愿意投入资源帮助叙利亚重建。它们的理由是叙利亚巴沙尔政权是非法的。只有巴沙尔下台，叙利亚才能获得西方的援助。叙利亚下一任总统大选将是在 2021 年。叙利亚将不得不依赖于非西方国家来开展重建工作。

对西方来说，影响叙利亚"大结局"的最后手段就是对叙利亚重建的

---

[1] Aron Lund, "As Syria Looks to Rebuild, US and Allies Hope Money Can Win Where Guns Lost, Critics Say Tying Reconstruction Aid to Political Change Won't Work and Will Hurt Civilians," BEIRUT, May 22, 2018, http://www.irinnews.org/analysis/2018/05/22/syria-looks-rebuild-us-and-allies-hope-money-can-win-where-guns-lost.

援助设置各种条件和限制。欧盟外交与安全政策高级代表莫盖里尼表示，欧盟参与叙利亚重建只有按照日内瓦谈判的精神，巴沙尔退出权力中心之后才开始。当巴沙尔在执政的时候，西方国家政府不会援助叙利亚重建。莫盖里尼认为限制对叙利亚重建的援助是西方影响叙利亚局势最后的机会。①

2016 年 12 月 13 日，欧盟表示将不会为叙利亚战后重建提供资金，如果叙利亚政府不给予叙利亚反对派政治地位。欧盟称，即使叙利亚反对派被打败，如果叙利亚政府不给予反对派一定的政治权力和地位，叙利亚可能面临游击战。只有真正的政治过渡开始后，欧盟才能向叙利亚提供援助。②

美国及其欧洲和海湾阿拉伯国家盟友认为巴沙尔不能稳定局势，巴沙尔没有政治未来。欧美国家希望能在经济和金融战争中挽回军事上的失败。它们对叙利亚进行制裁和封锁，为巴沙尔政府获得援助设置条件。西方国家不愿意帮助重建叙利亚。西方国家认为错误的一方俄罗斯、伊朗和叙利亚赢得了叙利亚战争。2017 年 9 月，英国外交大臣鲍里斯·约翰逊（Boris Johnson）说，如果叙利亚不进行政治转型的话，反巴沙尔联盟不会支持叙利亚重建。

2018 年 6 月 24 日，叙利亚总统巴沙尔强调，叙利亚重建不依靠别人，自己完全有能力完成国家的重建。③ 巴沙尔表示，"它们（西方）不会成为叙利亚重建的一部分。我们根本就不允许它们加入。西方国家离'诚实'这个概念太远：他们不会给予，只会索取。"④ 西方参与叙利亚重建不是必需的。俄罗斯叙利亚问题特使亚历山大·拉夫连季耶夫（Alexander

---

① Salman Rafi Sheikh, "Syria's Post – War Reconstruction Will Shape the Syrian End – Game," https：//www. journal – neo. org/2018/01/04/syria – s – post – war – reconstruction – 04/.

② Gabriela Baczynska, "EU: We Will not Pay to Help Rebuild Aleppo if Syria's Opposition Has No Political Future," December 13, 2016, http：//www. businessinsider. com/eu – says – will – only – pay – to – help – rebuild – aleppo – is – rebels – have – political – future –2016 – 12.

③ 安国章：《巴沙尔强调叙利亚自己完全有能力完成国家的重建工作》，人民网，2018 年 6 月 25 日，http：//world. people. com. cn/n1/2018/0625/c1002 – 30084200. html。

④ 《阿萨德：不允许西方参与叙利亚重建》，2018 年 6 月 24 日，http：//sputniknews. cn/politics/201806241025727732/。

Lavrentiev）说，有俄罗斯、伊朗、中国、印度和很多其他国家参与叙利亚重建。① 美国和欧盟的制裁旨在把叙利亚政府隔离于世界经济之外，使用美元和欧元结算被禁止。中国参加叙利亚重建应做好应对和克服有关困难的准备。

2. 叙利亚重建工作艰巨而复杂

在政治重建方面，第一，叙利亚问题维也纳和谈机制、日内瓦和谈机制和阿斯塔纳和谈机制目前均不具备全面推进叙利亚政治重建的条件。虽然俄土同意设立缓冲区暂时缓和了伊德利卜局势，但是相关各方很难放弃自己的目标。② 第二，国家政体和意识形态不确定。第三，叙利亚库尔德人影响力的增强，未来叙利亚的阿拉伯国家身份存疑，叙利亚面临是否以及如何重返阿盟的问题。在安全重建方面，叙利亚面临五大难题："冲突降级区"发展难题、反恐收尾阶段难题、政府军恢复与重建难题、遣散与整合反政府武装及收缴武器难题、土耳其"安全区"的存废难题。③

叙利亚政治重建进程需要通过民主和协商的方式予以推进，一个"民主分权"的中央政府和"联邦自治"的地方政府可能是未来叙利亚国家构建的主要模式。"马赛克"式的族群和教派结构将成为未来叙利亚政治生态的基本形式。外部力量未来在叙利亚政治生活中将发挥重要的作用。未来叙利亚政治重建需要国际社会的共同支持。④ 美军仍然占领着叙利亚东部拥有石油和天然气储备的大片领土。土耳其则控制着叙利亚北部部分地区。暴力恐怖活动将在相当长时间内存在。

2018年7月10日，在中阿合作论坛第八届部长级会议开幕式上，中国国家主席习近平宣布，中方设立"以产业振兴带动经济重建专项计划"，中

---

① Ting Shi, Henry Merey, Donna Abunasr and Ilya Arkhipov, "China Makes Move in Syria as US Says No Rebuilding under Assad," December 23, 2017, https：//www.stripes.com/news/middle - east/china - makes - move - in - syria - as - us - says - no - rebuilding - under - assad - 1. 503782.

② 丁隆：《伊德利卜仍是叙内战"风暴眼"》，《环球时报》，2018年9月19日，第14版。

③ 李世峻、马晓霖：《"一带一路"对接叙利亚战后重建：时势评估与前景展望》，《阿拉伯世界研究》2018年第2期，第80页。

④ 王晋：《叙利亚重建面临的政治、经济和外交挑战》，《国际关系研究》2018年第2期，第44页。

国将再向叙利亚、也门、约旦、黎巴嫩等国提供援助，用于当地人道主义和重建事业。① 中国参与叙利亚重建和中叙关系发展获得了新的政策和资金支持。

叙利亚总统巴沙尔表示，不会允许西方国家参与叙利亚的重建进程；叙利亚将与友好国家通力合作，做好重建工作；② 中国能够在叙利亚重建过程中发挥重要的作用；叙利亚重建蕴含着巨大的市场和商机。2017 年 4 月以来，由中国阿拉伯交流协会牵头，已有多批次中国企业家赴叙利亚考察。中国企业在叙利亚往往比西方企业更受欢迎。在电力、石油、铁路、公路、桥梁等领域，中国企业具有相当成熟的技术和强大的投资能力。叙利亚方面则希望中国企业尽快参与叙利亚重建。

---

① 《习近平在中阿合作论坛第八届部长级会议开幕式上的讲话》，新华网，2018 年 7 月 10 日，http：//www.xinhuanet.com/politics/2018－07/10/c_ 1123105156.htm。
② 李潇：《叙利亚政府军不断收复失地》，《人民日报》2018 年 6 月 27 日，第 21 版。

Y.10
叙利亚危机的经济损失

刘 冬*

摘 要： 危机爆发前，市场经济改革虽然带动叙利亚经济取得快速发展，但由于失业、贫困、地区发展差距等问题始终未能得到妥善解决，叙利亚经济发展的隐忧最终也为危机的集中爆发埋下伏笔。2011年初叙利亚危机爆发后，美、欧对叙利亚实施的经济制裁以及内战、武装劫掠对经济实体的武力打击，给叙利亚经济发展带来了巨大冲击，其影响也渗透到叙利亚经济的方方面面。总体来看，危机爆发之后，叙利亚宏观经济稳定性受到严重冲击，经济增长放缓，收入水平大幅下降，内外经济严重失衡。从经济部门来看，除农业部门受危机影响较小外，石油工业、工业制造业、银行业都受到巨大冲击，很多经济部门的经营活动实际上陷入停滞。

关键词： 叙利亚 危机 经济损失

一 危机爆发前叙利亚经济改革及其影响

危机爆发前，叙利亚正在稳步推行市场经济改革，旨在"摒弃长期以

---

* 刘冬，经济学博士，中国社会科学院西亚非洲研究所副研究员，中东室副主任，主要从事中东经济、能源经济研究。

来的中央指令性政策"和"加速本国社会市场经济建设进程"的"十五"计划（2006～2011年）正值收尾阶段。① 尽管"十五"计划执行期间叙利亚经济取得快速发展，宏观经济稳定性也得到进一步提升，但经济改革中，失业、贫困、地区发展差距问题却始终未能得到有效解决，叙利亚政府也未能有效改善旱灾受灾民众的处境，而上述问题也都构成叙利亚市场经济改革的隐忧，为后来叙利亚危机的全面爆发埋下了伏笔。

（一）叙利亚经济改革的主要成绩

2006 年启动的市场经济改革对叙利亚经济的最大贡献便是有效推动了叙利亚经济的增长，2005～2010 年，叙利亚真实 GDP 由 11567 亿叙利亚镑增至 14697 亿叙利亚镑，实现了年均 4.9% 的高速增长，叙利亚名义人均 GDP 亦由 1510 美元增加至 2807 美元，实现年均 13.2% 的高速增长。而叙利亚经济高速增长的背后是投资和储蓄水平的显著提高，2005～2008 年，叙利亚总投资占 GDP 比重、国民总储蓄占 GDP 比重分别从 18.4% 和 16.2% 上升至 31.1% 和 29.8%。此后，尽管受到全球金融危机影响，两者开始下降，2010 年分别降至 26.7% 和 23.8%（见表1），但仍远高于经济改革启动之前的水平。

表1 2005～2010 年叙利亚主要经济数据

	2005 年	2006 年	2007 年	2008 年	2009 年	2010 年
真实 GDP(10 亿叙利亚镑)	1156.7	1215.1	1284.0	1341.5	1420.8	1469.7
真实 GDP 增长率(%)	6.2	5.0	5.7	4.5	5.9	3.4
名义人均 GDP(美元)	1510.4	1726.0	2016.1	2557.2	2557.3	2806.7
总投资占 GDP 比重(%)	18.4	19.9	26.6	31.1	30.0	26.7
国民总储蓄占 GDP 比重(%)	16.2	21.3	26.3	29.8	27.1	23.8
消费物价指数变化率(%)	7.2	10.4	4.7	15.2	2.8	4.4
货物与服务进口增长率(%)	5.8	-25.5	14.9	18.5	14.1	5.4

---

① 叙利亚国家计划署：《叙利亚社会发展"十五"计划蓝图》，中华人民共和国驻阿位伯叙利亚共和国大使馆经济商务参赞处网站，2006 年 4 月 10 日，http://sy.mofcom.gov.cn/article/ztdy/200604/20060401873946.shtml，登录日期：2018 年 5 月 6 日。

	2005 年	2006 年	2007 年	2008 年	2009 年	2010 年
货物与服务出口增长率(%)	7.0	0.7	7.1	5.1	-4.6	11.3
失业率(%)	8.1	8.2	8.4	10.9	8.1	8.6
政府总收入占 GDP 比重(%)	23.8	25.2	22.7	20.1	23.9	20.8
政府总支出占 GDP 比重(%)	28.2	26.3	25.7	22.9	26.7	28.6
政府净债务占 GDP 比重(%)	31.2	28.8	27.0	21.7	17.9	18.8
经常账户余额占 GDP 比重(%)	-2.2	1.4	-0.2	-1.3	-2.9	-2.8
汇率(叙利亚镑:美元)	11.225	11.225	11.225	11.225	11.225	11.225
外汇储备(百万美元)	—	16496	17052	17100	17436	19519

资料来源：International Monetary Fund, *World Economic Outlook Database*, October 2017, http://www.imf.org/external/pubs/ft/weo/2018/01/weodata/index.aspx, 2018 - 5 - 12；EIU, Country Report：Syria, 2009 ~ 2018。

而在经济高速增长和投资、储蓄水平显著提升的同时，政府债务亦有所下降，危机爆发前，政府净债务占 GDP 比重由 2005 年的 31.2% 下降至 2010 年的 18.8%。此外，"十五"计划执行期间，叙利亚外汇储备增长了 18.3%，从 2006 年的 165.0 亿美元增至 195.2 亿美元。

(二)叙利亚经济改革中的隐忧

"十五"计划执行期间，虽然经济改革带动国民经济取得快速发展，却未能同步缓解就业压力、削减贫困人口、促进社会公平，而上述经济问题与持续多年的旱灾，均都构成经济发展的隐忧，为后来危机的爆发埋下伏笔。

首先，"十五"计划执行期间，叙利亚开启的市场经济改革并没能有效解决国内失业特别是年轻人失业问题。2006 ~ 2008 年，叙利亚失业率由 8.2% 上升至 10.9%，此后虽然有所下降，但到 2010 年，失业率仍然高达 8.6%。而与整体失业率相比，年轻人失业问题则更为严重。2006 ~ 2008 年，叙利亚15 ~ 24 岁青年人失业率由 17.4% 上升至 22.8%，此后虽然略有下降，但到 2010 年仍高达 20.1%。而在失业率居高不下的同时，叙利亚劳动参与率也持续下降，2006 ~ 2010 年，15 ~ 64 岁人口的劳动参与率由 47.3% 降至

44.9%，其中男性劳动参与率由 78.0% 降至 75.6%，女性劳动参与率则是从 15.8% 降至 14.0%。① 失业率居高不下，而劳动参与率却持续下降，实际上意味着叙利亚隐性失业问题变得愈发严重。

其次，"十五"计划执行期间，叙利亚实施的市场经济改革也未能有效缓解国内贫困问题。根据联合国开发计划署的报告，1997～2004 年，叙利亚贫困发生率总体呈下降趋势，但 2006 年经济改革启动之后，贫困发生率不降反升，2004～2007 年，极端贫困发生率由 11.4% 上升至 12.3%，而总体贫困发生率则是从 30.1% 上升至 33.6%。其中，城市地区极端贫困发生率由 2004 年的 8.7% 上升至 2007 年的 9.9%，农村地区极端贫困发生率则由 2004 年的 14.2% 上升至 15.1%。叙利亚城市地区的总体贫困发生率则由 2004 年的 28.5% 上升至 2007 年的 30.8%，农村地区的总体贫困发生率由 2004 年的 31.8% 上升至 36.9%。

表 2　1997～2007 年叙利亚贫困发生率

单位：%

	1997 年			2004 年			2007 年		
	城市	农村	总体	城市	农村	总体	城市	农村	总体
极端贫困	12.6	15.9	14.3	8.7	14.2	11.4	9.9	15.1	12.3
总体贫困	31.5	35	33.2	28.5	31.8	30.1	30.8	36.9	33.6

资料来源：Khalid Abu-Ismail and et, *Poverty and Inequality in Syria*, UNDP Arab Development Challenges Report Background Paper 2011/15, 2011, p. 7。

再次，"十五"计划执行期间，经济改革也未能有效降低城乡以及地区之间经济发展的差距。首先，经济改革启动之后，城乡之间、地区之间的发展差距依然巨大。根据联合国开发计划署的数据，2007 年，叙利亚城市地区人类贫困指数为 8.8，而农村地区人类贫困指数却高达 20.6，而城乡差距在东北部地区表现得更为明显，2007 年，叙利亚东北部城市地区的人类贫

---

① World Bank, *WDI Database*, http：//databank. worldbank. org/data/reports. aspx？source = world – development – indicators, 2018 – 5 – 31.

表3 1997～2007年叙利亚各地区贫困指标

	不卫生的水	文盲率	贫困儿童发生率	贫困指数	不卫生的水	文盲率	贫困儿童发生率	贫困指数
	南部城市				南部农村			
1997 年	18.1	10.1	9.4	13.8	15.9	14.7	13.7	14.8
2004 年	21	10.1	4.9	15.1	18.6	15.5	8.2	15.3
2007 年	24	5.1	9.2	17	22.6	9.7	12.4	16.8
	东北部城市				东北部农村			
1997 年	10.2	21.1	14.6	16.6	55.7	36.1	12.9	42
2004 年	0.6	16.8	9.3	12.3	44.3	29.2	14.3	33.7
2007 年	0.4	8.8	10.3	8.4	40.1	18.9	15.4	29.2
	中部城市				中部农村			
1997 年	5.7	10.6	12.2	10.2	40.7	16.8	20.1	29.9
2004 年	1.1	11.3	7.6	8.6	6.4	16.6	6.8	12
2007 年	0.8	5.3	6.1	5	7.3	10.2	5.3	8.1
	沿海城市				沿海农村			
1997 年	1.6	10.6	9.1	8.6	20.3	14.6	6.2	15.7
2004 年	1.2	12.1	10	9.7	25.8	14.1	4.8	18.8
2007 年	0.6	7	4.4	5.2	18	9.8	5.7	13.2
	全国城市				全国农村			
1997 年	10.8	14.5	12.2	12.7	35.6	22.7	13.9	27.1
2004 年	8.7	13.1	7.5	10.4	28.9	22.2	11	23
2007 年	10.1	6.7	8.9	8.8	27.9	14.2	12.1	20.6

资料来源：Khalid Abu-Ismail and et, *Poverty and Inequality in Syria*, UNDP Arab Development Challenges Report Background Paper 2011/15, 2011, p. 14。

困指数为8.4，低于全国城市平均水平；东北部农村地区的贫困指数却高达29.2，远高于全国农村平均水平。此外，从地区来看，经济改革启动以后，不但叙利亚南部地区经济发展未能实现同步增长，贫困问题反而愈发严重，2004年，叙利亚南部地区城市贫困指数为15.1，农村贫困指数为15.3，而到2007年，两者分别上升至17和16.8。

最后，"十五"计划执行期间，持续多年的旱灾也构成经济发展的隐忧。实际上，1998～2009年，叙利亚农业部门频繁遭受旱灾冲击，尤其是

在 2007～2008 年，叙利亚经历了自 1931 年以来最为严重的旱灾。[①] 而旱灾对叙利亚的影响不仅限于农业经济，而且也引发了严重的社会问题。首先，旱灾导致叙利亚粮食作物大幅减产，牲畜大量死亡。其次，农业生产下滑带来国内食品价格的上涨，增加了贫困人口的生活压力。最后，旱灾导致南部地区大约 150 万农业人口丧失生计、涌入城市地区，给南部城市的就业带来巨大压力，增加了当地的社会压力。[②]

二 危机对叙利亚宏观经济的影响

危机爆发后，叙利亚宏观经济稳定性受到严重挑战，经济增长、物价、就业、政府财政、外部经济均都受到严重负面冲击。

（一）危机对叙利亚经济增长和投资的影响

首先，危机的爆发导致叙利亚经济大幅收缩、投资大幅下降。在经济增长方面，根据英国经济学家情报社的估测，2011～2016 年，叙利亚名义 GDP 由 510.9 亿美元降至 122.9 亿美元，年均降幅高达 24.8%。按照真实 GDP 进行计算，叙利亚经济 2012 年和 2013 年收缩最为严重，这两年，叙利亚真实 GDP 同比降幅分别达到 22.4% 和 24.7%。此外，受危机影响，叙利亚人均 GDP 也大幅收缩，按照购买力平价计算，2011～2016 年，叙利亚人均 GDP 由 5317 美元降至 3642 美元。其中，2012 年和 2013 年人均 GDP 降幅最大，人均 GDP 同比降幅分别达到 18.7% 和 18.1%。

---

① Colin P. Kelley, Shahrzad Mohtadi, Mark A. Cane, Richard Seager, and Yochanan Kushnir, *Climate Change in the Fertile Crescent and Implications of the Recent Syrian Drought*, https://academiccommons.columbia.edu/download/fedora_content/download/ac：184900/CONTENT/Kelley_et_al_PNAS.pdf, 2015, pp. 2－4.

② Khalid Abu-Ismail and et, *Poverty and Inequality in Syria*, UNDP Arab Development Challenges Report Background Paper 2011/15, 2011, p. 25.

表4 2005～2010年叙利亚主要经济数据

	2011 年	2012 年	2013 年	2014 年	2015 年	2016
名义 GDP(亿美元)	510.9	400.8	349.8	201.6	176.6	122.9
真实 GDP 增长率(%)	-8.0	-22.4	-24.7	0.4	-5.3	-3.4
人均 GDP(美元)	5317	4321	3538	3731	3664	3642
总投资占 GDP 比重(%)	-6.0	-27.0	-30.0	0.3	-0.1	-0.5
消费物价指数变化率(%)	4.8	37.4	83.3	-13.3	38.0	47.3
货物商品出口(亿美元)	102.9	41.8	21.3	22.2	15.9	17.1
货物商品进口(亿美元)	175.4	124.7	82.9	73.7	60.8	55.0
净单边经常项目转移支付(亿美元)	8.4	10.4	13.6	17.9	17.9	17.4
经常项目账户余额(亿美元)	-77.0	-81.2	-54.7	-38.0	-30.0	-20.8
登记失业率(%)	14.9	25.0	35.0	40.0	50.0	50.0
政府总收入占 GDP 比重(%)	21.9	11.6	4.6	2.4	2.6	2.4
政府总支出占 GDP 比重(%)	35.0	31.4	20.6	27.1	23.3	23.2
政府净债务占 GDP 比重(%)	33.8	52.0	50.6	83.3	84.8	91.3
外债总额(亿美元)	49.7	47.4	47.7	46.1	44.2	44.0
汇率(叙利亚镑:美元)	55.89	77.27	140.81	180.35	305.70	517.00
外汇储备(亿美元)	114.4	47.9	19.0	14.3	7.7	5.1

*表格中数据除阴影部分为真实数据外，其他均为 EIU 估测值。

资料来源：EIU, *Country Report: Syria*, 2016 - 2018。

而在危机的影响下，叙利亚国内投资也大幅收缩，危机爆发前，投资一般能占到 GDP 的 30% 左右，但危机的爆发，却导致这一比例大幅下降，2011 年，叙利亚总投资占 GDP 比重下降 6 个百分点；2012 年下降 27 个百分点；2013 年下降 24.7 个百分点；2014～2016 年，叙利亚国内投资活动基本处于停滞状态，投资在 GDP 中所占比重始终都非常有限。

（二）危机对物价和就业的影响

危机的爆发给叙利亚带来了严重的通胀问题，并且进一步加剧了国内失业问题。首先，在物价方面，危机爆发前，除个别年份外，物价水平总体保持稳定。但危机的爆发却将叙利亚置于战时经济的状态，国内物资短缺引发了严重的通胀问题。根据英国经济学家情报社的估计，2012～2013 年、

2015～2016 年，叙利亚消费物价指数变化率均都超过 30%。2013 年叙利亚消费物价指数增幅更是高达 83.3%。

此外，受危机爆发影响，叙利亚失业率也大幅攀升，根据英国经济学家情报社的数据，2011 年，叙利亚登记失业率仅为 14.9%，但此后开始迅速攀升，2015～2016 年维持在 50%。

（三）危机对叙利亚政府财政的影响

危机的爆发给叙利亚政府财政平衡带来巨大冲击，危机期间叙利亚政府财政赤字和债务均大幅增加。

首先，从政府财政来看，危机的爆发导致叙利亚财政收入大幅削减，危机爆发前，财政收入占 GPD 比重一直维持在 20% 以上；而危机爆发之后，财政收入占 GDP 比重开始迅速下降，2012 年下降至 11.6%，2013 年进一步下降，为 4.6%，2014～2016 年则一直维持在 2.5% 左右。危机爆发之后，虽然财政支出规模大幅削减，但财政支出占 GDP 比重比较稳定。由于危机爆发后财政支出的削减幅度远低于财政收入的下降幅度，2011～2016 年，政府赤字占 GDP 比重大幅上升，由危机爆发前的 8% 左右迅速攀升至 30% 以上。

其次，危机的爆发也导致政府债务水平显著上升，2011～2016 年，政府净债务占 GDP 比重由 33.8% 迅速上升至 91.3%，其中 2012 年和 2014 年政府债务的增加最为明显，政府净债务占 GDP 比重分别高达 53.8% 和 46.6%。

（四）危机对叙利亚外部经济的影响

危机的爆发导致叙利亚外部经济严重失衡。首先，危机的爆发导致叙利亚货物进出口贸易大幅收缩。2011～2016 年，叙利亚货物进出口贸易额由 278.3 亿美元降至 72.1 亿美元，年均降幅为 23.7%，其中货物出口贸易额由 102.9 亿美元降至 17.1 亿美元，年均降幅为 30.2%；货物进口贸易额由 175.4 亿美元降至 55 亿美元，年均降幅为 20.7%。而从货物贸易的发展来看，2012 年和 2013 年，叙利亚货物贸易收缩最为严重。2012 年，叙利亚货物进出口贸易额同比出现 40.2% 的降幅，其中货物出口贸易额同比降幅高达 59.3%。2013 年，叙利亚货物进出口贸易额同比出现 37.4% 的降幅，其中货物出口贸易额同比降幅高达 49.0%。不过，危机爆发之后，由于单边转移支付资金显著增加以及贸易赤字显著下降，叙利亚经常项目赤字非但没有增加，反而持续减少，到 2016 年，叙利亚经常项目赤字规模降至 20.8 亿美元，远低于危机爆发前的水平。

此外，危机的爆发也导致叙利亚镑大幅贬值、外汇储备水平大幅下降。首先，危机爆发之后，叙利亚镑大幅贬值，危机爆发前，叙利亚镑对美元汇率一直维持在 1 美元兑换 11.225 叙利亚镑，而从 2011 年开始，叙利亚镑开始大幅贬值，到 2016 年，叙利亚镑对美元汇率跌至 1 美元兑换 517 叙利亚镑，2010~2016 年，叙利亚镑年均贬值幅度超过 89.3%。而在叙利亚镑大幅贬值的同时，叙利亚外汇储备也开始大幅下降，由 2010 年的 19.5 亿美元迅速下降至 2016 年的 5.1 亿美元，年均降幅高达 20.0%。

三 危机对叙利亚各经济部门的冲击

危机对叙利亚经济的冲击是全面性的，叙利亚油气部门、制造业部门、农业部门、金融部门均都受到严重冲击，很多经济部门的发展都因为危机的爆发而陷入停滞。

（一）危机对叙利亚油气工业的冲击

石油部门是叙利亚最重要的工业部门之一，危机爆发前，石油工业产值占叙利亚 GDP 的 1/5，石油部门收入占叙利亚财政总收入的 1/4。然而，危机爆发后，由于石油基础设施遭受破坏以及美欧等国自 2011 年 9 月开始陆续实施针对叙利亚石油的制裁决议（包括禁止进口叙利亚原油及石油产品，以及对叙利亚石油出口相关融资和保险进行制裁），叙利亚石油大幅减产。根据 BP 公司的数据，危机爆发前，叙利亚原油日产量稳定在 40 万桶，但随着危机的不断深化，原油日产量急速下滑，2010～2016 年，叙原油产量由 38.5 万桶降至 2.5 万桶（见图 1），年均降幅超过 36.6%，而 2012～2014 年下降幅度最大，叙利亚原油日产量同比降幅分别是 51.5%、65.4% 和 44.2%。

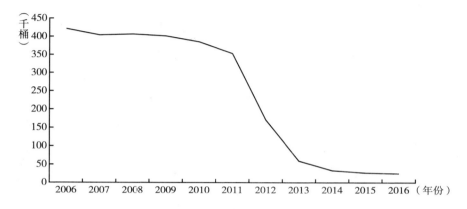

图 1　叙利亚原油日产量

资料来源：BP, *BP Statistical Review of World Energy*, 2017, http：//www. bp. com/ statisticalreview, 2018－5－31.

　　由于石油生产中断，叙利亚原油、石油产品供应均出现短缺，叙利亚也从 2012 年开始由石油净出口国正式转变成石油净进口国。根据美国能源信息署的数据，危机爆发期间叙利亚每天从伊朗进口 6 万桶原油，而这仍然不能满足叙利亚国内需求。此外，由于危机中石油管道以及炼厂周边其他基础设施遭到破坏，叙利亚石油炼化能力大幅下降，根据美国能源信息署的数据，截至 2015 年初，叙利亚石油炼化能力已不足危机爆发前的 50%，而且受危机爆发影响，叙利亚国内很多石油炼化项目，包括中石油投资的日产量 10 万桶的大型石油炼化项目，都因危机的爆发而被迫取消。①

---

① EIA, *Country Analysis*：*Syria*, June 24, 2015, https：//www. eia. gov/beta/international/ analysis. php? iso＝SYR, 2018－5－31.

叙利亚危机爆发后很长一段时间时期内，由于天然气田和生产设施仍掌握在政府手中，天然气生产所受冲击要明显小于石油生产。根据 BP 公司的数据，2010～2016 年，叙利亚天然气日产量从 81 亿立方米降至 36 亿立方米（见图 2），年均降幅仅为 12.5%，其中 2012～2013 年天然气日产量的下降幅度最大，原油日产量同比降幅分别是 18.0% 和 17.8%。

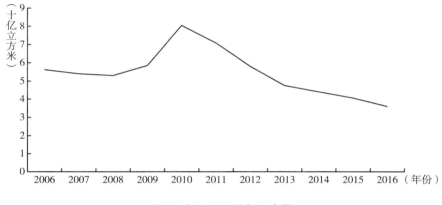

图 2　叙利亚天然气日产量

资料来源：BP，*BP Statistical Review of World Energy*，2017，http：//www.bp.com/statisticalreview，2018 - 5 - 31。

（二）危机对叙利亚制造业的影响

危机爆发前，叙利亚是阿拉伯地区工业发展最好的国家之一，并且已经在纺织服装等劳动密集型制造业部门展现出较强的国际竞争力。不过，危机的爆发却给叙利亚制造业带来巨大的负面冲击，危机爆发前，叙利亚工业制成品出口贸易额稳定在 30 亿美元左右，但从 2011 年开始，受国内危机影响，叙利亚工业制成品出口规模迅速下降，2010～2016 年，工业制成品出口贸易额由 32.3 亿美元降至 5.8 亿美元（见图 3），年均降幅高达 24.9%，其中 2012～2014 年工业制成品出口贸易额的降幅最为明显，降幅分别是 49.1%、29.4% 和 28.5%。

叙利亚危机期间，在政府的鼓励下，大量企业迁往拉塔基亚、塔尔图斯

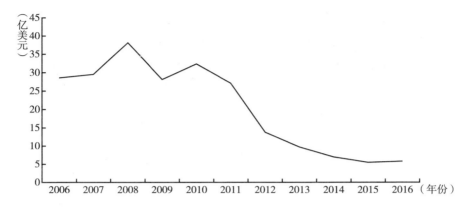

图 3　叙利亚工业制成品出口贸易额

资料来源：UNCTAD，UNCTADSTAT，http：//unctadstat. unctad. org/wds/ReportFolders/
reportFolders. aspx？sCS_ ChosenLang = en，2018 - 5 - 31。

等处在政府控制之下相对安全的城市。而且，为配合企业向境内安全城市迁
移，2014 年，叙利亚政府在拉塔基亚建立了两个面积分别为 35 万平方米和
22.5 万平方米的工业区，用于支持迁入企业的生产活动，而且为配合企业，
叙利亚政府还要求国内金融机构为企业的迁移活动提供贷款支持。此外，危
机爆发之后，叙利亚还有大量制造业企业为规避风险，选择将企业生产活动
迁移至埃及、土耳其、约旦等周边国家，特别是埃及，在叙利亚危机爆发之
后，吸引了大量来自叙利亚阿勒颇地区的纺织服装企业。

　　尽管危机期间叙利亚大量企业因迁往国内拉塔基亚、阿尔图斯等政
府控制下的安全区域或是周边国家，得以保全生产能力。但还有很多工
业生产设施，特别重工业和装备制造业的工业生产设施，由于搬迁存在
困难，最终被放弃，并且遭到破坏。根据世界银行的资料，叙利亚第二
大城市阿勒颇的工业设施遭受的破坏最为严重，该市大多数工业区的损
毁程度超过 50%。除阿勒颇外，代尔祖尔、泰德穆尔、科巴尼等地区的
工业设施也遭到巨大破坏（见图 4）。此外，危机期间欧美对叙利亚实施
的经济制裁，导致叙利亚制造业企业特别是出口企业因无法获得工业生
产所需原料供给，生产活动陷入停滞。

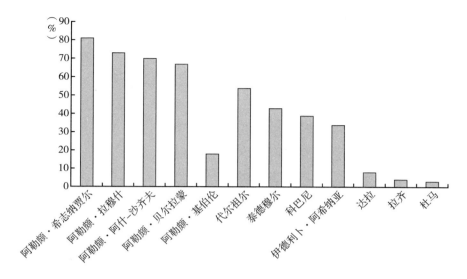

图4　叙利亚部门工业区遭受破坏情况

资料来源：World Bank，*The Toll of War：The Ecomomic and Social Consequences of the Conflict in Syria*，2017，p. 61。

（三）危机对叙利亚作物农业的影响

危机也给叙利亚农业部门的发展造成严重的负面冲击，不过，由于危机爆发前持续多年的旱灾已严重影响叙利亚农业部门的发展，危机对叙利亚农业部门的直接冲击要弱于对其他经济部门的冲击。根据世界银行的数据，"十五"计划执行期间，叙利亚作物生产指数在大多数年份介于80~100，而危机发生之后，叙利亚作物生产指数不降反升，2011年，叙利亚作物生产指数同比增长15.8%，达到102.1（见图5），这也是2006年以后叙利亚作物生产情况最好的年份。2012~2013年是叙利亚宏观经济和其他经济部门表现最差的时期，而在这两年，叙利亚作物生产指数未出现大幅下跌，仍保持在常规波动范围之内。直到2014年"伊斯兰国"在叙利亚影响扩大后，叙利亚作物生产指数才出现32.8%的大幅下降。

从叙利亚种植农业各部门的发展情况来看，2014年，叙利亚作物生产

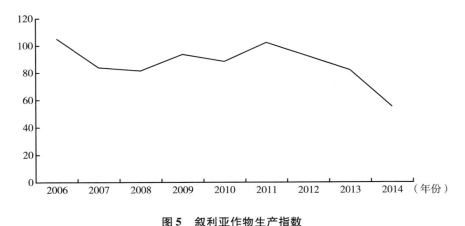

图5 叙利亚作物生产指数

资料来源：World Bank，WDI Database，http：//databank. worldbank. org/data/reports. aspx? source = world – development – indicators，2018 – 5 – 31。

指数的下降，主要是受粮食作物种植面积减少和生产效率下降影响。根据联合国粮农组织的数据，2010～2014年，叙利亚谷物种植面积由316.6万公顷降至253.6万公顷，下降了19.9%；产量由390.1万吨降至269.7万吨，下降了30.9%。而谷物产量的下降幅度之所以远高于种植面积的下降幅度，主要是受农业生产效率下降的影响，2014年叙利亚谷物亩产为994.8公斤，与2006～2010年平均水平相比下降了28.7%，其中小麦亩产为1047.9公斤，较2006～2010年平均水平下降了29.4%。①

与谷物不同，危机期间叙利亚其他粮食作物产量下降主要是受种植面积下降影响，根据联合国粮农组织的数据，2010～2014年，叙利亚其他粮食作物种植面积从27.7万公顷降至22.5万公顷，下降了18.8%。受种植面积下降影响，2010～2014年，叙利亚其他粮食作物产量从85.4万吨降至68.9万吨，下降了19.3%，其中薯芋类作物种植面积由3.5万公顷降至3.0万公顷，下降了13.4%；薯芋类作物产量则从67.3万公斤降至54.0万公斤，下降了19.8%。2010～2014年，叙利亚豆类作物种植面积从24.2万公顷降至

① FAO，*FAOSTAT*，http：//www. fao. org/economic/ess/en/，2017 – 10 – 21。

19.5 万公顷，下降了 19.7%；豆类作物产量从 18.1 万吨降至 15.0 万吨，下降了 17.1%。①

　　而与粮食作物不同，危机对叙利亚各类经济作物生产的冲击差别很大。首先，作为中东地区重要的产棉国，危机的爆发并没有影响到叙利亚产棉业的发展。根据联合国粮农组织的数据，2010～2014 年，叙利亚纤维作物种植面积从 17.2 万公顷略微下降至 16.9 万公顷，而产量却从 16.5 万吨大幅增加至 22.0 万吨，涨幅达到 33.3%。此外，危机对叙利亚水果生产的影响也不大，2010～2014 年，叙利亚水果（不包括瓜类）种植面积由 21.7 万公顷增加至 22.0 万公顷，产量从 9.9 万吨略降至 9.4 万吨。不过，与纤维作物、水果相比，危机对叙利亚蔬菜生产造成了较大的负面冲击，2010～2014 年，叙利亚蔬菜和瓜类的种植面积从 14.7 万公顷降至 10.6 万公顷，降幅为 27.4%；产量亦从 298.3 万吨降至 194.2 万吨，降幅高达 34.9%。②

（四）危机对叙利亚畜牧业的影响

　　与作物生产相比，危机对叙利亚畜牧业的直接冲击更不明显，实际上，危机爆发之前，受旱灾影响，叙利亚畜牧业早已陷入长期萧条。根据世界银行的数据，2006～2010 年，叙利亚畜牧业生产指数由 105.7 降至 90.3（见图6），年均降幅为 3.9%；而在危机爆发之后，叙利亚畜牧业生产指数却仅是从 90.3 下降至 87.1，年均降幅收窄至 0.9%。

　　从畜牧业各部门的发展来看，危机期间叙利亚畜牧业生产指数下降主要是受禽蛋产量下降影响。根据联合国粮农组织的数据，2010～2014 年，叙利亚禽肉产量从 19.2 万吨降至 10.2 万吨，下降了 46.9%；蛋产量从 16.3 万吨降至 11.2 万吨，下降了 31.3%。③

　　与禽、蛋产量下跌相比，危机期间叙利亚牛羊肉和奶产量不但没有下降，反而有所上升。据联合国粮农组织的数据，2010～2014 年，叙利亚牛

---

① FAO, *FAOSTAT*, http：//www. fao. org/economic/ess/en/，2017 – 10 – 21.

② FAO, *FAOSTAT*, http：//www. fao. org/economic/ess/en/，2017 – 10 – 21.

③ FAO, *FAOSTAT*, http：//www. fao. org/economic/ess/en/，2017 – 10 – 21.

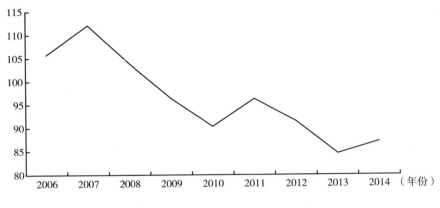

图6 叙利亚畜牧业生产指数

资料来源：World Bank，WDI Database，http：//databank. worldbank. org/data/reports. aspx？ source = world – development – indicators，2018 – 5 – 31。

肉产量由 6.2 万吨增至 6.6 万吨，增幅为 6.5%。同期，叙利亚羊肉产量由 16.6 万吨增至 17.5 万吨，增幅为 5.4%。此外，2010～2014 年，叙利亚奶产量从 224.2 万吨增至 231.1 万吨，增幅为 3.1%。[1]

（五）危机对叙利亚金融业的影响

叙利亚在 2006 年启动的市场经济改革也让叙利亚银行业进入快速发展期，叙利亚银行资产开始快速增加。2010 年底，叙利亚银行资产总额达到创纪录的 462 亿美元。[2] 但危机的全面爆发，却给快速发展的叙利亚银行业带来了巨大冲击。

危机对叙利亚银行业最直接的冲击便是对叙利亚银行分支机构和人员的安全构成巨大威胁，频繁发生的武装冲突和劫掠导致叙利亚大量银行分支机构被损毁或是被迫关闭。根据巴德拉（Badra）的研究，截至 2013 年 12 月，叙利亚经官方注册的 243 家私人银行分支机构中，70～80

---

① FAO，*FAOSTAT*，http：//www. fao. org/economic/ess/en/，2017 – 10 – 21。

② 参见中华人民共和国驻阿拉伯叙利亚共和国大使馆经济商务参赞处网站，http：// sy. mofcom. gov. cn/article/jmxw/201104/20110407503219. shtml。

家遭到损毁或是被迫中止业务。而叙利亚国有银行中，也有约 1/3 的分支机构被迫或主动关闭。①

危机对叙利亚银行业的冲击还表现在叙利亚银行资产大幅缩水、不良资产率显著上升。首先，因为叙利亚银行资产主要以当地货币为主，受叙利亚镑贬值影响，银行资产大幅缩水。根据巴德拉（Badra）的研究，从 2010 年底到 2013 年 9 月底，叙利亚 14 家私人银行总资产由 138 亿美元降至 50 亿美元，降幅高达 63.6%，银行客户存款降至 30 亿美元；而同期，叙利亚国有银行存款亦由 2010 年底的 117 亿美元降至不足 40 亿美元。②而根据 2013 年叙利亚镑对美元的走势，截至 2017 年底，叙利亚银行资产和存款总额相较于巴德拉在 2013 年 9 月做出的估测，还会继续出现较大幅度的下降。此外，由于危机期间叙利亚有大量经济实体遭受重创乃至解体，不良贷款率迅速上升，从 2010 年底到 2013 年 9 月底，叙利亚不良贷款率从 3% 快速上升至 41%，银行净存贷比率也由 51% 大幅下降至 33%。③

此外，危机爆发后，美欧对叙利亚实施的金融制裁实际上造成叙利亚中央银行和国有银行中断了与国际信贷市场和国际跨国支付系统的联系。叙利亚不但无法为国内企业的国际贸易、国际投资等涉外经济活动提供信贷支持，而且很难从国际市场获得贷款维持经济的内外平衡。根据国际货币基金组织的统计，危机期间叙利亚仅能从伊朗获得信贷支持，2013 ~ 2015 年，伊朗提供给叙利亚的援助贷款分别是 19 亿美元、30 亿美元和 9.7 亿美元。④

---

① Joude Badra, *The Syrian Financial Sector*, January 7, 2015, https：//carnegie – mec. org/2015/01/07/syrian – financial – sector – pub – 57651，2018 – 3 – 2.

② Joude Badra, *The Syrian Financial Sector*, January 7, 2015, https：//carnegie – mec. org/2015/01/07/syrian – financial – sector – pub – 57651，2018 – 3 – 2.

③ Joude Badra, *The Syrian Financial Sector*, January 7, 2015, https：//carnegie – mec. org/2015/01/07/syrian – financial – sector – pub – 57651，2018 – 3 – 2.

④ Jeanne Gobat and Kristina Kostial, *IMF Working Paper：Syria's Conflict Economy*, WP/16/123, 2016, p. 14.

四　结语

危机爆发之前，叙利亚实施的市场经济改革推动国民经济快速发展，也进一步增强了叙利亚宏观经济的稳定性，但在经济繁荣的背后，却存在许多发展隐忧，而这些隐忧也为危机的爆发埋下伏笔。危机爆发前，叙利亚减贫工作迟迟未能取得实质进展，贫困率不降反升；失业率特别是年轻人失业率居高不下，而劳动参与率尤其是女性劳动参与率也低于地区平均水平。而且，叙利亚城乡、地区发展差异依然巨大，南部地区、东北部农村地区依然与全国其他地区存在巨大的发展差距。此外，持续多年的旱灾导致大量农民失去生计、陷入贫困、流入城市寻找机会，而政府也未能采取有效措施减轻旱灾受灾民众遭受的困苦。因此，危机爆发前，叙利亚经济发展取得的成果并非普惠性的，叙利亚国内广大失业群体、贫困家庭、丧失生计的流动人口不但未能从经济发展中获益，反而因为国内粮食及其他基本生活品的价格上涨，生活的负担进一步加重。而上述经济问题引发的民怨，也如同周边其他国家一样，助推叙利亚国内冲突愈演愈烈。

危机爆发后，战争、武装劫掠造成的物质损失，以及美欧对叙利亚实施的严厉的经济制裁，给叙利亚宏观经济以及各经济部门的发展带来巨大冲击。在宏观经济方面，危机的主要影响包括叙利亚经济规模大幅收缩，人民收入水平大幅下降，物资短缺导致物价大幅上涨，失业人口迅速增加。此外，危机的爆发也给叙利亚经济带来十分严重的内、外失衡问题，从经济的内部平衡来看，危机的爆发导致叙利亚政府财政赤字规模迅速扩大，政府债务负担加重，偿债能力迅速下降。而从经济的外部平衡来看，危机的爆发，特别是美欧对叙利亚实施的严厉的经济制裁，导致叙利亚除与伊朗外，难以同其他外部国家和地区建立经济联系，叙利亚货物贸易特别是货物出口贸易规模迅速萎缩，叙利亚镑大幅贬值，叙利亚外汇储备也大幅下降。

而且，因为危机的爆发，叙利亚各经济部门的发展均都受到巨大冲击。在工业部门，原油生产中断，天然气产量亦出现大幅下滑，炼油厂生产能力因供给不足而大量闲置，进而导致国内石油产品出现供给短缺。在制造业部门，尽管有大量制造业企业迁往政府控制的安全区域，也有大量企业迁往周边国家，但许多制造业生产设施特别是搬迁存在困难的重工业和装备制造业生产设施遭到大面积损坏。在服务业部门，叙利亚近些年快速发展起来的银行业遭到重创，受叙利亚镑贬值和战争破坏影响，叙利亚银行资产和存款规模大幅下降，不良贷款率快速上升，存贷比显著下降。而且，受美欧实施的经济制裁影响，叙利亚银行因无法开展国际清算业务，实际上中断了与国际金融市场的联系。不过，与工业部门和服务业部门相比，叙利亚农业部门虽然也受到危机的巨大冲击，但遭受冲击的程度要远低于其他经济部门，在作物农业的生产上，危机主要造成粮食、蔬菜种植面积的减少和产量的下降，而在畜牧产品的生产上，危机主要是带来禽蛋产量的下降。

总体来看，2010年底开始爆发并逐步发酵的叙利亚危机给叙利亚经济带来了巨大冲击，其影响渗透到叙利亚经济的方方面面，而危机给叙利亚经济发展带来的负面影响，也意味着叙利亚重建之路将充满艰辛和挑战。

Y.11
叙利亚危机中的难民问题

魏　亮*

摘　要：　难民问题和危机是叙利亚动乱的重要产物。叙利亚难民不仅是当今世界最新的难民群体，而且其人数占当前全球难民总人数的近1/4，其悲惨的境遇和艰难的处境引起国际社会的高度关注和同情。与此同时，难民向中东、欧洲甚至美洲的流散给接纳国的政治、经济、社会稳定和安全带来巨大压力与负担，难民的安置和回归不仅是人道主义援助，而且是国际社会斗争的一个重要方面。叙利亚难民问题的解决将经历一个漫长和艰难的过程。

关键词：　叙利亚　难民　人道主义

漫长的叙利亚动乱和危机给叙利亚人民带来巨大的灾难。迫于生计和安全考量，叙利亚国内民众不得不背井离乡成为难民，向周边国家和更远的欧洲逃难，难民人数逐年攀升。叙利亚难民是国际社会最新产生和规模最大的难民群体，对国际社会的冲击和影响甚为深远。7年来，难民的大规模迁徙和增加态势已有所放缓，但他们在各国的境遇未有明显改观，在可预测的未来重返家园的前景也不乐观。

---

* 魏亮，博士，中国社会科学院西亚非洲研究所助理研究员，研究方向为中东关系、恐怖主义。

国际难民问题与叙利亚难民的产生

难民问题是 20 世纪尤其是 21 世纪以来国际关系中的热点和难点问题，既是一个人道主义问题，同时又是一个政治和经济问题。首先，需要解决满足难民吃穿住行的基本生存需求，当前社会又对就业和教育问题有了新的要求。其次，难民问题涉及国际关系、安全、法律、宗教、民族乃至文化等各个方面，难民的安置和回归关乎接受国经济承受能力和资源分配，也关乎难民产生国的重建进程。因此，难民问题看似只是一部分人口因战乱、灾害或政治原因等进行国内或者国际流动，但实际上是国际社会面临的最复杂的挑战。

"难民"一词最早源于法国，17 世纪下半期英文中的"Refugee"一词就是从法语演变来的。一战中和一战后，随着俄国十月革命和奥斯曼土耳其帝国的解体，在近东和欧洲出现大批难民。这些难民或以国家为名，如俄国难民、土耳其难民、希腊难民；或以民族为名，如亚美尼亚难民、亚述难民等；或以地名为名，如巴勒斯坦难民。到二战时，最为著名的难民是犹太难民。为应对一战后数量庞大的难民群体，国际联盟最先承担起援助和保护难民的责任，设立负责难民事务的机构，并订立最初有关难民的国际协定文本。1921 年 6 月 24 日，挪威人弗里德约夫·南森出任俄罗斯难民高级专员公署首任高级专员，这标志着现代社会难民保护的开始。南森相继推动订立《关于发给俄国难民身份证的协定》《关于签发亚美尼亚难民身份证的协定》《关于来自德国的难民地位的公约》等，后人称之为"南森护照"，由此俄国难民高级专员公署负责俄国、原奥斯曼土耳其帝国范围内的多个难民团体。国际社会遭遇难民问题已经有百年历史，而动荡不安的中东地区从一开始就是难民产生的主要地域。

对难民的定义复杂多样，不一而足。比较通俗的定义方法是按照地理位置定名，如欧洲难民、亚洲难民、大洋洲难民、非洲难民等，它首先要参照难民产生国所在地，其次要考虑难民的流动性问题。第二种常见的定义方法

是以产生原因定名，如政治难民、经济难民、文化难民等。世人较为耳熟能详的是政治难民，21 世纪以来，生态难民又发展为一类新的难民①。难民定义中最为标准的是以国际法或公约形式规定的难民，如最早的"南森护照"难民，后来的公约难民、议定书难民等。

1946 年联合国成立后，难民问题成为优先议题。12 月 15 日，联合国难民章程获得通过。1951 年 7 月 28 日，联合国通过第一个关于难民地位的普遍公约《关于难民地位的公约》，公约对难民的定义为：由于 1951 年 1 月 1 日以前发生的事情并因有正当理由畏惧由于其种族、宗教、国际、政治见解或于某一特殊团体遭到迫害，因而逃离他或她的本国，并由于此畏惧而不能或不愿回国的人；或者不具有国际由于上述事情留在他以前经常居住国家之外现在不能或由于畏惧不愿返回该国的人。② 1967 年，亚非拉民族独立运动兴起后产生大量难民，这推动国际社会制定《关于难民地位的议定书》，打破对地域的限制。此后，联合国难民署又增加国内流离失所者和寻求庇护者两类难民。前者不寻求在第三国安置或者寻求庇护国永久定居，有意事后返回所在地区；后者指如越南战争时期的越南船民或者苏联解体后的苏联犹太人。依据联合国难民署的定义，难民涉及七类人群：难民、寻求庇护者、国内流离失所者（Internally Displaced Persons，IDPs）、归国难民、返回的国内流离失所者、无国籍人士和其他人群。

目前世界最主要的难民保护和援助机构是联合国难民事务高级专员公署（United States High Commissioner for Refugees，简称联合国难民署），它由联合国大会和联合国经济及社会理事会共同监管，负责协调全球范围内难民保护和难民问题的解决。其次是联合国难民救济工程署，它是依据 1949 年 12 月 8 日联合国第 302（IV）号决议成立的专门负责处理巴勒斯坦难民的国际

---

① 政治难民是指因政治迫害、战争等因素被迫离家出走的人；经济难民是指因经济困难或粮食危机被迫离家出走的人；文化难民是指因宗教迫害等因素离家出走的人；社会难民是指因民族、种族、社会骚乱等原因离家出走的人；生态难民是指因生态环境恶化、重大灾害等被迫离家出走的人。

② 联合国难民署网站，http：//www. unhcr. org. hk/unhcr/sc/about_ us/office_ of_ unhcr. html。

组织。再次是国际红十字和红新月会国际联合会（International Federation of Red Cross and Red Crescent Societies），主要负责自然灾害和疫情灾害时开展国际援助和培训。另外，还有联合国儿童基金会（United Nations International Children's Emergency Fund）与世界粮食计划署（World Food Programme），负责儿童救助、教育、医疗和提供食品等。

据联合国难民署 2017 年 6 月统计数据，全球有 6560 万人被迫离开家园，达到历史最高水平。其中有近 2250 万名人是难民，超过半数的难民为 18 岁以下的青少年。另外，全球无国籍人士总数达到 1000 万人；每分钟就有近 20 人因为受迫害或者冲突被迫流离失所。全球 55% 的难民来自叙利亚（550 万人）、阿富汗（250 万人）和南苏丹（140 万人）①。在联合国难民救济工程署备案的巴勒斯坦难民还有 515 万人，主要分布在加沙、约旦河西岸、约旦、黎巴嫩和叙利亚境内，其中有 310 万人获得医疗救助，51.5 万适龄儿童获得上学机会，另有 46 万人受到叙利亚动乱的冲击和影响②。从人数上看，叙利亚难民已经成为继巴勒斯坦难民、阿富汗难民和伊拉克难民后最大规模的难民群体。

叙利亚危机和内战对本国和地区局势造成诸多深远影响，难民的产生和外溢也成为最受国际社会关注的问题之一。叙利亚难民的产生首先受国内动乱和战事的影响。2011 年 3 月 18 日，德拉市 15 名据称受到埃及、利比亚局势影响的小学生因在墙上涂画反政府口号和标语被扣押，由此引发连续的大规模示威游行。4 月 22 日，即叙利亚终止紧急状态法第二天，国内就爆发了全面抗议活动，伤亡人数超过 800 人。此后流血冲突和伤亡不断增加，叙利亚局势急转直下并转向内战，政府相继失去对北部和东部诸省的控制权，包括代尔祖尔省的油田和阿勒颇、霍姆斯、伊德利卜等主要城市。据《国际先驱论坛报》报道，2013 年 5 月时内战已造成 8 万人死亡。到 2017 年，

---

① 《联合国难民署数据概览》，联合国难民署网站，http：//www.unhcr.org/figures – at – a – glance.html。

② 《联合国救济工程署成果展示》，联合国难民救济工程署网站，https：//www.unrwa.org/what – we – do。

叙利亚损失初步估计约为 2260 亿美元，死亡人数在 40 万~47 万人。另有约半数国民背井离乡，或流散各地，或出逃境外。[①]

难民产生的第二个因素是国内经济下滑和崩溃。叙利亚工业基础薄弱，国有企业长年面临管理落后、亏损严重、设备陈旧等难题；金融和税收体制改革严重滞后；政府腐败、工作效率低下、官僚作风等积重难返。巴沙尔·阿萨德继任总统后的经济政治改革因受到来自各方面的阻力，"雷声大雨点小"，经济社会发展方面未取得可称道的成绩。作为中东地区的传统农业大国，叙利亚气候温润，降雨量较多，粮食和水果产量丰富。战火不仅将原本不发达的城市工业体系和基础设施毁坏殆尽，而且重创了农业生产。2014 年全年农业收成相比前两年下降 30%，50% 的公共面包坊被毁，面包价格平均上涨 300%，在毁坏最严重的地区甚至达到 1000%。[②] 依据美国中情局国家概况统计，截至 2017 年，叙利亚经济规模相比 2010 年下降 70%，2014 年时贫困人口已占总人口的 82.5%，2016 和 2017 年失业率均为 50%，通货膨胀率分别为 43.9% 和 25.5%，叙利亚镑对美元汇率从 153.7∶1 跌至 514.6∶1。[③] 从经济和民生角度看，叙利亚已经沦为西方定义的"失败国家"，艰难的生活迫使普通民众四散寻找生路。

产生难民的第三个因素是教派矛盾尖锐化，极端主义和恐怖主义势力兴起。叙利亚民族教派问题复杂，积怨甚深。叙利亚人口中 90.3% 是阿拉伯人，其余是库尔德人和亚美尼亚人等。从宗教信仰上看，87% 是穆斯林（74% 是逊尼派，13% 是阿拉维派、伊斯玛仪派等），信奉基督教各派如天主教、聂斯托利教等的占 10%，信奉德鲁兹派的占 3%。一方面，逊尼派和什叶派的斗争历经千年，什叶派长期处于弱势被动地位。直到二战结束

① "The Toll of War: The Economic and Social Consequences of the Conflict in Syria," World Bank *The Arab Weekly* Group, 2017, pp. iv – vii. all see Samar Kadi, "Thehigh Cost of Syria's Destruction," Issue 124, September 24, 2017, p. 9.

② 《叙利亚饥饿十大事实》，世界粮食计划署网站，2015 年 3 月 13 日，https://cn.wfp.org/stories/10 – facts – about – hunger – syria.

③ CIA, "The World Factbook: Syria," https://www.cia.gov/library/publications/resources/the – world – factbook/geos/sy.html.

后，阿拉维派通过参军掌握政权才获得历史罕见的统治地位。另一方面，穆斯林与基督徒的纠纷也历时久远。2011 年之后，以教派民族名义实施的暴力行动和恐袭屡见不鲜。例如，2011 年的霍姆斯市、2013 年的塔尔图斯省以及"伊斯兰国"控制下的代尔祖尔省等都出现过针对基督徒、逊尼派和什叶派平民的屠杀，甚至有残杀士兵的视频流传网上以警示阿拉维派穆斯林。

　　叙利亚的动乱和内战还给极端主义和恐怖主义组织以可乘之机。在叙利亚，这两类组织种类繁多，谱系复杂，关系盘根错节。其中最重要的有三支力量，第一支是叙利亚国内的穆斯林兄弟会组织，1982 年被镇压后其残存的领导力量逃亡国外，基层力量则就地潜伏。2011 年后他们又重返叙利亚，成为活跃于反对派组织内的强大力量。第二支是著名的"胜利阵线"，即"基地"组织的叙利亚分支，2016 年 7 月宣布与"基地"组织脱离关系并改名为"征服阵线"。该组织约有 5000 名成员，擅长游击战和汽车炸弹、自杀式袭击等各种恐袭手段，长期控制叙利亚西北部地区。第三支是"伊斯兰国"，它选取拉卡为"首都"，在此指导中东和全球的"圣战"，并对叙利亚东部各省实行行政管辖。在此期间，"伊斯兰国"采取诸多极端主义措施，如推行新的宗教生活模式、驱赶和屠杀非逊尼派穆斯林、劫持人质索取赎金、强制征招士兵、炸毁帕尔米拉古城等。

　　中东一直是全球难民的主产区，而发生动乱或者内战的国家则是产生难民的充分必要条件。历史上的阿富汗、巴勒斯坦、利比亚等都是典型例证。叙利亚难民是当代最新产生的难民群体，因此引起国际社会和学术界的高度关注。国外学者对叙利亚难民的研究几乎与叙利亚动乱同时起步，研究视角包括社会学、经济学、法学等诸多领域，涉及女性、儿童、暴力、难民营比较、救助模式等。国内研究主要集中在对叙利亚难民问题的跟踪和难民产生的影响方面，如赵萱的《叙利亚避难者的身份困境与现实出路》、崔守军的《土耳其对叙利亚难民危机的应对和影响》、叶凌春的《叙利亚难民潮对欧洲的影响及治理前景》等，相比较而言，因为距离和现实条件限制，科研成果研究面窄，深度有限。

叙利亚难民：发展、分布与现状

　　2010 年末，中东爆发"阿拉伯之春"运动，运动从突尼斯开始，席卷中东地区，突尼斯、埃及等多个国家的政权垮台，在伊朗和海合会国家都有各种各样的抗议示威活动酝酿与发生。"阿拉伯之春"的多米诺骨牌效应大有从北非向西亚蔓延之势，叙利亚也一度被认为将发生政权更替。

　　当人们关注叙利亚局势动荡和难民产生的时候，往往忽略一个基本事实：2011 年时，叙利亚本身也是中东主要的难民接受国，2008 年叙利亚是全球第二大难民接受国，2009～2011 年是全球第三大难民接受国，仅次于巴基斯坦和伊朗。截至 2011 年，由于叙利亚社会尚未失序，本国难民数量有限，总数大约为 15000 人，难民接受国为周边的约旦、黎巴嫩和土耳其，还有 1400 人左右前往伊拉克。总的来看，2011 年叙利亚动乱局势仍处于可控范围，故而难民问题更多的是叙利亚对接受他国难民的救助和安置问

表 1　2011 年叙利亚接受难民情况

单位：人，%

种类	来源国	数量	受联合国援助人数	18 周岁以下人口比例
难民	伊拉克	750000	100300	39
	索马里	2500	2500	50
	阿富汗	1800	1800	44
	苏丹	600	600	50
	其他	6000	600	30
寻求庇护者	伊拉克	900	900	39
	苏丹	270	270	43
	阿富汗	170	170	33
	索马里	140	140	41
	也门	110	110	40
	其他	250	250	29
无国籍者	无国籍人士	231000		
合计		993740	107640	

资料来源：《联合国难民署 2011 年全球难民报告——叙利亚国家分报告》，http://www.unhcr.org/4fc880b00.html。

196

题，以及叙利亚政府相关部门，如外交部、移民局等与各国际组织之间的配合与协调。

随着叙利亚动乱和内战日渐升级，政府和反对派的冲突从威胁社会秩序到直接威胁民众生命安全，叙利亚难民人数从 2012 年开始呈迅猛增长态势（见表2），并先向邻国后跨境向欧洲扩散。截至 2018 年 4 月，叙利亚境内的国内流离失所者有660万人；2011 年至今，逃离叙利亚的难民总数达到565万人，他们大多留居在土耳其、黎巴嫩和约旦三国，还有部分难民前往欧洲。截至 2018 年 5 月，暂居土耳其的叙利亚难民有 358.9 万人；黎巴嫩境内的叙利亚难民人数为 98.6 万人；约旦境内的叙利亚难民人数约为 66.1 万人；伊拉克境内的叙利亚难民数为 24.9 万人；埃及境内的叙利亚难民人数约为 12.8 万人。[①]

表2 叙利亚难民主要分布国家和人数

单位：万人

年份	难民总数	土耳其	黎巴嫩	约旦	伊拉克	埃及
2012	72.9	24.8	12.6	23.8	6.36	1.28
2013	246.8	58.6	85.1	58.5	21.3	13.2
2014	388	162.3	115.9	62.3	23.4	13.8
2015	485	246.2	106.3	62.8	24.5	11.7
2016	550	282.4	100.5	64.9	23	11.6

资料来源：根据联合国难民署 2012～2016 年全年难民年度报告整理得来，http：//reporting. unhcr. org/publications#tab－global_ report&_ ga = 2. 199883692. 32316444. 1527385638－949965283. 1527385638。

表3 2015/2016 年主要西方国家接受叙利亚难民人数

单位：人

年份	美国	德国	英国	法国	加拿大	瑞典	荷兰	丹麦
2015	5651	115604	6496	5179	1513	52707	16184	12988
2016	6444	375122	8269	8991	2757	96914	28394	18215

资料来源：根据联合国难民署 2015/16 年度难民数据报告整理得来，http：//www. unhcr. org/ statistical－yearbooks. html。

---

① 叙利亚难民各国数据表，联合国难民数据库，https：//data2. unhcr. org/en/situations/syria。

叙利亚难民流落中东和欧洲甚至美洲，由于分布的国家非常广泛，各国的政策和能力差异较大，导致叙利亚难民的境遇不同，并成为难民持续流动的重要原因。

土耳其是叙利亚难民接受第一大国，究其原因，主要有以下几点：第一，土耳其是与叙利亚相邻的大国，地理面积广阔，两国陆地边境线有822公里，土耳其有6个省份，15个边境口岸与之相连。第二，土耳其是全球第十四大经济体，经济规模中东第一，经济水平和制度建设水平也堪称中东第一，工业和服务业水平在中东均处于领先地位。第三，2011年之前，土叙双边关系发展良好。两国签署互免签证协议、自由贸易协定等，两国商贸、旅游跨境流动畅通，这为初期难民的大规模迁徙提供了便利条件。第四，土耳其误判叙利亚局势，希望借接纳以逊尼派为主的难民为巴沙尔政权倒台后加强双边关系、影响叙利亚新政局铺路。因此，动乱初始时土耳其对叙利亚难民采取欢迎态度，也有人称为"门户开放"政策。土耳其最初在边境口岸设置了20多个临时避难所，由于国内难民营规模不足以安置涌入的庞大难民，难民逐渐向土耳其内地扩散，但主要集中在土耳其南部边境省份，伊斯坦布尔、南部城市哈塔伊和加齐安泰普则成为难民人口最多的三大城市，另外安卡拉、布尔萨、伊兹梅尔等国内大城市也留居有数量众多的难民。

前往土耳其的叙利亚难民相对而言经济实力较强，多数家庭选择在当地投亲靠友或者自谋生路，如做生意、打工等。大约41%的难民家庭每日收入在20～29里拉，相当于5.5～8欧元；另有21%的家庭每日收入在30～39里拉，约合8.4～10.8欧元。这个水平远低于当地的最低标准，同时考虑到多数家庭是打黑工，实际收入更值得怀疑。① 但是总体来说，在土耳其难民的生活相对于中东其他国家而言整体情况较好，绝大多数人可以勉强度日。

---

① Gunes Asik, "Can Syrian Refugees Become Boon to Turkey's Economy?" May 10, 2017, https：//www. al - monitor. com/pulse/originals/2017/05/turkey - syria - can - refugees - become - opportunity - for - economy. html? utm _ source = Boomtrain&utm _ medium = manual&utm _ campaign = 20170511&bt _ ee = hMKeucNfrHRi7RA6LZzkudnaoqo7/rJYwkHfqlTmSdjYRM09E5DB1bL1M + ZkamZX&bt_ ts = 1494523022497.

黎巴嫩是中东小国，领土面积仅为 10452 平方公里，2017 年人口为 623 万人，国内生产总值为 518 亿美元，人均 GDP 为 8315 美元。[①] 国内注册巴勒斯坦难民为 37 万人，再加上 100 万叙利亚难民，国内每五个人中就有一个是难民。由于黎巴嫩没有专门设立难民营进行安置，在黎难民分散生活，遍及国内 2000 多个大小城镇，租住当地公寓或各式出租房，还有少量难民居住在农村和临时搭建的棚户中。黎巴嫩资源贫乏，经济规模小，工业基础薄弱。由于商业、非金融服务业、侨汇是黎巴嫩的主要经济来源，因此它无力解决难民就业问题，从而导致 70% 的叙利亚难民生活在贫困线以下。

表 4 黎巴嫩各省叙利亚难民比例（截至 2016 年底）

省份	比例（%）	省份	比例（%）
阿卡省	9	巴尔贝克省	11
北部省	15	贝卡省	22
黎巴嫩山省	27	纳拜提耶省	5
贝鲁特省	3	南部省	7

资料来源："Law and Politics of 'Safe Zones' and Forced Return to Syria: Refugee Politics in Lebanon," The Lebanese Center for Policy Study；https：//www. lcps – lebanon. org/publicationsTitle. php? category = 800&year = 2018。

约旦境内的叙利亚难民处境同样艰难。2016 年，在约旦的叙利亚难民达 65 万人，伊拉克难民 3.3 万人，巴勒斯坦难民 217 万人，难民总人口超过 285 万人，相当于全国总人口的 1/3。在约旦，80% 的叙利亚难民未能入住难民营，另有大约 14 万人集中在扎阿塔里和阿兹瑞克两个难民营，地域狭小，设施简陋拥挤。散居的难民均是依靠积蓄或者打临工艰难度日，由于很难找到稳定工作，93% 的难民生活在贫困线以下。

另外，海湾阿拉伯国家接受叙利亚难民问题一度引发国际社会讨论，招致严厉批评。阿拉伯半岛产油国如沙特、阿联酋、科威特等经济实力雄厚，

[①] 《黎巴嫩国家概况》，中华人民共和国外交部网站，http：//www. fmprc. gov. cn/web/gjhdq_ 676201/gj_ 676203/yz_ 676205/1206_ 676668/1206x0_ 676670/。

又同为逊尼派国家，理应接纳大批难民，但联合国难民署的统计数据一直为零，因而成为各国的负面资产和污点。据半岛电视台披露，沙特实际接纳30万叙利亚难民，阿联酋和科威特接纳人数分别为15万人和13万人。由于海湾阿拉伯国家都没有签署1951年《关于难民地位的公约》，不承认国际法认定的难民身份，因此其境内的叙利亚难民也就不在相关机构统计范围内。

前往欧洲是叙利亚难民的最优选择。第一，欧洲国家经济发达，社会开放和稳定，救助和社保体系完备，可以提供相当规模的中低端产业就业机会。欧盟的申根协定使难民进入欧洲后的跨境流动更为简便。第二，冷战结束后大量中东移民定居欧洲并产生二代乃至三代移民，他们与母国和家族有着天然的联系，自然形成移民和避难的网络与渠道。第三，中东伊斯兰国家有着较强的家族观念，一个家庭定居欧洲可以成为一个家族乃至姻娅家族逃难的选择，因而具有很强的扩散效应。第四，欧洲地理上与中东毗邻，方便难民就近迁徙。西亚国家难民多选择从土耳其或者希腊登陆欧洲，北非国家一般选择跨越地中海进入欧洲。第五，欧盟的难民补贴具有巨大诱惑力。例如，土耳其合法登记的避难者每周只能获得40元人民币的补助，而在挪威，每名避难者可以获得为期2年每月1464欧元的食品与租房津贴。① 在西班牙，避难者可以家庭为单位领取为期6个月每月1200欧元的生活津贴。② 英国、法国、德国等的津贴虽有些许差异，但也远高于中东国家的水平。

2015年是叙利亚难民进入欧洲的转折年。原因有二，首先是超量的叙利亚难民给经济、社会与安全带来沉重负担，土耳其有意疏散和放任难民迁徙。其次是9月2日叙利亚男孩艾兰·库尔迪暴尸土耳其伯顿海滩的照片引发对欧洲政府在难民接纳问题上迟疑徘徊和推三阻四的强烈质疑。长期以提倡人道主义和人权自居的各国政府承受着来自国际社会和国内民众的强大压力，不得不改弦更张，同意接纳更多难民。"（2015年）10月成为迄今进入欧洲人

---

① Jeannette Neumann & Liam Moloney, "Asylum Seekers Fret over Their Future in Europe," *The Wall Street Journal Asia*, November 10, 2015.

② Kristen Sarah Biehl, "Governing Through Uncertainty, Experiences of Being a Refuges in Turkey as a Country for Temporary Asylum," *Berghahn Journals*, Vol. 59, Spring, 2015, p. 70.

数最多的月份，规模大体等同于去年全年水平……在移民和难民抵达的高峰时期，10 月 20 日单日抵达希腊海岸的难民人数为 10006 人。到欧洲的难民和移民的绝大多数经由土耳其到希腊，而非之前更普遍采取的经由利比亚抵达意大利的路线。以国别来看，最大的移民和难民来源国为叙利亚，其难民人数占整体抵达欧洲难民人数的 53%。"① 依据联合国的统计数据，2015 年欧洲国家接收叙利亚难民总人数为 270374 人，2016 年总人数为 643675 人。② 相比较而言，东欧国家和英法两国接纳难民数量较少，而西欧、北欧小国如瑞典、荷兰、丹麦等经济规模小，但接纳难民人数反而较多。南欧的意大利和希腊更多的是叙利亚难民进入欧洲的起点和通道，滞留难民规模不大。从土耳其的博德鲁姆到希腊的科斯岛海路直线距离不足 5 公里，这里成为从土耳其偷渡欧洲的主要线路，甚至蛇头为博取同情方便入境，不惜人为制造沉船事故。

叙利亚难民的影响和前景

大规模难民跨境流动会给沿线各国和最终接纳国带来巨大的困扰与负担。各国人口分布与各地区政治、经济和社会发展水平密切相关，通常而言，会保持相对稳定的平衡状态。同时，各国的宗教、民族关系是长期历史形成与磨合的产物，不仅稳定性强，而且对变化的耐受程度低。当外来人口短期大规模涌入时，各国和各地区既有的平衡会迅速被打破，从而对政治、经济、社会安全造成严重影响。不仅如此，各国由于国情和利益不同，对难民的态度和政策也差别较大，因此接纳、安置和遣返难民也成为国际社会矛盾和斗争的重要领域。

第一，难民的涌入会增加接受国的财政负担，阻碍经济增长，最终迫使接受国改变既有难民政策。各国政府要为难民营提供免费的食物、饮用水、

---

① 《10 月涌入欧洲难民移民规模创纪录赶去年全年》，搜狐财经，2015 年 11 月 3 日，https：//www. sohu. com/a/39560333_ 114984。

② 2015 年数据为 16 国：奥地利、比利时、保加利亚、意大利、俄国、英国、丹麦、法国、德国、希腊、荷兰、挪威、瑞典、罗马尼亚、瑞士、西班牙。2016 年为 17 国，增加了芬兰。

帐篷和简单的生活用具；卫生部门需要完成相应的身体检查，对传染病和流行病加以防范和控制；教育机构要调拨物资、书籍和师资，安排难民儿童重归课堂；等等。难民的留居会挤占大量社会资源，降低社会原有福利水平，冲击接纳国的教育、卫生医疗、交通以及基础社会服务体系，给接纳国经济带来沉重的负担。因此，有关各国经济负担的报道一直不绝于耳。早在2014年5月黎巴嫩外长巴西勒称：目前，黎巴嫩全国人口的一半是非黎巴嫩人。叙利亚难民危机使黎巴嫩经济损失高达75亿美元，失业率达30%，在一些地区甚至高达50%。2015年3月中旬，黎巴嫩社会事务部长德尔巴斯再次表示，叙利亚难民给本国造成200亿美元的损失。据世界银行估计，约旦每年用在难民上的财政支出也达到25亿美元。

迫于压力，2014年黎巴嫩内政部宣布将从6月1日起实施一项限制叙利亚难民入境的新规定。作为加强管理叙利亚难民的新措施，它规定境内叙利亚难民一旦重返叙利亚，再进入黎巴嫩时将失去难民身份。另外，还有限制入境、在叙方一侧建立难民营等配套举措。黎巴嫩政府想要以此方式阻止难民跨境流动，减少二次入境，最终减少难民总数。

2011年4月至2014年11月，土耳其花费45亿美元用于避难者的救助和安置，而同期联合国和欧洲国家只花费2亿多美元进行援助。为此，土耳其从2012年底开始收紧难民入境政策，规定没有有效身份证件的难民不得进入土耳其，仅紧急情况下需要救治的人员才可破例放行。2015年3月之后，土耳其陆续关闭边境口岸，叙利亚难民只能通过非法入境的方式进入土耳其。在教育问题上，"土耳其现有大约100万叙利亚难民儿童需要在本已资源紧张的教育系统注册上学……依据教育改革报告的统计，土耳其还需要7.7万间教室和7万名教师才能解决叙利亚难民的就学问题"，[1] 不管是在师

---

① "Turkey's Growing Refugee Challenge-Rising Social Tensions," The Crisis Group, October 27, 2017, https：//www. crisisgroup. org/europe － central － asia/western － europemediterranean/turkey/turkeys － growing － refugee － challenge － rising － social － tensions？utm_ source = Sign + Up + to + Crisis + Group% 27s + Email + Updates&utm_ campaign = 68624cf1db － EMAIL_ CAMPAIGN_ 2017_ 10_ 23&utm_ medium = email&utm_ term = 0_ 1 dab8c11ea － 68624cf1db － 359311457.

资上还是在经费上，这都是一项不可能完成的任务。约旦或黎巴嫩的情况还不如土耳其。

其二，难民的涌入会造成各式各样的矛盾与冲突，威胁社会稳定，加剧民族教派冲突，甚至刺激排外思想、引发排外行动。

随着难民问题长期化，土耳其国内尤其是南部临近叙利亚的边境省份社会问题日益凸显，族群冲突、商业纠纷、暴力犯罪事件频发。叙利亚难民为土耳其带来充足的劳动力和商业上的繁荣。但这些劳动力是没有合法身份的黑市劳工，一方面，他们只能接受苛刻的工作环境与廉价的收入，劳动权益无法得到保障；另一方面，充足的大量本地土耳其佣工机会被挤占，造成失业率上升。除企业主获利外，社会矛盾不断积累。许多有产的叙利亚人选择在土耳其投资，大量新开的店铺未经注册，以便于逃避税收，这增加了执法难度和不公平商业竞争。更有甚者，房主驱赶本国租户后提高租金再转租叙利亚难民。另外，土耳其还遭遇了童婚、一夫多妻、南部省份逊尼派什叶派人口比例失衡与矛盾加剧、离婚比例上升等法律和社会问题，针对叙利亚难民及商铺的侮辱、砸抢事件和难民迫于生计的偷盗、迫于安全而组织自卫队等现象屡见不鲜。类似的情况在约旦、黎巴嫩都较为普遍。2017 年后，难民与当地居民甚至政府的矛盾不断激化。"在黎巴嫩基督教占多数的自治市，数以千计的叙利亚难民面临被驱逐的威胁……当地警察挨家挨户检查，进行登记并发放驱逐通知。"[①]

难民的涌入和再安置是一个长期过程，因此接受国必须面对生活习惯、宗教信仰、受教育水平等诸多挑战，欧洲国家在这一问题上遇到的挑战尤为严峻，各国的反伊斯兰化运动和反穆斯林情绪不断高涨，右翼和极右翼党派借机发展壮大。以德国为例，以反移民和反伊斯兰化为宗旨的"爱国欧洲人反对西方伊斯兰化"运动在各地迅猛发展，每次游行示威都有数千甚至

---

① Scott Preston, "Syrian Refugees in Lebanon Face Eviction," November 10, 2017, https：//www. al - monitor. com/pulse/originals/2017/11/lebanon - refugees - evictions - syrians - notices - municipalities. html? utm_ campaign = 20171113&utm_ source = sailthru&utm_ medium = email&utm_ term = Daily%20Newsletter.

数万人参加。2015 年,德国攻击难民营的暴力事件就超过 700 起。极右翼的法国"国民阵线"在 2014 年和 2015 年的市政和议会各级大选中异军突起,历史性地获得参议院的席位。相似的政党,如奥地利自由党、比利时弗拉芒利益党、意大利北方联盟等摆脱了意识形态上的孤立,并获得大量民众支持。"欧洲的下层民众认为难民拥有获得利益和财政援助的特权通道,而他们自己却在逐渐失去这些(原本属于他们的)利益。"① 在土耳其等中东难民接纳国出现的社会不满和混乱在欧洲也存在,主要表现在社会治安、非法佣工、黑市器官买卖等方面。在欧洲,中东难民尤其是近几年的叙利亚难民已经成为混乱和负担的代名词,原有各接纳国都在努力控制入境难民人数,同时鼓励难民离境。例如,最早给予难民永久留居权的挪威为自愿离开的难民家庭提供高额经济报偿,不仅免费提供单程机票,还加送 8 万挪威克朗(约合 9400 美元)的现金。

第三,难民的流动往往成为极端主义和恐怖主义分子跨国流动的掩护,增加相关接纳国面临的安全威胁和反恐压力。难民的流动为恐怖分子进入他国潜伏和活动提供了便利,给接纳国国家安全带来巨大威胁。

首先,极端主义和恐怖主义分子可以以难民身份为掩护达到通行于欧盟各国的目的,有效避开身份排查。按照申根协定的规定,在欧盟一国获得难民身份证明后即可在申根国家间自由通行。其次,由于难民数量巨大,流动性强,居无定所,相关国家面对海量人口和信息无法实施有效调查、跟踪或启动逮捕程序。"德国情报机构宪法保卫局日前警告,近几个月德国境内的宗教极端人员迅速增加,'伊斯兰国'等极端组织还可能从难民中招募人员。宪法保卫局的数据显示,德国境内的宗教极端人员从(2015 年)6 月

---

① Stefan Lehne, "The EU Remains Unprepared for the Next Migration Crisis," April 3, 2018, https：//carnegieeurope. eu/2018/04/03/eu – remains – unprepared – for – next – migration – crisis – pub – 75965？utm_ source = ctw&utm_ medium = email&utm_ campaign = 20180322&mkt _ tok = eyJpIjoiTjJaak56WTJaakF3TTJKaCIsInQiOiJLSUU0N0pKRHJXZDR6UHJva3lwNGwydyty RjNlcWhPaO N1 cEFTTWl3T1 JcLzBWa2Y1bFhWU0dQOGs1OUFHcWs4NEhPeDRGUFZMQjcyb1ZLR WlqRTVUWEhCdUUxN2xNa2xxDVE5cL01oa0NaRW9 vNlptT3M5U3EzUGNhekUzVkhcL1wvaWUifQ% 3D%3D.

的 7500 人增加到 9 月的 7900 人。"①

2015 年 11 月 13 日,"伊斯兰国"在法国巴黎组织和发动连环恐袭,导致 129 人遇难,326 人受伤,震惊欧洲。案犯就是通过伪装成叙利亚难民进入欧洲并抵达法国。2016 年 3 月 22 日,比利时布鲁塞尔又发生连环恐袭,34 人当场死亡。这两次恐袭极大影响了欧洲国家政府和大众对难民的看法,压制小艾兰事件后各国对叙利亚难民的人道主义关注和同情。不仅如此,欧洲各国还普遍担心宗教极端分子以人道主义援助为掩护,利用其生存困境,劝诱并招募入境的难民加入极端组织。一般来说,难民的安置是一个长期过程,不佳或者非公平的境遇以及现实需求无法得到有效满足也是一个长期趋势,因此滞留的难民尤其是其中的年轻人很容易转向悲观、愤怒或者极端,从而成为极端主义和恐怖主义组织在欧洲和土耳其等国稳定的"弹药舱"与"人才库"。

2017 年摩苏尔之战和拉卡之战后,"伊斯兰国"在叙利亚和伊拉克控制的领土相继失守,大批极端分子面临重新安置。"当地的极端分子多半在附近逗留,分散到农村后再返回城市,或者转移到政府控制松懈的地区;但是顽固的外国战士则不得不随着难民潮在国际上流动,或者去母国以外的地方,或者前往也门、中亚、欧洲和非洲。"② 因此,实际上,从 2015 年开始,极端主义分子和恐怖主义分子一直在借助难民潮向各地扩散与转移。由于难民的特殊性和特殊情况,各国政府对这种渗透式转移苦无良策,只能被动应对。

2010 年底,起于突尼斯的"阿拉伯之春"运动很快波及叙利亚。当多个阿拉伯国家相继出现政权倒台时,叙利亚则逐步陷入一场旷日持久的内战,成为令人瞩目的全球热点。叙利亚内战至今已有 7 年,先后经历以下阶段:危机发生和镇压斡旋失败;"伊斯兰国"崛起和动乱全面升级;叙利亚局势急剧恶化与俄罗斯军事介入;阿勒颇战役取胜和全面清剿"伊斯兰

---

① 《德国恐月入 25 万难民宗教极端人员迅速增加》,新华网,2015 年 10 月 1 日,http://www.xinhuanet.com/world/2015 – 10/01/c_ 128284139.htm。

② Roderick Parkes, "Out of Syria: Shifting Routes and Returns," April 12, 2017, https://www.iss.europa.eu/content/out – syria – shifting – routes – and – returns.

国"；等等。时至今日，叙利亚动乱是国内多种矛盾的积累与叠加以及外部国家和势力介入共同作用的结果，进程可谓一波三折，结束内战和政治重建的未来尚不清晰，国家重建更是遥遥无期。

难民问题与叙利亚的前景息息相关。首先，结束战争状态是难民回归的基本前提。随着"伊斯兰国"占领地区的被收复，反恐战争基本上告一段落。但政府军与反对派控制的伊德利卜地区、北部库尔德控制区和由叙利亚自由军掌控的东部省份间的战事仍未停歇。同时，以色列为压制和驱逐伊朗和黎巴嫩真主党在叙利亚境内的军事存在，多次发动军事打击活动。叙利亚再度成为以色列和伊朗博弈的角斗场，以伊两国都不会轻易放弃叙利亚。

其次，国内政治局势和前景是解决难民回归问题的主要因素。叙利亚的政治和解与重建进程缓慢，困难重重。叙利亚动乱后，国内政治派系林立，美、欧、俄、土、伊，海湾阿拉伯国家如沙特和卡塔尔争相向叙利亚渗透，寻找和培植代理人。不管是日内瓦会议还是阿斯塔纳会议，叙利亚的政治和解与谈判都没有取得明显成果。在各大国和各战场分出胜负之前，谈判桌上达成一致的可能性很小。

再次，国内经济社会重建的速度和水平是难民归国的主要考量。在结束战争状态与实现政治和解后，叙利亚才有可能走上经济和社会重建之路。目前，国内 1/3 的医院被炸毁，全国 1/2 的医生是难民，120 万间房屋被毁，发电量下降 59%，49% 的饮用水设施被毁坏，通货膨胀率超过 300%。① 叙利亚的基础设施和工业体系损毁严重，可谓百废待兴。另外，由于巴沙尔·阿萨德政府和俄罗斯、伊朗的关系较为紧密，它很难在重建进程中获得来自西方或者美国控制下的国际组织的贷款与投资，与海湾"金主"沙特、阿联酋等国多年的敌对关系也使获取其援助和投资的希望渺茫。虽然大马士革

---

① Maha Yahya, Bassem Nemeh, Jean Kassir, "Challenges to Return: The Syrian Displacement Crisis in Numbers," April 14, 2017, http://carnegie-mec.org/2017/03/30/challenges-to-return-pub-68480? mkt_tok = eyJpIjoiWkRjeVl6ZGpaPRFkwWWpKbSIsInQiOiJtT0ZvZDd3VytHczM4aThkYzM2UHBcL012ekxyc1wvdHRGYU9sOTEyWWRCCMVZEM2NJS2daRUtFVHJhQkJDRFlZdm0yNG1maStppVUdcL3dWMUlLNVpXOUxJQlFFb0ZVQjVYTFl0WUFiZZDhuUlJYQXVSZ0J0RGlIUVllCTU45TDJuZm50QiJ9.

和塔尔图斯等少数城市基本逃离战火摧残，但经历 7 年战争的叙利亚实际上已成为废墟和焦土，重建之路艰难曲折。

正因为如此，叙利亚难民回归进程虽已启动，但前景并不乐观。2017年上半年有 50 万叙利亚国内流离失所者和 3 万周边国家的难民返回家园,[①] 引起国际社会的关注。在回归条件上，"联合国难民署始终坚称难民重返家园过上体面和安全生活的条件并不成熟。考虑到叙利亚国内巨大的安全风险，联合国难民署既不赞同也不愿主导难民回归事宜"。[②] 不仅是联合国难民署对叙利亚的局势和状态不乐观，难民对回归总体也持观望和犹疑的态度。依据联合国难民署的民意调查，愿意近期回国的难民只占 6%，未决定是否回国的占 10%，决定不回国的占 8%，近期不打算回国的占 76%。[③] 叙利亚难民问题的解决必然是一个漫长和充满诸多不确定性的过程，在国家未来不确定的前提下，长期滞留国外恐将是难民自然而然的选择和必然的结果。

① "Law and Politics of 'Safe Zones' and Forced Return to Syria: Refugee Politics in Lebanon," The Lebanese Center for Policy Study, October 2017, https://www.lcps - lebanon.org/publicationsTitle.php? category = 800&year = 2018.

② Jeff Crisp, "It's Far Too Early to Talk of Return for Syrian Refugees," August 10, 2017, https://www.chathamhouse.org/expert/comment/it - s - far - too - early - talk - return - syrian - refugees? utm_ source = Chatham% 20House&utm_ medium = email&utm_ campaign = 8563832_ CH% 20Newsletter% 20 - % 2011.08.2017&utm_ content = Syria - Title&dm_ i = 1S3M, 53JW8, NUTBI4, JJEZG, 1.

③ Fabrice Balanche, "A Half-Million Syrian Returnees? A Look Behind the Numbers," July 7, 2017, http://www.washingtoninstitute.org/policy - analysis/view/a - half - million - syrian - returnees - a - look - behind - the - numbers.

地 区 形 势

Regional Situation

Y.12
中东反恐形势新进展及其影响

马文玪.*

摘　要：　2017 年，国际反恐斗争虽然取得了重大进展，但无法解决催生中东恐怖主义的诸多固有矛盾，并引发了一系列新问题。新老问题的叠加、新旧矛盾的交织及相互作用，导致地区局势更加复杂混乱，中东极端组织生存空间正日益扩大，滋生极端思想的土壤日渐肥沃。另外，全球反恐形势恐将日趋严峻，民族分离主义和泛民族主义日益泛滥，美国实施"耶路撒冷法案"的单边主义行为，加速了极端思想的全球扩散。在此情况下，国际恐怖组织和本土恐怖组织加快了分化重组的速度，并形成了多核心、多层次的国际恐怖组织网络，进而对中国和"一带一路"沿线国家以

* 马文玪，中国社会科学院西亚非洲研究所助理研究员。

及全球安全都带来了巨大的挑战和威胁。

关键词： 中东　反恐　中亚　北非　伊斯兰国

一　中东反恐形势不容乐观

2017 年，"伊斯兰国"在多个战场均遭重创，在伊叙地区全线溃败。在伊拉克，政府军相继解放了辛贾尔、拉马迪、费卢杰、摩苏尔等重要城镇，11 月 17 日，解放了"伊斯兰国"在伊拉克境内的最后据点拉沃镇。12 月 9 日，伊拉克总理阿巴迪宣布，政府军已收复极端组织"伊斯兰国"在伊拉克控制的所有领土，伊拉克取得打击"伊斯兰国"的历史性胜利。[①] 在叙利亚，政府军在收复霍姆斯省后挺进伊叙边境，10 月 17 日，库尔德武装主导的"叙利亚自由军"解放了"伊斯兰国"的"首都"拉卡。在利比亚，"伊斯兰国"丧失对沿海重镇苏尔特的控制权，向利比亚南部沙漠地区逃窜隐匿，重组暴恐力量。在阿富汗，共有 1600 名"伊斯兰国"武装分子被消灭，其中包括"伊斯兰国"阿富汗分支头目哈菲兹·赛义德及其继任者阿卜杜拉·哈西姆等重要头目。[②]

中东反恐形势并未因此出现根本性好转，发展趋势不容乐观。国际社会对"伊斯兰国"的军事打击，摧毁了其建立的准国家行为体，削弱了其暴恐能力，遏制了肆虐全球的暴恐恶潮，维护了地区和全球的安全与稳定，标志着国际反恐斗争取得了重大进展。但持续的军事行动，不但无法解决催生中东恐怖主义的诸多固有矛盾，反而引发了诸如难民、武器扩散、恐怖组织

[①] 《伊拉克总理宣布打击"伊斯兰国"取得历史性胜利》，新华网，2017 年 12 月 10 日，http：//www. xinhuanet. com/2017－12/10/c＿1122085575. htm

[②] 《2017 年在阿富汗消灭了 1600 名伊斯兰国武装分子》，中华人民共和国驻阿富汗伊斯兰共和国大使馆经济商务参赞处网站，2018 年 1 月 30 日，http：//af. mofcom. gov. cn/article/aqts/201801/20180102706077. shtml。

重组等一系列新问题。新老问题的叠加、新旧矛盾的交织及相互作用，导致地区局势变得更加复杂混乱，进而使中东极端组织的生存空间在不断扩大，滋生极端思想的土壤日渐肥沃。

（一）中东极端组织生存空间日益扩大

"伊斯兰国"出现之后，快速窃取了伊叙地区近 10 万平方公里的土地，[①] 并建立了一整套暴恐军政体系，渐有取代伊叙两国政府之势。国际社会随即对其进行了持续的强力围剿，"伊斯兰国"的准国家行为体土崩瓦解，残余的暴恐分子四散逃匿，"伊斯兰国"又退回到了传统的极端组织形态。但持续的战乱导致了"治理真空区"的出现，进而为中东极端组织提供了生存空间。随着"治理真空区"不断扩大，极端组织的生存空间亦随之扩大。当前，中东地区的"治理真空区"主要有三类。

1. 沙漠地区

长期以来，中东各国政府通过利用部落、族群、极端组织之间的复杂矛盾，形成了有利于政府的力量制衡格局，进而实现了政府对沙漠地区的有效控制。"伊斯兰国"出现后，在削弱政府力量的同时，对伊拉克、叙利亚、利比亚、也门等战乱国家沙漠地区的族群和部落，如伊拉克北部辛贾尔（Sinjar）的雅兹迪族群、叙利亚东部祖尔代尔省的夏塔特部落（al-Sheitaat）等，实施持续数年的屠杀政策，从而彻底打破了中东沙漠地区原有的力量格局，进而攫取了对沙漠地区的控制权。"伊斯兰国"溃败后，各方力量对进入沙漠地区开展反恐行动缺乏意愿。一方面，他们不具备在沙漠搜捕极端分子所必需的资金、技术和经验；另一方面，他们害怕在沙漠中被极端组织或其他势力切断补给，从而导致自身实力受损，影响其对资源和战略要地的争夺。随着各方力量争夺日趋激烈，极端组织坐收渔翁之利，不断积蓄力量。"伊斯兰国"控制了伊叙边界地区及利比亚南部的部分沙漠地区，面积达万

---

① "Islamic State Territory Down 60 Percent and Revenue Down 80 Percent on Caliphate's Third Anniversary," http: // news. Ihsmarkit. com/press-release/aerospace-defense-security/islamic-state-territory-down – 60 – percent-and-revenue-down – 80.

余平方公里。基地组织则控制了也门舍卜沃省西北和哈德拉毛省的部分沙漠地区，并不断向东部扩张。

2. 部落领地

中东剧变引发的地区局势动荡，严重削弱了政府的管控力，各部落为攫取利益不断爆发冲突。随着部落冲突不断爆发，部落领地呈扩大化趋势，原因有二：一是政府控制的土地在部落冲突中被窃取。在部落冲突中，部落被完全兼并的现象并不常见。获胜方扩大的领地，除了来自失败方的部分领地以外，绝大多数来自对失败方周边政府土地的窃取。二是冲突中失败的部落，其部分成员作为难民远遁各地，以难民营为新的部落领地，为日后复仇进行力量整合。自利比亚内战爆发至今，已有数十万部落成员作为难民进入欧洲、约旦、埃及等国的难民营。

极端组织利用部落意识，[1] 通过挑拨部落之间以及部落与政府之间的关系，实现其藏匿于部落领地并不断渔利的目的。2014 年，"伊斯兰国"利用卡达法（Qaddafa）、法尔加恩（Far-jan）和瓦法拉（Warfalla）部落与米苏拉塔部落矛盾激化之机，通过不断攻击米苏拉塔部落，骗取了上述三个部落的信任和支持，进而占领了苏尔特市，实现了势力的扩张。在伊拉克，"伊斯兰国"污蔑国际反恐部队为"基督教十字军"，政府是"异教徒"，而将自身美化为"维护全体穆斯林利益的急先锋"。一些受其蛊惑的逊尼派部落，为领地内的极端分子提供庇护，甚至对进入领地的反恐部队实施偷袭。

3. 难民营

自二战后，中东地区就持续战乱，造成了大量民众无家可归，纷纷背井离乡，四散各地寻求栖身之所，最终在各地形成了数量众多的难民营。联合国难民署统计数据显示，截至 2016 年底，全球有难民 2250 万人，叙利亚、

---

① 部落意识对中东地区的政治、经济、社会文化、国家安全、地区形势有着广泛重大的影响。部落意识主要有四大特征：其一，不愿接受任何外来约束；其二，崇尚通过使用武力谋求部落利益；其三，部落荣誉至上，复仇观念强，但国家意识淡漠；四是遵循基于部落自身价值观的二元的判断标准，即"非此即彼"。在部落意识的影响下，部落民众会视其领地为"领土"，将政府视为"部落"，而西方国家则是外族异类；部落之间一旦出现矛盾，往往表现为无休止的武装冲突；而政府一旦虚弱，各部落便会主动寻求国家权力的再分配。

阿富汗和苏丹的难民数量占全球难民总数的 55%，其中叙利亚难民约为 550 万人。① 这些难民中的绝大多数都居住在 93 个联合国难民营之中。由于多种因素的影响，部分联合国难民营被部落、极端组织、教派、反政府组织、各类犯罪集团等不同的势力渗透，有些难民营甚至成为"独立王国"。例如，土耳其的基利斯难民营已沦为"叙利亚自由军"的总部；"基地"组织在巴基斯坦的白沙瓦难民营则建立了完整的招募体系。

随着中东地区战乱的持续，难民数量有增无减。据联合国叙利亚人道协调员 Panos Moumtzis 透露，由于叙利亚东古塔地区及伊德利卜省战事的升级，仅 2018 年前 4 个月，叙利亚有超过 92 万人沦为无家可归者，创叙利亚内战爆发 7 年以来最高纪录。② 不只是叙利亚，在阿富汗、苏丹、也门、伊拉克等地，难民数量均持续增加，难民营面积也随之日渐扩大，与此同时，各难民接收国依然为难民营的管理难题所困扰。

（二）滋生极端思想的土壤日渐肥沃

"伊斯兰国"溃败引发的各方力量博弈，直接导致地区原有民族和宗教矛盾进一步激化，社会边缘化人群快速增多，进而使中东地区滋生极端思想的土壤变得更加肥沃。

（三）地区原有民族和宗教矛盾的全面激化，加剧了极端思想的滋生

中东地区是犹太教、基督教、伊斯兰教三大宗教的诞生地，生活着阿拉伯人、犹太人、波斯人、土耳其人、库尔德人、贝都因人、希腊人、柏柏尔人、科普特人等十多个民族。中东地区的民族矛盾与宗教矛盾相互渗透，并与各类政治力量复杂地交织在一起。与此同时，民族的跨界流动又使中东各国国内民族问题国际化。因此，中东的许多问题，如巴以冲突、科普特人问

---

① 联合国难民署，http：//www. unhcr. org/hk/about-us/figures-at-a-glance。

② 卡塔尔半岛电视台，http：//chinese. aljazeera. net/news/2018/6/12/about‐1‐million‐syrians‐were‐displaced‐in‐2018。

题、库尔人问题等，既是民族矛盾，也是宗教冲突，还是国际问题。

"伊斯兰国"出现后，各地民众以民族、教派、部族等为认同点向聚居区会集，抱团取暖，进而形成割据势力。反恐战争取得阶段性重大胜利后，各方力量为了扩大战果，赢取战略主动权，展开了激烈的争夺，从而使原有的民族矛盾和宗教矛盾再次集中爆发，且烈度远超以往，这为滋生极端思想的土壤提供了"绝佳的养分"。当前，地区原有宗教和教派矛盾进一步激化。

1. 宗教矛盾进一步激化

中东地区是犹太教、基督教、伊斯兰教三大宗教共同的圣地，三大宗教间存在很多共通之处，相互间有着密切的联系。尽管如此，三者间的教义体系却存在结构性矛盾，相互排斥，矛盾难以调和。历代统治者和域外力量利用这种宗教间的矛盾和分歧，将利益之争变为信仰之战，从而实现各自的政治目的。二战后，西方国家支持以色列建国，挑起了巴以冲突。在随后的 70 年间，各方力量均人为宣传宗教间的分歧和矛盾，从而实现发动群众为政治利益服务的目的。特朗普上台后，为"彻底解决"巴以冲突，开始实施由美国主导、沙特和以色列参与的名为"世纪协议"的中东协调计划。按照"世纪协议"的构想，以色列支持巴勒斯坦建国，范围为加沙边境地带、A 区和 B 区以及 C 区的部分地区，首都为阿布迪斯村，由沙特出资帮助巴勒斯坦国建国、修建基础设施。以色列与海湾国家实现和平，并与沙特结盟共同应对伊朗。美国则正式承认耶路撒冷为以色列首都，并停止向联合国援助巴勒斯坦难民救济机构拨付资金。美国此举破坏了国际社会已达成的共识，违背了联合国决议的精神，加剧了各方政治力量的博弈，导致宗教矛盾进一步激化。

2. 教派矛盾呈全面激化的态势

中东各种政治力量都在利用教派矛盾攫取各自的利益，随着争夺的日趋激烈，中东的教派矛盾已呈全面激化的态势。从教派内部看，同一教派中各派别的争夺日趋激烈。以伊拉克什叶派为例，其作为主要执政力量，内部派别林立，主要派别均拥有自己的民兵组织，包括穆克塔

达·萨德尔的"迈赫迪军"、哈迪·阿米里领导的"巴德尔旅"等。2018年伊拉克大选期间，各派别为获取更多的政治权力，相互间明争暗斗，"投票箱纵火案"、军火库爆炸案等接连发生，足见什叶派内部派别之争的激烈程度。

从主权国家内部看，不同教派间的争夺呈白热化态势。伊拉克什叶派在清剿"伊斯兰国"的过程中，对逊尼派聚居区实施了无差别的攻击，使教派矛盾进一步激化。也门南北对峙局面并未缓和，胡塞武装与逊尼派武装之间的战事长期胶着。

从地区层面看，沙伊两大教派阵营激烈争夺地区领导权。在叙利亚，巴沙尔政权在伊朗支持下日益稳固，而沙特支持的反政府武装则节节败退；在伊拉克，萨德尔领导的"行走者联盟"和阿米里领导的"法塔赫联盟"突然结盟，共同组建新一届伊拉克政府。萨德尔在公开讲话中仅将沙特定义为重要邻国，而阿米里则与伊朗关系密切；在黎巴嫩，黎巴嫩真主党在伊朗支持下日益壮大，黎巴嫩与沙特的关系跌入谷底，而沙特则借哈里里辞职，宣染伊朗干涉他国内政，挑起教派冲突；在也门，伊朗借胡塞武装将沙特拖入战争泥潭。在海湾地区，伊朗利用沙特与卡塔尔断交危机，加强了与卡塔尔和阿曼之间的联系，实现了在中东地区的扩张。而沙特则加紧与美以结盟，重组反伊联盟。

（四）社会边缘化人群快速增加，为极端思想的滋生提供了群众基础

按照社会学理论，当个人认定已无法被社会主流接纳时，其认知判断能力将下降，关注面迅速缩小，自我调控能力减弱，遇事思想极端，并倾向于通过使用暴力手段破坏既定秩序来改变现状，同时会主动加入类似群体，以满足个人的安全、情感、认同等需要。因此，社会边缘人群极易接受极端思想，是极端组织的重点招募对象。

中东地区社会边缘人群快速增加的原因是复杂的，既有经济原因，也有宗教原因和社会文化原因。在所有的社会边缘人群中，有两类人对极端思想

的滋生非常有利。

1. 大量处于失业状态的青年人

中东地区的人口数量增长迅猛，其中35岁以下的青年人占总人口的60%，人口结构的高度年轻化，对政府的执政能力提出了较高的要求和挑战。但在经济结构性改革、政权更迭、石油限产、局势动荡等多种因素的综合影响下，中东北非地区（包括阿富汗和巴基斯坦）的经济增速明显放缓，从2016年的5%下降为2017年的2.6%，2018年预计为3.3%，① 大量青年人处于失业状态。以埃及为例，2010年中东剧变之前，经济增长率为5.1%，失业率为8.8%，其中青年人失业率为24.3%，约200万人青年人失业；到2016年，经济增长率下降至4.29%，失业率攀升至12.6%，青年人失业率更是达到惊人的30.8%，青年失业人口比2010年又增加了150万人，约为350万人。②

2. 教职人员

无论是"基地"组织还是"伊斯兰国"，都不遗余力地炮制极端思想，以此为自己披上伊斯兰教的"外衣"，进而实施犯罪活动。尽管"伊斯兰国"炮制的极端思想比"基地"组织更加"精致"，着重加强了其极端思想的迷惑性、针对性和欺骗性，但由于缺乏大量具有号召力的高素质教职人员，其炮制出的极端思想存在专业性不强的硬伤。伊斯兰教经过1400余年的发展，早已经形成了一套缜密完善的教义教法学体系，发展出近百个专业学科，如《古兰经学》《古兰经音韵学》《古兰经语法学》《天启知识学》《圣训学》《圣训语法学》《认主学》《法理学》等。由此可知，对伊斯兰教的阐释或者歪曲，都需要大量精通专业知识的教职人员会聚在一起才能完成。由于伊斯兰国家都有一套适合本国国情的成熟的教职人员培养和清除体系，大量精通专业知识的教职人员会聚到政府各机构中，从事抵御极端思想渗透的工作，从而使极端组织炮制的极端思想因缺乏专业性漏洞百出，只能迷惑普通信众。

---

① 中华人民共和国商务部网站，http://www.mofcom.gov.cn/article/i/jyjl/k/201708/20170802620335.shtml。

② 参见世界银行官网和国际劳工组织的劳动力市场主要指标数据库。

当前，中东各国在推行社会文化改革过程中都推行了一些比较激进的"世俗化"政策，从而在一定程度上破坏了本国的教职人员培养和清除体系，进而将众多具有一定号召力的高水平教职人员推向了社会边缘。以沙特为例，新王储萨勒曼上台伊始，为"快速消灭极端意识形态"，解除了数千名"思想保守"的教职人员的职务。这些教职人员历经数十年的专业学习，不仅宗教学识渊博，学术素养高，而且深知底层民众的疾苦和思维逻辑，在沙特境内外拥有广大的拥趸。他们失去生活来源后，若转为炮制极端思想，恐将对沙特及国际反恐斗争带来极大的危害。据悉，已有部分被解职的教职人员远遁国外，去向成谜。

二　全球反恐形势恐将日趋严峻

与 2016 年相比，2017 年全球恐袭的数量和致死人数均呈下降趋势，这与"伊斯兰国"在伊叙地区溃败有着直接关系。但随着"伊斯兰国"对其战略的调整，大量武装分子回流，致使 2017 年全球受袭国家数量从 2016 年的 65 个上升至 77 个，[①] 伤亡百人以上的特大暴恐案件频现，尤其是菲律宾马拉维事件，给全球反恐敲响了警钟。由于下述三大原因，2018 年全球反恐形势恐将日趋严峻。

（一）不公平、不合理的国际旧秩序依然如故，是滋生极端主义的主要温床

国际旧秩序是按照少数发达国家的意愿建立起来的，其主要特征有三，即霸权主义、强权政治和剥削掠夺。国际旧秩序分为国际政治旧秩序和国际经济旧秩序两部分。

首先来看国际经济旧秩序，冷战后，在西方的引导和推动下，以经贸自

---

① Institute for Economics and Peace（IEP），"New released：Global Terrorism Index 2017，" http：//www.visionofhumanity.org.

由化为核心的经济全球化悄然来临并迅猛发展。由于经济全球化体系是在国际经济旧秩序的基础上建立的，因此本质上反映了西方国家的利益，主要表现为资本主义国家在国际生产和流通领域的垄断。

1. 不合理分工的国际生产体系的延续，进一步拉大了南北差距

尽管广大发展中国家在工业化、产业结构调整等方面取得了很大的成扩，生产力水平显著提高，但西方国家已实现了从工业经济向信息经济的转变，垄断了高科技产品的生产，从而强化了发展中国家作为发达国家原料、初级工业品供应地和产品销售市场的地位，从而使不合理分工的国际生产体系得以延续，进而进一步扩大了南北差距。

2. 不合理的国际贸易体系，进一步加剧了南北矛盾

表面上看，在世界贸易组织内，广大发展中国家与发达国家均享有相同的权利和义务，但实际上，WTO 有关规则完全由西方国家通过"密室会议"的方式制定，广大发展中国家根本无法参与。这使得发达国家既可以"促进公平竞争""非歧视性原则"等为幌子，在自身占有绝对优势的领域打开和占领发展中国家市场，又可以通过修改 WTO 规则、假借"维护国家安全"等名义，对发展中国家扩大出口设置障碍，从而不断向广大发展中国家转嫁经济危机，并使其逐步陷入日益被边缘化的危险境地，进而使南北矛盾不断加剧。

国际政治旧秩序，可概括为"强权即公理"。冷战后，美国成为唯一的超级大国，为维持其在国际政治旧秩序中的绝对优势地位，以最大限度地满足其国家利益，美国开始在国际事务上推行新干涉主义与单边主义。一方面，打着"人权高于主权""捍卫人类共同价值观"的旗号，无视国际法和国际关系基本准则，以武力干涉别国内政，大肆推行新干涉主义。例如，制造科索沃危机，侵略海地，轰炸南联盟，推翻卡扎菲政权，引发叙利亚内战，等等。另一方面，以"美国利益第一"作为各项政策措施的出发点和落脚点，全然不考虑他国利益和国际潮流，大搞单边主义。布什时期，推出《京都议定书》，在反恐问题上采用双重标准，悍然发动对伊拉克的战争；特朗普上台后，以"维护国家安全"的名义封杀中兴公司，挑起与中

国和欧盟的贸易战；等等。

国际旧秩序的延续，使广大发展中国家的青年陷入普遍的贫困之中，对个人和国家的发展感到绝望，而极端组织则借此得以存活并不断壮大。

（二）民族分离主义和泛民族主义日益泛滥，为极端组织蔓延埋下了祸根

民族分离主义是指以民族自决原则为"理论"基础，从现存主权国家中分疆裂土以"独立建国"的分裂思潮。泛民族主义则是利用民族广泛分散的优势，建立超越国家界限的"大民族国家"的分裂思潮。冷战时期，两极争霸是全球的主要矛盾，美苏两国在全球范围内激烈对峙，互相争夺牵制，从而掩盖了各自阵营中存在的其他矛盾，民族分离主义和泛民族主义等均成为次要矛盾。

冷战结束后，美国为一己之私，一方面全力支持其盟友对国内民族分裂分子的打击；另一方面则以"保护"人权、民族自决权为由，支持与纵容发展中国家的民族分裂势力，进一步刺激了发展中国家的民族主义情绪，以榨取他国利益，甚至染指他国内政。同时，美国还变相支持泛民族主义的扩张，如泛突厥主义等。美国的所作所为，促成了泛民族主义与民族分离主义的结合，使发展中国家的民族矛盾国际化，从而为极端主义的传播提供了生存空间，为极端组织的蔓延埋下了祸根。

（三）美国实施"耶路撒冷法案"的单边主义行为，加速了极端思想的全球扩散

根据1947年联合国巴以分治文件①的规定，在巴勒斯坦地区分别成立阿拉伯独立国家和犹太独立国家，而耶路撒冷则作为三大宗教共同的圣地，不作为任何一个国家的首都，维持现状。该文件获得了国际社会的公认。

---

① 联合国巴以分治文件，是指1947年11月29日联合国大会第二届会议上通过的《关于巴勒斯坦将来治理（分治计划）问题的决议》，即联大18（二）号决议。

1995 年，美国以"耶路撒冷使馆法案"为饵，强化了其在中东和平进程中的主导地位，进而维系了其在中东地区的霸权。历任总统也并未想真正实施该法案。2018 年特朗普上台后，只顾取悦国内保守派选民，而完全不顾国际社会的抗议，正式将"耶路撒冷法案"付诸实施，并选择在巴勒斯坦"灾难日"纪念期间，与以方共庆迁馆之喜。

耶路撒冷是伊斯兰教的第三大圣地，东耶路撒冷的阿克萨清真寺是伊斯兰教的第三大圣寺。尽管以色列长期控制东耶路撒冷，但国际社会一致认为，以色列对东耶路撒冷属于非法占领，不享有主权。1980 年，联合国还宣布以色列将整个耶路撒冷定为首都的法律无效。美国此举实际上是在违背国际法原则的情况下，强行将伊斯兰教的圣地和圣寺交给信奉犹太教的以色列，伤害了全球穆斯林的宗教感情，使伊斯兰世界的反美情绪不断高涨，从而为极端组织歪曲教义、蛊惑穆斯林从事暴力犯罪提供了最佳的欺骗手段，进而加速了极端思想的全球扩散。

三 对中国的影响不容忽视

中国国内的反恐斗争形势与国际反恐斗争形势紧密相连。[①]"伊斯兰国"溃败后，其武装分子多逃窜至"一带一路"沿线国家，伺机从事犯罪活动，从而加快了国际恐怖组织和本土恐怖组织分化重组的速度，并形成了多核心、多层次的国际恐怖组织网络，进而对我国和"一带一路"沿线国家以及全球安全都带来了巨大的挑战和威胁。

（一）对"一带一路"倡议的扎实推进产生不利影响

随着中国"一带一路"倡议的稳步推进，中国与"一带一路"沿线 78 个国家的联系日益紧密，陆海内外联动、东西双向互济的开放格局已初具雏

---

① 王奇、田一鸣：《全球恐怖活动的 GTD 数据分析与我国的应对之策》，《犯罪研究》2018 年第 2 期。

形，实现了与沿线国家的共同发展，不断为人类命运共同体建设添砖加瓦。但随着"一带一路"倡议的扎实推进，极端组织正逐渐将"一带一路"作为袭击目标。原因有二：（1）借机壮大声势，削弱政府权威。"一带一路"的工程项目，多是事关所在国长远发展的战略性项目。尽管极端组织不具备彻底摧毁某一工程项目的能力，但是通过对项目周边设施进行袭扰式的破坏，既可以有效地误导当地民众，使之产生极端组织势力强大的错觉，逐渐丧失对政府的信心，又可以将自己包装为"民族英雄"，从而在社会上骗取资金。（2）迎合美国的战略利益，拓展自身生存空间。沿线各地的极端组织深知，美国所维系的国际旧秩序正日渐瓦解，并将其归咎于"一带一路"倡议的实施。而中国与项目所在国在反恐方面均存在短板。通过袭扰"一带一路"的工程项目，非但不会遭遇灭顶之灾，反而能获得美国或明或暗的支持，从而拓展自身的生存空间。

（二）对国内反恐工作提出更高的要求

当前，国际社会面临着恐怖主义蓄势期、极端思想滋长期、安全维护推进期"三期叠加"的严峻挑战，这对中国国内的反恐工作提出了更高的要求，主要表现在如下两方面。

1. 防范回流分子的难度日益加大

当前，已经形成了以伊叙地区为实战基地，以北非、西非、中亚、东南亚、南亚为转运通道，全方位向中国渗透的暴恐网络。由于中国与相关国家的暴恐分子情报共享机制尚存短板，因此中国既要不断深入推进改革开放，不断扩大境内外人员的相互交往，又要阻止回流分子以各种身份和名义向中国渗透，御敌于国门之外，其难度可想而知。

2. 极端思想迷惑性强化的趋势明显，渗透途径日益多样化

与"基地"组织不同，"伊斯兰国"针对不同国家和地区的宗教现状，有针对性地炮制出14种极端思想。这些极端思想虽然存在专业硬伤，但着重强化迷惑性的趋势已然显现。与此同时，随着互联网技术的发展，各类极端组织抓住网络时代的技术特点，不断变换传播极端思想的手段，从

开设传播极端思想的网站、利用各种网络工具传播极端思想的"初级阶段",发展到自行开发通信加密软件、极端思想散播软件和手机 APP 的"高级阶段"。

(三)对中国海外利益保护构成巨大威胁

随着"一带一路"倡议的扎实推进,中国公民出境人数和驻境外机构数量快速增加,对外投资规模不断扩大,海外利益快速拓展。对于中国海外利益而言,极端组织的影响主要表现在三方面。

1. 威胁中国公民的人身和财产安全

随着中国经济的快速发展,中国出境公民已逐渐成为各类极端组织筹集资金的重要目标,针对中国项目及其人员实施绑架和勒索的案件时有发生。如"博科圣地"、"基地"组织马格里布分支、"伊斯兰国"等极端势力,都曾绑架勒索过中国公民。据英国 Control Risk 公司发布的统计数据,在2015 年全球被绑架外籍人质数量排名中,中国已排第 2 名。[①] 与此同时,中国部分公民的综合素质也有待提高,在日常交往中,应尊重当地民众的风俗习惯、宗教信仰等。

2. 中资企业和中方机构防范恐袭风险的能力亟待加强

"一带一路"沿线国家发生的恐袭案约占全球的 85%,[②] 许多暴恐多发地渐呈连片之势,部分国家更是饱受恐怖主义和极端主义之害,国内极端组织肆虐横行,各类恐袭事件层出不穷。随着国际反恐斗争形势的日趋严峻,以及中国国内对"三股势力"的严打态势,极端组织将注意力转移到了中国的海外利益上,而中资企业和驻外机构首当其冲。在此背景下,中资企业和驻外机构防范恐袭风险的能力亟待加强,具体表现在如下两方面。

(1)海外中国企业的安保体系落后。部分海外中国企业没有建立一整

---

① 王奇、田一鸣:《全球恐怖活动的 GTD 数据分析与我国的应对之策》,《犯罪研究》2018 年第 2 期。

② 张晓磊、张二震:《"一带一路"战略的恐怖活动风险与中国对策》,《国际贸易》2016 年第 3 期。

套现代化的安保体系，安保依然停留在防弹背心、持枪站岗的水平，究其原因，第一，境外中国企业过度依赖政府。尽管中国政府制定了一系列指导文件，并利用现代科技提升政府对境外中资企业的服务能力，但中国现有的海外利益保障力量，尚无法满足企业高标准、个性化的安保要求，在对突发事件的处置上，往往要依赖当事国政府。同时，所在国政府也存在资金有限、日常安保力量不足、安保覆盖面窄等问题，因而很难确保境外中资企业的安全。第二，国内安保企业尚不成熟。中资安保公司起步晚，起点低，尽管引进了国际安保技术，但仍然面临国内外体制的约束、专业化和属地化人才极度匮乏等多个短期内难以解决的障碍，从而制约了中资安保企业海外业务覆盖面的拓展和综合业务能力的提升，进而难以有效为海外中国企业提供高质量的综合安保服务，特别是在特定重点国家和地区。

（2）安全软环境建设经验不足。中国企业"走出去"的经验不足，有的企业不愿承担社会责任；有的企业则不敢承担社会责任，怕成为当地新的冲突源；有的企业则是不会去开展公益活动。例如，某企业在地处沙漠的工业区内植树造林，却无力维护，最终贻笑大方。对于中国企业而言，应在不触碰或深度介入当地利益分配机制的前提下，积极地承担社会责任，从而不断使项目所在地的政府和民众受益，得到他们认可，进而建立起企业自身的安全保障体系和援助体系，有效降低安全风险。

Y.13
也门内战的发展与走向

朱泉钢*

摘　要：　也门危机是理解中东地区局势的独特窗口，它肇始于阿拉伯剧变时的民众抗议，发展为当前多股力量参与的喋血内战。2017年底，统治也门33年之久的萨利赫遇害身亡，不仅造成亲胡塞力量和反胡塞集团内部的分化组合，而且引发了敌对力量的新一轮激烈军事冲突。这既破坏了新任联合国秘书长也门问题特使格里菲斯的斡旋努力，又加剧了也门的人道主义危机和恐怖主义肆虐等非传统安全问题。也门危机的最终解决有赖于政治和谈，这既要吸取之前主要政治力量和谈失败的教训，又要重视地方行为体的作用。

关键词：　也门内战　萨利赫遇害　军事博弈　和谈

在中东地区，相较于叙利亚危机，对也门内战的国际关注度和曝光度则要少很多。事实上，也门内战不仅造成了严重的人道主义灾难，而且反映了中东地区激烈的地缘政治博弈。2017年12月4日，统治也门33年之久的萨利赫被胡塞武装杀害，这为本已波诡云谲的也门危机增添了更多变数。人们不禁发问，也门危机如何从最初的政治转型问题转变为如今的喋血内战？胡塞武装缘何要杀害其盟友萨利赫？也门困局的走势如何，出路何在？

---

* 朱泉钢，法学博士，中国社会科学院西亚非洲研究所助理研究员，主要从事中东政治发展和中东国际关系问题研究。

一 也门危机：从民众抗议到喋血内战

理解也门内战的性质和当前状况，必须要追溯也门危机的发展历程。也门危机肇始于阿拉伯剧变，却演变为如今国内、地区、全球政治力量卷入的多层博弈和大乱战。它的破坏性和复杂性不仅凸显了中东地区多重矛盾的聚合效应，而且揭示了中东地区治理失范的严峻形势。

（一）民众抗议与转型失败

从突尼斯开始的阿拉伯剧变在中东引发了一系列民众抗议，也门是深受冲击的国家之一。与大多数受剧变冲击的国家一样，长期的国家治理失败是也门民众抗议的深层原因。① 2011 年 1 月 15 日，也门开始出现大规模的民众抗议活动。随后，抗议活动不断升级，数万名也门民众在多地集会，抗议国家长期存在的高失业率、恶劣的经济状况和猖獗的腐败等问题，这最终发展为要求萨利赫总统下台的系统性政治危机。

在民众抗议难以镇压、部分国家军队哗变、国际压力增大的背景下，2011 年 11 月，萨利赫同意接受海湾阿拉伯国家合作委员会（以下简称"海合会"）斡旋达成的也门转型协议。② 该协议规定，萨利赫将国家权力转交给副总统哈迪，以此换取豁免权。此外，也门将举行国民对话会议回应民众的不满，并动员不同的政治力量组建新政府。

然而，这一转型安排由于两个原因失败。第一，萨利赫虽然被迫下台，但是他仍能对也门政局施加重大影响。一方面，他继续担任也门全国人民大会党主席；另一方面，他能够直接利用统治时期建立的庇护网络。第二，国

---

① Anthony H. Cordesman, "The War in Yemen: Hard Choices in a Hard War," May 9, 2017, https://csis – prod. s3. amazonaws. com/s3fs – public/publication/170509_ Yemen_ Hard_ Choices_ Hard_ War. pdf? Hv3JAIjcvSh5eBGPB44sP4r4lCn1kJyG.

② Holger Albrecht, "Cain and Abel in the Land of Sheba: Elite Conflict and the Military in Yemen," in Holger Albrecht, Aurel Croissant, and Fred H. Lawson, eds., *Armies and Insurgencies in the Arab Spring* (Philadelphia: University of Pennsylvania Press, 2016), pp. 130 – 131.

民对话会议缺乏包容性，导致也门的一些重要力量被排除在政治转型进程之外。国民对话会议的参与者主要是来自城市的精英，而那些长期处在边缘地位的群体并未被广泛吸纳进这一进程，其中就包括胡塞武装。

（二）胡塞武装崛起与沙特干预

哈迪掌权之后，不仅未能有效加强政府的控制能力，而且没能很好容纳民众的政治参与，这为一些有实力的边缘群体以体制外的方式寻求利益埋下了伏笔。2014 年 9 月，在萨利赫集团的支持下，对长期处于边缘地位严重不满的胡塞武装使用武力手段攻陷首都萨那，迫使哈迪政府签署了《民族和平伙伴协议》，其核心内容是胡塞武装撤出攻占的土地，以此换取其加入政府。然而，这一协议并未得到执行。胡塞武装不仅未撤回到北部，而且继续向南推进。最终，胡塞武装在 2015 年 1 月 22 日包围总统官邸，迫使哈迪辞职。

胡塞武装持续壮大引起了沙特的担忧，这主要是因为地缘政治、教派矛盾和地区权力竞争等多重因素。2015 年 3 月 26 日，沙特纠集十国联军对也门进行军事干预，试图击败胡塞武装并恢复哈迪政府。出于遏制伊朗的考量，美国和英国为沙特提供了军事援助和政治支持。沙特的干预改变了也门危机的性质，使其从之前的也门国内权力斗争转变为外部介入的地区冲突，也门形成了亲胡塞力量和反胡塞集团的对垒之势。[①] 沙特介入虽然遏制了胡塞武装在全国范围内的扩张，但也加重了战争的暴烈程度，并增加了战争结束的难度。

（三）萨利赫遇害前的也门地缘政治冲突

进入 2015 年 9 月之后，亲胡塞力量与反胡塞集团形成了战略僵局。双方虽然在小范围内互有得失，但在全局层面均无法取得决定性的战略优势，

---

① 朱泉钢：《外部军事干预以来的也门局势及其走向》，杨光主编《中东发展报告（2015 ~ 2016）》，社会科学文献出版社，2016，第 233 ~ 235 页。

也门展现出三个层面的地缘政治博弈。

第一，哈迪政府与胡塞武装的地缘政治争夺。哈迪政府受到以沙特为代表的国际社会的普遍承认，因此具有国际合法性。然而，其在国内的支持基础则十分分散和脆弱，哈迪政府对也门的控制极为有限。整体看来，哈迪政府的政权生存及其与胡塞武装的对抗主要依赖于沙特领导的联军的支持。胡塞武装控制着全国约2/5的领土，除了其大本营萨达省之外，还包括人口密集、战略位置重要、经济发展较好的萨那、荷台达、伊卜等地。① 虽然哈迪政府的军队无法攻入胡塞武装控制的地区，但沙特领导的联军对这些地区不时发动空袭。长期以来，哈迪政府与胡塞武装在塔伊兹、欧代因、贝达等地展开激战，呈僵持之势。

第二，海湾地区的地缘政治竞争。一是沙特与伊朗的地缘政治敌对。沙特与伊朗的地缘政治竞争由来已久，阿拉伯剧变进一步激化了两国在中东地区的战略敌对，双方在黎凡特、海湾、北非等多条战线上展开激烈博弈。不同于叙利亚、黎巴嫩、利比亚，也门与沙特直接接壤，这意味着也门对沙特安全的重要性。因此，当伊朗试图利用也门危机牵制沙特的战略精力和战略资源时，沙特坚决抵消与伊朗有联系的胡塞武装在也门的战略收益。目前，也门战场每年耗费沙特约50亿~60亿美元，而伊朗每年仅向也门投入数百万美元。因此，也门战场给沙特带来巨大的战略压力。

二是海合会成员国内部的战略竞争。出于政权生存的考量，阿曼并未积极配合沙特主导的封锁胡塞武装的行动，伊朗经由阿曼到也门东部麦赫拉省的走私渠道依然畅通，这也是胡塞武装导弹技术不断进步的重要原因。虽然沙特和阿联酋在应对伊朗在也门的战略扩张方面存在共同利益，但是它们对于实现这一目标的手段和方式却存在分歧。② 沙特在也门利用所有反胡塞武

---

① Shoqi Maktary, Katie Smith, "Pathways for Peace and Stability in Yemen," July 11, 2017, https://www.sfcg.org/wp-content/uploads/2017/06/Pathways-for-Peace-Stability-in-Yemen.pdf.

② Neil Partrick, "The Saudi and Emirati Conundrum after Saleh," December 18, 2017, http://carnegieendowment.org/sada/75054.

装的力量，而阿联酋则对政治伊斯兰力量相当提防。此外，阿联酋并不认可沙特扶植的哈迪政权，而是在也门南部积极扶植自己的代理人，最显著的就是 2017 年 5 月扶植建立 "南方过渡委员会"（Transitional Political Council of the South）。

第三，也门地方力量之间的地缘政治冲突。也门的地区分裂问题由来已久，也门危机导致国家机器崩溃，国家无力提供基本的安全保障和公共服务。因此，一些地方力量积极填补权力真空，这又刺激了地方力量之间的权力竞争。

长期以来，也门存在基于部落差异和南北冲突的政治分裂。[①] 随着资源获取和权力竞争的紧张，这种分裂进一步加剧。更为重要的是，也门危机激活了之前并不显著的一些矛盾。长期以来，也门的逊尼派穆斯林和什叶派穆斯林能够和平共处，但危机强化了也门的教派冲突。此外，战争产生大量的流离失所者，他们在暂居处是外来者，与当地人存在激烈的资源竞争和冲突。最后，冲突还为恐怖主义势力——"基地"组织半岛分支以及"伊斯兰国"也门分支的扩张提供了机会。

二　萨利赫遇害：胡塞武装与萨利赫联盟的破裂

也门危机之前，胡塞武装与萨利赫政府进行了六轮战争，胡塞武装的领导人侯赛因·胡塞因此丧命。因此，胡塞武装与萨利赫之间存在血仇。2014 年，双方虽然建立了共同应对哈迪政府的联盟，但这一联盟的本质是机会主义的，这一策略性联盟的稳定度和牢固性在遭到外部冲击时难免面临挑战。

（一）胡塞武装与萨利赫联盟的破裂

2014 ~ 2017 年，胡塞武装与萨利赫在应对共同敌人的基础上，通过分

---

① 苏瑛、黄民兴：《国家治理视阈下的也门地方主义探究》，《西亚非洲》2017 年第 2 期，第131 页。

享权力的方式，基本相安无事。作为联盟，他们一起对抗哈迪政府，但也彼此竞争权力并相互攻讦。然而，随着胡塞武装不断巩固权力并试图独霸萨那的"政府部门"，双方的关系在 2017 年夏末逐渐变得紧张。①

2017 年 8 月，在全国人民大会党成立 35 周年的纪念大会上，萨利赫猛烈抨击胡塞武装。之后，双方便龃龉不断。2017 年底，双方的矛盾进一步升级，并爆发了激烈的武装冲突。11 月 29 日，胡塞武装在萨那攻击萨利赫清真寺，这是萨利赫十年前建立的具有符号意义的建筑，因此萨利赫坚决予以反击。随着地方力量调解的失败，萨利赫在 12 月 2 日号召追随者在也门全境攻击胡塞武装，并表示"愿意将与沙特领导联军的关系掀开新的一页"。在萨利赫的支持下，沙特密集地空袭胡塞武装的据点。3 日，胡塞武装进行反击，攻占亲萨利赫的媒体机构，杀害亲萨利赫的部落和政治领导人，切断其与亲萨利赫的共和国卫队之间的联系。最终，萨利赫于 4 日遇害身亡。

（二）胡塞武装杀害萨利赫的考量及其成功的原因

担心萨利赫倒戈加入反胡塞阵营是胡塞武装杀害萨利赫的最重要原因。萨利赫是也门最有权势的人物之一，他的影响力渗透进也门的政治、军事、经济和社会多个领域。2017 年 1 月，英国国际战略研究所（IISS）指出，胡塞武装和萨利赫的武装力量共有 2 万人，而反胡塞武装的力量有 1 万多人。② 可见，萨利赫是亲胡塞力量和反胡塞集团实力均衡的关键。2017 年下半年，沙特领导的联军试图分裂胡塞武装和萨利赫的联盟。萨利赫的儿子艾哈迈德·萨利赫长期居住在阿联酋的阿布扎比，沙特与小萨利赫的谈判早已是公开秘密。2017 年 10 月，沙特宣布，允许俄罗斯的医疗团访问萨那并诊治萨利赫，这是沙特与萨利赫走近的明显信号。因此，胡塞武装意识到了萨

---

① April Longley Alley, "Collapse of the Houthi-Saleh Alliance and the Future of Yemen's War," in POMEPS, *Politics, Governance, and Reconstruction in Yemen*, 2018, pp. 9 – 11.

② Xander Snyder, "In Yemen, Iranian-backed Houthis Face a Major Test," December 5, 2017, https://geopoliticalfutures.com/yemen – iranian – backed – houthis – face – major – test/.

利赫背叛联盟的风险，并设法杀害他。

胡塞武装之所以能够杀害萨利赫，主要有两方面的原因。一是胡塞武装已经成功消除了萨利赫集团的优势。胡塞武装成功渗透进亲萨利赫的军事力量（包括共和国卫队），在军官团中替换了很多胡塞武装的追随者。此外，在伊朗伊斯兰革命卫队和黎巴嫩真主党的训练和支持下，胡塞武装掌握了导弹发射技术并掌管了导弹部队。二是沙特缺乏情报能力和支持萨利赫的战略。有学者指出，沙特对也门战场的情报工作欠佳，导致其不能迅速应对胡塞武装的行动。[①] 同时，这也是沙特在也门问题上缺乏战略性的又一佐证。虽然沙特与萨利赫的合作密谋了数月之久，但当萨利赫遭遇不测时，沙特没有实施任何有效的营救计划。

（三）萨利赫遇害对也门代理人战争的教训

在中东地区，代理人战争并不是新事物。冷战时期，美国和苏联就积极扶植代理人实现自身利益。阿拉伯剧变以来，中东的地区大国尤其是沙特和伊朗试图在脆弱的国家扶植地方力量实现自身利益，也门便是代理人战争的主战场之一。[②] 担心萨利赫成为沙特代理人是胡塞武装杀害萨利赫的重要原因，而萨利赫的死亡为中东代理人战争的局限性提供了新的案例。

第一，也门的代理人战争具有内驱性。与叙利亚、利比亚等突然转变为混乱国家不同，也门长期脆弱，地方行为体具有与外部庇护者讨价还价的丰富经验。从萨利赫与胡塞武装结盟又分裂可以看出，地方力量是驱动战争演变的重要主体，而外部力量通过为代理人提供资金和军事援助推动战争发展。

第二，也门的地方力量愿意利用代理关系来实现自身利益，但不愿永

---

① Bruce Riedel, "In Yemen, Iran Outsmarts Saudi Arabia Again," December 6, 2017, https://www. brookings. edu/blog/markaz/2017/12/06/in - yemen - iran - outsmarts - saudi - arabia - again/.

② Marc Lynch, "Our Men in Yemen?" December 6, 2017, http://carnegie - mec. org/diwan/74925.

远处于从属地位。历史经验表明，萨利赫试图转向沙特以获取自身利益，并不意味着它会成为沙特的"傀儡"。胡塞武装也绝非唯伊朗马首是瞻，它虽然受益于伊朗的有限支持，但并不愿附属于伊朗，反而努力与伊朗保持距离。

第三，阿联酋在也门形成了与沙特不同的代理人模式。阿联酋并不过分依赖地方力量，而是在依托自身地面力量的基础上，有选择地收买并扶植地方力量。比起沙特主要依靠地方代理人——哈迪集团、萨拉菲分子、伊斯拉党和部落力量，阿联酋的这种交易型关系似乎更有效。

第四，作为庇护国，沙特很难依托代理人战争实现其战略利益。鉴于也门代理人的高度自主性，以及胡塞武装的强大战斗力，沙特很难依靠代理人战争彻底击败胡塞武装。同时，代理人战争导致也门国家转型失败、国家能力衰退和人道主义危机，这为中东地区的代理人战争敲响了警钟。

三　萨利赫遇害以来也门内战新进展

统治也门30年之久的萨利赫不幸遇害，不仅催使也门内外集团的重新分化组合，而且引发了新一轮的政治和军事博弈。这既造成新任联合国秘书长也门问题特使未能有效推进也门和平进程，而且进一步恶化了也门本已极为严重的人道主义灾难。

（一）也门两大集团内部出现新的分化重组

萨利赫逝世之后，也门亲胡塞力量和反胡塞集团的内部均展现出明显的分化组合之势。一方面，在亲胡塞力量内部，萨利赫集团不再作为一个整体与胡塞武装合作。全国人民大会党是萨利赫影响也门局势的重要工具，萨利赫的离世导致全国人民大会党分裂为三个派系：一个派系仍居于萨那，继续维持与胡塞武装的联盟；另一个派系得到沙特的支持，由现任总统哈迪领导；还有一个派系是阿联酋支持的由萨利赫的儿子艾哈迈德·萨利赫和侄子塔里克·萨利赫领导的力量。[①] 整体来看，后萨利赫时期，全国人民大会党的碎片化不仅削弱了自身的权力，而且未能对胡塞武装造成重大打击。

另一方面，在反胡塞集团内部，阿联酋支持的南部分离主义力量与沙特支持的哈迪政府矛盾加剧，直至兵戎相见。2017 年 5 月，被哈迪解职的亚丁省省长祖贝迪联合南部的部落酋长、军政高官等成立了"南方过渡委员会"，该组织质疑哈迪政府的合法性，并追求也门南部"独立"。2018 年 1 月底，"南方过渡委员会"武装力量在亚丁与哈迪政府军爆发了激烈的武装冲突，不仅攻占了政府机构，俘获了哈迪政府的总理达吉尔（Ahmed Bin Daghir），而且升起了也门统一前的南也门国旗。2 月初，在沙特领导的联军斡旋下，"南方过渡委员会"将亚丁归还哈迪政府，但反胡塞集团内部的分裂很难彻底消弭。

（二）也门两大敌对力量展开新一轮军事博弈

萨利赫遇难之后，沙特领导的联军趁机动员多支反胡塞武装的力量，从数条战线进攻胡塞武装控制的区域，反胡塞集团虽然有所推进，但整体上的军事僵局并未被打破。同时，胡塞武装不断通过导弹袭击报复沙特和阿联酋。

沙特领导的反胡塞联军加强了对胡塞武装的进攻，并取得了一些战略成果。第一，在东部战线，沙特通过整合伊斯拉党（改革阵线）和副总统穆森·艾哈迈尔的力量，对胡塞武装施加战略压力。在夏卜瓦省，沙特领导的联军通过与伊斯拉党有联系的第 19 步兵旅、第 21 机械旅、第 26 步兵旅，以及南部民兵的合作，夺取了连接也门东部和北部的重要战略公路。在也门北部，穆森将军的军队攻占了连接萨达省和焦夫省的战略公路，并且继续进攻胡塞武装的大本营——萨达省的据点。第二，在红海沿岸战线，阿联酋支持的也门武装力量——主要是萨利赫家族控制的前共和国卫队和中央安全部

---

① Miranda Morton, Katherine Zimmerman, "2018 Yemen Crisis Situation Report：January 24," January 24, 2018, https：//www.criticalthreats.org/briefs/yemen－situation－report/2018－yemen－crisis－situation－report－january－24.

队持续进攻，为未来向北推进到胡塞武装的重要补给枢纽荷台达港做准备。截至 2018 年 4 月，塔里克·萨利赫在穆克哈西部指挥国民抵抗军控制了哈立德·本·瓦利德军营，并夺取了穆克哈港口和塔伊兹之间的一条重要的三岔公路。第三，沙特联军的空袭效果有所增强。沙特联军的空袭于平民的误伤显著减少，并且在 2018 年 4 月 19 日空袭炸死了胡塞武装"最高政治委员会"主席萨马德（Saleh al Samad），以及胡塞武装副总司令穆沙基（Ali Hamoud al Mushaki）等胡塞武装高层领导人。

萨利赫去世之后，胡塞武装明显加强了对沙特和阿联酋的导弹袭击。胡塞武装的导弹主要有中程的"火山"（Burkan）型导弹、短程的"征服者"（Qaher）型导弹和"地震"（Zelzal）型导弹。① 沙特政府在 2018 年 5 月初表示，出兵也门以来，胡塞武装共向沙特发射了 119 枚导弹，但仅 2018 年 4 月，就至少有 10 次导弹袭击沙特的报道：4 月 11 日，胡塞武装向沙特首都利雅得发射弹道导弹；11 日、12 日、18 日、20 日、23 日，对吉赞市的阿美石油公司发射了数枚导弹；16 日和 22 日，对纳季兰发射了导弹；4 月 15 日和 17 日，胡塞武装还发射导弹袭击了穆克哈的阿联酋军队。

（三）新任联合国秘书长也门问题特使履新及艰难的和平斡旋

2018 年 2 月，联合国秘书长古特雷斯任命英国人马丁·格里菲斯（Martin Griffiths）为新一任也门问题特使，接替谢赫·艾哈迈德。在艾哈迈德的推动下，也门各方举行了三轮和谈，即 2015 年 6 月和 12 月的两轮日内瓦和谈、2016 年 4~8 月的科威特和谈，但均无果而终。事实上，联合国斡旋的也门和平谈判长期处于"濒死"状态，胡塞武装甚至在 2017 年 6 月宣布艾哈迈德为不受欢迎的人。格里菲斯的任命部分恢复了联合国和谈机制的合法性，为也门各方重启政治谈判提供了机会。

---

① Ben Watson, "The War in Yemen and the Making of a Chaos State: What Future Is There for the Devastated Country?" February 3, 2018, https://www.theatlantic.com/international/archive/2018/02/the-war-in-yemen-and-the-making-of-a-chaos-state/551987/.

格里菲斯上任之后承诺，将基于 2011 年的海合会过渡协议、2014 年的也门国民对话会议，以及安理会有关也门的第 2216 号决议，接触所有的利益攸关方。在格里菲斯的一系列努力下，胡塞武装开始重新关注和平谈判。经过他的斡旋，沙特和胡塞武装在 3 月中旬开启了秘密谈判。3 月 25 日，格里菲斯在萨那会见了胡塞武装的高级官员。随后，他与国际社会承认的哈迪政府举行了会面。4 月初，他与"南方过渡委员会"的成员在阿联酋的阿布扎比会面。4 月 19 日，他和美国代理国务卿约翰·沙利文在华盛顿会面，讨论了他当前的斡旋努力。①

最近，格里菲斯表示，他将在 6 月中旬给出也门和平谈判的具体计划。他也警告说，目前也门的军事对抗会破坏他的斡旋努力。

（四）俄罗斯与美国在也门内战中的激烈博弈

长期以来，美国和俄罗斯并未直接卷入也门内战。然而，两国又都在也门问题上存在相关利益。美国参与也门内战的方式主要包括：通过向沙特、阿联酋等国出口武器装备，间接支持海湾盟友在也门的行动；出动无人机空袭也门的恐怖主义力量；在联合国等国际舞台上批评并试图制裁伊朗对胡塞武装的支持。俄罗斯近期在也门问题上的姿态明显更加积极，它既广泛接触也门内战中的关键利益攸关方，而且在联合国等平台上化解美国在也门问题上对伊朗的攻击。

俄罗斯凭借它在也门内战中的相对中立立场，将自己塑造为也门冲突的公正协调者，并与各方积极接触。2017 年 10 月，俄罗斯总统普京表示，俄罗斯将协助解决也门冲突。萨利赫遇害之后，俄罗斯在也门问题上更加活跃。俄罗斯不仅与胡塞武装保持接触，而且与反胡塞集团的力量包括沙特和阿联酋保持沟通。1 月 22 日，俄罗斯外长拉夫罗夫与也门外长麦克拉菲（Abdul Malik al Mikhlafi）在莫斯科会面。1 月 26 日，俄罗斯副外长博格丹

---

① Katherine Zimmerman, "2018 Yemen Crisis Situation Report: April 24," April 24, 2018, https://www.criticalthreats.org/briefs/yemen – situation – report/2018 – yemen – crisis – situation – report – april – 24.

诺夫与艾哈迈德·萨利赫在阿布扎比会面。

俄罗斯在联合国抵消美国针对伊朗支持胡塞武装的指责，并促使联合国安理会通过了对伊朗相对有利的第2402号决议。2017年12月中期，美国在联合国发起一项决议，试图对伊朗违反第2231号决议和第2216号决议进行制裁，美国批评伊朗向胡塞武装提供弹道导弹及其他武器。最终，俄罗斯在2月26日否决了英国提交的包括批评并制裁伊朗违反武器禁运行为的安理会决议草案，并促使安理会通过了俄罗斯起草的第2402号决议，即保持对伊朗目前的制裁，但不对伊朗进行新的谴责。美国驻联合国大使妮基·黑莉宣布，美国将寻求在联合国平台之外对伊朗进行制裁，美国与英国、法国和德国一道，发布了一份谴责伊朗的联合声明。

（五）持续的反恐战争与不彰的反恐成效

"9·11"事件以来，恐怖主义对也门构成重大威胁。[1] 萨利赫遇难之后，美国和阿联酋继续在也门东部和南部进行反恐战争，这一定程度上削弱了"基地"组织半岛分支和"伊斯兰国"也门分支的恐怖主义行动能力，但是恐怖组织展现出强大的适应性，仍能不断发动恐怖袭击。

特朗普上台之后，美国在也门的反恐空袭显著增多。通过无人机打击，美国击毙了一些也门的恐怖主义头目，破坏了也门的恐怖网络。在也门的地面反恐行动中，阿联酋表现突出。2018年2月，阿联酋领导的武装力量在哈德拉毛省发起了费萨尔行动（Operation Faisal），在夏卜瓦省发起了"决心风暴"行动（Operation Decisive Storm），清剿"基地"组织半岛分支在也门东部的据点。3月，阿联酋支持的武装力量在阿比扬省进行了"扫除种子"反恐行动，而且在亚丁积极打击"伊斯兰国"也门分支的恐怖网络。[2]

---

① 刘中民、任华：《也门极端组织的演变、成因及其影响》，《阿拉伯世界研究》2017年第2期，第3页。

② Katherine Zimmerman, "2018 Yemen Crisis Situation Report: March 27," March 27, 2018, https://www.criticalthreats.org/briefs/yemen-situation-report/2018-yemen-crisis-situation-report-march-27.

这些反恐行动对打击也门的恐怖势力、遏制恐怖主义的扩张起到了积极作用。

然而，也门的恐怖主义势力表现出强大的适应能力，并继续进行恐怖袭击。为了应对强大的反恐压力，"基地"组织半岛分支要求其成员严格注意安全，甚至禁止其成员使用移动电话和通信网络。同时，恐怖主义力量还利用也门内战，为某些地区的民众提供所谓的"安全保护和公共服务"来获取支持。总之，也门混乱的局势和恐怖组织的内部改革，有利于也门恐怖力量的生存。2018 年 2 月底，"伊斯兰国"也门分支在亚丁发动了一系列恐怖袭击，对相关反恐行动进行报复。2018 年 3 月，"基地"组织半岛分支不仅恢复了中断五年之久的《反抗》（*Madad*）新闻简报，而且在贝达省进行恐怖活动。

四　也门内战的前景与出路

当前，也门局势仍深陷僵局之中，集中表现在和平谈判步履维艰、地缘政治对峙僵持不下、人道主义援助困难重重等方面。[①] 总的来看，短时期内，既有的僵持之势很可能仍将持续。这主要有两方面的原因：一方面，亲胡塞集团与反胡塞力量的军事实力大致相当，整体上维持着均势。反胡塞力量在地面战场上虽有所推进，但与实现彻底的军事胜利相去甚远。第一，胡塞武装的军事实力并未因萨利赫集团的背叛而显著削弱。只是部分亲萨利赫武装力量退出了与胡塞武装的联盟，因此没有彻底逆转敌对双方的军力对比。有报道称，胡塞武装仍控制着也门内战爆发之前 60% ~70% 的军事装备。这也是它能够在近半年的时间里大体维持前线防御的重要原因。第二，胡塞武装仍控制着诸多战略要地。反胡塞集团虽然在夏卜瓦省、焦夫省、塔伊兹省等地有所推进，但是胡塞武装仍然控制着战略意义重大的荷台达、萨

---

① 朱泉钢：《地缘政治视角下也门危机僵局及其出路》，《当代世界》2018 年第 4 期，第 66 ~ 68 页。

那等地，更不用说它的大本营萨达省仍稳若磐石。第三，胡塞武装能够通过增强的导弹能力对沙特领导的联军发动不对称攻击。胡塞武装的导弹袭击虽然军事意义相对有限，但是在战略上对沙特、阿联酋等国形成威慑。

另一方面，目前敌对双方谋求和平谈判的意愿并不特别强烈，双方的立场也相去甚远。第一，萨利赫逝世之初，胡塞武装表现出愿意进行政治和谈的姿态，但近期其和谈意愿有所下降。萨马德在沙特领导的联军空袭中身亡之后，胡塞武装中的强硬派增强了权力。胡塞武装"国防委员会"任命了立场强硬的马沙特（Mahdi Mohammed Hussein al Mashat）担任胡塞武装"最高政治委员会"主席。此外，胡塞武装的一些高层试图通过继续战争，维持战争经济所带来的诸多好处。① 第二，沙特领导的联军试图借助萨利赫遇难之机在军事上彻底击败胡塞武装，而不是与其达成政治和解。沙特认为，萨利赫的遇害不仅弱化了胡塞武装的军事能力，而且将削弱胡塞武装的支持基础。因此，联军在多条战线上对胡塞武装发起进攻。第三，对于和平谈判，敌对双方的立场相差较大。沙特领导的联军坚持以联合国第 2216 号决议为基础，而胡塞武装则认为，第 2216 号决议的内容存在重大缺陷，对自己极为不公正，因此需要开启包含新内容的谈判进程。

也门内战不仅加剧了中东地区的不安全状况，而且造成了惨痛的人道主义灾难。所有的战争终将走向终结，也门内战也不会例外。如何尽早结束也门内战，最大限度地降低战争对也门民众及地区安全造成的消极影响，是值得也门民众与国际社会认真思考的问题。由于军事手段无法彻底解决也门的系统性危机，因此，回归政治谈判或许是各方的最终归宿。这其中，以下两点需要特别注意。

第一，也门的和平谈判需要吸取之前谈判失败的教训。也门之前的和平谈判，存在以下三大问题：一是关键利益攸关方的未来地位未能得到保证。哈迪总统想继续在也门政治中发挥重要作用，而胡塞武装想要获取未来的政

---

① Peter Salisbury, "Yemen and the Business of War," August & September, 2017, https://www. chathamhouse. org/publications/twt/yemen – and – business – war.

治地位，之前的和谈方案并未对这两点予以充分重视。二是外部力量的责任未予以明确。在之前的和平谈判中，可以直接左右也门局势的沙特阿拉伯并未直接包含在内，其作用和责任未被充分考虑。三是斡旋主体的能力和中立性存在问题。之前，海合会国家的斡旋努力总是被胡塞武装视为不公正，而联合国又缺乏迫使各方妥协的能力。因此，未来的和平谈判需要解决冲突主体的承诺困境、外部力量的容纳、斡旋主体的作用等问题。①

第二，也门和平谈判需要关注地方行为体。也门内战发生在多个层面，虽然集中表现为两个敌对集团之间的军事对抗，但在两大集团内部及两大集团之外，还有许多具有不同利益和诉求的行为体彼此激战。因此，也门内战是一场由诸多冲突构成的大混战。如果想要实现也门未来的持久和平，除了使两大敌对集团达成和解之外，那些小的冲突也必须予以解决。这表明和平协议不仅要考虑精英的利益，还要考虑地方力量和普通民众的诉求。这意味着在和谈中需要积极发挥地方行为体的作用。因此，应考虑组建地方委员会，运用既有的法律框架和建设性的方式解决民众的安全和生活诉求问题。

---

① Robert Forster, "Toward a Comprehensive Solution? Yemen's Two-Year Peace Process," *The Middle East Journal*, Vol. 71, No. 3, Summer 2017, p. 479.

Y.14
卡塔尔断交危机对海湾
一体化进程的影响

王　琼*

摘　要：　卡塔尔断交危机发生在海合会内部，已经成为自 2011 年阿拉伯之春以来的第二次危机。导致危机的主要原因是海合会建立时"抱团取暖"的初衷已经无法适应地区局势的变化，沙特阿拉伯一家独大的外交姿态使卡塔尔所代表的较小成员国越来越抗拒。目前的局势已经严重破坏了海合会各成员国通过多年努力在政治、经济和社会上所取得的合作成果，但海合会仍然被各成员国继续珍视。海合会未来必须更加聚焦于内部的分歧，建立有效的争端解决机制。

关键词：　海合会　卡塔尔　断交危机

2017 年 6 月 5 日，沙特、阿联酋、巴林、埃及、也门、利比亚六国及南亚的马尔代夫、非洲的毛里求斯分别宣布与卡塔尔断绝外交关系，以抗议卡塔尔支持恐怖主义活动并破坏地区安全局势，[①] 这就是"卡塔尔断交危机"的开端。目前，事件仍在继续，双方坚决不做让步，这是中东近些年来最严重的外交危机。在以上国家中，沙特阿拉伯、阿联酋、巴林、卡塔尔

＊　王琼，博士，中国社会科学院西亚非洲研究所副研究员。

①　《外媒：毛里求斯与卡塔尔断交　断交国家增至 8 个》，中新网，2017 年 6 月 6 日，http：//www.chinanews.com/gj/2017/06 - 06/8242979.shtml，最后访问日期：2018 年 5 月 11 日。

同为海湾国家合作委员会（Gulf Cooperation Council，以下简称"海合会"）成员国，此次断交危机还直接导致了 2017 年 12 月海合会第 38 次峰会陷入僵局，损害了海合会 30 多年来重要的年度议事合作机制，为其未来走向蒙上了重重阴影。

一　海合会简介

（一）海合会成立背景

1981 年 5 月 25 日，沙特、巴林、科威特、阿曼、卡塔尔、阿联酋 6 国于沙特首都利雅得签署协议，正式成立海合会。其成立的基础是伊斯兰宗教信仰下的君主国政体、地理临近性、命运的关联性，这使得它们能够拥有较多的共同目标。目前海合会国家面积为 267 万平方公里，通用语言为阿拉伯语。海合会各成员国的石油储量都十分丰富，均为其经济命脉。这些特点为海合会的成立提供了充分的经济同质性基础，但由于各成员同为产油国，必然在石油贸易上存在竞争和摩擦，也为海合会内部注入了相当多的纷争因素。

（二）海合会成立的初衷

海合会的初衷可以概括为"抱团取暖"。20 世纪七八十年代，中东地区动荡的环境（主要是在伊朗爆发的伊斯兰革命）给这些国家的安全带来巨大威胁，这些国家通过依托海合会整体力量来保障自身安全。正因如此，海合会的运转效率和合作的有效性很大程度上也建立在各成员国对威胁的感知上。著名的阿拉伯谚语说道："我和亲兄弟联手对付表兄，我和表兄联手对付陌生人。"当外部环境趋向于和平时，各成员国的分歧和争端便开始凸显；当外部环境趋向于动荡时，各成员国便会搁置争议，携手应对外部危险。

（三）海合会主要宗旨

根据海合会宪章第四条，海合会的基本目标是在各领域促进协调、一体化

和相互联系，加强各成员国人民之间的联系，在经济、财政、贸易、海关、旅游、立法、行政和科技（工业、矿业、农业、用水、畜牧等）等领域推行相似的规定，并促进各成员国设立科研中心，创建合资企业，促进民间合作。

（四）海合会成立以来发挥的主要作用

经济上，虽然其所设立的发展目标的实现因为内部和外部的经济环境等因素有所推迟，但海合会的促进下，各成员国所取得的合作成果仍然是极为丰硕的。成员国之间不仅建立了相对完善的内部统一市场和海关联盟，还正在向建立统一货币的贸易体系前进，具备雄厚的经济实力。截至2014年，海合会各成员国的GDP约为1.6万亿美元，人均GDP约为3.4万美元。截至2016年，海合会各成员国共持有美国国债约2250亿美元。①

政治上，海合会促进了各成员国之间的睦邻友好与合作，也在早期有效地应对了来自伊朗和伊拉克的威胁，维护了地区安全与稳定。此外，海合会还一直发挥着消除各成员国之间政治分歧的影响，保护目前所取得的重大经济成果的作用。在卡塔尔断交危机之前，尽管各成员国曾在领土或者外交政策上存在政治分歧及争端（如沙特和卡塔尔之间的领土纠纷、天然气纠纷等），但从未出现断绝与其他成员国的服务与商品流通，或者限制其他成员国的公民入境等情况。②

在军事上，海合会组建了"半岛防御力量"（Peninsula Shield Force，亦译作"半岛盾牌"）。其成立的初衷是保护成员国的国家安全，当其中一国受到攻击时，"半岛防御力量"必须立即做出应对。③ 但是，"阿拉伯之春"爆发后，"半岛防御力量"首次干预了成员国的国内局势。在巴林的王权受到严重威胁时，应巴林国王阿勒萨利赫的请求，"半岛防御力量"迅速进入

---

① Australia-Gulf Cooperation Council (GCC) FTA, http：//dfat. gov. au/trade/agreements/agccfta/pages/australia-gulf-cooperation-council-gcc-fta. aspx, accessed on May 12, 2018.

② "GCC's Economic Cooperation and Integration：Achievements and Hurdles," http：//studies. aljazeera. net/en/dossiers/2015/03/20153316186783839. html, accessed on May 12, 2018.

③ https：//en. wikipedia. org/wiki/Peninsula_ Shield_ Force # cite_ noteawsat_ commander_ alAzima – 3, accessed on May 12, 2018.

巴林，"以保护巴林的关键和战略军事设施不被外部势力破坏，并且在巴林部队对忙于应对内部危机时，保证巴林的边境不受侵犯……是为了给巴林带来美好、和平和爱"。每一个军事单位都由来自6个成员国的士兵组成。"半岛防御力量"最终迅速稳定了巴林的局势，使海合会所有成员国免受"阿拉伯之春"的侵袭。

（五）海合会成立以来所呈现的局限性

海合会相较于欧盟和东盟等地区性国际组织，其在机制建设方面相对弱化，很难对实质性问题做出有效的决策，而且也缺乏必要的法律和机构来执行相关决策。海合会各成员国一直无法就为海合会的一体化让渡多少国家主权达成一致。对于沙特这样的超级大国，它想实现高度的军事一体化；而对于科威特、卡塔尔和阿曼这样的小国，它们又不愿意彻底把国家安全置于海合会框架下。

尽管多年来海合会取得了一系列经济和社会合作成果，但最终将海合会各成员国黏合在一起的主要因素还是应对地区威胁。但恰恰在海合会宪章关于其基本目标的规定中，却完全没有提及与应对地区威胁和确保成员国安全相关的目标。可以说，只要海合会成员国内部在讨论和解决一些具有重大影响力的问题时，必然都是无果而终。

二 卡塔尔断交危机是"阿拉伯之春"后的第二次重大危机

如上文所述，2011年"阿拉伯之春"爆发以来，海合会成员国除巴林国内发生明显的动乱之外，其他5国的政府基本能控制本国局势，而且海合会在促进全体成员局势稳定的过程中发挥了重要作用。但是，近年来海合会成员国之间关系并非完全的和和睦睦。但是相较于其他国际组织，海合会的成员构成更加独特，均为君主制国家，它们更倾向于把争端隐藏在公众的视野之外。

以上争端并不是都能称为"重大危机"。所谓重大危机，指的是发生海合会多个成员国之间的严重影响到组织存在和发展的争端。按照这个标准，当下的"卡塔尔断交危机"是近年来海合会遭遇的第二次重大危机，而第一次重大危机发生于2014年。这两次危机具有高度关联性。

（一）第一次重大危机

2014年3月5日，沙特、阿联酋和巴林中断与卡塔尔的外交关系，理由为卡塔尔支持穆斯林兄弟会（Muslim Brotherhood Emblem），这一组织被沙特阿拉伯和阿联酋称为"恐怖组织"。卡塔尔被指控违反了2013年海合会安全协议，未能履行不干涉海湾合作委员会成员国内部事务的承诺，以及对"敌意媒体"进行庇护。[①]

实际上，该安全协议具有高度秘密性，并且是为应对"阿拉伯之春"而签订。而当时穆斯林兄弟会恰恰是乘着"阿拉伯之春"的"东风"兴起并掌控了埃及的政权，这被沙特等海合会国家视为破坏地区政治稳定的重大威胁。

但是，与其他海合会国家不同，在对外关系上，卡塔尔对"阿拉伯之春"持支持态度，因而也支持穆斯林兄弟会。在沙特等国撤回大使后，当时卡塔尔的应对方式相对缓和，宣称并不会撤回大使，并表示愿意同海合会相关成员国保持良好的关系。

虽然此次危机一度陷入僵局，持续了近8个月，但除了政府在外交上的"口水战"外，并没有采取其他的"制裁措施"与"反制裁措施"，各国的经贸和人员往来仍然正常进行，没有对海合会内部的统一市场、海关联盟等机制造成冲击。

当时，恰逢"伊斯兰国"恐怖活动日益猖獗，并引起了国际社会的警觉。包括沙特在内的中东国家感受到了强烈的外部威胁，故而认为有必要在

---

① "Exclusive：The Secret Documents That Help Explain the Qatar Crisis," http：//edition. cnn. com/2017/07/10/politics/secret-documents-qatar-crisis-gulf-saudi/index. html，accessed on May 12, 2018.

海合会内部搁置争议，共同致力于维护地区安全。2014 年 11 月 16 日，沙特、阿联酋和巴林同意将各自的大使送回多哈。这些国家与卡塔尔达成了一份补充协议，在内容上进一步明确了不得支持穆斯林兄弟会以及也门的反政府武装等规定。然而，卡塔尔却认为，此次危机解决的并没有损害自身的外交政策，其仍然既可以做到与海合会成员国保持良好关系，也可以与其他"伙伴"友好往来。

（二）第二次重大危机

2017 年 6 月 5 日，第二次重大危机发生。这次危机以断绝外交关系为开端，之后逐渐断绝了与卡塔尔在经济、社会和人员方面的交流与合作。这次危机的起因实际上与上一次基本相同，即以沙特为首的国家指控卡塔尔违反了 2013 年和 2014 年签署的安全协议，并与伊朗保持良好关系，干预他国国内事务等。卡塔尔则主要认为沙特等国家的行为是在挑战卡塔尔的主权，企图以断交和多方位的制裁和封锁来迫使卡塔尔屈服。目前的"卡塔尔断交危机"可以说是上一次危机在潜伏后的又一次爆发。

（三）两次危机的共性原因

两次危机固然有其高度关联性，但是危机背后的具体原因还是有其各自的特性，此处仅就两次危机的共性原因进行分析。

1. 海合会存在先天的局限性

海合会各成员国之间的共性很多，但是这并不能完全消除它们之间的分歧。大部分海合会成员国都是在英国于 1971 年撤出中东地区后取得主权，并且在此之后享受了丰富的石油资源带来的经济繁荣，所以它们大都存在国家观念模糊的问题，并且面临大量财富的诱惑。而且，中东地区还存在家族、部落、王权等与现代国家理念并不是很相容的历史遗留因素，这便使一些成员国在处理自身事务时难以保持理性与克制，进而产生分歧和摩擦。

从两次重大危机中可以看出，海合会并不存在有效的争议解决方式。每

当争端发生时，争端双方仍然停留在一对一的对话层面上，而海合会基本起不到作用。第一次重大危机过后，各方经过私下谈判签署了秘密的和解协议，也无法依托海合会的机制来确保协议的实施。也就是说，海合会目前既不能充当对话的平台，也不能成为争端解决方案的执行机构。一旦出现争端，只能由其成员国自行调停，这样的模式非常原始，使海合会本身很难抵御成员国之间重大危机带来的不利影响。

2. 卡塔尔实施特立独行的外交政策

过去，卡塔尔与沙特阿拉伯在对外政策上基本保持一致。而且，由于社会结构和政体的相似性，国内实施的一些政策也多借鉴自沙特阿拉伯。然而，在1995年，卡塔尔发生了宫廷政变，新一代王权取代了老一代王权，与沙特阿拉伯的关系也渐行渐远。新一代王权具有更强烈的国家主权意识，奉行更加现代的外交理念，更注重外交上的对等性和扩大地区影响力。这种全新的对外方式，使得近年来卡塔尔能在中东地区各个问题上彰显自己的存在感。

卡塔尔奉行"独立自主"的外交政策，其敢于挑战沙特阿拉伯在海合会的领导地位，甚至任何被它认为损害到自身"独立自主"的国家或组织都被认为是其重要的外部威胁。目前，卡塔尔充分感受到了在海合会框架下沙特阿拉伯一家独大对自身"独立自主"的威胁。为了应对这种威胁，卡塔尔采取的外交政策越来越特立独行。首先，卡塔尔在处理与伊朗关系的问题上同沙特阿拉伯背道而驰。伊朗是沙特阿拉伯在地缘政治中的强劲对手。而卡塔尔在处理与伊朗关系的问题上，采取了不与伊朗直接对抗的立场，主张合作与防范并举。这与沙特阿拉伯的态度截然不同。卡塔尔实际上采取了"战略对冲政策"，简而言之，就是一方面利用海合会这一集体组织来应对来自伊朗的威胁，另一方面为了自身利益最大化又与伊朗展开全方位的合作。① 另外，在安全问题上，卡塔尔尝试摆脱对沙特的过度依赖，与美国保

---

① Yoel Guzansky, "The Foreign-Policy Tools of Small Powers: Strategic Hedging in the Persian Gulf," *Middle East Policy*, Vol. 22, No. 1, Spring 2015, pp. 112 – 121.

持紧密的防务关系。

卡塔尔是一个颇具"壮志雄心"的国家，其外交政策高度重视自身的主权独立性，卡塔尔外长哈立德·本·穆罕默德·阿提亚曾对外宣称："卡塔尔选择不待在历史的支线上……我们要在世界事务中扮演重要角色，与各国保持交流，调停冲突，致力于解决暴力冲突，并且照顾难民。"为此，卡塔尔的外交政策将建立在两个原则上，一是独立，二是支持民族自决权、正义与自由。[①] 这就可以看出，为何在"阿拉伯之春"后卡塔尔对各国国内爆发的"民主运动"持支持态度。这种外交政策显然与以沙特为首的其他海合会成员国的外交政策背道而驰。

而且，第一次重大危机的解决，也让卡塔尔认为自己具备足够的政治智慧同时与各冲突方保持良好的关系，并保持自身的独立性。然而，事实是，当第二次重大危机来临时，这种特立独行的外交政策却将其拖入与沙特等国家全方位的外交战争中。

3. 沙特阿拉伯"一家独大"的外交姿态

在海合会六国的互动模式中，沙特阿拉伯处于领导核心地位。沙特阿拉伯占有海合会70%的人口和88%的领土，经济总量、石油资源与产量、对外贸易额、金融资产等指标均占到海湾六国之和的45%～60%。其领导核心地位不仅表现在经济、军事等硬实力上，也表现在宗教文化等"软实力"上。它是伊斯兰教的发祥地与中心，是伊斯兰教两大圣地的所在国，拥有宗教文化上的巨大号召力。[②] 可以说沙特阿拉伯是海合会内部的"超级大国"，对海合会的存在和发展存在关键影响。

沙特阿拉伯的外交政策分为四个维度，第一维度为海湾国家圈，第二维度为阿拉伯国家圈，第三维度为伊斯兰世界圈，第四维度为国际社会圈。[③]

---

① "We Will not Remain on the Sidelines of History," http：//arabic. cnn. com/middleeast/2014/03/10/qata-saudi-uae-bahrain.

② 余泳：《海合会对外关系的政策逻辑考察》，《阿拉伯世界研究》2013 年第 1 期，第 58 ~ 68 页。

③ http：//www. mofa. gov. sa/sites/mofaen/KingdomForeignPolicy/Pages/ForeignPolicy24605. aspx, accessed on May 11，2018.

不难看出,海湾国家是沙特阿拉伯外交政策的中心轴,海合会则是其最珍视的组织。作为政教合一的绝对君主制国家,其对外政策更容易受权力传承的影响。现任沙特王储积极谋求沙特阿拉伯在中东地区事务上的领导地位,其所奉行的外交政策相较于之前更为突出。由此展现出的自大的外交姿态必然会引起其他海合会成员国的不满甚至恐惧。①

为确保自身安全,沙特阿拉伯在海湾地区致力于三个目标,一是寻求禁止他国的大规模杀伤性武器;二是尽可能获取核武器;三是与现有核大国结盟以获得它们的保护。为此,沙特阿拉伯高度重视与美国加强盟友关系,并花费巨额资金购进大量美国的现代化军事武器,而这也进一步增强它的自信心,理所当然地以海合会"老大"自居。

沙特阿拉伯为了加大自身与伊朗的对抗优势,常常强行要求海合会其他成员国采取一致的外交政策。② 然而,并不是所有成员国都想与伊朗为敌。其中,阿曼还十分珍视与伊朗建立的良好关系。2011 年,为了进一步加强海合会的对外一致性,沙特阿拉伯提出建立海湾联盟的意向,之后巴林、科威特、卡塔尔表示了支持,而阿曼表示反对,阿联酋则态度暧昧。为了实现自己的目标,沙特阿拉伯甚至提出建立排除阿曼的海湾联盟。最终,此提议不了了之,但仍然可以看出沙特阿拉伯强硬的领导姿态。

虽然沙特阿拉伯对其他海合会成员国的外交政策常常充满压迫感,常常与海合会其他成员国产生内部矛盾,但也总有像巴林这样的国家紧跟其步伐,这使海合会一直在震荡中发展。这种微妙的态势恰恰反映了海合会成员国的固有特性。它们的共同特点是,其采取的外交政策并不像许多现代民主国家那样需要经过一系列程序,几乎完全取决于少数掌权者个人的政治抱负和雄心,所以成员国相互间的外交关系很大程度上也依赖这些人相互之间的私人交往,很多时候相互间的危机在毫无征兆的情况下爆发,而随后又可以在意想不到的时段内迅速得到解决。由于沙特阿拉伯的当权者曾经出手挽救过巴

---

① https://www.globalsecurity.org/military/world/gulf/sa-forrel.htm, accessed on May 11, 2018.

② http://www.mei.edu/content/article/saudi-iran-tensions-place-pressure-smaller-gcc-states, accessed on May 11, 2018.

林和科威特当权者的统治，相对而言，这三个国家的当权者之间地位有明显的高下之分，且私交甚笃。然而，卡塔尔、阿联酋和阿曼则更多是基于与沙特阿拉伯统治家族在历史上建立的长期友谊继续发展合作关系，这些国家心理上觉得自身地位应与沙特阿拉伯平等，希望得到尊重。沙特阿拉伯的外交政策并不能完全契合这些国家的外交心理，因此海合会也常常不能一致对外。

三　卡塔尔断交危机对海合会一体化的主要影响

（一）卡塔尔断交危机直接破坏了海合会现有的合作成果

海合会已经接连遭遇两次严重的内部危机，第一次危机并没有产生实质性破坏，而仅仅是暴露了海合会成员国内部潜藏已久的分歧，而第二次重大危机则直接破坏了海合会多年以来构建的合作基础，包括直接破坏了海合会内部已经建立起来的统一市场、海关联盟等重要成果。卡塔尔目前已经陷入被沙特阿拉伯全面制裁的状态，海合会的合作机制事实上已经陷入停滞。而且，在2017年12月召开的第38届海合会年度峰会上，虽然科威特和卡塔尔极力尝试借此机会缓和危机，但是，此次危机事实上导致38年从未间断的年度峰会陷入僵局，削弱了长期以来年度峰会的重要意义。

此外，卡塔尔断交危机之前，海合会实际上形成的成员国互动模式建立在对沙特阿拉伯领导地位充分信任的基础上。沙特阿拉伯由于在海合会中的超级大国体量，几乎主导促成了目前海合会取得的所有合作成果。卡尔断交危机实际上是严重破坏了其他成员国对沙特阿拉伯领导地位的信任。虽然在危机中只有卡塔尔直接站在了对立面，但此次危机也使得其他成员国对沙特阿拉伯掌控海合会内部关系的领导能力产生了怀疑，从而使海合会凝聚力严重下降。简单来说，此次危机破坏了海合会成员国对未来走向一体化的共同心理预期。

（二）卡塔尔断交危机导致海合会面临严重的解体风险

卡塔尔断交危机的直接影响是极大地孤立了卡塔尔，事实上中止了卡塔

尔的海合会成员国资格。与此同时，此次危机也对其他成员国造成了不同的影响。

1. 沙特阿拉伯和阿联酋另辟蹊径，建立新的经济和军事合作关系，试图将其作为取代海合会的新型合作机制

两国建立新型合作关系的消息于 2017 年 12 月初在第 38 届海合会峰会前夕高调对外宣布，这令海合会其他成员国猝不及防。目前这种新型合作关系仍然缺乏实质而具体的内容，但相关政策和机制一旦落地，必然会有其他海合会成员国参与。其中，可以确信的是，巴林必然会迅速跟进。如果这种新型合作关系最终落地，无疑会对海合会的存在造成毁灭性打击，海合会即便能够继续存在，也将逐渐演变为阿拉伯国家联盟那样极为松散的国际组织，其一体化的目标将永远无法实现。

2. 卡塔尔断交危机导致科威特长期以来扮演的"调停者"角色失灵

科威特热衷于扮演中东地区事务中的"调停者"角色，从而缓和地区紧张局势，减少给自身安全带来的威胁。而且，在所有海合会成员国中，由于科威特是唯一遭到过战争毁灭性打击的国家，其对海合会最为珍视，并把海合会视作实现和平与爱的重要载体，所以其对调停海合会内部争端高度重视。此外，科威特这种"调停者"角色的获得很大程度依赖于其外交传统，科威特国王萨巴赫在任国王之前，曾经是世界上任职最长的国家外长之一，其外长生涯从 1963 年开始，至 2003 年结束，长达 40 年。所以，科威特具备足够的外交智慧和强烈的愿望来扮演"调停者"的角色。在 2014 年的第一次海合会内部危机中，科威特在调停双方关系上发挥了关键作用。然而，自 2017 年 6 月第二次海合会内部危机（即卡塔尔断交危机）以来，虽然科威特也在积极推动争端双方对话，试图调解争端，但是，此次以沙特为首的国家表现十分强硬，使得科威特几乎没有回旋的余地，几乎就是充当传话筒的角色。① 科威特目前的外交努力都是徒劳，海合会内部的"调停者"角色

---

① "GCC Crisis: Why Is Kuwaiti Mediation not Working?" http: //www. aljazeera. com/indepth/opinion/2017/08/gcc-crisis-kuwaiti-mediation-working – 170807093244546. html, accessed on May 11, 2018.

已经失灵，这必然严重打击科威特对海合会合作机制的信心。

3. 卡塔尔断交危机强化了阿曼自身的孤立主义

阿曼一直与其他海合会成员国保持距离，相较于卡塔尔的特立独行和"独立自主"，阿曼长期奉行"孤立主义"外交政策。尽管多年来阿曼已经对外声称自己是阿拉伯世界的重要成员，也是海合会的关键成员国，但始终偏向于奉行"孤立主义"，甚至与沙特阿拉伯的政治死敌伊朗公然保持友好关系。而且，在 2013 年，阿曼甚至直接反对沙特阿拉伯提出的把海合会升级为海湾联盟的建议，以至于沙特阿拉伯十分恼怒，甚至提出建立一个不包括阿曼的海湾联盟。此次危机爆发以后，阿曼也没有跟随沙特阿拉伯的步伐而与卡塔尔断交或者对其施加制裁。出于对海合会的不信任，阿曼选择与伊朗加强双边合作关系。① 所以说，卡塔尔断交危机导致阿曼对海合会越来越缺乏归属感。

（三）卡塔尔断交危机尚未完全抹灭成员国对海合会的珍视

海合会的存在仍然被各成员国珍视。目前，虽然海合会成员国内部之间发生了断交，但断交各国却十分具有"默契感"。2017 年 10 月，巴林外交部长提出中止卡塔尔海合会成员国资格，但这既没有得到沙特阿拉伯的积极响应，卡塔尔对此也沉默处理。虽然目前危机仍然在继续，但科威特作为调停者仍然没有放弃努力，卡塔尔的种种行为也表明其仍然珍视其海合会成员国的资格。

海合会已经有 37 年的历史，其成员国除取得了许多重大政治、经济和社会合作成果外，还成功解决了许多棘手的内部争端。例如，2001 年 3 月，卡塔尔与沙特阿拉伯等国家解决了由来已久的领土争端；2008 年，卡塔尔和沙特阿拉伯又在领土最终划界问题上达成一致。此外，自 2017 年 6 月断交以来，沙特阿拉伯等国还是保持了适度的克制，并未中断与卡塔尔的油气

---

① http：//www. aljazeera. com/news/2017/07/iran-oman-agree-boost-ties-gulf-crisis － 170712140618904. html，accessed on May 11，2018.

资源贸易（如站在沙特一边的阿联酋并未切断油气管道）。所以，卡塔尔和沙特阿拉伯等国之间并不存在不可调和的结构性矛盾，仍然具有高度一致的核心利益，相互间关系在摩擦中向好的方向发展。而且，客观上来讲，除沙特阿拉伯以外，其他成员国无法在政治上摆脱对海合会的依赖。

四 结语

2011年"阿拉伯之春"爆发以来，在海合会遭遇的两次危机中，虽然站在海合会大多数成员国对立面的始终是卡塔尔，但从根本上反映出的是海合会部分成员国对沙特阿拉伯的不满。而且，海合会并不存在有效的争端解决方式。第一次重大危机过后，各方签署的补充协议以机密的形式存在，也不存在确保协议得到执行的后续机制，这暴露了海合会在事前、事中和事后缺乏全面有效的危机处理机制。一旦出现争端，只能是争端各方之间自行调停，导致效率极为低下，也使海合会难以抵御争端的冲击。

卡塔尔断交危机目前实际上已经超出争端双方的预期，沙特阿拉伯想以最激烈的方式"快刀斩乱麻"，逼迫卡塔尔彻底就范；而卡塔尔新一代王权由于高度重视独立自主的外交政策，恰恰最无法接受沙特阿拉伯这种强硬的手段，为了维护自身的政治颜面，也不得不选择"硬抗"。海合会目前的危机实际上陷入了严重的僵局，这种僵局的根源在于海合会的"抱团取暖"的成立初衷。"抱团取暖"的本质是应对统一的外部威胁，而海合会所处的地区环境已经发生重大变化，相对而言，其成员国比以往任何时候都更加远离战争的威胁，所以"抱团取暖"的必要性就大大降低，海合会成员国如果找不到新的合作动机，相互间就会产生严重的不适应感。

因此，海合会的注意力不应仅仅是追求政治经济合作与一体化，还应当更加务实地关注调和成员国内部的利益冲突。"阿拉伯之春"后的两次重大危机已经对海合会的存在基础造成了巨大冲击，必须从这些危机中吸取教训，充分认识内部成员国之间的分歧，并相应地设置必要的争端解决机制。此次危机既是挑战也是机遇。如果海合会能够充分扮演对话平台的角色，促进危机解决，这将为未来进一步构建争端解决机制奠定良好的实践基础。如果此次危机导致卡塔尔退出海合会，使沙特在海合会中的核心地位进一步确立，虽然客观上组织体更加"铁板一块"，但也不能延缓争端解决机制的建设进程，否则海合会仍然经受不住下一次成员国争端的冲击。

因此，海合会不仅应当追求政治经济合作与一体化，还应当更加务实地关注如何调解成员国内部的利益冲突。"阿拉伯之春"后的两次重大危机已经对海合会的存在基础造成重大冲击，必须从这些危机中吸取教训，充分认识到内部成员国之间的分歧，并相应地建立必要的争端解决机制。可以说，此次危机既是挑战也是机遇。如果海合会能够充分扮演对话平台的角色，推动危机解决，这将为未来进一步构建争端解决机制奠定良好的实践基础。如果此次危机导致卡塔尔退出海合会，使沙特在海合会中的核心地位进一步加强，客观上这种结果的出现将使海合会的组织体暂时性地"铁板一块"，但是加快构建海合会内部争端解决机制依然十分重要，否则一旦一些海合会成员国之间再次发生争端，历史便会重演，海合会将进一步分裂和弱化。

Y.15
特朗普时期巴以问题新进展

高　颖　余国庆*

摘　要： 特朗普执政以来，在巴以问题上动作不断。一方面，特朗普试图在巴以冲突问题上维持某种平衡，在"两国论"解决方案上含糊其词，并把中东地区作为其履行总统职务的外交首秀，意图推动中东和平进程。但另一方面，特朗普又在发展巴以关系上明显偏袒以色列，触碰了历届美国总统在巴以冲突问题上的一个禁区：公开宣称美国承认耶路撒冷为以色列的首都，并且把美国驻以色列大使馆从特拉维夫迁至耶路撒冷，大大激化了巴勒斯坦与以色列的冲突。由于巴以关系的恶化，特朗普试图出台的新的中东和平计划恐将难产。

关键词： 特朗普执政　巴以关系　巴以冲突　和平进程

特朗普的巴以政策是对奥巴马任期内美国巴以政策的延续和修正，总体上体现了美国中东战略的一个基本内容，即把以色列作为美国在中东重要的战略资产对待，同时力图维持美国在推动中东和平进程中调停者的角色，确保美国在中东的影响力。但特朗普在巴以问题上触碰了此前历届美国总统的一个禁区：公开承认耶路撒冷是以色列的首都，并把美国驻以色列大使馆从特拉维夫迁到耶路撒冷，直接引发了新一轮的巴以冲突。

---

* 高颖，中国社会科学院研究生院西亚非洲研究系 2017 级硕士研究生；余国庆，中国社会科学院西亚非洲研究所研究员。

一 巴以问题：美国中东战略中的持久难题

在相当长的时间内，以巴以冲突为核心的阿以冲突问题是中东地区长期面临的核心问题，它不仅仅直接表现为巴勒斯坦与以色列在领土、难民、耶路撒冷地位、巴勒斯坦国家最终前途等问题上的尖锐对立，而且反映了这一地区阿拉伯国家和以色列之间错综复杂的矛盾和冲突。在相当长的时期内，美国一直是主导中东局势、影响阿以冲突的重要角色。在美国的中东战略中，如何处理与阿以关系以及巴以冲突问题，始终是一个难以回避的棘手的难题。

（一）美国在巴勒斯坦问题上的基本立场

近代以来的巴勒斯坦问题，最初表现形式是：历史上曾在这一地区建立王国后流失世界各地的犹太人，以各种方式回流巴勒斯坦地区，并试图在这一地区建立犹太民族之家，从而引起巴勒斯坦阿拉伯人的抗议和抵制。当代国际政治视野下巴勒斯坦问题的出现，直接原因是 1917 年《贝尔福宣言》的发表①。第一次世界大战结束后，英国取得了对巴勒斯坦地区的委任统治权。在英国政府的支持下，世界各地犹太人纷纷回归"故土"。大量犹太人涌入巴勒斯坦地区建立定居点，占据巴勒斯坦阿拉伯人的土地，引起了当地居民及众多阿拉伯国家的不满。随着犹太人的不断涌入和巴勒斯坦犹太人控制地区的扩大，阿犹矛盾激化，双方冲突频繁。最后，面对阿犹双方的压力，英国不得已发布《关于巴勒斯坦问题的白皮书》，对犹太人移民数量和定居点进行限制。但由于不断激化的阿犹矛盾，英国不得不将巴勒斯坦问题交由联合国讨论。与此同时，在英国无法对犹

---

① 1917 年 11 月 2 日，英国外交大臣贝尔福致信犹太复国主义者联盟副主席罗斯柴尔德，宣示："英王政府同意犹太人在巴勒斯坦建立一个民族之家，并会尽力促进该目标的实现。"此后，世界各地的犹太人开始大规模回流，《贝尔福宣言》因而成为以色列国家得以建立的法理文件之一。

太复国运动继续给予足够支持的背景下，犹太人开始寻求其他大国的支持，此时影响力不断上升的美国成为犹太复国主义者寻求的目标，美国也开始直接介入巴勒斯坦问题。

第二次世界大战期间，美国对犹太复国主义的支持是犹太复国主义运动能够取得实质进展的重要因素。1942 年 5 月 11 日，犹太复国主义者在纽约的比尔特摩尔（Biltmore）旅馆举行会议，通过了本·古里安关于结束英国在巴勒斯坦统治，要求在委任统治下建立一个犹太国和一支犹太军队，撤销英国 1939 年白皮书中对犹太移民和土地转让限制的纲领，即"比尔特摩尔纲领"。① 美国对该纲领表示赞同，并由此进一步表示了对犹太复国主义运动的支持。此后多年，美国对犹太人移民数量和土地转让等方面的条款多持此态度，支持犹太人民建立属于自己的国家。在美、英两国的支持下，大量犹太人的涌入及其定居点的建立，导致犹太人和巴勒斯坦人之间的矛盾越来越尖锐，迫使巴勒斯坦的委任统治国英国把巴勒斯坦问题提交联合国讨论解决。

1947 年 11 月，联合国大会通过巴勒斯坦分治决议。1948 年 5 月 14 日，本·古里安宣布以色列国成立，美国总统杜鲁门在以色列国成立十几分钟内便承认了它，这也是美以关系最初的"起步"。美国承认以色列以及双方关系的稳定发展，受到诸多国内外因素的影响。首先，在第二次世界大战结束初期，美国在中东的影响力逊于英国和法国两个传统西方大国，出于战略考虑，美国寻找各种机会介入中东，支持以色列成为美国在中东扩大影响力的一个重要平台。其次，美国国内实力较为强大的犹太院外集团对美国政策的影响很大，在巴勒斯坦问题上，美国犹太人集团无可置疑地偏袒和支持以色列，影响了美国在巴勒斯坦问题上的立场。但应该指出的是，在以色列建国后的一段时期内，在对外政策和寻求外部力量支持方面，以色列一开始并没有把谋取美国的支持放在首位，仍旧试图借助英国的势力在中东立足，而美国在最初拼凑的中东军事盟友体系中，也没

---

① 赵克仁：《美国与中东和平进程研究》，世界知识出版社，2005。

有将以色列当作盟友。① 20 世纪五六十年代，美国在处理阿以关系时，仍然需要与阿拉伯产油国维持稳定关系。中东的石油产量在世界范围内首屈一指，美国大部分能源进口皆来自中东地区，所以阿拉伯国家也是美国在处理阿以关系时必须考虑的因素。因此，在从罗斯福总统到约翰逊总统的四任美国总统任期内（1945~1969 年），美国在巴以问题上都较为谨慎，刻意保持某种平衡，即使在 1967 年以色列在第三次中东战争中占领了整个耶路撒冷，美国政府也并没有马上承认以色列对整个耶路撒冷的主权。

美国在巴以问题上的立场还可以从美国对待巴勒斯坦解放组织的态度中得到反映。1964 年巴勒斯坦解放组织成立后，在很长的时期内，美国对巴解组织的态度基本与以色列同步，即不承认、不接触、不谈判。1988 年 11 月，巴解领导人阿拉法特在阿尔及尔正式宣告巴勒斯坦国成立，并得到 100 多个国家承认，但以色列和美国并没有承认巴勒斯坦国。1991 年马德里中东和会召开后，美国开始与巴解组织接触并进行谈判。1993 年 9 月 13 日，在美国总统克林顿的见证下，巴勒斯坦领导人阿拉法特与以色列总理拉宾在美国首都华盛顿白宫草坪签署了《临时自治安排原则宣言》（即《奥斯陆协议》）。此后，美国允许巴解组织在美国设立办事处，该办事处作为巴勒斯坦在美国的官方机构一直延续下来。在特朗普 2017 年初就任美国总统后，美国与巴勒斯坦的关系逐渐恶化。2017 年 11 月 20 日，美国国务院通知巴勒斯坦，称因为"巴方违反了美国相关法律"，巴勒斯坦解放组织驻华盛顿的办事处将面临关闭。11 月 24 日，美国国务院表示，将允许巴勒斯坦解放组织驻华盛顿办事处继续"有条件"地运行。美国对巴解组织态度的急转直下，正是特朗普政府与以色列关系全面转暖的反向体现。

（二）美以特殊盟友关系：美国中东战略的价值和利益体现

20 世纪 60 年代后，随着美苏冷战格局的形成，美国与以色列开始建立

---

① Uri Bialer, *Between East and West: Israel's Foreign Policy Orientation 1948 - 1956* (Cambridge University Press, 1990), p. 245.

较为密切的关系。此后，美国历任总统都把维持与以色列的战略盟友关系当作美国中东战略和利益的重要体现。

在地理位置上，中东与美国之间距离较远，但中东特殊的地缘政治地位和丰富的石油资源，要求美国必须对中东进行战略掌控。以色列建国后，在几次中东战争中的杰出表现，以及美国和苏联在全球冷战格局的形成，使美国逐步认识到，以色列具有和自己相同的民主制度与意识形态，这样的盟国能更好地为美国的利益服务，对美国控制中东地区起着重要的作用，这是美以形成特殊关系的根源所在。在以色列方面看来，持敌对立场的阿拉伯国家对其安全构成了严重的威胁，只有作为主导中东地区事务的大国——美国才有能力为之提供经济和军事援助，保障以色列在该地区的安全。在美国的帮助下，以色列凭借其自身的人才和技术优势，大力发展军事和国防工业，成为本地区军事实力最为强大的国家。更为重要的是，在美国的庇护下，以色列成为中东地区唯一拥有核武器的国家[①]。但另一方面，美国也因在以色列拥核问题上的双重标准而遭世人诟病。

冷战期间，为了抑制苏联在中东地区的扩张，支持以色列成为美国中东战略的重要组成部分，以色列在美国中东政策中具有不可取代的地位。自以色列建国到20世纪70年代，中东地区经历了多次战争并导致整个中东地区动荡不安。出于遏制苏联的需要，美国虽然与以色列建立了良好关系，但也没有忽略该地区阿拉伯国家的作用。几次中东战争后，阿以双方矛盾不断激化，美国开始凭借强大的军事和政治实力，强势介入该地区和平事务。1973年第四次中东战争后，时任美国国务卿基辛格访问中东，并分别在埃及、叙利亚和以色列之间进行"穿梭外交"，推动了1974年埃以、叙以军事脱离接触协议的达成。1978年9月16日，在美国总统卡特的推动下，美、埃、以三方在美国戴维营进行埃以和平谈判，并签署了《关于实现中东和平的纲要》和《关于签订一项埃及同以色列之间的和平条约的纲要》（又称《戴

---

① 以色列官方对外界认为自己已是拥有核武器的国家一说，采取既不承认也不否认的模糊立场，美国对以色列的战略信任，成为美国和以色列特殊关系的基石。

维营协议》)。1979 年 3 月 26 日，埃及总统萨达特和以色列总理贝京签署了埃以和平条约。作为埃及与以色列和平谈判的直接推动者，美国不仅与埃、以双方改善了关系，而且大大加强了美国在推动阿以和平过程中的作用和地位。为了维持埃及与以色列的和平关系，美国此后每年为以色列和埃及分别提供约 30 亿和 20 亿美元的经济和军事援助，以色列和埃及因而成为美国最大的两个对外援助国，其中以色列不仅长期是美国最大的对外军事和经济援助国，而且通过签订一系列双边战略协定，美以双方建立了牢固的特殊盟友关系，维护以色列在中东的生存与安全成为美国中东战略的重要体现。

（三）美国是中东和平进程与巴以和谈的主要调解者

20 世纪 90 年代初，由于苏联解体，美苏在中东的冷战格局结束，美国开始调整自己在全球和中东的战略部署，在中东开始推动阿拉伯国家和以色列之间的和平谈判。1991 年 10 月，美国和苏联作为中东和平谈判的发起人，推动了马德里中东和会的召开，开启了各方期待已久的中东和平进程。1993 年克林顿上台后，加大了对巴以和平进程的投入，此后几年是中东和平进程发展最快和取得实质性进展的阶段。克林顿时期美国中东战略的特点是"西促和谈，东遏两伊"。在这一时期，美国明确地将阿以和谈问题放置在其中东政策的首要位置，大力推动中东和平进程。1993 年 9 月，在美国的努力下，巴以双方领导人签署了《奥斯陆协议》，中东和平进程取得重大进展。《奥斯陆协议》的签署是中东和平进程的一大"里程碑"。该协议允许巴勒斯坦人在加沙－杰里科地区进行自治。此后，在美国的斡旋和担保下，1994 年约旦和以色列进行双边谈判并最终签订和平条约。约旦与以色列实现和平是这一时期中东和平进程的又一重要进展。但阿以和平谈判好景不长，1994 年 11 月，力推阿以和平的以色列总理拉宾被刺，阿以和平进程开始逆转。在第二任期内，克林顿急于在卸任前实现巴以问题的突破，于是在 2000 年 7 月 5 日与巴以双方领导人进行戴维营会谈，但由于多种条件无法满足及政治环境尚未成熟，

此次会谈以失败告终。2000年9月，以色列总理沙龙强行访问位于圣城耶路撒冷的阿克萨清真寺，引发了大规模的巴以流血冲突，导致中东和平进程停滞不前。此后，虽然美国与俄罗斯、欧盟和联合国进行合作，提出了中东和平"路线图"计划，旨在彻底解决巴以问题，但该计划内容最终大多被搁浅。

2001年"9·11"事件发生后，布什开始致力于反恐战争，在其任期内美国先后发动了阿富汗战争和伊拉克战争，美国的中东战略重点从推动和平进程转向在中东进行反恐战争，并推行"大中东民主计划"。2003年3月，美国以萨达姆政权发展大规模杀伤性武器为借口，发动伊拉克战争，虽然当年5月布什就宣布"战争获胜"，但美国一直到2011年奥巴马执政时期才完全从伊拉克撤出。布什执政的8年里，基本上无暇顾及推进中东和平进程。

2009年初奥巴马上台执政后，美国开始进行全球战略调整，开始在中东地区实行战略收缩。这一时期美国中东战略的一大表现是美国与传统盟友以色列的关系热度下降，对推动巴以和谈不再热心。美国总统特朗普曾多次批评前总统奥巴马的中东政策，否定其对待盟友以色列和沙特的错误态度。所以，特朗普政府十分重视与其盟友——以色列的关系，意图修正奥巴马时期冷淡以色列的政策。

二　特朗普时期美国对巴以问题的态度和政策表现

奥巴马从美国现状和全球战略调整的利益考虑，在中东地区实行战略收缩。这一举措使奥巴马对巴以问题的关注程度远不及前几任总统。奥巴马在巴以关系方面对以色列的批评明显增多，而且限制售予以色列武器，这使以色列政界普遍认为美以关系陷入几十年来的最低点，双方关系一度趋于紧张。奥巴马中东战略的重点是参与推动解决伊朗核问题。2015年7月，伊朗核问题全面协议达成，但就是这样一项奥巴马引以为自豪的中东外交成果，也被特朗普在上台后抛弃。

2017 年 1 月特朗普就职后，以色列总理内塔尼亚胡成为与特朗普首批通话的外国政要之一。特朗普在通话中承诺，"美国将在伊朗问题上与以色列进行密切磋商，对以色列安全方面给予前所未有的支持，并承诺决心帮助以色列实现巴以和平"。① 但在 2018 年 5 月 14 日，特朗普政府将美国驻以色列大使馆迁往耶路撒冷，并宣称承认耶路撒冷为以色列首都，这一举动损害了巴勒斯坦人的利益，同时引发了巴以新一轮的边界冲突，与其声称推动和平进程的诺言背道而驰。

众所周知，美国是中东和平的主要发起者和调解人，美国通过推动和平进程向世界展示美国在中东地区的主导作用，信奉"美国第一"的特朗普也希望在推动巴以和谈问题上有所作为。由于中东和平进程的推动存在极大的不稳定性，加上美国一向对以色列的偏袒，美国"难以做一个完全公正的调解人，所以中东和平难免偏离正确轨道"。② 虽然如此，但不可否认的是，美国曾为推动巴以和平进程做出了努力，美国也因此成为推动中东和平进程的重要力量。

在偏袒以色列方面，特朗普显然比其前任有过之而无不及。特朗普虽然表示美国将"非常努力地促成巴以达成和平协议，但巴以双方必须直接进行谈判且均做出让步"。③ 但其上任后在巴以问题上的一系列做法，也使得特朗普立志要推动的中东和平进程充满不确定性。

（一）特朗普竞选前后如何谈中东和巴以问题

特朗普在竞选总统期间谈的最多的是"美国第一"的原则，竞选演讲的结尾都会不断强调使美国再次伟大、再次安全与更加美好。从他历次演讲中不难发现，他在提及中东时，把美国中东政策的关注重点集中在反恐、维护以色列安全及能源安全三个方面。

---

① 《特朗普与内塔尼亚胡通话　承诺助以色列实现巴以和平》，http：//cn. timesofisrael. com。
② 《美国与中东和平进程研究》，世界知识出版社，2005，第 213 页。
③ 《特朗普表态：不坚持"两国方案"　美国巴以问题立场出现重大转折》，http：//news. hexun. com/2017－02－17/188189839. html。

2015 年 6 月 16 日，特朗普在纽约进行宣布参选总统的演讲中指出，当今世界尤其是美国正在受恐怖主义的威胁，"伊斯兰国"（IS）越来越强大，要对其采取更为强硬的态度，同时他在禁止伊朗核武器和移民方面都持较为强硬的态度。

2016 年 3 月 21 日，特朗普在华盛顿举行的美国－以色列公共事务委员会政策会议上发表讲话，他毫不讳言地指出，自己是一个"以色列的终身支持者"和以色列真正的朋友，是一名政治新秀，但不是一个支持犹太国家的新人。同时，他还强调，"以色列是美国的战略盟友，情同手足的朋友和文化兄弟以及中东唯一的民主国家"。[1] 他宣称如若成功当选，他将继续坚定地奉行美国传统，视以色列为伙伴、朋友，继续为之提供安全保证。关于伊朗核问题，特朗普强调，自己的首要任务是解除与伊朗的灾难性协议。特朗普对奥巴马执政期间伊朗核问题六国于 2015 年 7 月达成的伊核协议持否定的态度，他认为这个协议本身存在漏洞，对美国乃至世界的核安全构成极大的威胁。特朗普认为，伊朗核能力的存在首先威胁着美国的重要伙伴——以色列的利益，并将以色列置于不利的局面。2018 年 5 月 8 日，特朗普对外宣布美国退出伊核协议，此举遭到伊朗核问题六国及其他国家的强烈反对。欧盟国家认为美国退出伊核协议是对国际法的践踏与不尊重，伊朗方面则表示伊朗将继续遵守协议内容。在国际上明确支持美国退出伊核协议的国家只有以色列。

（二）特朗普外交首秀：出访中东三国

2017 年 1 月 20 日特朗普就职，4 个月后的 2017 年 5 月 20 日，他开始了作为美国总统的首次出访，此次出访目的地定为沙特、以色列和巴勒斯坦三个中东国家。按照往届美国总统上任后出访传统，加拿大与墨西哥常作为总统到任出访的首选，而特朗普却选择了中东地区，按照特朗普的说法，他

---

① "Donald Trump's AIPAC Speech：'I Love Israel'," https：//www. globalresearch. ca/donald－trumps－aipac－speech－i－love－israel/5516675.

此行就是要对奥巴马时期的中东政策进行纠偏，维护美国在中东地区的国家利益。

　　沙特是特朗普此次出访中东的第一个国家，美国在沙特有重要的战略利益。沙特一直以来都是美国在阿拉伯世界传统的重要盟友。作为世界上产油最多的国家，沙特在很长的时期内是美国能源进口的主要国家。奥巴马时期，由于与伊朗关系的改善，美沙关系一度降至"冰点"，特朗普上任以来力求改变奥巴马时期美国与中东地区盟友关系遇冷的现状。特朗普将沙特作为首访国的目的在于重整美国的盟友体系，维护美国的海外利益。特朗普此行与沙特国王萨勒曼在内的海合会国家领导人集体会面，共同商讨了关于伊斯兰世界团结起来打击恐怖主义等事宜，此外，沙特作为美国军售的主要市场，在此次访问中，美国还与沙特签订了1100亿美元的军售协议，并声称此项协议用于地区防卫，美国借此推动沙特等国家加大在海湾乃至中东地区的军事投入，以缓和美国在该地区的军事压力。之后，特朗普继续访问以色列与巴勒斯坦，与双方领导人就巴以和平进程等问题进行协商。在以色列，特朗普会见了以色列总统里夫林和总理内塔尼亚胡，他在会谈中不断强调以色列是美国的盟友和伙伴，美以双方应共同打击"伊斯兰国"等恐怖势力，在伊朗核问题方面共同合作。内塔尼亚胡对特朗普的讲话加以肯定，并赞同美国加强对叙利亚政府军的军事打击，感谢美国为巴以和平进程做出的努力并期待与美国展开合作。5月23日，特朗普总统到访巴勒斯坦，在伯利恒会见了巴勒斯坦总统阿巴斯，会谈中特朗普表示希望推动整个中东地区的和平进程，但他并未提到任何切实可行的重启巴以和谈的计划。巴勒斯坦总统阿巴斯称，巴勒斯坦致力于在美国的帮助下与以色列达成历史性的和平协议，当前"巴以双方的主要问题将在于定居点方面"。① 特朗普在首次中东之行中分别与以色列和巴勒斯坦领导人会晤，体现了特朗普在巴以问题和中东和平问题上的理想色彩。此外，特朗普还想通过此次中东之行向外界释放

---

　　① 《特朗普见巴勒斯坦总统阿巴斯，行前在耶路撒冷"哭墙"塞纸条》，https：//www.thepaper.cn/newsDetail_ forward_ 1692001 。

以下重要信息:"希望通过此访与穆斯林、基督徒及犹太人建立合作关系,共同对抗恐怖主义,为受战争蹂躏的中东地区带来安全、机遇及稳定。"①但此后巴以冲突的严酷现实很快冲淡了特朗普总统试图在和平问题上一试身手的理想色彩,尤其是特朗普关于耶路撒冷问题的讲话在中东地区掀起波澜。

(三)特朗普改变耶路撒冷地位的讲话及其影响

耶路撒冷问题是影响巴以和谈进程最重要的因素。众所周知,耶路撒冷是三大宗教即基督教、犹太教和伊斯兰教的圣城,分为老城和新城两个部分,其中犹太教著名的哭墙和圣殿山、伊斯兰教圣地阿克萨清真寺和圆顶清真寺,基督教的圣墓教堂皆位于老城。宗教情结加剧了各方对耶路撒冷的追逐。以色列在1980年立法认定耶路撒冷是其"永远的和不可分割的首都",1988年巴勒斯坦国建立,巴勒斯坦自治政府将耶路撒冷设为首都,巴勒斯坦和以色列都表示不会放弃对耶路撒冷的主权。从历史的角度看,耶路撒冷自1948年起成为联合国管辖地区,1948年爆发的第一次中东战争使以色列得以控制耶路撒冷西部,建立新城,东耶路撒冷(老城)被约旦控制。在1967年第三次中东战争中,以色列占领东耶路撒冷。2000年以色列总理沙龙到访伊斯兰教圣地阿克萨清真寺,引发一系列流血冲突。围绕耶路撒冷的争夺不断,耶路撒冷历来都是兵家必争之地。

特朗普在竞选中即表达了承认耶路撒冷为以色列首都的观点和立场。2016年3月21日,特朗普在华盛顿举行的美国-以色列公共事务委员会政策会议上发表讲话。他在讲话中表达了将把美国大使馆搬到犹太人永远的首都——耶路撒冷去的愿望。特朗普正式上任后不到一年,即2017年12月6日,正式宣布承认耶路撒冷为以色列首都,引起阿拉伯国家和国际社会一片哗然。特朗普在关于耶路撒冷的声明中指出,

---

① 《打破许多美国总统最先访问加拿大或墨西哥的传统 特朗普首次外访地选择中东》,http://newspaper.jfdaily.com/jfrb/html/2017-05/06/content_26593.htm。

"这将是以新的方式缓和巴以冲突的开端"。① 特朗普还称"以色列是世界上最成功的民主国家之一"。特朗普还强调这项决定并不偏离美国对促进巴以和平进程的承诺，美国一直致力于促成一项巴以双方都能接受的和平宣言。

特朗普改变耶路撒冷地位的讲话一出，引起世人震惊。最先予以回应的是巴勒斯坦，在特朗普政府发表关于耶路撒冷的宣言后，巴勒斯坦国总统阿巴斯便称，"美国的这项决定相当于放弃了美国在和平进程中的调停者角色，这项举措也在逐渐减缓该地区和平的步伐"，他坚称耶路撒冷是巴勒斯坦永久的首都。众多阿拉伯国家作为巴勒斯坦的主要支持者，也对此做出了强烈的回应。土耳其总统埃尔多安曾称，"这项举措使这个地区置身火海"。② 他质疑特朗普的这项做法，并称他简直就是在制造麻烦而非促进和平。当然，作为受益国的以色列对美国的做法表示赞同，以色列总理内塔尼亚胡表示这是促进和平的创举，他坚持"以色列国不以耶路撒冷为首都该地就没有和平可言"。2018 年 5 月 21 日，联合国发表声明，表示任何试图改变耶路撒冷地位的决定和做法都是无效的、非法的。

三　特朗普的巴以政策对地区局势的影响

巴以问题由于牵涉民族冲突、领土争端、宗教纷争、耶路撒冷归属等复杂问题，成为影响地区局势的重要因素。该问题不仅牵涉巴勒斯坦和以色列两个当事方，还影响着其周边邻国、地区大国和世界大国在中东地区的战略利益。作为对阿以冲突和巴以问题影响最大的国家，美国在巴以问题上的态度和政策走向不可避免地会给地区局势带来深刻的影响。

特朗普正式宣誓就职后不久，2017 年 2 月 15 日，以色列总理内塔尼

---

① "Statement by President Trump on Jerusalem," https：//www. whitehouse. gov/briefings－statements/statement－president－trump－jerusalem/.

② "Jerusalem：Trump Move Prompts Negative World Reaction," http：//www. bbc. com/news/world－middle－east－42250340.

亚胡访问美国。在与内塔尼亚胡举行的关于中东和平进程的会谈中，特朗普表示，只要巴以双方愿意，不论是"一国方案"还是"两国方案"，他都支持。这一讲话引起了巴勒斯坦人、阿拉伯国家和全世界的不满，同时也是美国在巴以问题上出现的一大变化。特朗普此前的几届美国政府都在巴勒斯坦问题上支持"两国方案"，要求以巴勒斯坦和以色列双方和平谈判的方式解决分歧。从特朗普的观点看来，他不再坚决支持"两国方案"，甚至开始在该问题上松口，认为"一国方案"也有可能实现。这意味着否定了巴勒斯坦人在该地区的生存权，支持以色列独占巴勒斯坦地区，支持耶路撒冷是以色列的首都，此举对地区局势影响巨大。2017年5月14日，在以色列国建国70周年纪念日当天，美国宣布美国驻以色列大使馆在耶路撒冷揭牌。该事件引发了巴勒斯坦人与以色列军方的冲突，加剧了该地区的不稳定性。

（一）美国新版中东和平计划管窥

尽管特朗普在巴以问题上已经明显表露出"亲以抑巴"的倾向，但似乎并没有放弃在推动巴以和平方面一试身手的初衷。根据美国媒体报道，特朗普总统已授意他的女婿、白宫高级顾问贾里德·库什纳和国际谈判特别代表贾森·格林布拉特推出巴以问题"世纪协议"，推动双方实现最终和平。尽管到目前为止，这项美国、沙特、以色列幕后推动的中东和平计划的详细内容还未完全公开，但大致包含以下几点：承认耶路撒冷为以色列的首都；承认以色列在约旦河西岸建立的部分犹太人定居点的"合法性"；要求巴勒斯坦领导人阿巴斯（法塔赫派）和哈马斯彻底分道扬镳；要求巴勒斯坦同意以色列负责部分巴勒斯坦领土的安全；如果巴勒斯坦接受美国的方案，美国将提供援助，否则美国将抛弃阿巴斯；等等。

为了推动美国试图主导的新的和平计划，2018年1月和2月，美国副总统彭斯和国务卿蒂勒森先后出访中东，访问了埃及、以色列、约旦、土耳其等国。但从访问效果来看，美国显然没有说服巴勒斯坦和其他阿拉伯国家接受美国的这些主张。美国副总统彭斯在他的首次中东之行中并没有实现与巴勒斯坦总统阿巴斯的会面，这表明巴勒斯坦方面对美国的立场极其失望。

历史上，尽管历任美国总统的中东政策各有千秋，但似乎每位总统都想在中东问题上有所作为。尽管特朗普新版的中东和平计划尚未正式出台，但从特朗普本人对巴以问题的态度以及重要阁僚出访中东的举措来分析，特朗普的中东政策的确包括要在巴以和谈问题上另辟蹊径。特朗普似乎认为，此前所有在巴以和平问题上的努力都失败了，包括中东和平"路线图"计划、"两国方案"、巴以直接对话等，所以必须打破陈规。由于特朗普阁僚具有浓厚的亲以色列背景，所以特朗普的巴以政策建立在与以色列进一步巩固战略联系背景的基础上。以色列是美国在中东地区的盟友，美国国内以色列院外集团实力雄厚且活动频繁，这些都使美国在推动巴以问题解决时不可避免地偏向以方，很难保证在巴以问题上保持不偏不倚的中立态度，注定会引起包括巴勒斯坦在内的阿拉伯国家的不满，进而导致地区局势更加复杂。

（二）地区相关国家对特朗普巴以政策的反映

由于巴勒斯坦问题对中东局势具有长期和复杂的影响，特朗普的巴以政策不可避免地对其周边国家及地区大国诸如沙特、伊朗、叙利亚等国产生重要的影响。

对于以色列而言，作为美国在中东地区的重要盟友，美国此举完全符合以色列的利益。2018 年 4 月 29 日，新上任的美国国务卿蓬佩奥出访以色列，与以色列总理内塔尼亚胡会面。内塔尼亚胡首先对特朗普总统的对以政策表示赞赏，同时也对特朗普政府坚持对伊朗的强硬政策表示欢迎；内塔尼亚胡还表示，支持美国为中东和平进程做出的努力。

巴勒斯坦方面对特朗普的巴以政策表示抗议。2017 年 12 月 6 日，特朗普政府发表关于将美国驻以色列大使馆由特拉维夫迁往耶路撒冷的讲话，遭到巴勒斯坦强烈的反对。虽然特朗普在发表关于耶路撒冷地位的讲话时说道，"这次讲话标志着解决巴以矛盾冲突的新方式的开始"，但巴勒斯坦总统阿巴斯回应道："美国的这项决定意味着其放弃其和平调停

者的角色，同时也在逐渐削弱为和平做出的所有努力"，他再次强调"耶路撒冷是巴勒斯坦永久的首都"。2018 年 5 月 14 日，即在美国驻以大使馆正式于耶路撒冷开馆的当天，巴勒斯坦人纷纷涌至巴以边境地区加以反抗，加沙地区发生了自 2014 年来最大的冲突，据《华盛顿邮报》报道，5 月 14 日当天巴勒斯坦人死亡人数攀升到 58 人[①]。巴勒斯坦自治政府主席阿巴斯还决定召回驻华盛顿特使以示抗议，并向国际刑事法庭提请就以色列犯下的"战争罪行"展开调查。[②] 此外，巴勒斯坦还开展了一系列外交公关，寻求国际社会的支持。

埃及是在巴以问题上有重要影响的国家。在特朗普关于改变耶路撒冷地区的讲话出台后，埃及官方表示谴责和抗议。但总体来说，处于和美国改善关系中的埃及，对特朗普在耶路撒冷问题上的做法反应并不过度。2018 年 5 月 14 日，美国正式启动迁馆仪式，埃及方面表示将通过阿盟对美国目前的巴以政策做出回应。5 月 16 日，阿盟各成员国常驻阿盟代表在埃及开罗召开紧急会议，商讨当前的巴以局势。会后，阿盟助理秘书长发表了一份声明，表示阿盟正在起草一份计划，以应对美国此次迁馆事件产生的影响。埃及首都开罗是阿盟总部所在地，从埃及组织阿盟紧急会议及会议发表的措辞看，埃及对美国做法的回应非常理性。

作为巴以两国的邻国和巴以问题与直接相关的国家，约旦对巴勒斯坦地区局势的反应值得关注。约旦特殊的地理位置使之成为巴勒斯坦难民人数最多的国家，难民与约旦国内局势的稳定息息相关。2018 年 5 月 14 日，美国启动迁馆后，巴勒斯坦难民与约旦民众纷纷在美国驻约旦大使馆门口集会进行示威，反对以色列对耶路撒冷的占领和对巴勒斯坦人生存权的漠视。约旦政府发言人穆马尼发表声明称，"美国这一行为是对《联合国宪章》及联合国安理会相关决议的侵犯。约旦认为这一行动是无效且非法的"。约旦是仅

---

① 《美使馆迁馆两张照片火了：一边是微笑　一边是弹雨》，http://world. huanqiu. com/article/2018 – 05/12034472. html。

② 《犯战争罪！巴勒斯坦向以色列发出控诉并召回驻美特使》http://world. huanqiu. com/exclusive/2018 – 05/12041653. html。

有的与以色列建立外交关系的两个阿拉伯国家（另一个是埃及）之一，它对美国迁馆事件的反应也相对理性。

沙特作为阿拉伯国家中的重要一员，面对特朗普改变耶路撒冷地位的讲话和迁馆程序的启动，沙特政府的反应却较为温和。2018 年 5 月 15 日，沙特国王萨勒曼与巴勒斯坦总统阿巴斯通电话，谴责以色列军方的暴行，并重申："沙特主张依照国际法和阿拉伯和平进程支持恢复巴勒斯坦人的合法权利。"① 但鉴于沙特正致力于改善和以色列的关系，因而沙特对国内民众的抗议活动进行了一定程度的压制，阻止民众过于激烈的反美反以行为。

总之，阿拉伯国家对特朗普改变耶路撒冷地位的讲话以及将美国驻以色列大使馆从特拉维夫迁到耶路撒冷的做法普遍表示抗议和反对，但总体反应并不激烈。各国领导人对特朗普讲话各执一词，没有采取联合行动。阿拉伯国家迟迟没有召开阿盟紧急峰会讨论耶路撒冷问题。一直到 2018 年 4 月 15 日，第 29 届阿拉伯国家峰会才在沙特东部城市宰赫兰举行，巴以关系和耶路撒冷问题才成为各方关注的焦点。此次峰会对美国改变耶路撒冷地位的行为及由此导致的地区动乱事件做出反应，但会议进程中的抗议谴责远没外界强烈。

伊朗是中东地区一个影响日盛的非阿拉伯国家，对美国的巴以政策持强烈的批评态度。自伊朗伊斯兰革命后，随着与美国关系的恶化，伊朗与以色列的关系也跌至谷底。在相当长的时期内，伊朗对以色列的地区政策持强烈的批评态度，伊朗前总统内贾德曾在其执政期间的一次讲话中宣称要把"以色列从地图上抹去"，引起以色列的强烈抗议。作为一个伊斯兰国家，伊朗在很多场合以圣城耶路撒冷穆斯林利益的捍卫者自居；特朗普关于耶路撒冷地位的讲话出台后，伊朗多次强烈谴责美国的做法。除此之外，伊朗与以色列在叙利亚问题上的对立也不断加剧。2018 年 5 月 10 日，以色列军方称，以色列在戈兰高地的据点遭遇叙利亚境内伊朗驻军火箭炮

---

① "Saudi Arabia 'Rejects' US Embassy Transfer to Jerusalem," http：//www. arabnews. com/node/1303216/saudi - arabia.

袭击。这次袭击发生在特朗普 5 月 8 日宣布退出伊核协议后，这显示伊朗也在不断寻找机会，打击以色列和美国在中东的利益。5 月 14 日，美国把驻以色列大使馆迁到耶路撒冷后，伊朗发表声明称，"现正当国际社会通过努力结束长期沉默状态，维护巴勒斯坦人作为真正主人的权益，结束中东和世界危机的时机"。伊朗还认为，美国和以色列的行为加剧了加沙地区巴勒斯坦人的反抗，呼吁国际社会特别是该地区的伊斯兰国家保护受压迫巴勒斯坦人的权利。

在中东地区国家中，土耳其也是对巴以问题保持密切关注的国家。土耳其总统对特朗普关于耶路撒冷地位问题的讲话反应激烈。在土耳其的号召下，2017 年 12 月 13 日，伊斯兰合作组织在土耳其伊斯坦布尔举行特别首脑会议。会后发表公报，宣布"承认东耶路撒冷为巴勒斯坦国首都"。该组织还呼吁联合国安理会维护耶路撒冷的法律地位，制止以色列对巴勒斯坦土地的占领。让美国略感意外的是，在耶路撒冷问题上，土耳其成为对美国谴责最为严厉的伊斯兰国家。在美国迁馆导致加沙动乱后，土耳其也将其驻美国和驻以色列大使召回谈话，并宣布对遇难同胞进行哀悼。正在伦敦访问的埃尔多安告诉英国皇家国际事务研究所（Chatham House）："美国所采取的最新举措显示它选择成为问题而不是解决方案的一部分，因此它已失去了充当中东和平进程调解人的角色。"①

（三）外部大国对特朗普巴以政策的反应和影响

对于特朗普在巴以问题上的单边行为及加沙地区巴以持续对峙，俄罗斯在公开场合谴责美国的挑衅行为。尤其是对美国改变耶路撒冷地位的做法，俄罗斯称美国此举是一项公开挑衅行为，它并没有为中东地区带来和平的曙光，反而制造了许多麻烦。俄罗斯外交部副部长博格达诺夫 2018 年 5 月 14 日在接受国际文传电讯社采访时，批评特朗普政府将使馆搬迁到耶路撒冷，

① 《土耳其：美国不再适合担任中东"调解人"》，http：//world. huanqiu. com/exclusive/2018 - 05/12029764. html。

称这将进一步加剧以色列人与巴勒斯坦人之间的紧张，并称美国搬迁使馆的决定是一种"短视"行为。他表示，美国的决定有悖于国际社会大多数国家的立场。他谴责美国"使加沙紧张局势急剧升级，可能引发巴勒斯坦人和以色列人之间大规模的对抗，带来伤亡"。① 俄罗斯在中东反恐、叙利亚危机处理和伊朗核问题等方面发挥着积极主动的作用，但是在巴以问题上，俄罗斯虽然与以色列和巴勒斯坦双方都保持着畅通和密切的联系，但主要是和国际社会一起在政治上劝和促谈，目前还没有单方面推动和平进程的能力，可以说，俄罗斯既无心也无力介入巴以和谈。

欧盟作为一个成熟的政治经济一体化组织，对中东和平问题一直积极介入，是推进巴以和平进程的重要力量。2000～2002年巴以冲突后，欧盟和美国、俄罗斯、联合国一起建立了"四方会谈"机制，致力于促成巴以和谈，推进巴以和平进程。欧盟支持巴勒斯坦与以色列双方通过和谈的方式解决地区争端，对美国单方面在巴以关系敏感领域的挑衅行为表示不满。欧盟强烈反对美国单方面改变耶路撒冷地位的做法。2018年5月14日，美国举行将驻以色列大使馆迁到耶路撒冷的活动，欧盟官方没有出席当天的迁馆活动。欧盟官方当天对此发表声明，称美国此举损害了巴勒斯坦的利益，同时强调巴勒斯坦是巴以两国的首都，欧盟支持两国通过和谈解决耶路撒冷问题。对于迁馆引发的加沙地区动乱，欧盟各国则表示巴勒斯坦人有权维护其合法的安全与和平的权利，并对巴方实施的暴力行为加以谴责。英国外交大臣鲍里斯·约翰逊在美国迁馆当天也发表谈话，不赞同美国的做法，并认为此举是"美国在错误的时间，出了一张错误的牌"。② 欧洲主要国家也大多与美国在这一问题上"划清界限"。据报道，欧盟28个成员国中，当天仅有匈牙利、罗马尼亚、捷克和奥地利4国派代表出席了开馆仪式。

---

① 《美国搬使馆遭多国抨击 土副总理：美在用错误的政策孤立自己》，http://world.huanqiu.com/exclusive/2018 - 05/12029568.html。

② 《美驻以新馆"开张" 美国成心捅破巴以"马蜂窝"》，http://www.tyxts.com/mil/junshiyaowen/119345.html。

（四）特朗普巴以政策的前景分析

作为中东地区持续时间最长、影响最广泛的核心问题，巴以问题之所以在世界范围内受到广泛关注，是因为巴以问题是阿拉伯国家和以色列冲突问题的集中体现，是中东的一个根源性问题。美国总统特朗普在耶路撒冷地位问题上的做法，改变了一个时期内巴以问题的走向和阿以冲突的基本格局，打破了巴以关系的平衡点，必将对巴以关系今后的走向以及中东和平的前景等产生深刻影响。

首先，巴以关系短期内将处于信任缺失、冲突持续的恶劣状况，巴以和平谈判启动更难。2014年后，巴以接触与谈判完全中止，特朗普在巴以问题上的所作所为，进一步恶化了巴以双边关系，加剧巴以双方互不信任、难以接触的状况。对以色列来说，特朗普政府在耶路撒冷问题上的做法无疑大大增强了以色列在法律上最终吞并整个耶路撒冷的自信心，在今后与巴勒斯坦的谈判中，以色列将在耶路撒冷问题上持更加强硬的立场，甚至有可能将耶路撒冷问题排除在巴以和谈的框架外。对巴勒斯坦方面而言，美国对以色列的偏袒不断引发巴勒斯坦人的不满，而且他们对美国、对和平进程将丧失信心。巴勒斯坦内部法塔赫与哈马斯的矛盾将更难消除，哈马斯将会更加怪罪法塔赫与以色列及美国的和解政策，双方内部对和平的态度和立场的鸿沟将进一步扩大。此外，据公开报道，进入2018年后，自2004年后一直担任巴勒斯坦主要领导人的阿巴斯身体状况每况愈下，而且其接班人选很不明朗，这也在一定程度上会影响巴勒斯坦内外政策决策的效果。

其次，美国的偏袒立场和巴以双方的对立态度，使中东和平谈判环境更加恶劣。迁馆事件和加沙地区冲突导致巴以双方进入僵持阶段，尤其是加沙局势陷于令人窒息的恶劣状况。目前220万巴勒斯坦民众生活在这个被以色列围困的365平方公里的狭小地区，加沙不仅被外界形容为"世界上最大的监狱"，而且有可能成为世界上最大的"火药桶"。以色列士兵也在不断驱赶巴勒斯坦人和镇压巴勒斯坦人抗议和示威过程中，背负着巨大的精神和道义压力，这使巴以关系陷入令人绝望的状况。2018年4月28~30日，美国新任国务卿蓬佩奥开启了上任之后的首次中东之行。蓬佩奥此行访问了沙特阿拉伯、卡塔尔、约旦和以色列 4 国，但在试图缓和巴以关系领域并没有取得满意成果。

再次，特朗普政府的巴以政策已对国际社会推动巴以和谈的努力产生恶劣的负面影响。2018 年 6 月 1 日，联合国安理会举行巴以问题公开辩论会，对科威特和美国各自起草的有关巴勒斯坦问题决议草案进行表决，其中科威特的决议草案呼吁保护巴勒斯坦被占领土（包括加沙地带）上平民的安全，该决议草案的投票结果是 10 票赞成，1 票反对，4 票弃权，最后由于美国投了反对票，决议最终没有通过。美国提交的决议草案要求谴责巴勒斯坦伊斯兰抵抗运动（哈马斯）在加沙地带煽动暴力，但在表决中美国仅获来自自己的 1 张赞成票，其余为 3 张反对票与 11 张弃权票，最后安理会否决了美国的决议草案。不难看出，由于美国偏袒以色列的政策，今后国际社会在联合国安理会舞台上讨论解决巴勒斯坦问题的前景将更为暗淡。

总之，特朗普执政时期美国在巴以问题上表现出明显的偏袒以色列的倾向，并且在耶路撒冷问题上不惜冒天下之大不韪，强行改变耶路撒冷地位，引起国际社会普遍抗议和不满。目前，中东地区诸如叙利亚危机、伊核协议的命运、沙伊冲突、也门内战等热点问题仍然有待解决。多种问题的显现掩盖了巴以问题的急迫性，巴以问题正面临进一步被边缘化的危险。大国在制定中东政策时也很难将关注的重点放在解决巴以冲突、推动巴以和平上。特朗普政府在强行改变耶路撒冷地位事件后，在出台新的中东和平计划问题上语焉不详，人们很难判断特朗普在巴以问题上下一步的动作。对特朗普政府来说，抛弃前任的立场和做法容易，但要在巴以问题以及中东和平问题上取得建设性成果，绝非一厢情愿之事。

Y.16
2017年中东地区经济发展

姜英梅[*]

摘　要：　2017年世界经济增速明显提升，劳动市场持续改善，全球物价水平温和上升，大宗商品价格有所上涨，国际贸易增速提升。同时，国际直接投资增长缓慢，全球债务持续积累，金融市场出现泡沫。2018年全球经济有望持续复苏，但经济增长基础尚不稳固，面临很多挑战。由于持续低油价和地区冲突，2017年中东地区经济增速出现大幅回调，尤其是石油出口国经济疲软，石油进口国经济则稳健增长。2018~2019年，受益于全球经济持续复苏、结构性改革、油价上升及地缘政治环境改善，中东经济将逐渐好转，石油进口国经济复苏势头更为强劲。但结构性低油价、多样化发展效果不彰及持续性政治风险削弱了投资者的信心等因素仍将限制该地区经济的加速发展。

关键词：　中东经济　石油进口国　石油出口国　国际油价　经济改革

自2016年中开始，全球经济回升的范围逐步扩大、力度逐渐加大。根据国际货币基金组织2018年4月公布的《世界经济展望》报告，2017年以来，全球投资和贸易继续回升。2017年全球增长率达到3.8%，下半年

---

* 姜英梅，法学博士，中国社会科学院西亚非洲研究所副研究员，主要研究中东经济发展和中东金融问题。

的增长率超过 4%，是 2011 年以来增长最快的一年。[1] 欧元区、日本、中国和美国增长加快，大宗商品出口国经济有所复苏。新兴市场和发展中经济体的经济表现也好于预期。贸易和投资增长仍是推动全球经济回升的重要因素。世界银行 2018 年 1 月公布的《全球经济展望》报告认为，鉴于投资、制造业活动及贸易反弹，全球经济正在经历周期性复苏。全球经济增长率预计将由 2016 年的 2.4% 升至 2017 年的 3%，高于 2017 年 6 月 2.7% 的预测。[2]

一 2017年中东经济大幅回调

尽管全球经济复苏势头强劲，但中东地区经济由于持续低油价和地区冲突出现大幅回调。低油价溢出效应、财政整顿及 OPEC + 的石油减产协议对非石油经济也产生影响。2017 年，中东经济增速从 2016 年的 4.9% 下降至 2.2%。受益于油价上涨和政府削减补贴等相关财政改革，经常项目和政府财政状况有所改善。经常项目余额占 GDP 比例从 2016 年的 − 4.6% 上升至 2017 年的 − 0.6%，财政余额占 GDP 比例从 2016 年的 − 10% 上升至 2017 年的 − 5.6%。但是，中东地区通货膨胀率从 2016 年的 4.9% 上升至 6.6%。[3] 2017 年全球外国直接投资（FDI）下降 23%，为 1.43 万亿美元。2017 年流入北非地区的外国直接投资持续下滑 4%，降至 130 亿美元。2017 年流入西亚地区的 FDI 持续下降，从 2016 年的 310 亿美元降至 260 亿美元。2018 年，石油价格的波动、石油出口国经济的多元化努力、政治和地缘政治的不确定性都将影响 FDI 流入。[4] 2016 ~ 2018 年中东经济指数见表 1。

---

[1] IMF, *World Economic Outlook*, April 2018, p. 1.

[2] World Bank, *Global Economic Prospects*, January 2018, p. 1.

[3] IMF, *World Economic Outlook*, April 2018, p. 1; IMF, *Regional Economic Outlook-Middle East and Central Asia*, Oct. 2017, p. 2; IMF, *Regional Economic Outlook Update-Middle East and Central Asia*, May 2018, p. 2.

[4] UNCTAD, *World Investment Report 2018*, June 2018, p. 40, p. 48.

表 1　2016～2018 年中东经济指数

单位：%

地区	实际 GDP 增长率			经常项目余额占 GDP 比例			通货膨胀率		
	2016 年	2017 年	2018 年	2016 年	2017 年	2018 年	2016 年	2017 年	2018 年
中东地区	4.9	2.2	3.2	-4.6	-0.6	1.1	4.9	6.6	8.7
石油出口国	5.4	1.7	2.8	-3.6	1.2	3.0	4.0	3.4	6.3
沙特	1.7	-0.7	1.7	-3.7	2.7	5.4	2.0	-0.9	3.7
伊朗	12.5	4.3	4.0	4.0	4.3	7.0	9.1	9.9	12.1
阿联酋	3.0	0.5	2.0	1.4	4.7	5.3	1.6	2.0	4.2
阿尔及利亚	3.3	2.0	3.0	-16.6	-12.3	-9.3	6.4	5.6	7.4
伊拉克	11.0	-0.8	3.1	-8.6	0.7	0.2	0.4	0.1	2.0
卡塔尔	2.2	2.1	2.6	-5.5	1.3	2.5	2.7	0.4	3.9
科威特	2.2	-2.5	1.3	-4.5	2.0	5.8	3.5	1.5	2.5
利比亚	-7.4	70.8	16.4	-24.7	2.2	-10.7	25.9	28.0	24.3
也门	-34.3	-13.8	-0.5	-5.2	-1.0	-6.5	-20.3	4.9	23.0
石油进口国	3.7	4.2	4.7	-5.7	-6.5	-6.2	6.2	12.4	12.2
埃及	4.3	4.2	5.2	-6.0	-6.5	-4.4	10.2	23.5	20.1
摩洛哥	1.2	4.2	3.1	-4.4	-3.8	-3.6	1.6	0.8	1.4
苏丹	3.5	3.2	3.7	-8.9	-5.5	-6.2	17.8	32.4	43.5
突尼斯	1.0	1.9	2.4	-8.8	-10.1	-9.2	3.7	5.3	7.0
黎巴嫩	1.0	1.2	1.5	-23.3	-25.0	-25.8	-0.8	4.5	4.3
约旦	2.0	2.3	2.5	-9.3	-8.7	-8.5	-0.8	3.3	1.5
以色列	4.0	3.3	3.3	3.5	3.0	2.6	-0.5	0.2	0.7
土耳其	3.2	7.0	4.4	-3.8	-5.5	-5.4	7.8	11.1	11.4

资料来源：IMF，*Regional Economic Outlook-Middle East and Central Asia*，Oct. 2017，p. 2；IMF，*Regional Economic Outlook Update-Middle East and Central Asia*，May 2018，p. 2。

（一）石油出口国经济疲软

2017 年中东地区石油出口国经济疲软，经济增长率仅为 1.7%，大大低于 2016 年 5.4% 的经济增速。[①] 财政整顿、石油产量及地区冲突成为影响石油出口国经济的关键因素。

---

① IMF，*Regional Economic Outlook-Middle East and Central Asia*，October 2017，p. 4；IMF，*Regional Economic Outlook Update-Middle East and Central Asia*，May 2018，p. 3.

2017 上半年，国际油价震荡下行，主要归因于美国原油产量的持续增长，加上利比亚和尼日利亚等国原油产量反弹，抵消了 OPEC＋减产对油价的支撑作用；下半年，国际油价逆势反弹，年末突破 60 美元/桶，达到 2016～2017 年新高。根据国际货币基金组织 2018 年 1 月份世界经济展望报告，2017 年 8 月至 2017 年 12 月，原油价格上涨了 20% 左右，超过 60 美元/桶。[1] OPEC 一揽子油价也从 2017 年 6 月的每桶45.21 美元，增加到12 月的每桶62.06 美元，涨幅为 37.3%（见图 1）。[2] 全球经济增长前景改善、OPEC＋限制石油产量协议延期及中东地缘政治紧张对原油价格起到支撑作用。2017 年平均油价每桶 52.8 美元，比 2016 年的 42.8 美元上涨了 23.3%。[3] 然而，相对各国的财政收支平衡油价而言，国际油价仍处于低水平。

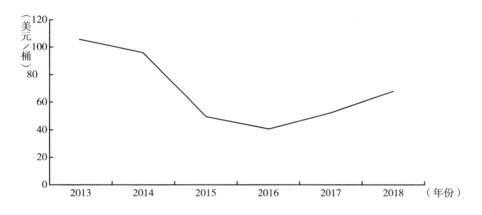

图 1　2013～2018 年 OPEC 一揽子油价

资料来源：OPEC 网站，http：//www.opec.org/opec_ web/en/data_ graphs/40.htm，2018 年 6 月 18 日。

GCC 国家经济增速从 2016 年的 2.1% 降至 2017 年的 −0.2%，这主要是由于 OPEC＋减产协议带来的经济影响抵消了非石油部门的经济复苏。由

---

[1]　国际货币基金组织：《世界经济展望》（中文版），2018，第 2 页。

[2]　OPEC 网站，http：//www.opec.org/opec_ web/en/data_ graphs/40.htm，2018 年 6 月 6 日。

[3]　IMF, *World Economic Outlook*, April 2018, p.3.

于单一的石油经济并未根本改变，低油价同样对非石油经济造成影响。2017年，中东石油出口国非石油经济增长率从2016年的0.8%上升至2.6%，但是大大低于2000~2014年6.6%的平均水平。2017年GCC非石油经济增长率为1.8%（2016年为1.6%），同样大大低于2000~2014年6.9%的平均水平。GCC国家中，沙特阿拉伯出现2009年以来的首次经济负增长（-0.7%），科威特经济也出现负增长，经济增长率为-2.5%，阿联酋和卡塔尔则由于消费者和投资者信心下降，2017年非石油GDP增速放缓。巴林则由于来自GCC的基金项目以及良好的金融业，非石油经济增长强劲。其他石油出口国（不包括冲突国家）经济增速从2016年的5.2%降至2017年的1.3%，非石油经济增长率从2016年的2.1%攀升至2.5%。① 伊朗经济增长率从2016年的12.5%大幅下滑至4.3%，主要是由于制裁取消后石油产量已达到高峰，石油GDP增速大降，从而抵消了公共部门投资带来的非石油经济复苏。此外，阿尔及利亚和伊拉克石油经济受到OPEC+减产协议影响，尤其是欧洲对阿尔及利亚天然气需求少于预期，从而部分抵消了非石油经济的复苏。伊拉克在2017年消灭了"伊斯兰国"，有利于非石油经济增长，但由于石油产量已经达到产能水平，经济增长率从2016年的11%降至-0.8%。受冲突影响的石油出口国经济依然受到安全形势和石油产能的双重影响，如利比亚和也门经济形势有所好转。尽管公共支出仍然很低，但受益于石油产量大大高于预期，利比亚经济增速从2016年的-7.4%大幅增加至2017年的70.8%。近年来，受冲突和战乱影响，也门经济一直呈负增长，2016年经济增速达到-34.3%，2017年上升至-13.8%。

2017年石油出口国财政收支状况有所改善，但赤字问题依然严峻。连续多年的低油价导致中东石油出口国财政收支持续恶化，财政赤字占GDP比例从2014年的1.1%上升至2016年的10.6%。2017年伴随国际油价回升以及各国财政调整政策，财政赤字占GDP比例上升至5.2%。石油出口国财政收支状况也不均衡。其中，科威特、卡塔尔、伊朗、阿尔及利亚、阿联酋

---

① IMF, *Regional Economic Outlook Update-Middle East and Central Asia*, May 2018, p. 19.

五国的财政赤字占 GDP 比例低于 5% ，其他国家均在 5% 以上，巴林、阿曼和利比亚为 10% 以上。[①] 海湾阿拉伯国家合作委员会（以下简称海合会）国家由于拥有巨额主权财富基金，成为改善财政状况的缓冲器，尤其是科威特、卡塔尔和阿联酋。国际货币基金组织预测 2018～2022 年石油出口国的财政赤字将达到 3200 亿美元。因此，石油出口国需要进一步改善财政收支状况，在确保必需的社会支出和以增长为导向的支出基础上，实现财政平衡。

债券发行继续成为石油出口国主要的预算融资方式。尤其是 GCC 国家，其拥有较高的主权信用评级，更容易得到国际融资。2017 上半年，在国际金融市场良好的前提下，GCC 国家发行了 300 亿美元的债券。[②] 石油出口国在国际金融市场发行债券融资，可以避免对私营部门的信贷挤出效应，况且 GCC 国家国内金融市场还很有限。因此，GCC 等石油出口国已经涉足国家金融市场重建财政缓冲器。但是从长远来看，在国内发行债券有助于国内金融市场的发展，并可以避免国际金融市场的不利影响。为此，阿联酋、科威特、阿曼和沙特设立负债管理公司，充分考虑宏观金融发展与风险，实施资产负债管理战略。其他石油出口国（伊拉克、伊朗、利比亚和也门）由于外部融资渠道有限，国内债券发行（包括赤字货币化措施）成为政府偏好的融资方式。

2017 年石油出口国经常项目状况有所改善。2014 年石油出口国经常项目盈余 2280 亿美元（占 GDP 比例为 8.8%），此后油价大幅下跌并低位运行，石油收入骤降，2016 年石油出口国经常项目赤字达到 770 亿美元，占 GDP 比例为 −3.6%。2017 年以来，伴随油价回升，经常项目出现盈余，占 GDP 比例为 1.2%。[③] 然而，各国持续的经常项目赤字、较低的金融缓冲及有限的汇率弹性，使石油出口国面临外部融资的挑战。这强调了国外私人资本的重要性，因为私人资本有助于缩小外部差距。为此，一些国家采取措施放宽外资准入条件，如沙特放宽了外资进入资本市场的条件。但是，一些国

---

① IMF, *Regional Economic Outlook Update-Middle East and Central Asia*, May 2018, p. 6.

② IMF, *Regional Economic Outlook Update-Middle East and Central Asia*, May 2018, p. 7.

③ IMF, *Regional Economic Outlook Update-Middle East and Central Asia*, May 2018, p. 10.

家的新投资法迟迟未能出台，如阿曼、阿联酋。那些能够促进经济多元化和提升经济竞争力的改革措施也有助于缩小外部赤字。此外，紧缩货币政策，吸引更多的投资组合，也是重要的融资渠道。

尽管国际油价持续低迷，石油出口国金融部门仍表现良好，GCC 国家和阿尔及利亚拥有较高的资本充足率和利润率。伊朗和伊拉克银行体系则很脆弱。伊拉克正采取措施应对国有银行面临的挑战，伊朗正对银行业进行改革，资本重组与结构调整是改革主要方向。2017 年，受益于石油价格回升和经济多元化政策，私人部门信贷增长稳定，尽管与 2014 年油价大幅下跌之前相比仍处于低水平。政府在提高银行流动性和加强审慎监管方面取得较大进展。例如，阿尔及利亚重新引入再融资工具，巴林加强了流动性要求，阿曼引入银行同业基准利率并努力开发提高伊斯兰银行流动性的工具，沙特阿拉伯深化国内资本市场，巴林、卡塔尔和沙特加强宏观审慎框架机制建设，科威特为伊斯兰银行引入新的企业治理机制，伊朗和阿联酋起草新中央银行法与银行法。低油价和美联储加息都将对石油出口国银行资产质量施加压力，从而影响银行向私人提供信贷的能力，进而拖累经济增长。因此，深化国内资本市场，为非石油部门提供充足的资金，将成为政策制定者的优先考虑。

低油价时代，摆脱经济对石油的依赖、重新分配石油收入成为石油出口国的重大关切。为此，大多数石油出口国制定了雄心勃勃的经济多元化战略，促进私营部门的发展，并实施财政调整政策，改变公共部门支出和能源补贴的石油收入分配方式。未来，石油出口国应利用全球经济周期性增长的机遇期，制订更加详细的改革计划，并加快改革进程。

（二）石油进口国经济稳健增长

由于国内需求增加及全球经济复苏（尤其是主要贸易伙伴欧洲），中东地区石油进口国经济稳健增长，实际 GDP 增长率从 2016 年的 3.7% 增长至 2017 年的 4.2%。[①]

---

① IMF, *Regional Economic Outlook Update-Middle East and Central Asia*, May 2018, p. 11.

2017 年，中东主要贸易伙伴经济复苏强劲，带动侨汇、出口（摩洛哥）、外国直接投资（埃及、摩洛哥）及旅游业（埃及、约旦、摩洛哥和突尼斯）的复苏。埃及投资和出口增长源于埃及政府实施浮动汇率制度、不断贬值的埃及镑汇率逐渐稳定、国际燃料和食品价格持续低位，以及国内私人消费拉动。矿业和出口增长推动约旦经济增长率从 2016 年的 2.0% 上升到 2017 年的 2.3%。摩洛哥则由于农业的有利条件、服务业和制造业反弹，以及磷酸盐产能扩大，2017 年的经济增长率达到 4.2%（2016 年为 1.2%）。由于欧洲经济增长强劲、结构性改革及安全形势好转后旅游业复苏，突尼斯2017 年经济增长率缓慢回升至 1.9%。由于美国取消了对苏丹的经济制裁，促进国内私人投资和出口，苏丹 2017 年经济增速略有下降，为 3.2%。由于叙利亚战争对黎巴嫩旅游、房地产和建筑业等传统经济的影响，2017 年黎巴嫩经济步履蹒跚，增速仅为 1.2%。①

2017 年石油进口国经常项目依旧疲软。尽管全球经济复苏和大宗商品价格上涨带来外资、旅游和出口增长，但受油价上升及资本货物进口增加影响，经常项目赤字继续扩大，占 GDP 比例从 2016 年的 - 5.7% 进一步降至 - 6.5%。黎巴嫩经常项目赤字占 GDP 比例高达 25%，这反映了来自叙利亚的持续的安全压力。突尼斯、约旦、埃及和苏丹经常项目赤字占 GDP 比例也比较高，分别为 10.1%、8.7%、6.5% 和 5.5%。②

2017 年石油进口国财政赤字占 GDP 比例从 2016 年的 -6.8% 增至 -6.5%，2018 年财政状况将继续改善。③ 财政整顿有助于缩小经常项目赤字、减轻汇率压力。这表明近年来石油进口国实施的一系列财政整顿措施起到一定效果，如改革能源补贴政策，减少不必要的支出，加强公共融资管理、地方财政管理、税收管理、公务员工资管理，等等。然而，由于收入来源有限，政府支出增加，石油进口国财政赤字问题依然存在，一些国家的公共债务占 GDP 比例为 50% 以上。

---

① IMF, *Regional Economic Outlook Update-Middle East and Central Asia*, May 2018, p. 12.

② IMF, *World Economic Outlook*, April 2018, p. 260.

③ IMF, *Regional Economic Outlook-Middle East and Central Asia*, Oct., 2017, p. 22.

2017 年石油进口国通货膨胀率大幅增加，达到 12.4%（2016 年为 6.2%），主要是埃及和苏丹的原因。埃及实施了大规模的汇率贬值措施，减少燃料补贴，引进增值税，并提高了水电等公共部门价格，推动埃及通货膨胀率从 2016 年的 10.2% 骤然上升到 23.5%。苏丹平行汇率急剧贬值、财政赤字货币化将通货膨胀率推升至 32.4%（2016 年为 17.8%）。突尼斯燃料价格机制调及第纳尔小幅贬值，推动价格上涨，2017 年通胀率为 5.3%（2016年为 3.7%）。其他石油进口国通货膨胀率则比较温和。①

2017 年石油进口国金融业总体上表现稳健，银行资本、流动性及利润良性发展，一些国家的不良贷款率呈下降趋势。此外，私营部门信贷增长复苏，这表明结构性改革措施对提升私营部门活力和竞争力方面的积极作用。然而，为实现包容性增长，中东石油进口国仍需提升营商环境。

二 中东主要国家经济形势

受自然禀赋、政府政策及地缘政治影响，中东国家经济发展水平参差不齐。例如，2017 年石油出口国经济大幅下滑，尤其是 GCC 国家的经济出现负增长，2018 年经济增长状况虽有所改善，但经济增长率仅为 1.9%。石油进口国经济在 2016 年的基础上复苏，继续保持较强的增长势头，2017 年和 2018 年经济增长率分别为 4.2% 和 4.7%。

（一）沙特经济出现负增长

沙特是中东地区第二大经济体，2017 年名义 GDP 为 6838 亿美元。② 然而，由于国际油价持续低迷，政府采取的经济紧缩措施对沙特经济产生严重影响。此外，沙特与伊朗的对峙、与卡塔尔的断交危机及参与也门对抗胡赛武装，也是影响沙特经济的重要原因。2017 年沙特经济首次出现负增长，

---

① IMF, *Regional Economic Outlook Update-Middle East and Central Asia*, May 2018, p. 66.
② EIU, *Country Report: Saudi Arabia*, June 2018, p. 10.

财政赤字占 GDP 比例为 8.9%，公共债务占 GDP 比例上升到 30.9%（2014年仅为 9.2%），外债持续增加，从 2014 年的 1661.3 亿美元上升到 2017 年的 2051.1 亿美元。经常项目余额虽由逆差转为顺差 152.3 亿美元，但与 2014 年的 737.6 亿美元仍相差很大。为弥补财政赤字，沙特政府不得不动用国际储备，2017 年国际储备额从 2014 年的 7323.5 亿美元降至 4964.2 亿美元。传统上，沙特是西亚最大的外国直接投资流入国，但是自国际金融危机以来，流入沙特的 FDI 持续收缩，占西亚地区 FDI 流入总额的比例从 2009 年的 53% 降至 2015 年的 27%，2017 年进一步降至 6%。由于显著的撤资和跨国公司内部拆借，2017 年沙特 FDI 流入下滑 80% 至 14 亿美元。[①] 例如，壳牌（英国－荷兰）将其在石化合资公司（SADAF）50% 的权益，约 8.2 亿美元出售给其合伙人沙特基础工业公司（SABIC）。为降低经济对石油的依赖，实现经济转型，沙特王储宣布"2030 愿景"和"2020 国家转型计划"，首先是寻求加快经济多元化，以及在社会领域的一些改革（如允许女性驾车）。沙特宣布将公共投资基金转变为 2 万亿美元的主权财富基金，并计划 2018 年以 IPO 方式出售国有石油公司——沙特阿美石油公司（Aramco）50% 的股权。从短期来看，由于政府扩大财政收入来源，并减少支出，如对大多数商品和服务征收 5% 的增值税，政府财政赤字将逐渐缩小。伴随石油价格稳步回升，2018 年沙特经常项目顺差将逐渐增加至 363.1 亿美元。由于油价上升、政府经济多元化改革进程，以及 OPEC＋减产协议维持到 2018 年底，2018 年和 2019 年沙特经济增长率将适度回升到 1.7% 和 1.9%。沙特民众对王储的转型计划持欢迎态度，认为这有利于社会自由化、财政透明及经济复苏。但是，由于改革步伐缓慢，以及劳动力市场的缺陷，沙特国家转型计划能否实现预期效果还有待观察。

（二）阿联酋经济将触底反弹

阿联酋是中东地区经济多元化最为成功的国家，是地区商业、物流、贸

---

① UNCTAD, *World Investment Report 2018*, June 2018, p.66.

易和金融中心。根据世界经济论坛《2017～2018 全球竞争力报告》，阿联酋竞争力位居中东地区首位。未来五年阿联酋仍将是中东地区最优秀的经济体之一。

受 OPEC＋减产、油价低迷及财政改革影响，阿联酋 2017 年经济增长率从 2016 年的 3.0% 降至 2017 年的 0.5%，其中石油 GDP 下降较大，由于就业扩张、政府支出增加及阿联酋主要贸易伙伴增速提升的支持，阿拉伯非石油领域走势向好。随着油价恢复企稳及基础设施建设和非石油经济部门经济的发展，2018 年阿联酋经济将触底反弹。国际货币基金组织预测，阿联酋 2018 年和 2019 年经济增长率将上升到 2.0% 和 3.0%。由于油价回升缓慢及 OPEC＋减产协议延长至 2018 年底，2018～2022 年阿联酋财政赤字问题仍比较严峻，但阿联酋金融体系稳定，信心充足，银行业资本充足，流动性充裕，盈利能力提高。由于多元化产业和迪拜 2020 年世博会的拉动，迪拜将成为阿联酋经济增长的主力，2018 年经济增长率预计为 3.7%。影响阿联酋经济的积极因素还包括全球贸易环境的改善、阿联酋本国营商环境的持续改善、贸易和旅游拉动经济增长、世博会和重点项目的支撑及引入增值税。未来，阿联酋各酋长国，尤其是阿布扎比，仍将经济多元化作为经济优先发展方向，政府投资力促民间资本参与非石油部门，争取在 2021 年非石油部门对 GDP 的贡献率从现在的 70% 增加到 80%（这也是政府 2021 愿景目标之一）。阿联酋央行预计 2018 年阿联酋非石油部门 GDP 将增长 3.5%，高于 2.9% 的增速。[1] 阿联酋正努力将新技术作为经济多元化发展战略的一部分，如建设智能城市，在政府交易中使用区块链技术，金融科技（Fintech）及第四次工业革命等，迪拜正在成长为中东地区的技术中心。作为中东地区最具竞争力和投资吸引力的国家，阿联酋是该地区第二大外资流入国，2017 年 FDI 流入达到 104 亿美元，上涨 8%。同时，作为拥有全球第二大主权财富基金的国家，阿联酋还是中东地区最大 FDI 流出国家，2017 年 FDI 流出 140 亿美元，上涨 8%。[2] 为吸引外资，阿联酋新投资法预计将

① EIU, *Country Report*：*United Arab Emirates*, June 2018, p. 10.
② UNCTAD, *World Investment Report 2018*, June 2018, p. 66.

在 2018 年出台。新投资法将放宽包括制造业和服务业等特定行业的外资比例限制，允许外资 100% 控股。预计新法案的出台将推动外资流入量增长 15%。

（三）埃及经济良性发展

2011 年以来，埃及结构性失衡问题日益严重，同时受国内恐袭多发、政局动荡及世界经济整体低迷影响，埃及外汇储备持续缩水，财政状况恶化，埃及镑不断贬值。2016 年 8 月，埃及政府与 IMF 签署了一项 120 亿美元贷款协议，并接受其附加条件，实施经济改革，减少燃料补贴。11 月，埃及正式实施浮动汇率，美元兑埃及镑汇率由 8.8 一次性升至 13，此后，埃及镑不断贬值，直到 2017 年底逐渐稳定。持续的经济改革和不断优化的营商环境将为工业生产和出口提供动能，货币贬值将显著提升埃及工业生产的竞争力，并强力推动投资和出口。塞西执政以来，由其推行的经济改革政策得到埃及民众的欢迎，塞西再次当选总统将有助于埃及保持政治稳定，并可确保各项改革政策得以继续推行。2018 年 5 月，标普（S&P）全球评级公司将埃及主权信用评级由 B - 提高至 B，同时对埃及经济前景展望由正面转为稳定。新的信用等级是埃及汇率竞争力、天然气产量增长、出口增长导致经常账户赤字改善，以及有效的货币政策的反映。2016 年以来，埃及经济持续稳健增长，未来经济增速达到 5% 以上。经济改革进程不断推进、大规模基础设施建设成为拉动经济增长的驱动力，如新首都、新开罗及苏伊士运河经济走廊项目等促进了就业增加。伴随税收增加、补贴减少及债务利息支出减少，财政赤字逐渐缩小，从 2017 年的 - 9.5% 改善至 2018 年的 - 7.3%。未来，受益于外汇储备和出口增加，埃及镑将保持小幅升值态势，同时经常账户赤字占 GDP 比例也将从 2017 年的 6.5% 降至 2019 年的 3.9%。埃及政府上调燃油、水电价格，逐渐取消能源补贴，短期内推升通货膨胀率，2017～2018 年达 20% 以上，但从中期来看，通货膨胀水平将逐渐下降，预计 2019 年降至 13%。

埃及债务负担沉重，2017 年底埃及内债占 GDP 比例达 97%，对埃及财

政预算构成较大压力。① 主要是过去几年埃及公共开支增加所致，其中国有企业亏损（主要是对国民投资银行、电力公司和天然气公司欠款）是重要原因。2018 年 5 月，穆迪公司将埃及信用评级定为 B3 STA，认为埃及面临较大债务风险。但将随着改革计划的推进及紧缩财政政策的实施，并随着国内生产总值的增长，内债占 GDP 比例将下降。埃及将更多考虑长期债务工具（如 5~7 年期国债），计划 2020 年内债占 GDP 比例降至 80%。此外，庞大的外债规模也是埃及经济脆弱性的一大体现。埃及外债由 2016 年底的 670 亿美元增至 2018 年 1 月的 1000 亿美元。此外，埃及经济还面临油价上涨等其他外部风险。增加私人部门投资是经济持续增长必由之路，政府将在短期内推出一系列货币和金融政策刺激私人投资增长，短期内埃及汇率也将保持稳定，2018 年 4 月外汇储备已达 440 亿美元（2016 年底为 232 亿美元），这都将有利于改善埃及投资环境，刺激经济增长。

石油收入、侨汇、苏伊士运河收入和旅游业是埃及外汇收入的主要来源。2018 年 4 月苏伊士运河收入 4.79 亿美元，高出 3 月水平（4.63 亿美元）。2016/2017 财年（2016 年 7 月至 2017 年 7 月），埃及国际收支盈余 137 亿美元，其中经常账户赤字下降至 156 亿美元，资本和金融账户净流入 290 亿美元。经常账户赤字同比下降 21.5%②，主要是货物贸易逆差削减和服务贸易顺差扩大所致。石油和非石油出口实现双增长，进口货物基本保持不变。埃及国内旅游收入自谷底逐渐恢复，2017 年埃及旅游业产值为 211 亿美元，对 GDP 贡献率为 11%，海外旅游支出受埃及镑贬值影响出现下降。埃及投资收入与上一财年基本持平，流入流出额变动不大。经常转移净流入稳步上升，埃及央行数据称，2016 年 11 月至 2017 年 12 月埃侨汇收入达 291 亿美元，同比增长 19.2%。2017 年 7 月至 2018 年 2 月埃侨汇收入为 173 亿美元。③ 同时，资本和金融账户净流入大幅增长，投资者对埃及经济

① EIU, *Country Report*: *Egypt*, June 2018, p. 5.

② 《2016/2017 财年埃及国际收支主要特点》，中国驻埃及大使馆经商参处网站，eg. mofcom. gov. cn/article/r/201801/20180102703444. shtml，2018 年 1 月 24 日。

③ EIU, *Country Report*: *Egypt*, June 2018, p. 7.

信心逐步增强，油气行业外资净流入助力直接投资保持增长，证券投资净额由负转正，国际市场对埃及镑国债需求旺盛，对外借债上升，但中长期贷款增加，短期卖方信贷下降，债务结构明显改善。2018年6月，埃及通过新《投资法》和《破产法》，进一步完善了投资进入和退出机制。新《投资法》为投资者提供了一系列激励措施，包括对欠发达地区的投资进行50%的税收减免，政府对与新项目有关的公用事业费用减免，以及开放私人自由区申报等，将增强投资者信心，吸引更多外国直接投资，创造更多就业。2017年，埃及仍是非洲地区最大的FDI流入国，外资流入额74亿美元，但与2016年相比仍下降了9%。[①] 外国直接投资主要来自中国对其轻工制造业投资的大大幅增长，以及广泛的经济改革得到回报，如金融自由化，促进更多的国内收益再投资。

受美元债券利率上升、国际油价上涨、小麦进口价格上涨、国际贸易下滑及地区局势等因素影响，2018/2019财年埃及贸易、投资、就业、汇率、苏伊士运河收入补贴及燃料价格等都将受到相关影响。此外，由于受到既得利益集团的反对，结构性改革进程相对缓慢。

（四）土耳其经济增速将放缓

近年来，土耳其面临政治、经济、外交与经济上的多重困局，特别是经济的持续疲弱正在产生日益深远的内外影响，曾经被树为发展样板的"土耳其模式"也陷入危机。[②] 2017年由于政府刺激措施、政府信贷担保、企业出口竞争力提升及全球经济复苏，土耳其经济增速从2016年的3.2%大幅上升至7%。然而，由于外国资本流入减少、国内政治不稳定、地区紧张局势，以及国内金融脆弱性和较高的利率，2018年土耳其经济增速将放缓至4.4%。2018年以来，受强势美元影响，土耳其里拉持续贬值，截至2018年6月，里拉对美元累计贬值约20%，引发投资者对土耳其经济前景的担

---

① UNCTAD, *World Investment Report 2018*, June 2018, p. 56.
② 邹志强：《经济失速背景下的"土耳其"模式危机与土欧关系》，载《欧洲研究》2017年第2期。

忧。国际货币基金组织预测 2018 年土耳其经济增长率将从 2017 年的 7% 降到 4.4%。土耳其被迫发起"里拉保卫战",暴露土耳其经济内在的脆弱性,凸显经济结构改革迫在眉睫。高通胀、高外债、高经常账户赤字是导致此次危机的深层原因。2017 年土耳其经常账户赤字占 GDP 比例达到 5.5%,2018 年仍将维持在 5.4% 的高赤字水平。2018 年 6 月 24 日,土耳其将举行总统和议会选举,政局走向不明朗也为土耳其经济前景带来变数,加速里拉贬值预期。里拉贬值促使通胀率达到两位数,2018 年将达到 11.4%。埃尔多安政府的财政放宽政策导致 2018~2019 年财政赤字占 GDP 比例为 3% 左右,高于 2017 年的 1.5%。① 当务之急是推行结构性改革,包括增加储蓄、减少外债,增强企业竞争力、促进出口、加强抵御外部风险的能力;提高劳动生产率;加大金融监管力度,吸引外资回流。土耳其是西亚地区另一个大的 FDI 流入来源国,2007~2015 年占西亚地区 FDI 流入总额的比例平均为 25%。2016 年 7 月以来,政治不稳定对土耳其经济和外资产生负面影响,国际主要评价机构也调低了土耳其的主权信用评级,对国际借贷和外资均产生负面影响。2017 年土耳其 FDI 流入在 2016 年实质性下降的基础上持续下降至 110 亿美元。②

(五)伊朗经济前景堪忧

2016 年 1 月伊核协议开始实施,国际社会取消对伊朗经济制裁,为伊朗带来前所未有的经济高增长,GDP 增长率达到 12%,油气领域和非油气领域都实现大幅增长,外国资本纷至沓来,通货膨胀率 25 年来首次降至个位数 9.1%。伊朗外国直接投资流入从 2015 年的 20.5 亿美元,增加至 2016 年的 33.7 亿美元和 2017 年的 50.2 亿美元。③ 然而,随着被压制的产能(尤其在油气领域)逐步恢复生产、美国政府的经济制裁及地缘政治风险,伊朗经济增长的可持续性在 2017 年减退,GDP 增速为 4.3%,经常项目余额

---

① EIU, *Country Report:Turkey*, June 2018, p. 3.

② UNCTAD, *World Investment Report 2018*, June 2018, p. 186.

③ UNCTAD, *World Investment Report 2018*, June 2018, p. 186.

占 GDP 比例为 4.3%，通货膨胀率为 9.9%，财政赤字占 GDP 比例为 2.7%。2017 年（2017 年 3 月至 2018 年 3 月）德黑兰股票市场指数上涨 24.7%，主要原因是伊朗本币贬值，国际大宗商品价格上涨。2017 年 3 月至 2018 年 3 月，欧元和美元兑里亚尔分别上涨 41.9% 和 30.7%，以里亚尔计价的黄金价格上涨 34%。[1] 2018 年 4 月，伊朗政府宣布终止双重外汇汇率制度，试图控制伊朗里亚尔持续贬值态势，防范外汇动荡，并促进外国投资安全。由于不受 OPEC + 减产协议限制，伊朗原油产量为每天 380 万桶，政府计划在五年内把原油产量提升至 450 万桶/天，这需要外国投资和外国技术。此外，由于技术和设备较低端，伊朗石化产业滞后，炼油能力较弱，石化产品多样性受到限制，只有积极吸引外资和引进外国技术来发展石化产业。伊朗推出新版 IPC（伊朗石油合同），2016 年伊朗经济制裁缓解后，伊朗恢复与国际油气公司的谈判。包括德国、法国、意大利在内的部分欧洲国家与伊朗深化了合作关系，而美国总统特朗普在 2018 年 5 月正式退出伊核协议，敦促欧盟修正伊核协议，并宣布将对伊朗实施更严厉的经济制裁。尽管欧盟在伊朗有很多利益，如道达尔、西门子、空客等公司在"后制裁时代"开展对伊投资，但美国的制裁威胁有可能迫使他们不得不放弃投资。美伊关系如何发展，新制裁对伊朗经济影响多大，欧盟国家及伊朗是否会放弃伊核协议，都还有待观察。然而，对一个经济缓慢复苏的经济体而言，伊核协议的终结绝不会是好兆头。此外，伊朗经济对油气领域的依赖、国内保守派与改革派的斗争，都将成为伊朗经济发展的结构性风险。强硬保守派一直对务实改革派鲁哈尼政府达成的伊核协议多加诟病，加之伊核协议并未给伊朗民众带来实质性的好处，年轻人失业问题依然严峻，2018 年初伊朗出现骚乱。鲁哈尼的社会和经济改革计划面临巨大压力。随着美国退出伊核协议并宣布对伊朗实施新的经济制裁，未来，伊朗财政赤字率将增至 3.0%，石油出口也有可能下降 40 万桶/日，[2] 伊朗里亚尔还将呈贬值态势，从而导

---

① EIU, *Country Report*：*Iran*, June 2018, p. 6.

② EIU, *Country Report*：*Iran*, June 2018, p. 8.

致 2019~2021 年伊朗经济衰退，日益恶化的商业信心和消费者信心也将对伊朗经济产生负面影响。英国经济学家情报部 2018 年 6 月的报告预测伊朗 2018 年经济增速将下降至 1.9%，2019 年还将出现负增长，通货膨胀率将再次攀升到两位数。在美国尚未宣布退出伊核协议之前，国际货币基金组织 2018 年 4 月的报告预测 2018~2019 年，伊朗经济将保持 4.0% 的适度增长。

三 2018~2019年中东宏观经济向好

相比 2017 年，中东地区宏观经济在 2018 年将有所改善。世界银行 2018 年 1 月的全球经济展望报告认为，受国际经济形势好转、石油价格稳定在相对较高水平及地区局势趋稳和改革等因素影响，中东北非地区（MENA）2018 年经济增速将有所回升，达 3.1%（2016 年为 4.3%，2017 年为 2%），2019 年将达 3.3%，2020 年将达 3.2%。2018 年海合会国家石油出口将增长 3%。① 根据 IMF2018 年 4 月中东地区经济展望报告，预计 2018 年中东经济增长率为 3.2%，较年初类似报告有所下调，症结是地区国家财政状况不良及地缘政治紧张。2019 年则有望增长至 3.6%。② 欧元区经济复苏有利于扩大中东地区出口，尤其是石油进口国出口将增加。中东石油进口国经济由于结构性改革及政治局势趋稳的推动而有所改观。中东国家还将受益于中国"一带一路"倡议和中国稳健的经济，双边经贸合作有助于中东地区经济增长。虽然石油价格增长帮助石油出口国的国内需求复苏，但仍须进行的财政调整将对增长前景产生不利影响。发达经济体货币政策继续正常化，由此带来的利率上升将增加财政脆弱性及信贷紧缩风险。中东地区还将继续面临地缘政治紧张和冲突加剧的风险。此外，根据世界银行 2018 年营商环境报告，中东各国在 2017 年实施了 29 项改革，但地区整体营商环境仍不理想，从而阻碍投资。③ 2000~2019 年中东国家经济指数见表 2。

---

① World Bank, *Global Economic Prospects*, January 2018, p. 2.
② IMF, *World Economic Outlook*, April 2018, p. 2.
③ World Bank, *Doing Business 2018*, p. 68.

表 2 2000～2019 年中东国家经济指数

单位：%

中东经济指数	2000～2014 年均	2015	2016	2017	2018	2019
中东地区						
实际 GDP 增长率	4.8	2.4	4.9	2.2	3.2	3.6
经常项目余额占 GDP 比例	9.5	-4.4	-4.6	-0.6	1.1	0.2
财政余额占 GDP 比例	4.2	-8.9	-10.0	-5.6	-4.3	-3.3
通货膨胀率（年均）	7.0	5.8	4.9	6.6	8.7	7.1
石油出口国						
实际 GDP 增长率	5.0	1.9	5.4	1.7	2.8	3.3
经常项目余额占 GDP 比例	12.6	-3.8	-3.6	1.2	3.0	1.8
财政余额占 GDP 比例	6.7	-9.2	-10.6	-5.2	-3.8	-2.8
通货膨胀率（年均）	7.1	5.1	4.0	3.4	6.3	5.5
GCC 国家						
实际 GDP 增长率	4.9	3.6	2.1	-0.2	1.9	2.6
经常项目余额占 GDP 比例	16.5	-2.4	-3.4	2.1	4.3	3.1
财政余额占 GDP 比例	9.7	-8.4	-10.8	-5.5	-3.4	-1.9
通货膨胀率（年均）	2.8	2.0	2.1	0.2	3.6	2.5
石油进口国						
实际 GDP 增长率	4.3	3.8	3.7	4.2	4.7	4.6
经常项目余额占 GDP 比例	-2.2	-4.4	-5.7	-6.5	-6.2	-5.7
财政余额占 GDP 比例	-5.6	-7.2	-6.8	-6.5	-5.9	-5.2
通货膨胀率（年均）	7.6	6.8	6.2	12.4	12.2	9.5

资料来源：IMF, *Regional Economic Outlook Update-Middle East and Central Asia*, May 2018, p. 19.

（一）世界经济继续强势复苏

根据 IMF 2018 年 4 月《世界经济展望》报告预测，在依然有力的金融环境下，2018 年和 2019 年，全球增速预计将达到 3.9%。相比 2017 年 10 月的预测，全球经济增速上调了 0.2 个百分点。2018 年 1 月世界银行发布《全球经济展望》，上调 2018 年全球经济增长预期至 3.1%，表示全球经济将在 2018 年迎来金融危机后的全面复苏，随后 2019～2020 年经济增速将略

微放缓，降至 3% 的平均水平。①

在宽松货币政策支持下，欧元区经济体的过剩产能将逐步化解。扩张性财政政策将推动美国经济超过充分就业水平。新兴市场和发展中经济体的总体增长率预计将进一步提高，亚洲和欧洲新兴经济体将继续强劲增长，大宗商品出口国的经济在经历了三年的增长疲软后将有所回升。② 然而，全球经济依然面临下行风险，主要包括金融状况可能大幅收紧、对全球经济一体化的普遍支持减弱、贸易摩擦加剧、各国可能转而实施保护主义政策，以及地缘政治紧张形势。

展望 2018 年，国际油价将继续保持低位震荡，但油价走出低谷的市场共识已经形成，再次跌破 40 美元/桶的可能性微乎其微。2018 年，国际油价平均价格水平将高于 2017 年。OPEC 预测油价将从 2017 年的每桶 52.43 美元上升到 2018 年的 67.75 美元。从中期来看，国际原油价格仍面临不确定性，截至 2018 年 6 月 18 日，OPEC 一揽子油价已经达到 73.45 美元/桶（见图 2）。③ 2018 年 5 月 18 日，布伦特原油交易价格约 79.7 美元/桶，首次逼近 80 美元大关。然而，随着美国页岩气产量的快速增长，以及 OPEC 有关减产协议缔约国将讨论恢复生产的消息，都将打压原油价格。2018 年 6 月 18 日，布伦特原油 8 月期货价格报收 75.34 美元/桶，下跌 1.9 美元。从目前的基本面供需关系来看，供给还是过剩的，这大幅限制油价的上行空间，各大机构预测布伦特原油将在 55～75 美元的区间震荡。IMF 2018 年 4 月的《世界经济展望》报告预测，2018 年国际油价将上涨 18%，达到 62.31 美元/桶，但 2019 年国际油价将缓慢下降至 58.24 美元/桶，降幅为 6.5%。④

（二）2018～2019 年石油出口国经济复苏缓慢

2018～2019 年，石油出口国经济将继续缓慢复苏，主要得益于油价上

---

① World Bank, *Global Economic Prospects*, January 2018, p.1.
② IMF, *World Economic Outlook*, April 2018, p.1.
③ OPEC 网站，http://www.opec.org/opec_web/en/data_graphs/40.htm，2018 年 6 月 6 日。
④ IMF, *World Economic Outlook*, April 2018, p.256.

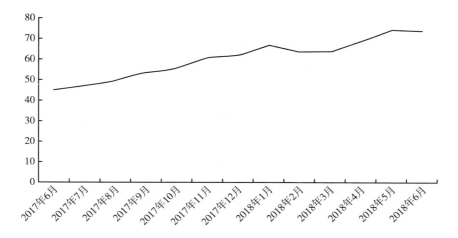

图2　OPEC一揽子油价（2017年6月至2018年6月18日）

资料来源：OPEC网站，http://www.opec.org/opec_web/en/data_graphs/40.htm，2018年6月18日。

升、国内改革带来收益提升、国内信心增加及外部需求的稳步上升。石油价格上涨为石油出口国财政收入增加，相应财政支出增长将会带动地区经济发展。2018～2019年中东石油出口国的经济增长率分别为2.8%和3.3%（IMF2017年10月的预测是3%和2.7%），非石油GDP增长率分别为3.2%和3.4%，均高于IMF2017年10月的预测。这说明石油出口国的经济复苏是由两个力量推动的。一方面是非石油GDP增长率向上修订。例如，巴林非石油GDP得益于投资项目完成超过预期；沙特则受益于财政整顿，阿尔及利亚受益于公共资本支出增加，伊拉克则受益于重建。另一方面是石油GDP增长率向下修订，主要受OPEC+减产协议的影响。2019年随着协议期满，石油GDP将出现较高增长，尤其是GCC国家。然而，石油出口国经济增速仍然比较低，无法提供足够的就业机会。广泛和全面的经济增长需要加快结构改革、改善商业环境并提高生产力，同时需要持续的财政整顿、急需的社会支出和投资及政治稳定。

2018～2019年，石油出口国将继续财政整顿步伐，包括收入和支出两个方面。例如，2018年1月沙特和阿联酋实施了增值税，其他GCC国家计划将

在 2018 年底实施增值税。伊拉克将在 2018 年推出销售和消费税。在支出方面，提高支出效率是优先考虑。中东石油出口国的公共投资效率指数高于新兴国家平均指数，但与发达经济体相比仍有很大差距。控制公共部门的工资支出也是提高支出效率的有效手段，此外，减少或废除能源补贴，改革年金和社会保障体系都将发挥积极作用。油价稳中有升，也将缓解财政紧张状况。2018 年和 2019 年，中东石油出口国财政余额占 GDP 比例将增至 –3.8%和 –2.8%，GCC 财政余额占 GDP 比例将增至 –3.4%和 –1.9%。然而，由于政府支出仍将大幅增加，大多数石油出口国财政赤字状况还很难显著改善。

中东石油出口国面临潜在的财政风险和融资风险，债务规模迅速扩大尤其需要注意。2013 年以来，债务占 GDP 比例已经超过 10%。为应对财政赤字，一些国家动用财政缓冲器（主权财富基金）和举债（内债和外债）。未来导致债务持续增加的因素包括缓慢的财政整顿步伐、疲弱的增长前景，以及发达经济体紧缩货币政策带来的融资成本上升。IMF 预测 2018～2022 年，中东石油出口国财政赤字（融资需求）将达到 2940 亿美元，同期政府债务将达到 710 亿美元，必将受到全球金融紧缩的影响。例如，如果 2018 年利率上调 200 个基点，石油出口国就将多支出 GDP 的 0.1%~0.6%偿还利息。此外，3120 亿美元的非政府国际债券（其中 40%为国有企业债券）将在未来五年内到期。因此，如果石油出口国突然遭受全球金融紧缩，财政压力将大大增加。尽管经济复苏缓慢，石油出口国金融部门仍保持较高弹性，然而信贷增长依然受到压制。这部分反映了政府、消费者及政府相关企业支出疲弱，信心下降。为此，一些国家采取措施放宽企业获得银行信贷限制。例如，阿联酋设立信贷登记处协助银行管理信贷风险；沙特阿拉伯放宽了对外国投资者的限制，提高首次置业贷款比例。总体来看，GCC 国家的金融弹性较大，银行部门盈利良好，不良贷款率也保持在低水平。其他国家银行却持续面临较高的不良贷款率。例如，近两年伊朗信贷增长迅速，但随着不良贷款率持续上升，信贷增长对非石油经济的影响将减弱。阿尔及利亚则由于政府对银行欠款，不良贷款率上升。

历史相比，中东石油出口国经济呈低速增长。为实现新的增长模式，石油出口国将加快结构改革进程，促进经济多元化，减少对石油经济的依赖；促进私营部门发展，增加就业；劳动力市场和教育制度改革，从而提高劳动生产率，并为每个人创造机会。为此，一些国家已经采取了一系列措施，如阿联酋继续加大教育和创新投资，引进新破产法改善营商环境；伊朗为年轻人和妇女就业提供培训；巴林实施了工资保护体系和增加劳工工作弹性的措施；卡塔尔实施提高劳工权益的措施，并宣布免签证入境计划刺激旅游业的发展，从而抵消沙特等 GCC 国家对其经济封锁。然而，石油出口国经济面临的最大不确定性仍是石油价格，石油价格每桶下降 10 美元，石油出口国财政赤字占 GDP 比例就将下降 3 个百分点。① 同时，OPEC + 减产协议是否延续将给石油出口国经济发展带来不确定性。此外，地缘政治风险和国内冲突、世界贸易和投资收缩都将对石油出口国经济产生影响。

（三）中东石油进口国经济继续平稳增长

2017 年中东地区石油进口国经济增速达到 4.2%，IMF 预计 2019 ~ 2023 年，经济平均增速为 4.7% ~ 5%。欧元区经济继续复苏，必将促进中东石油进口国出口、侨汇、外国直接投资和旅游业增长，从而推动经济增长。然而，持续的冲突和地区安全隐患、一些国家公共投资不足（约旦），结构性改革的迟滞（约旦、摩洛哥、突尼斯）及政治和政策的不确定性，都将成为石油进口国经济增长下行风险。由于 IMF 对埃及的支持项目，刺激埃及私人投资和消费，再加上出口和旅游业恢复，2018 年和 2019 年埃及经济增长率将分别达到 5.2% 和 5.5%（高于 2017 年 7 月的预测）。2017 年 10 月美国取消对苏丹的贸易和金融制裁，从而刺激国内需求和外资流入，苏丹经济增速有望从 2017 年的 3.2% 提高到 3.7%。然而，持续的财政和外部挑战，导致 2019 年经济增速放缓至 3.5%。近年来突尼斯磷酸盐产量持续下降，但由于农业、制造业出口和旅游业恢复，突尼斯 2018 年和 2019 年经济增速将分别上升到 2.4% 和 2.9%。约旦则由于结构性改革迟滞、地缘政治形势

---

① IMF, *Regional Economic Outlook Update-Middle East and Central Asia*, May 2018, p. 10.

堪忧及公共投资不足，经济增长缓慢，未来两年经济增长率将小幅攀升至
2.5%和2.7%。摩洛哥则受到干旱的影响，经济增速从2017年的4.2%降
至2018年的3.1%，如果2019年风调雨顺，摩洛哥经济增速预期将上升到
4%。那些受到冲突影响的国家经济增长缓慢，例如，地区冲突对市场信心、
贸易、旅游和投资的负面影响导致黎巴嫩经济复苏缓慢，未来两年的经济增
速预期仅为1.5%和1.8%。

由于人口高速增长、城镇化及工业制造业不足，高失业率一直是中东经
济的大问题，尤其是石油进口国失业率超过10%。维持目前10%的失业率，
并满足年均2.2%的劳动力增长率，需要经济增速达到6.2%，然而2018～
2022年4.9%的经济增长率无法创造足够的就业。加快结构改革、促进私营
部门增长，从而增加就业、促进经济增长已是迫在眉睫。因为，当前大多数
石油进口国财政脆弱性导致公共部门投资不足，无法吸收足够的劳动力。然
而政局不稳和地缘政治的挑战又延缓了经济改革的步伐。此外，腐败加剧、
官僚主义及低透明度不仅对宏观经济、投资和生产率造成直接影响，还有可
能加剧社会紧张态势并阻碍改革进程。

中东石油进口国外部收支和财政收支状况均有所改善，但财政脆弱性依
然存在。经历了出口额连续三年下降后，2017年中东石油进口国出口增长
6.4%，未来两年将达到8.4%和8.6%。这主要得益于外部需求增加、外汇
汇率改革（埃及、突尼斯）、竞争力提升（摩洛哥、突尼斯）及磷酸盐价格
提升（摩洛哥、突尼斯）。此外，尽管2018年国际原油价格上升，进口增
长率仍将降至4.8%（2017年为6.8%），中期将维持5.5%的水平。石油进
口国的经常项目赤字占GDP比例将从2017年的6.5%降至2018年的6.2%
和2019年的5.7%。日益增加的资本流入（埃及和摩洛哥）、国际债券发行
（埃及、约旦、突尼斯）和外国政府援助（埃及）等都将使外汇储备增加。
补贴改革、降低资本支出及税收收入增加都有助于改善财政状况，财政赤字
占GDP比例从2016年的6.8%降至2017年和2018年的6.5%和5.9%。未
来，中东石油进口国还将采取其他财政调整措施，例如提高或统一增值税
（埃及），消除或减少豁免（约旦、摩洛哥），加强管理、改革收入制度和公

司税收制度（约旦、摩洛哥）。然而，公共债务水平仍呈上升趋势，例如埃及、黎巴嫩和苏丹债务占 GDP 比例都超过了 80%，如此高的债务水平是经济发展的沉重负担。[①] 如果发达经济体紧缩货币政策，必将导致融资成本增加，进一步增加债务负担，对财政赤字高的国家（埃及和黎巴嫩）和短期债务较多的国家（埃及）更为明显。这凸显了继续减少债务的重要性。未来两年，中东石油进口国通货膨胀压力已经减弱，大致稳定在 12% 左右。这在很大程度上反映了汇率改革（埃及和苏丹）、货币紧缩（约旦和突尼斯）和食品价格下降（摩洛哥）的结果。但是一些国家的通货膨胀率仍然很高，例如埃及 2018 年和 2019 年通胀率分别为 20.1% 和 13.0%，苏丹分别为 43.5% 和 39.5%。中东石油进口国的金融部门仍具有弹性。银行不良贷款率依然较高，但正呈下降趋势。银行部门保持稳定的流动性和资本，私人信贷也呈上升趋势。一些国家（埃及、黎巴嫩、约旦）正开始采用金融科技（Fintech）增加金融包容性。

总体来看，2018～2019 年，中东石油进口国经济风险仍然偏向下行。首先，地区冲突和安全形势进一步恶化、国内社会紧张加剧，以及改革乏力，都可能削弱经济活动。其次，2018～2019 年国际油价预期上升到每桶 60 美元，比 2017 年上升 20%。这有可能对石油进口国的财政、贸易和消费状况造成压力。例如，油价每桶上涨 10 美元，石油进口国的经常项目余额占 GDP 比例就将下降一个百分点。[②] 再次，全球金融日益紧缩和波动可能会增加石油进口国的融资成本，尤其是那些有大量融资需求的国家。全球金融紧缩还可能造成地区资本外流，对汇率和外汇储备造成负面影响。最后，进口关税升级及贸易保护主义有可能减少全球贸易并影响石油等大宗商品价格，从而部分抵消外部需求对出口和贸易条件的支持。然而，如果主要贸易伙伴的经济复苏超过预期，那么石油进口国经济也将面临上行支撑。

综上所述，伴随油价回升及全球经济复苏，中东地区经济将在 2017 年

---

① IMF, *Regional Economic Outlook Update-Middle East and Central Asia*, May 2018, p. 13.

② IMF, *Regional Economic Outlook Update-Middle East and Central Asia*, May 2018, p. 14.

中东黄皮书

回调的基础上逐渐改善。相比石油出口国的缓慢复苏，石油进口国经济复苏势头强劲。但受各种因素影响，中东宏观经济仍面临下行风险。世界经济论坛2018年度全球风险调查报告（GRPS）显示，中东北非地区商界领袖普遍关注的五大风险因素为债务危机、能源价格震荡、失业问题、恐怖主义抬头及国家间冲突加剧。总之，全球经济复苏势头、结构性低油价、多样化发展效果不佳，以及持续性地缘政治风险削弱投资者信心等因素仍将限制中东地区经济加速发展。

296

市 场 走 向

Market Trend

Y.17

2017年西亚国家的外国直接投资

徐 强*

摘 要： 近年来，西亚及西亚各国外国直接投资流入额保持在历史低位，政治安全局势相对稳定国家投资环境持续改善，政治安全局势相对不稳国家投资环境受到不利影响。2016年，中国对西亚区域投资总额同比大幅下降，仅在少数国家出现投资额同比增长。中国企业在政治安全形势相对稳定西亚国家商务活动相对活跃。未来，中国投资者应把握西亚各国基础设施建设、产业多元化带来的投资机会，同时应采取各种措施积极规避投资风险。

关键词： 西亚地区 外国直接投资 投资环境

---

* 徐强，商务部国际贸易经济合作研究院副研究员，主要从事世界经济和国际经济合作问题研究。

一 近年西亚①各国外国直接投资流入额保持在历史低位

近年来，因油价低迷、部分国家政治局势不稳、区域国际军事冲突等，西亚地区外国直接投资（Foreign Direct Investment，FDI）流入额持续受到不利影响。在伊拉克、叙利亚发生的冲突和动荡，不仅摧毁了外国投资者对当地的投资信心，也在一定程度上打断或干扰了整个区域的商务联系，并影响全部西亚地区的 FDI 流入。

从全球范围看，FDI 流入总额曾经在 2007 年达到 19092 亿美元，此后稍有下降再反复波动。2016 年，全球范围 FDI 流入总额为 17464 亿美元（见图1）。与此相对照，2000～2016 年，西亚地区 FDI 流入额有两次峰值，分别是 2008 年、2012 年的 997 亿美元和 1087 亿美元（见图2）。西亚 FDI 流入额占全球流入额的比例在 2009 年、2012 年分别达到 6.7% 和 6.8% 的阶段峰值。2012 年后，西亚地区 FDI 流入额全球占比持续下降，2016 年已经下降至 2.7%（见图3）。占比持续下降，表明西亚地区 FDI 流入额增长持续低于全球平均水平。结合表1 的数据可以看到，2012 年西亚地区 FDI 流入额曾单年大幅回升，主要由于非产油大国塞浦路斯当年单国 FDI 流入额达 472 亿美元。因此，剔除这一因素，如果只考虑西亚地区的非欧盟国家的 FDI 流入额，应该是从 2008 年后持续下降，2016 年已经降至不足历史高位的一半。

2016 年全球 FDI 流入总额相当于 2007 年峰值的 91.5%，而 2016 年西亚范围 FDI 流入额相当于 2012 年峰值的 43.8%。从各国情况看，大部分石油丰产国 2016 年 FDI 流入额相对历史峰值的比例很低，如阿曼、巴林、卡塔尔、科威特、叙利亚、也门和伊拉克的相对比例分别只有 4.3%、7.6%、9.5%、8.4%、0.0%、-36.1% 和 -173.8%。在石油丰产国中，相对例外的阿联酋、黎巴嫩，相对比例分别达到 63.3% 和 58.6%。其中，阿联酋仍

---

① 本文所指称西亚涵盖国家范围见表1 列示，与联合国贸易和发展会议（UNCTAD）认定的范围有差异，特此说明。

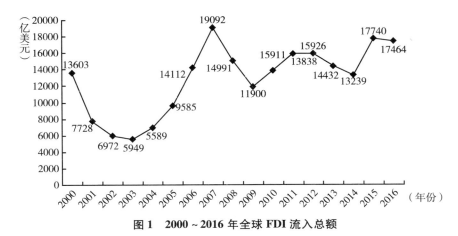

图1 2000～2016年全球FDI流入总额

资料来源：根据UNCTAD数据库数据计算。

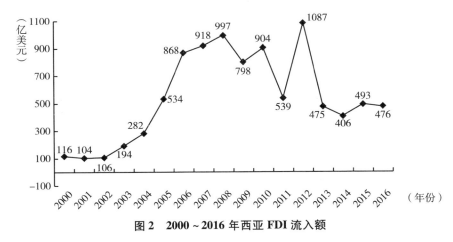

图2 2000～2016年西亚FDI流入额

资料来源：根据UNCTAD数据库数据计算。

维系一定水平的FDI流入，主要得益于相对稳定的政治局势和经济增长环境；至于黎巴嫩，除了政治经济环境相对稳定，还因为他是新兴的油气出产国。反观非石油丰产国，如约旦、以色列、巴勒斯坦、土耳其，相对比例分别达到43.4%、85.6%、77.0%和54.4%，从区域对比角度看，均属于可观水平。至于非石油丰产国，也是欧盟成员国的塞浦路斯，2016年可以视作为FDI流入的"小年"，其相对比例为8.8%，也处于较低水平。

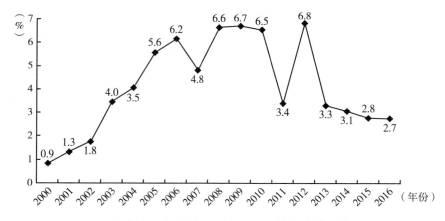

图3 2000～2016年西亚整体FDI流入全球占比

资料来源：根据UNCTAD数据库数据计算。

表1 2016年西亚及其各国吸收FDI流量和存量和历史高值的对比

单位：亿美元，%

国家（地区）	流量				存量				
	历史最高		2016年		2016年	增速	全球占比		
							2016年	2000年来最高	
	年份	金额	金额	相对最高				年份	全球占比
阿联酋	2007	141.9	89.9	63.3	1179	8.2	0.441	2016	0.441
阿曼	2007	33.3	1.4	4.3	185	0.8	0.069	2014	0.084
巴勒斯坦	2011	3.5	2.7	77.0	26	3.1	0.010	2001	0.019
巴林	2013	37.3	2.8	7.6	286	1.0	0.107	2014	0.116
卡塔尔	2009	81.2	7.7	9.5	339	2.3	0.127	2010	0.151
科威特	2011	32.6	2.7	8.4	143	-2.4	0.053	2012	0.080
黎巴嫩	2009	43.8	25.6	58.6	610	4.4	0.228	2008	0.235
塞浦路斯	2012	472.0	41.4	8.8	1712	-1.4	0.641	2008	1.169
沙特	2008	394.6	74.5	18.9	2315	3.3	0.866	2011	0.891
土耳其	2007	220.5	119.9	54.4	1329	-11.3	0.497	2010	0.927
叙利亚	2009	25.7	0.0	0.0	107	0.0	0.040	2011	0.051
也门	2008	15.5	-5.6	-36.1	29	-16.4	0.011	2008	0.029
伊朗	2012	46.6	33.7	72.3	485	7.5	0.181	2016	0.181
伊拉克	2012	34.0	-59.1	-173.8	95	-38.4	0.036	2014	0.092
以色列	2006	144.0	123.2	85.6	1127	8.3	0.422	2016	0.422
约旦	2006	35.4	15.4	43.4	321	5.0	0.120	2008	0.133
西亚	2012	1087.4	476.3	43.8	10289	0.7	3.85	2012	4.4
全球	2007	19092.3	17464.2	91.5	267283	6.1	100	100	100

资料来源：根据UNCTAD数据库数据计算。

从存量态势上看，2016 年西亚吸收 FDI 存量为 10289 亿美元，占世界存量的比例为 3.85%，较 2012 年的占比 4.4% 下降 0.55 个百分点。在西亚各国中，只有以色列和阿联酋 2016 年存量世界占比是历史最高值，分别为 0.422% 和 0.441%。换言之，只有这两个国家 FDI 流入存量增长持续强于全球存量的增长，其他各西亚国家的存量占比都在某年达到历史峰值后下降，表明从那以后，这些国家存量增长总体弱于全球存量增长。

据 UNCTAD 的初步数据，2017 年全球 FDI 流入额下降 16%，其中全部发达经济体总体降幅为 27%，而发展中亚洲地区流入额总体增长 2%,① 但增长主要发生在中国和部分东亚南亚国家。西亚范围 FDI 流入额也处在下降态势，但总体下降幅度较全球范围降幅稍小。

二 政治安全局势相对稳定国家投资环境持续改善

从总体情况上看，政治安全局势相对稳定的西亚各国都出台产业多元化、改善基础设施、改善经贸环境、放松外汇管制等政策，因此，这些国家的投资环境持续改善，而政治安全局势相对动荡的国家，则投资环境持续恶化。由于西亚地区民族国家、宗教派别、贫富阶层之间的矛盾相对复杂多样，西亚各国政治安全局势的稳定是相对而言的，即使是部分列入下文"相对稳定"的国家，其部分地区也可能也存在恐怖袭击、盗窃抢劫等社会治安问题。

（一）政治安全局势相对稳定国家采取各种措施改善投资环境

1. 阿联酋

阿联酋政局稳定，其投资环境优势在西亚国家中相对明显，这体现在多个方面。首先，阿联酋关税较低，一般货品仅收 5% 的关税；港口物流便利，配套设施完善；一站式服务，网络化管理，服务快捷高效。国际金融危机和地区动荡爆发之后，在整个十余年时间里，阿联酋已成为地区资金流、

---

① 参见 UNCTAD, *Global Investment Trends Monitor*, Issue 28, 2018 年 1 月 22 日。

物资流的避风港，其地区性贸易、金融、物流枢纽地位进一步加强。从宏观环境上看，该国近年来一直维持2%～5%的经济增长。阿联酋政府还着力推动新能源、金融、加工制造等非石油产业部门发展，2016年阿联酋非石油产业占GDP比重超过80%。为提高能源利用率，阿联酋还将在太阳能、能效、绿色建筑等领域推出公私合营（PPP）模式吸引投资。由于安全形势稳定、交通物流便利、基础设施完备、贸易政策宽松，迪拜已成为海湾和中东地区的经济和贸易转口中心。

在阿联酋投资的国际跨国公司涵盖各行各业，在油气领域有埃克森美孚、英国石油公司、道达尔、壳牌、日本国家石油公司、韩国国家石油公司等；在金融领域有汇丰银行、渣打银行、德意志银行等；在新能源领域有第一太阳能。世界知名跨国公司大多在阿联酋有投资，阿联酋经济部长表示，目前20%的跨国集团将地区商业总部设在阿联酋。近年来，以印度、中国、巴西和俄罗斯金砖四国为主的新兴市场对阿联酋的投资已超过中东北非地区国家，其中，印度对阿联酋投资占比最高。

2. 阿曼

阿曼是典型的资源输出型国家，2016年油气业产值占国内生产总值的26.6%，全年油气出口额占总出口额的57.9%。近年，阿曼为改变过度依赖油气产业的单一经济结构，全面推进经济多元化战略，大力招商引资，努力发展制造业、物流业、矿业、旅游业、渔业等非油气产业，鼓励和支持私营企业特别是中小企业在经济建设中发挥更大作用。阿曼政府充分运用财税、金融等措施，以杜库姆等经济特区、工业园区为载体，努力吸引外资。同时，阿曼政府还以新机场、高速公路等重大项目为重点，完善基础设施；以调整企业所得税率为抓手，拓宽财政来源。阿曼经济状况总体保持平稳。国际货币基金组织预测阿曼经济将维持向好态势。

据阿曼国家统计和信息中心公布的数据，英国、美国和阿联酋是最大投资国，其他对阿曼直接投资较多的国家还有印度、沙特阿拉伯、科威特、卡塔尔和巴林等。从行业分布看，外国对阿曼的直接投资主要集中在油气行业和工业制造业，占比高达82%，其他行业还有银行、保险、旅游、房地产、交通运输和通信。

3. 巴林

2011 年以来，巴林政府采取更加积极的政策，推动经济多元化，改善民生，并完善基础设施投资。巴林金融、贸易、旅游和会展等产业相对发达，已成为海湾地区金融中心之一。巴林吸引外资优势主要体现在石油产业为经济发展提供重要支撑，基础设施和配套保障服务完善；无所得税和增值税，商务成本低于迪拜、卡塔尔等周边市场；交通物流便利，具有辐射海合会国家和其他中东国家市场的潜力；法律法规健全，经济政策稳健，透明度、对外开放度和市场化程度较高；社会风气较宽松，英语普及，对外籍人较友好。近几年，为提升现有基础设施服务能力和水平，巴林政府拟对一些领域基础设施进行升级改造。包括对现有机场进行扩建，将旅客接待能力从每年 900 万人次增加到 1400 万人次；新建一条从沙特到巴林的输油管道；新建一座液化天然气接收码头；修建连接巴林到沙特的铁路桥；建造巴林—卡塔尔友谊大桥；部分公路路段维修改造等。由于这些项目投资金额巨大，而巴林政府财力相对紧张，因此，除政府单独出资或者全额利用海合会援助资金外，巴林政府通常还采取以 PPP 和 BOT 方式，吸引民间资本参与。

巴林外资主要来自其他海合会和阿拉伯国家、欧盟和美国，投资领域为金融业、零售业、通信、石油勘探、餐饮、港务经营及房地产等。进入巴林的金融业跨国公司有汇丰银行、安联保险、法国巴黎银行、印度工业信贷投资银行、毕马威、安永、罗兰贝格、诺顿罗氏等；制造及零售业跨国公司有西门子、巴斯夫、卡夫、通用、益力多、可口可乐、重庆国际复合材料等；物流类企业有 DHL、马士基、中东快递、Agility 等公司。此外，微软、华为、思科等新型科技企业在巴林也有投资。

4. 卡塔尔

卡塔尔投资环境吸引力主要体现在政治稳定、支付能力较强、社会治安状况良好和市场化程度较高等方面。近年，卡塔尔投资环境表现出新特点。首先，为实现"2030 国家愿景规划"，卡塔尔积极推动经济多元化，鼓励外资参与非油气产业发展。卡塔尔经济多元化取得进展，2014 年底卡塔尔非

油气领域产值首次超过油气领域，占 GDP 的 50.7%，2016 年非油气领域经济比重进一步提高，达到 69.7%。其次，卡塔尔基础设施现代化取得较好成效。哈马德国际机场、哈马德港等设施已投入使用，卡塔尔航空公司已开通 170 多条国际航线，与中国直飞航线达 7 条，地铁、轻轨和高速公路等基础设施项目的建设也正在推进。另外，卡塔尔面向外资企业推出各类优惠政策。外国投资者可在当地长期租赁土地，可享受资本所得税、进口设备关税等免税减税待遇，外商资金可自由汇兑等。原则上，卡塔尔允许外商股份超过项目资本的 49%，直至 100%，但要符合本国发展规划，不过从实际情况看，在卡塔尔所有大型石油天然气企业和工业企业中，几乎全部由卡方控股。卡塔尔吸收外资主要集中在石油天然气上游开发和石化项目上，例如，已建成和在建的共 14 条液化天然气生产线全部由卡塔尔石油公司（QP）与欧美跨国石油公司合资。

5. 科威特

科威特政局稳定，法律健全，主权信用较高，开放水平居该地区领先水平。首先，政局和社会环境相对稳定。近年来，科威特政府采取社会福利措施，缓和社会矛盾，保持社会良性运转。其次，经济保持平稳增长。根据英国智库列格坦研究机构发布的 2015 年 "繁荣指数" 排名，科威特在阿联酋之后，位列阿拉伯国家 "繁荣指数" 排名第二。再次，面向外资的法制环境不断完善。2013 年 6 月，科威特修订颁布《直接投资促进法》，并组建 "科威特直接投资促进局"，允许外资占股比例至 100%，并面向外商开设 "一站式" 服务窗口，提升办事效率，继续向外商投资提供免税、划拨土地和房产等优惠政策与鼓励措施。另外，科威特经济开放度高。科威特是几乎所有国际与区域及次区域经济组织成员，与 100 多个国家和地区签订双边贸易协议。科威特还通过其阿拉伯发展基金会向全世界 188 个国家和地区提供政府援助。科威特现金与资本账户可自由兑换。2015 年 2 月，科威特国民议会通过《2015/2016～2019/2020 年发展规划》，该五年发展规划筹划多个基础设施建设项目和大型工业项目。在远期愿景方面，科威特政府致力于将本国打造成地区贸易和金融中心。

6. 塞浦路斯

作为欧元区和欧盟成员国，塞浦路斯政局稳定，社会治安良好；居民生活安定，犯罪率较低，经济管理体制和公共服务体系完善；空运、海运发达，交通便利；税收在欧盟内偏低。此外，塞浦路斯劳动力素质高，工资相对较低。塞浦路斯的金融自由度相对较高，没有外汇管制，投资资金和利润、利息、股息等任何投资所得都可以自由地汇到海外。此外，塞浦路斯地理位置独特，市场同时辐射欧盟、北非、中东。2015 年开始，经济止跌回升。旅游、建筑、外贸等主要行业增长较好。从投资存量结构来看，欧洲是最主要的来源地，占比通常在 85% 以上，其中俄罗斯、荷兰、德国、英属维尔京群岛、英国、希腊是主要投资来源国。

7. 沙特阿拉伯

沙特政治局势长期保持稳定，资金实力雄厚，金融机构发达，监管严格，财政和税收政策也颇具竞争力。2016 年，沙特政府推出"2030 愿景"和"2020 国家发展计划"，并进一步放松外资准入政策。沙特平均进口关税为 5%，属相对较低水平。近年，沙特对投资领域和投资比例的限制正逐步减少，利润也可自由兑换和汇出。通信、交通、银行、保险及零售业已陆续对外国投资者开放。2010 年底以来，沙特成功抵御了席卷西亚北非地区政治动荡风波的冲击，国内政治社会保持稳定，经济运行平稳，政府财政储备雄厚，外汇储备继续增加，支付能力强，受金融危机影响相对较小，可持续发展空间比较大。从投资存量的产业结构上看，约 40% 的外商直接投资集中在沙特的工业领域，如炼油、石化、矿业、建筑、食品、塑料、橡胶等行业。2016 上半年，沙特向外资公司放开批发零售业领域，旨在进一步促进外资公司来沙特投资。

8. 伊朗

2015 年伊核协议达成以来，伊朗制裁困境缓解，与西方国家关系趋向缓和，内外政治经济环境正向好发展。2016 年，鲁哈尼政府响应最高领袖哈梅内伊发展"抵抗型经济"的号召，引领伊朗经济止跌回升，通胀率降至个位数水平，外汇市场也趋于稳定，原油生产回归制裁前水平，国内生产总值增幅明显。2002 年及以后，伊朗所有年份吸收外资流量都接近或大幅

超过 20 亿美元。

从投资吸引力上看，伊朗地处西亚的心脏地带，南邻波斯湾，北接里海、土库曼斯坦、高加索地区，东连巴基斯坦、阿富汗，西接伊拉克、土耳其，是古丝绸之路的重要纽带国家。伊核全面协议达成后，伊朗投资吸引力逐步提高。伊朗外商投资主要集中在原油、天然气、汽车、铜矿、石化、食品和药品等行业。从外资来源地看，亚洲和欧洲是伊朗最主要的外资来源地。在伊朗，投资汽车行业的外商企业企业主要有标致、雪铁龙、大众、尼桑、丰田、起亚、普腾、奇瑞、力帆、江淮等；投资石油天然气领域的外商企业主要有法国 Total、挪威 Statoil、荷兰壳牌、俄罗斯 Gasprom 和韩国 Lucky Goldstar、中国石油 CNPC、中国石化 SINOPEC 等；至于电信行业，由于受制裁，西方公司曾撤出，未来是否再进入有待观察，中国华为等公司一直坚守。

9. 以色列

以色列经济竞争力位居世界先列，吸收投资的优势体现在多方面。一是科技创新力量雄厚，拥有世界一流的大学和创新企业群体。二是创新企业配套金融和园区环境相对完善，拥有 20 亿美元创业基金，支持各类新投资者，且工业园区和高技术孵化区众多，是仅次于加拿大的第二大纳斯达克上市公司大国，也是国际软件业采购的重镇。三是劳动力素质高，以色列每万人中就有 135 名工程师和技师，在发达国家中名列榜首。四是政府积极支持企业创新研发，对研发固定资产投资者给予补贴，提供长达十年的"税收假期"。五是辐射贸易范围相对广泛，以色列是世界上唯一同时与美国、欧盟和欧洲自由贸易区都签有自由贸易协定的国家。以色列外商投资主要来自新加坡、美国和欧洲国家，投资产业主要分布在商贸服务、制造业等领域。

10. 约旦

约旦长期保持政局稳定，享有"中东和平绿洲"的美誉。约旦实施经济开放政策，致力于改善投资环境，积极引进外资。20 世纪 70 年代以来，约旦先后建立数十个自由区、工业区、开发区、经济特区等特殊经济区域，给予税收等优惠政策。约旦积极参与世界和区域经济一体化组织，与美国、新加坡、阿拉伯等有关国家签署自由贸易协定，与欧盟签订简化原产地规则的协议。不过，与其他西亚国家不同，约旦石油天然气资源并不丰富，钾盐、磷酸盐、石材才是约旦具有出口优势的资源型产品，此外，约旦油页岩储量丰富，开发潜力较大。外商投资分布在旅游、能源、仓储、地区总部、信息、医疗卫生、教育、重型机械、汽车等领域。从投资来源看，其中超过一半的外国投资来自阿拉伯国家，其次是欧美国家，扮演相对重要的投资者角色。

（二）政治安全局势相对不稳国家投资环境受到不利影响

1. 黎巴嫩

相对有利的吸引外资因素有以下几个方面。一是经济发展有一定基础，黎巴嫩属于中等偏上收入国家。二是投资环境相对宽松，实行对内资、侨资和外资一视同仁的国民待遇原则。三是市场开放度较高，贸易限制较少，80%以上的商品关税税率不高于5%。四是金融环境开放稳定，货币兑换、资金流动相对自由无限制。五是国民素质相对较高，黎巴嫩是中东阿拉伯国家中教育最发达、普及率最高的国家之一，多数黎巴嫩人会说阿语、法语、英语多种语言。除这些外，旅游资源优越、侨民经济活跃也是相对有利的引资因素。

影响外商投资的不利因素有如下几个方面。一是黎巴嫩党派关系错综复杂，政府更替较频繁。二是曾经历长期战乱，并曾遭受以色列入侵，基础设施遭受严重破坏。三是战后重建导致政府背负大量债务，财政连年出现赤字。2016年末，黎巴嫩公共债务余额749亿美元，约为其GDP的1.4倍，财政赤字为49.4亿美元。四是目前虽然安全局势总体稳定，但恐怖袭击和局部交火等事件仍时有发生。

2. 土耳其

2016年前，土耳其投资合作环境的优势主要体现在以下方面。区位优势相对明显，处于亚洲、欧洲、非洲三大洲交界处，已成为货物、服务、人员、资金、技术集散地；人均收入在全球处在中上水平，经济发展基础较好；经济增长态势相对稳定；劳动力供应充足，素质较高。

2016年以来，由于中央政府更迭、经济增速放缓、未遂军事政变、修宪法案公投、安全形势恶化等因素叠加，土耳其吸引的外国投资大幅减少。

同时，土耳其在军事上深度介入叙利亚动荡，土耳其和欧洲部分国家趋向紧张，未来以上因素，将使其投资吸引力大打折扣。

2016年土耳其外国直接投资中55%来自欧盟，其中荷兰、英国和德国列前三位，分别为9.6亿美元、9.5亿美元和4.3亿美元。来自亚洲地区的直接投资占29%，为20亿美元。2016年，流入制造业外资下跌近60%至17.1亿美元，占外资总量的24.8%。电力、天然气和供水投资减少44.6%，为7.4亿美元；金融行业投资下滑54.2%，为12.7亿美元；房地产投资增长62%，达2.8亿美元。

3. 叙利亚

内战前的叙利亚原本拥有较好的投资吸引力，包括优越的地理位置、经济改革开放政策，与阿拉伯国家和外国公司保持良好关系，丰富的自然资源和劳动力资源，较完善的基础设施、工业区、优惠税收政策，以及各种互利协议和投资项目鼓励和保护措施。2007年，叙利亚颁布新投资法，为扩大吸引内外投资进一步提供较宽松优惠保障政策。

然而2011年后，受国内动荡局势和外部经济制裁影响，叙利亚投资吸引力受到重创。外国投资者对叙利亚望而却步。内战前，外国投资者来自土耳其、德国、俄罗斯、伊朗、瑞士、英国、美国和法国等国家，外国投资主要集中在石油行业。内战爆发后，已有大量外资从叙利亚撤出。

2016年初，联合国安理会一致通过一项由美国和俄罗斯草拟的临时停火决议案，停火对象不包括被多国定为恐怖组织的"伊斯兰国"和"努斯拉阵线"。叙利亚政府与大约100个反政府武装团体同意遵守该项停火决议，该决议于大马士革时间2016年2月27日0时开始生效。尽管如此，叙利亚哈塞克、阿勒颇、拉塔基亚等省极端组织活动频繁，哈马、霍姆斯、大马士革农村省和德拉省武装冲突不断，首都大马士革市也时常发生迫击炮和火箭弹袭击事件。同时，叙境内各地爆炸、枪击、绑架勒索、武装抢劫等暴恐犯罪案件频发，安全形势仍不容乐观。所有这些，都将对未来叙利亚投资环境产生不利影响。

4. 也门

也门是联合国公布的全球最不发达国家之一。2010年开始，也门政府曾大力推进经济改革,实行适度积极财政政策,扩大基础设施投资,加快经济发展。同时,国际社会也曾不断加大经济援助力度,也门经济逐步好转,2010年也门年度吸收外商投资额曾一度增至1.88亿美元。但是,胡塞武装发起反政府内战后,上述进程逆转。2015年后,也门哈迪政府与胡塞武装的冲突尚未解决,同时国内面临境内激进组织可能引发的骚乱。2011~2016年,也门吸收外资已连续六年为负值。也门曾经吸引的外商投资主要来自沙特、科威特、黎巴嫩、美国、印度等国家。

5. 伊拉克

美国从伊拉克撤军之后,伊拉克在吸引外资方面的一大短板是基础设施遭到巨大破坏,并且重建基础设施面临巨大资金缺口。另外,由于"伊斯兰国"极端组织和其他因素,安全形势仍不容忽视。2016年,伊拉克平民因暴力袭击死亡6878人,受伤12388人。全国95%的恐怖袭击事件集中在巴格达、尼尼微、安巴尔、基尔库克、迪亚拉和萨拉赫丁中北部六省,其中巴格达为伊拉克暴力恐怖袭击致死伤人数最多的省份。此外,法律金融体系不完善、商务信用体系部健全、外汇管制不合理、行政效率不高等因素,都是影响吸引外资的负面因素。2013~2016年,伊拉克吸收外资均为负值,其中2014年、2015年、2016年分别为103.4亿美、77.5亿美和59.1亿美元。目前,在伊拉克投资的国际跨国公司包括英国石油公司、埃克森美孚、荷兰壳牌、意大利埃尼石油、俄罗斯卢克石油、马来西亚石油、日本三菱、中石油和中海油等。

三 2016年中国对西亚地区投资同比大幅下降

(一)2016年西亚仅有四国来自中国直接投资出现正流量额增长

2016年中国对西亚地区直接投资总额为14.6亿美元,相比2015年的21.9亿美元,显著下降33.1%。同期,西亚地区吸收FDI流量总额的同比降幅为-3.4%。这表明,就2016年情况看,中国对西亚地区FDI流入额增长相对弱于西亚地区FDI流入额。

从国别投资流量上看。2016 年，中国在也门、阿联酋、土耳其、伊拉克、叙利亚五国的投资为负值，分别为 4.1 亿美元、3.9 亿美元、0.96 亿美元、0.53 亿美元和 0.007 亿美元，并且连续两年在叙利亚、也门的投资为负值。在巴林、黎巴嫩两国未发生任何投资。此外，相比 2015 年投资，仅在塞浦路斯、伊朗、以色列、约旦四国发生正投资且正投资相对于上年有所增长。

不过，从国别存量投资上看，只有阿曼、黎巴嫩、土耳其、叙利亚、也门五国发生投资存量额下降，从中国投资存量占各国投资存量的比例来看，2016 年，只有阿联酋、阿曼、黎巴嫩、土耳其、也门五个国家中国投资存量占比下降，其余 12 国中国投资存量都有所上升（见表 2）。就部分国家而言，在中国投资流量增长弱于其总流入量增长的情况下，中国对外直接投资存量占比的上升，主要是资产价格重估导致。

表 2   2015～2016 年中国对西亚及其各国投资存量流量

单位：万美元，%

	流量		存量			
	金额		金额		占本国 FDI 存量比例	
	2015 年	2016 年	2015 年	2016 年	2015 年	2016 年
阿联酋	126868	−39138	460284	488830	4.2	4.1
阿曼	1095	462	20077	8663	1.1	0.47
巴勒斯坦	0	20	4	23	0.002	0.009
巴林	0	0	387	3736	0.014	0.131
卡塔尔	14085	9613	44993	102565	1.4	3.0
科威特	14444	5055	54362	57810	3.7	4.1
黎巴嫩	0	0	378	301	0.006	0.005
塞浦路斯	176	525	10915	11005	0.063	0.064
沙特	40479	2390	243439	260729	1.1	1.1
土耳其	62831	−9612	132884	106138	0.89	0.80
叙利亚	−356	−69	1100	1031	0.10	0.10
也门	−10216	−41315	45330	3921	13.2	1.4
伊朗	−54966	39037	294919	333081	6.5	6.9
伊拉克	1231	−5287	38812	55781	2.5	5.9
以色列	22974	184130	31718	422988	0.30	3.8
约旦	158	613	3255	3949	0.11	0.12
西亚	218803	146424	1382857	1860551	1.4	1.8

资料来源：综合中国商务部《2016 年度中国对外直接投资统计公报》和 UNCTAD 数据库数据计算。

（二）中国企业在政治安全形势相对稳定西亚国家商务活动相对活跃

同样，按照政治安全形势稳定与否，将西亚国家分成两组，观察近年中国企业的直接投资和关联双边合作动态。

1. 在政治安全形势相对稳定的西亚国家

（1）阿联酋

中阿双边经贸交流日趋活跃。来自中国的手机、家电、汽车品牌广告频频见诸阿联酋各大报端版面。2016 年 11 月 1 日起，阿联酋给予中国公民免签入境待遇，中国公民持普通护照入境阿联酋无须预先申请签证，入境不收取费用，停留期 30 天。持照人可按阿联酋相关规定缴费延期一次，再停留 30 天。近年，中国企业赴阿联酋投资步伐加快。目前，超过 3000 家中国公司在阿联酋设立分支机构。中国对阿联酋投资主要领域为能源、钢铁、建材、建筑机械、五金、化工、电信等。其中，华为已成为阿联酋电信业设备主流供应商，阿里云在迪拜的数据中心于 2016 年 11 月开始启用。其他相对大型的投资合作活动包括中阿政府宣布成立 100 亿美元的共同投资基金；Adnoc 和中石油合资成立 Al Yasat 石油作业公司，中石油持股 40%；中石化冠德控股有限公司（持股 50%）与新加坡宏国能源有限公司（持股 38%）、富查伊拉政府（持股 12%）在阿联酋富查伊拉投资建设的石油仓储合资项目－富查伊拉石油仓储公司；中远海运收购阿布扎比哈利法港 2 号码头运营权；中石油和华信能源各获得阿布扎比陆上石油区块 8% 和 4% 的股份权益。

从基础设施项目上看，2016 年初，中国哈尔滨电气与沙特 Acwa 电力组成的联合体中标迪拜哈翔清洁煤电厂一、二期共 2400 兆瓦项目，其中哈电持股 14.6%，丝路基金持股 7.4%。2017 年 6 月，马克图姆太阳能园四期 200 兆瓦太阳能光热项目宣布初步开标结果。2017 年初，由中国晶科能源和日本丸红株式会社组成的联合体以每千瓦时 2.42 美分的价格中标 1177 兆瓦阿布扎比 Noor 太阳能光伏电站，该电站为世界最大的单一太阳能光伏电站项目。

（2）阿曼

中石油进驻阿曼市场后，为一批中国专业从事石油机械、工程服务的中资企业提供了进入阿曼市场的机遇。其中，东方地球物理勘探公司、长城钻井、山东科瑞、海默集团等，都在阿曼获得可观市场份额。2016 年 5 月，中国－阿曼（杜库姆）产业园在杜库姆经济特区揭牌。该产业园定位于石油炼化、轻重工业、物流仓储等多种用途。该产业园由宁夏回族自治区政府推动，首批十个入园项目已经签约，涉及海水淡化、石化、电力、光伏组件、石油装备等领域。中阿（杜库姆）产业园一期，预计于 2021 年建设完成，分批投入共 10 亿美元资金。此外，由中国私人投资经营的贸易商城——金龙商城二期，于 2017 年 2 月 23 日开始正式运营，一、二期共投资 2040 万美元。

（3）巴林

中国在巴林主要中资企业有八家，从事制造、通信、工程承包、环保等行业。华为技术公司于 2009 年将中东地区总部由迪拜迁至巴林，在巴林员工约 500 人，负责巴林等 14 个国家的业务。以巴林为基地，华为成为西亚电信市场上最具竞争力的产品和解决方案提供商之一。

（4）卡塔尔

在卡塔尔开展经营的中资企业接近 30 家，其中工程承包企业占很大一部分，如中国水电、中国港湾、中国建筑等。除此之外，工商银行、中海油、华为技术、中兴通讯、龙城、三一重工、沈阳远大、江河幕墙等其他行业企业也在卡塔尔设有分支机构。

（5）科威特

在科威特开展经营的中资企业中，能源企业和工程承包企业占很大一部分，如中建股份有限公司、中石化国际工程公司、中石化炼化工程（集团）股份有限公司、中国港湾公司、中冶科工集团公司、中水电建设集团公司、中国北方公司、中铁建十八局、中油吉林化建工程有限公司、葛洲坝股份公司、山东电力建设第三工程公司、沈阳远大铝业工程公司、武汉凌云建筑装饰工程公司、北京江河玻璃幕墙公司、江苏省建设集团，另外，华为技术和中兴通信两家公司在科威特设有分支机构。

（6）塞浦路斯

近年，中国企业对塞投资日趋活跃。2016 年 1 月，中航工业旗下幸福航空控股收购塞浦路斯深蓝航空公司 49% 股份，当年投资约 3400 万欧元。2016 年 12 月，香港联合好运公司以 10 亿美元收购在塞浦路斯管理运营的"会说话的汤姆猫"游戏开发公司。2017 年 4 月，广东达华智能科技股份有限公司以 7300 万美元收购塞浦路斯一家卫星轨道公司。此外，中国民营企业正参与投资建设拉纳卡、阿依纳帕五星级酒店项目，另有部分中资企业正积极与塞方在燃油发电站、光伏电站、风力发电、旧机场航站楼改造等开发项目开展磋商。

（7）沙特阿拉伯

超过百家中资企业在沙特设有分支机构，主要行业大类包括工程承包、石油石化、电信设备。2016 年 1 月，由沙特阿美石油公司与中石化共同投资 100 亿美元建设的沙特阿美中石化延布炼厂项目投产启动，年炼化产能 2000 万吨，其中中石化持股 37.5%。2016 年 8 月，华为公司获得沙特 100% 贸易营业执照，成为沙特通讯信息技术领域第一家获得全贸易营业执照的外资公司。2017 年 3 月中旬，在沙特国王萨勒曼访华期间，中沙两国宣布提升全面战略伙伴关系，签署 14 项谅解备忘录和合作意向书，意向合作项目共 35 个，价值 650 亿美元，双方还于 2017 年 3 月 16 日在北京举办中沙投资论坛，由沙特方面向中国政府和企业推介投资机会，中沙知名企业论坛现场签订 22 项谅解备忘录，涉及能源、住宅、文化、信息技术等多个方面。

（8）伊朗

2016 年 1 月，习近平主席率团访问伊朗，中国政府与伊朗政府签署 17 个双边协议，其中包括"一带一路"建设、产能合作、加强两国投资领域合作、人力资源合作、德马线高铁电气化升级改造项目融资等合作领域的谅解备忘录。中国与伊朗还建立部长级中伊经贸联委会沟通机制。目前，在伊朗有经营活动的典型大中型中资企业有中石油、中石化、中海油、中国中铁、葛洲坝、中航技、中国有色、东方电气、华为技术、中兴通信、奇瑞汽车、珠海振戎等。其中，奇瑞汽车投资的中伊汽车工业园位于伊朗克尔曼省

巴姆市，奇瑞公司计划把现有工厂6万辆/年的产能提升至16万辆/年，并吸引零部件厂家、物流企业等配套企业进入园区。截至2017年，奇瑞公司已邀请8家汽车配件公司参与投资建设。

（9）以色列

2010年后，先后对以色列开展过直接投资的中国企业包括以下几个。2010年，浙江三花股份，投资太阳能产业；深圳易方数码科技，收购以色列高科技企业佩格萨斯公司。2011年，中国化工集团，收购农业化工企业ADAMA（原名马克西姆·阿甘公司）。2013年，上海复星医药，收购以色列医疗美容器械制造商阿尔玛激光公司；以色列著名风投基金皮坦戈完成旗下第六支子基金总额2.7亿美元募资，其中部分资金来自中国。2014年，光大控股（香港）出资7500万美元与以色列Catalyst基金合作成立私募基金；桥道管理中国公司、常州市武进经济开发区与以色列PTL集团合作组建WBP风投基金；以色列风险投资公司Carmel旗下Carmel Ventures IV基金获得中国百度、平安等公司1.94亿美元投资。2015年，上海光明食品收购以色列最大乳业食品公司；阿里巴巴投资以色列Visuale ad公司。2017年，阿里巴巴投资以色列Lumus公司。

（10）约旦

已在约旦开展投资经营活动的中国企业工程涵盖多个领域。其中工程承包企业包括山东电建、北方工业、长征国际等；通信设备企业包括华为公司、中兴通信等。此外，还有经营百货零售的约旦龙城，若干家服装制造企业，若干经营轻机电产品的企业。

2. 在政治安全形势相对不稳定的西亚国家

（1）黎巴嫩

近两年我国对黎巴嫩的直接投资都是零流量，并且中国投资存量占全黎巴嫩FDI存量比率非常低。目前在黎巴嫩的中资公司有华为技术有限公司、中兴通讯股份有限公司、安福贸易公司。

（2）土耳其

中国企业在土耳其开展投资合作集中在电信、金融、交通、能源、采矿、制造、农业等领域，投资者包括华为技术公司、中兴通讯公司、中国通用技术集团、中国钢铁股份有限公司、中国机械设备工程公司、中国航空技术国际控股公司、中国铁道建筑总公司、中国天辰国际工程有限公司、中电电气（南京）光伏有限公司、中国中车股份有限公司、重庆力帆集团、新希望集团、中国海南航空集团、中国南方航空集团、中国国际航空集团、中国工商银行、中国银行、中国国家开发银行等企业。

（3）叙利亚

近两年我国对黎巴嫩的直接投资都是负流量。叙利亚战乱发生后，以石油化工、工程承包为主体的中资企业的大部分人员撤离叙利亚。2017年，叙利亚局势有转好迹象，中国和叙利亚官方多次举办活动和发出声音，将积极推动中资企业参与叙利亚战后重建。不过，值得中方密切关注的是，叙利亚的动荡未来能否真正平息，仍存在很大不确定性。

（4）也门

近两年我国对黎巴嫩直接投资都是负流量。2011年2月以来，由于也门安全局势越来越差，大多数中资机构已撤离也门。此后，也门安全局势反复不定，中资企业人员部分返回后再撤离。

（5）伊拉克

主要中资企业有中石油、中海油、绿洲石油公司、上海电气、天津电建、苏州中材、中建材、中国交通建设、葛洲坝、中地国际、中曼石油、中国机械设备工程、华为技术、中兴通信和上海杰溪国际贸易等30余家，主要从事油田开发、基础设施建设、通信设备、建材、贸易等活动。

四　在机遇和挑战中推动中国对西亚投资发展

如前所述，中国企业对西亚投资，需要面临地区安全局势动荡等不利因素，但从另一方面看，西亚各国均处在亚洲、欧洲、非洲接合部，大部分国家在自然资源、收入水平等方面具有优势，大部分国家政府都致力于改善基础设施、推进产业多元化。西亚各国也是我国"一带一路"建设的重点区

域，各国政府也普遍对"一带一路"建设积极响应。正因为如此，中国企业应该趋利避害，把握机遇，迎接挑战，在西亚各国积极寻求投资合作机会。

一是把握各国基础设施建设带来的投资机会。目前，无论是安全形势相对稳定还是相对不稳定的国家，都面临庞大的基础设施改善需求。部分国家如科威特、阿联酋、沙特、阿曼、巴林等国还专门就 PPP 项目开展基础设施建设出台相关法规。PPP 项目要求项目承接者在工程、投资两方面同时具有竞争力。基础设施项目建设对投资的带动不仅会发生在项目运营环节，也可能延伸到设备制造环节。如中国北方国际在伊朗承接地铁项目，已带动北京国际、中车长客与伊方投资成立德黑兰轨道车辆制造公司。

二是发现各国产业多元化中蕴含的投资机会。当前西亚各国纷纷出台规划，并采用工业园区等方式，努力推动非油气产业发展。中国各行业企业，特别是制造业、商贸业领域企业，可积极关注西亚各国非油气产业的工业园区招商计划，关注本行业上下游产业链企业在西亚的投资成就或规划，积极寻找投资合作机会。中国制造业、商贸业企业在西亚地区投资，可以借鉴和参考奇瑞在伊朗建立汽车工业园的模式，在上下游产业链企业之间形成互帮互助关系。

三是采取多种措施积极规避投资风险。相比在世界其他区域投资，在西亚地区投资风险突出地体现在人身和财产安全上面。为此，企业在投资决策实施过程中，应和中国政府驻外机构、中国海外商协会积极联络，以及时获取关于地区安全局势和政策变化的信息，并及时就相关风险因素做出应对。另外，中资企业在投资实施过程中，在与东道国政府的相关交涉和谈判中，应就未来可能出现的各种风险做出考量和预案。在评估必要性的基础上，应通过积极购买政策性、商业性海外投资保险产品，规避相关风险。

Y.18
2017年西亚国家的对外贸易*

周　密**

摘　要： 2017年，影响西亚国家国际贸易的因素较多。尽管国际经济
复苏为油价上升提供支撑，有利于西亚国家的贸易环境改善，
但是包括地区冲突烈度增强、恐怖主义形式变化和宗教冲突
在内的多个因素仍然给西亚国家的国际贸易长期稳定发展带
来挑战。中国与西亚国家保持传统稳定的经贸关系。2017
年，双边贸易额增幅较大，中国的进口扮演着重要角色，主
要贸易伙伴国的排序和货物贸易商品类别分布大致保持不变。
展望2018年，中国与西亚国家间的双边贸易将呈现新的特
点。另外，贸易不平衡规模持续扩大，"一带一路"创造更
多空间，服务贸易领域合作发展可能更为迅速。也应该看到，
大国博弈加强、美国制裁和恐怖主义新发展等特点和事件可
能削弱中国与西亚国家间双边贸易的发展势头。

关键词： 西亚　国际贸易　一带一路

2017年，全球经济开始进入脆弱复苏阶段，主要经济体大多出现复苏

---

* 本文所指西亚国家包括伊拉克、沙特阿拉伯、阿联酋、伊朗、也门、阿曼、叙利亚、约旦、
卡塔尔、科威特、以色列、黎巴嫩和巴林，共计13个国家。

** 周密，管理学博士，复旦大学博士后，美国斯坦福大学访问学者，韩国国际经济政策研究院
访问学者，商务部研究院美洲与大洋洲研究所副所长，研究员，主要研究领域为对外投资合
作、服务贸易、国际规则与协定等。

态势。作为全球石油生产和出口国最为集中的区域，西亚国家也获得了更强的对外贸易能力，需求开始复苏。中国经济开始进入新时代，社会需求全面升级发展，能源消费结构调整发展。中国与西亚国家间的贸易发展进入了新的发展阶段。

一　影响西亚国家国际贸易的主要因素

西亚国家的国际贸易与石油等大宗商品联系紧密。2017 年，全球经济开始复苏，对能源的需求增加，但多种因素仍导致国际大宗商品价格分化。西亚的地区冲突烈度增强，恐怖主义形式变化，加之固有的宗教冲突，都给西亚国际贸易的长期性、稳定性带来挑战。

（一）多重因素推动大宗商品价格分化

全球大宗商品的价格既受供需关系变化的影响，又在金融市场避险与投机需求下成为投资工具，还受石油交易主要结算货币美元走势的影响。2017年 5 月召开的第 172 届 OPEC 维也纳会议上，OPEC 同以俄罗斯为代表的组织外产油国同意将石油减产协议延长 9 个月，维持 180 万桶/日的减产幅度不变。但美国、伊朗、利比亚、尼日利亚等非 OPEC 国家的石油产量不受限制。国际市场油价出现震荡，供需之间的结构性矛盾开始显现。2017 年，布伦特 – WTI 价差进一步扩大。特朗普政府对弱势美元的支持推动大宗商品价格上涨。

（二）地区冲突烈度增加影响国际贸易

2017 年，在外部力量推动下，西亚局势更为复杂，冲突的烈度与大国参与度都有了新的发展。也门战乱更趋严重，拖累沙特经济增长动力不足。2017 年 4 月 7 日，美军以叙利亚发生针对无辜平民的化学武器袭击事件为由，向叙利亚空军基地发射了 59 枚战斧式巡航导弹，摧毁了基地报道、机库、油库、防空和基础设施。尽管美方并未改变 2016 年以来叙利亚政府在俄罗斯支持下不断重挫叙利亚反对派、收复阿勒颇等重要城市，从而确立叙利亚局势由叙利亚政府和俄罗斯共同主导的现状，但向世界传递了强烈的政治信息"美国并未在叙利亚战争中被边缘化"。

（三）恐怖主义形式变化应对更为复杂

2017下半年以来，主要区域和全球性大国在加强协同打击"伊斯兰国"极端组织方面加大力度。"伊斯兰国"在伊拉克和叙利亚的大本营遭受高强度打击，伴随摩苏尔和拉卡的收复，"伊斯兰国"作为明确的独立区域性组织的空间受到大幅压缩。但恐怖主义并未消失，以收缩力量、转移战场为方式的变化导致恐怖主义呈现全球蔓延，恐怖分子本土化，策划组织网络、袭击形态碎片化、复杂化、独狼化。大国合作反恐的意愿下降，反恐权力真空期可能造成恐怖威胁扩展，对国际贸易网络的发展带来较大冲击，不利于经济复苏进程的平稳推进。

（四）宗教冲突继续增加经贸发展风险

西亚地区在历史上的宗教冲突不断，不仅发生在不同宗教信仰间的冲突，也发生在同一宗教不同教派之间。特朗普中东政策更趋强硬，打破地区力量平衡。巴以冲突升级，以色列封锁耶路撒冷老城阿克萨清真寺，以色列与阿拉伯国家关系更加紧张。伊斯兰教逊尼派和什叶派之间紧张关系升温，伊拉克库尔德人寻求自治对西亚伊朗、伊拉克和叙利亚及土耳其带来更大影响。经济贸易活动难以正常开展，增加了石油生产和供应的风险，使贸易的短期性特点更为突出。

二　中国与西亚国家的双边贸易

2017年中国在北京举办"一带一路"国际合作高峰论坛，吸引了广泛关注，促进了包括西亚国家在内的各方对"一带一路"的关注和合作。中国与西亚国家有传统稳定的经贸关系，自21世纪中国加快工业化以来持续

增长。2017 年，中国与西亚国家间的双边贸易额增幅较大，中国的进口扮演重要角色。但西亚在中国外贸总量中的比重有所降低，中国对西亚国家的贸易从顺差转为逆差。

（一）双边贸易额加快复苏

2017 年，全球经济出现普遍复苏，经济增速加快增加了社会需求，促进了国际贸易的发展，中国与西亚国家间贸易发展随之加速。双边货物贸易规模受全球大宗商品价格的影响较大。在连续两年分别出现 24.0% 和 13.2% 的下降后，2017 年中国与西亚国家的双边贸易不仅出现绝对值的增加，也实现了增速的加快。中国与西亚国家的贸易额达到 2086.9 亿美元，同比增加 13.5%，增速达到六年内最高。但是，双边贸易额尚未回升到历史最高发展水平。按照贸易额计算，中国与西亚国家间的贸易额仍低于 2015 年，也低于 2011 年的贸易额（见图1）。

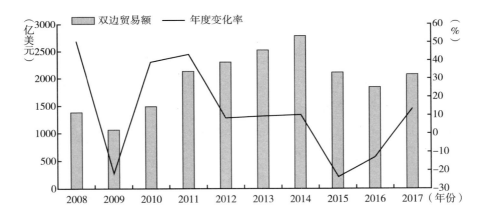

图1　2008~2017 年中国与西非国家双边贸易额及变化率

资料来源：根据中国海关数据测算。

（二）中国从西亚国家进口复苏明显

双边贸易在短期内主要由双方供给能力和需求规模决定。2015 年以来，中国与西亚国家的进出口均呈现触顶下滑态势，进口降幅较大且速度较快。2017年，中国从西亚国家的进口和对西亚国家的出口呈现不同的变化态势。2017年，中国从西亚国家进口额为1096.9亿美元，同比大幅增加29.4%；当年对西亚国家的出口额为990.1亿美元，同比略降0.03%。也应该看到，尽管进口出现明显复苏，但中国从西亚国家的进口仍比2011～2014年期间差距较大，如2017年的进口额仅为2014年的68.1%。中国对西亚国家的出口额也在2014年之后出现下降，但降幅相对有限。2017年中国对西亚国家的出口额基本与2013年的水平相当（见图2）。

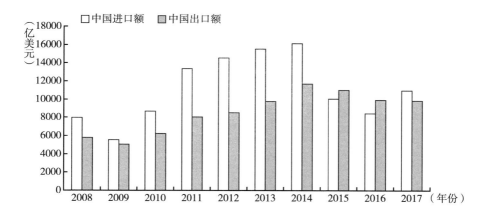

图2　2008～2017年中国对西亚国家的进口额和出口额

资料来源：根据中国海关数据测算。

（三）西亚在中国外贸总量中比重下降

西亚是中国对外贸易的重要伙伴，中国与西亚国家的贸易额占中国对外贸易总额的比重有所增加，但仍处于历史低位。2017年，双边贸易额占中国对外贸易总额的5.1%，比上年增加0.1个百分点。在2008～2017年的十年间，只有2009年和2010年的增速低于5.0%（见表1）。

表1　2008～2017年双边贸易额占中国对外贸易额的比重

单位：%

年份	2008	2009	2010	2011	2012	2013	2014	2015	2016	2017
占比	5.4	4.8	5.0	5.9	6.0	6.1	6.5	5.5	5.0	5.1

资料来源：根据中国海关数据测算。

受商品结构影响，中国与西亚国家的进口和出口在中国对外贸易中的位置呈现不同态势。相比而言，西亚在中国进口所占的比重高于出口占比。2017年，中国从西亚国家的进口总额占比的波幅较大，出口额占比的变化则较为平稳。中国从西亚国家的进口额和对西亚出口额在中国进出口总额的比重之间的差距出现缩小态势。2009年中国与西亚国家的贸易进出口占比差在2个百分点之后持续扩大至接近4个百分点，2014年后二者差额持续缩小，2017年略有扩大，进口和出口占比分别为6.1%和4.3%，差额比2016年增加了0.8个百分点。

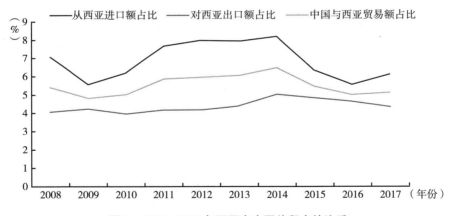

图3　2008～2017年西亚在中国外贸中的比重

资料来源：根据中国海关数据测算。

（四）中国对西亚双边贸易从顺差变为逆差

2017年，伴随中国经济快速复苏，需求增长巨大，需要外部市场提供保障，包括西亚国家在内的外部市场进口成为重要来源。中国对西亚国家的双边贸易出现了106.8亿美元逆差，与2016年142.7亿美元的顺差相比变化明显。但是从历史发展来看，中国对能源进口需求较为稳定，对西亚国家的逆差总体水平较低。2008～2014年，中国对西亚国家均为逆差状态，且除2009年外均远超2017的逆差水平。考虑到与西亚国家的贸易额等因素，以贸易不平衡指数衡量的中国与西亚国家间贸易关系，显示中国与西亚国家的贸易不平衡总体有限。2008～2017年，中国与西亚国家的贸易不平衡指数基本保持在–0.25～0.10，且近年来该指数的振幅进一步缩小（见图4）。

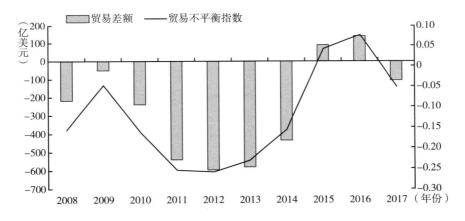

图4　2008～2017年中国与西亚国家的贸易差额

注：贸易不平衡指数反映了双边贸易不平衡的程度，为贸易差额占双边贸易总额的比重，正值表示一国对另外一国具有贸易竞争优势，反之处于劣势。不平衡指数的绝对值越大说明双方贸易不平衡的程度越高。

资料来源：根据中国海关数据测算。

　　具体到国别，从中国与西亚国家的双边贸易平衡来看，2017年贸易顺差和逆差国数量相当，贸易不平衡额分布差别不同。中国的逆差来源国间的逆差额差别相对较小。2017年，中国在西亚的最大的逆差来源国是沙特阿拉伯，逆差额为133.8亿美元。其次是阿曼（106.9亿美元）、科威特（58.0亿美元）、伊拉克（53.7亿美元）和卡塔尔（46.8亿美元）。中国对西亚国家的顺差来源国之间的差别较大。2017年，中国对西亚最大的顺差

来源国是阿联酋，顺差额为 168.5 亿美元。其次是以色列（48.0 亿美元）、约旦（25.4 亿美元）、黎巴嫩（20.1 亿美元）、叙利亚（11.1 亿美元）、也门（10.0 亿美元）、巴林（7.8 亿美元）和伊朗（1.6 亿美元）。

（五）中国从西亚国家进口国别集中度提高

受出口国国内形势和基础设施支撑能力的影响，2017 年中国从西亚国家进口额的国别分布顺序出现微调，国别集中度有所提高。沙特和伊朗仍在进口排名上排在前两位，伊拉克超过阿曼，排在第三位。2017 年，中国从沙特、伊朗和伊拉克三国分别进口商品 317.6 亿美元、185.2 亿美元和 137.2 亿美元。从阿曼和阿联酋的进口也超过百亿美元，从而使进口额百亿美元以上国家数从 2016 年的 4 个增加到 5 个，仅次于 2014 年的 6 个（当年从科威特进口为 100.0 亿美元）。2017 年，中国从西亚进口额前三位分别占当年中国从西亚所有国家进口额的 29.0%、16.9% 和 12.5%，合计占比为 58.4%；2016 年中国从西亚进口前三位的国家合计占比为 58.0%，中国从西亚进口的国别集中度有所提高。相比而言，中国从西亚进口最少的国家包括叙利亚、黎巴嫩、巴林、约旦和也门，2017 年中国的进口分别只有 130 万美元、2260 万美元、1.3 亿美元、2.8 亿美元和 6.5 亿美元（见表 2）。

表 2 中国从西亚国家进口额国别分布

单位：百万美元

	2013 年	2014 年	2015 年	2016 年	2017 年
沙特阿拉伯	53499.3	48678.5	30155.5	23595.2	31761.4
伊朗	25396.7	27464.6	16013.2	14919.0	18524.5
伊拉克	17968.1	20747.6	12656.3	10618.1	13724.0
阿曼	20993.6	23820.2	15052.2	11877.1	13025.6
阿联酋	12724.5	15560.3	11280.4	9745.6	12090.6
科威特	9568.3	10002.9	7478.7	6357.7	8916.9
卡塔尔	8426.2	8311.6	4594.7	3994.6	6365.7
以色列	3183.7	3165.7	2804.2	3200.3	4197.0

	2013 年	2014 年	2015 年	2016 年	2017 年
也门	3060.0	2943.0	887.7	164.5	651.1
约旦	169.9	263.4	287.5	211.1	278.7
巴林	304.2	183.9	111.6	63.5	125.7
黎巴嫩	46.1	26.1	17.4	17.5	22.6
叙利亚	4.7	2.1	3.5	3.2	1.3
西亚国家	155345.1	161170.0	101343.0	84767.4	109685.0
全球	1949300.3	1963105.2	1601760.8	1524704.1	1790000.5
西亚占比（%）	8.0	8.2	6.3	5.6	6.1

资料来源：根据中国海关数据测算。

（六）中国对西亚国家出口市场集中度降低

中国工业体系较为完整，主要工业品的国际竞争力保持强劲，基于比较优势的出口结构保持稳定。2017 年，中国对西亚国家出口额排序发生微调，出口市场的集中度呈现降低的变化态势。2017 年，阿联酋仍是中国在西亚最大的出口目的地；伊朗超过了沙特，成为中国出口的第二大目的地。中国对上述三国的出口额均超过百亿美元，将其他西亚国家远远抛在后面。2017 年，中国对阿联酋、伊朗和沙特的出口额分别为289.4 亿美元、186.9 亿美元和183.8 亿美元，分别占中国当年对西亚出口额的 29.2%、18.9% 和 18.6%，合计占比为 66.7%。与之对应，2016 年的前三位分别占当年中国对西亚国家出口总额的 31.2%、19.9% 和 16.9%，合计占比为 68%。无论是出口最大目的地还是前三位目的地，占比均有所降低。与进口相比，中国对西亚国家的出口分布相对平衡。2017 年中国出口额最低的三个西亚国家分别为巴林、叙利亚和也门，出口额分别为 9.0 亿美元、11.1 亿美元和 16.5 亿美元（见表3）。

（七）中国进口商品集中度较高

西亚国家的国际贸易出口比较优势较为明显，中国从西亚国家进口商品

表 3 中国对西亚国家出口国别分布

单位：百万美元

	2013 年	2014 年	2015 年	2016 年	2017 年
阿联酋	33397.0	39044.1	37066.2	30860.8	28944.7
伊朗	14389.1	24337.8	17832.5	16727.4	18680.5
沙特阿拉伯	18734.2	20592.3	21679.4	19683.0	18381.0
以色列	7637.8	7739.3	8624.3	8339.2	9001.3
伊拉克	6895.7	7742.9	7927.0	7743.1	8352.9
科威特	2671.9	3429.3	3775.8	3116.3	3119.6
约旦	3426.1	3366.9	3430.8	3050.7	2815.8
阿曼	1900.3	2063.2	2118.1	2211.2	2331.5
黎巴嫩	2487.6	2607.3	2290.3	2216.7	2031.6
卡塔尔	1710.0	2253.8	2279.1	1558.8	1688.5
也门共和国	2133.1	2201.4	1436.4	1736.5	1646.2
叙利亚	689.0	983.2	1024.4	971.8	1107.3
巴林	1237.4	1232.8	1014.5	818.1	904.5
西亚国家	97309.2	117594.1	110498.6	99033.8	99005.5
全球	2210662.2	2343222.1	2280541.1	2135308.1	2279162.1
西亚占比（%）	4.4	5.0	4.8	4.6	4.3

资料来源：根据中国海关数据测算。

的集中度较高，资源型商品所占比重较大，且从主要进口来源国的重要商品
进口的结构较为相似。沙特阿拉伯、伊朗和伊拉克是 2017 年中国进口最大
的西亚国家前三位，中国从三国进口额超过 10 亿美元的大类数量不多。中
国从沙特进口的大额商品为燃料油、有机化学品和塑料，进口额分别为
213.9 亿美元、54.2 亿美元和 41.7 亿美元。中国从伊朗进口额超过 10 亿美
元的商品有燃料油（122.4 亿美元）、塑料（22.8 亿美元）、矿石（20.7 亿
美元）和有机化学品（12.8 亿美元）。相比之下，中国从伊拉克的进口则只
有燃料油超过百亿，达到 137.2 亿美元（见表 4）。

表4 2017年中国从沙特、伊朗和伊拉克进口额超过10亿美元的商品大类

单位：亿美元

	沙特阿拉伯		伊朗		伊拉克	
	商品大类	进口额	商品大类	进口额	商品大类	出口额
1	燃料油	213.9	燃料油	122.4	燃料油	137.2
2	有机化学品	54.2	塑料	22.8		
3	塑料	41.7	矿石	20.7		
4			有机化学品	12.8		

资料来源：中国海关数据。

（八）中国出口商品集中度有所增加

与从西亚国家的进口相比，中国对西亚国家的出口的商品种类更为丰富。中国拥有完整的工业体系，大规模生产加工和集成创新能力明显，西亚各国根据本国需要进口相应的商品。从2017年对西亚的最大三个出口国阿联酋、伊朗和沙特来看，中国对其出口额超过10亿美元的商品大类虽类似但不雷同。2017年，中国对阿联酋出口超过10亿美元的商品有五大类，分别为电子机械（68.4亿美元）、机械（50亿美元）、编织附件（17.1亿美元）、针织附件（14.2亿美元）和家具床品（13.9亿美元）；中国对伊朗出口超过10亿美元的商品有三大类，分别为机械（33.3亿美元）、交通工具（30.3亿美元）和电子机械（26.6亿美元）；对沙特出口超过10亿美元的有5大类，分别为电子机械（26.4亿美元）、机械（22.7亿美元）、编织附件（16.1亿美元）、家具床品（15.8亿美元）和针织附件（11.1亿美元）。

表5 2017年中国对阿联酋、伊朗和沙特出口额超过10亿美元的商品大类

单位：亿美元

	阿联酋		伊朗		沙特阿拉伯	
	商品大类	出口额	商品大类	出口额	商品大类	出口额
1	电子机械	68.4	机械	33.3	电子机械	26.4
2	机械	50.0	交通工具（铁路除外）	30.3	机械	22.7

	阿联酋		伊朗		沙特阿拉伯	
	商品大类	出口额	商品大类	出口额	商品大类	出口额
3	编织附件	17.1	电子机械	26.6	编织附件	16.1
4	针织附件	14.2			家具床品	15.8
5	家具床品	13.9			针织附件	11.1

资料来源：中国海关数据。

三　中国与西亚国家双边贸易的趋势展望

新时代中国经济的主要动力和供需关系均出现新的特点。中国与西亚国家的双边贸易预计将出现新的变化。中国对西亚国家的贸易不平衡的规模持续扩大，"一带一路"建设为双方开展经贸协同发展创造了更多空间，中国与部分国家的贸易合作领域和方式都有望大幅拓展。但也应该看到，影响中国与西亚国家间贸易的因素依然众多，大国博弈、美国制裁和恐怖主义活动的新发展都可能减慢贸易复苏进程。

（一）双边贸易不平衡将加剧

伴随全球经济复苏动能增强，全球能源供需平衡可能向有利于供给侧方向移动。中国、美国和印度等大国经济增长加快，从消费需求和生产需求两个方面都加大了对能源的需求。供给方面，尽管部分产油国受供应能力减弱等因素影响出口，但全球整体石油供应仍可能在价格坚挺或提高的条件下持续增加，剩余生产能力在油价高企时会吸引资本进入，转变为现实的供给能力。2018 年，OPEC 放弃限产，宣布 OPEC 和非 OPEC 产油国提高 100 万桶/日的石油产量。在油价上涨阶段，各产油国争夺市场份额的意愿增加。尽管对全球油价利好和利空因素同时存在，但价格提高仍是大概率事件。西亚国家是中国石油进口的主要来源之一，单价上升而总量规模保持相对刚性，将进一步增加中国从西亚国家的进口额。相比而言，中国对西亚国家的出口规模较为稳定，进而导致中国对西亚国家间的贸易逆差进一步扩大。

（二）"一带一路"增强发展动力

"一带一路"倡议提出五年来，在建设命运共同体的共识指引下，参与方数量增加，合作模式更趋丰富。2017年的"一带一路"贸易畅通倡议反映了各方推进合作发展的意愿和共识，为协同发展提供了指引。西亚国家是"一带一路"的重要参与者，国家间政策沟通良好，在协同发展领域有广泛的共识，跨境产业链配合快速发展，境外经贸合作区形成集群式发展力量。作为"一带一路"的重要内容，基础设施互联互通空间广阔，西亚地区受战乱破坏的采油设施和输油管道需要重建，包括民生工程在内的公共基础设施需要进一步加强。贸易畅通是"一带一路"的重要维度，2018年在上海举办的首届进口博览会将为各国厂商向中国输出更多且种类更为丰富的商品打造平台、创造机会。中国与部分西亚国家间的自由贸易协定等双边机制性保障加强，为企业开展经贸合作创造良好的条件。"一带一路"建设将为海关通关便利化、促进检验检疫协同、开展标准与规范对接协同提供支持。

（三）与以色列贸易合作潜力较大

以色列是西亚国家中与中国双边贸易结构特点突出的国家。尽管并非产油国，以色列在科技和软件等领域具备的优势突出，双边合作空间广泛。中国与以色列的双边贸易合作并不局限于传统的货物贸易，合作模式也是"引进来"与"走出去"相结合。以色列机制性引入中国劳务人员，弥补本国经济社会发展的不足，这样中国增加了侨汇收入，回国人员的技能水平也得到提升。双边的合作还广泛涉及企业间的研发或技术合作。2018年6月，第一届湘以科技创新经贸对接主题大会为湖南从以色列引智、引技和人才培养创造了条件，在生物科技、环境保护、冰雪领域和医疗合作等方面成功签约。现代信息技术为中国与以色列的服务贸易和经济合作创造更好的支撑环境，也减少了受安全局势恶化等原因产生的风险冲击。但在美国强硬表态和

支持下，以色列预计会受到阿拉伯国家的更多抵制，可能为中以经贸合作带来一定影响。

（四）大国博弈改变区域力量平衡

西亚国家的代理人战争风险增加，区域内各种力量在从上一个脆弱平衡被打破后难以在短期内重新达到新的平衡点，对国际贸易产生较大制约。2018年西亚地区的大国利益冲突表现更为明确。俄罗斯强化在西亚地区的军事存在和政治影响。特朗普在出访沙特并获得武器采购大单后主动改变西亚地区现状，将驻以色列大使馆从特拉维夫迁至耶路撒冷，招致巴勒斯坦的强烈指责，引起国际社会的普遍担忧，进一步加深了中东局势的复杂程度。在叙利亚，美国则不顾俄罗斯的强烈反对，再次以化学武器为由发动空袭，大国间在西亚国家的博弈加剧，区域内原有的力量平衡发生了重要调整。安全和政治形势对西亚国家开展经济活动的意愿与能力造成较大影响。在战乱频发的环境下，当地生产能力几乎完全丧失，对各类生活用品的进口依赖性增加。同时，出口能力也可能受到较大削弱，明显减弱了西亚国家的购买力。

（五）美国制裁影响伊朗对外贸易

美国退出伊核协议对各国与伊朗经贸合作产生较大影响。伊核协议签署后，一些国际投资者已经重返伊朗，在石油开发等领域投入大量资金。美国退出伊核协议后，尽管欧洲国家表示会继续遵守伊核协议，履行义务，但由于美国制裁给各方在美利益带来较大影响，各跨国公司为避免对美业务或在美资产受到波及，只能选择放弃在伊朗的发展，对伊朗能源开发、国际贸易和融资能力造成严重影响。在缺乏支付渠道替代选择的情况下，各方无法继续与伊朗受制裁公司开展贸易，而美国对美元的限制对石油交易的影响更大。也应该看到，伊朗受制裁多年，经济发展长期受到抑制，经济社会对外部市场的依赖性已经有所降低，在当前主要参与国仍然承诺遵守伊核协议的情况下，发展条件比之前已有不少改善。

（六）恐怖主义影响模式更为复杂

在各方联合打击下，"伊斯兰国"的大规模物理存在虽难以再现，但恐怖主义的影响依然不可忽视。"伊斯兰国"仍然拥有较强的号召力，各地恐怖组织效忠"伊斯兰国"的态势并未发生明显转变。2017 年的打击使"伊斯兰国"的组织和表现形式发生较大变化，恐怖主义活动有可能呈现更加隐蔽和非对称的特点，不仅增加了正常商业活动和平民受到恐怖袭击的风险，而且使社会安全保障和风险防范的风险大幅增加，对经济活动的正常开展产生较大负面冲击。尽管中国尚未成为恐怖组织的主要目标，但经济活动的发展和国际联系的增强使中国与西亚国家间的经贸活动难免受到更大影响。"伊斯兰国"在金融恐怖主义、洗钱、暴力宣传等方面的做法将改变国际恐怖活动的复杂程度，也增加了辨认和应对极端主义活动的难度。

Y.19
2017年西亚国家的工程承包

金　锐*

摘　要： 西亚国家的国际工程承包市场总体保持增长趋势。市场规模
出现反弹，市场竞争日趋加剧，基础设施项目依然是该地区
投资重点。在西亚地区整体环境不稳定等因素的影响下，中
国企业规范经营秩序和创新合作模式并举，加大市场开拓力
度，保持整体业务稳步发展。展望未来，西亚工程承包市场
前景乐观，"一带一路"国际合作为中资企业带来前所未有
的发展机遇，但仍需防控风险。

关键词： 西亚　国际工程承包　一带一路

　　根据美国《工程新闻纪录》于 2017 年 8 月发布的数据，2016 年 250 家
全球最大国际工程承包公司的市场营业额为 4681.2 亿美元，较上年下滑
6.4%。受经济周期性调整和国际能源价格走低的不利影响，全球承包工程
市场连续四年走势低迷，特别是拉美、非洲、加拿大等区域和国家经济增长
受阻，当地基础设施投资建设领域等受到较大冲击。但是，250 强传统的三
大市场（亚洲和澳大利亚、欧洲、中东地区）规模再度攀升，其中在中东市
场营业额由 2015 年的 765.1 亿美元增长到 840.2 亿美元，增长 9.8%（2015 年
为 -3.2%）。2017 年全球经济总体经济形势稳中向好，包括西亚国家在内的

---

* 金锐，商务部国际贸易经济合作研究院副研究员，主要从事中国对外工程承包、劳务合作、
海外投资、服务贸易，以及自贸区、政府采购协议等研究。

各国财力紧张状况有所缓解，对基础设施建设支持力度进一步加大。

作为对外承包工程业务的传统市场，西亚地区多年来一直受到中国承包商的青睐。2016年，中国对西亚新签合同额占当年对全球新签合同总额的12.4%，完成营业额占当年对全球完成营业总额的13.3%；2017年，新签合同额、完成营业额占比分别为10.0%和11.5%。

一 西亚国际工程承包市场的主要特点

西亚国家的国际工程承包市场总体保持增长趋势。一方面，油价动荡对石化项目造成冲击，另一方面，可再生能源备受重视，城市化发展及卡塔尔世界杯、迪拜世博会均拉动了公共基础设施建设。

1. 市场规模呈现反弹

根据美国《工程新闻记录》统计，2015年250家全球最大国际工程承包公司在西亚地区的市场营业额下滑3.2%，占当年国际市场营业总额的比重为15.7%。2016年，250强在该地区市场营业额达840.2亿美元，增幅为9.8%。

2. 市场竞争日趋加剧

发达国家的承包商和设计公司在西亚市场的占有率依然保持绝对优势。2016年，来自欧洲、韩国、中国的承包商分列前三，市场份额分别为35.2%、18.3%和16.0%。美国及欧洲工程设计公司在西亚市场份额为60%以上（见表1）。

表1 2016年全球最大250家国际工程承包公司及225家国际工程设计公司在西亚完成的市场营业额

单位：百万美元，%

承包商国籍	250家国际工程承包公司		225家国际工程设计公司	
	完成营业额	占西亚市场比例	完成营业额	占西亚市场比例
美国	4440.2	5.3	2866.7	23.8
加拿大	842.3	1.0	476.0	4.0
欧洲	29594.1	35.2	4945.3	41.1

续表

承包商 国 籍	250 家国际工程承包公司		225 家国际工程设计公司	
	完成营业额	占西亚市场比例	完成营业额	占西亚市场比例
英 国	6719.6	8.0	1359.0	11.3
德 国	1165.2	1.4	207.4	1.7
法 国	1340.6	1.6	498.7	4.1
意大利	6431.1	7.7	370.8	3.1
荷 兰	631.4	0.8	789.7	6.6
西班牙	6003.4	7.1	1151.8	9.6
其 他	7302.9	8.7	567.9	4.7
澳大利亚	1797.2	2.1	298.6	2.5
日 本	1433.1	1.7	118.4	1.0
中 国	13419.2	16.0	604.8	5.0
韩 国	15387.4	18.3	278.1	2.3
土耳其	7624.7	9.1	—	—
巴 西	91.5	0.1	—	—
所有其他	9389.6	11.2	2446.8	20.3
全部公司	84019.3	100.0	12034.7	100.0

资料来源：美国《工程新闻记录》，2017 年 7 月 17 日、8 月 28 日。

英国政府启动了一项新的倡议，以促进政府与基础建设行业领军企业开展合作，帮助英国企业获得重大国际项目合同。在此倡议下，英国政府已为迪拜体育场项目和迪拜世贸中心项目分别提供 4.55 亿美元和 1.8 亿美元融资支持。

意大利 Saipem 公司依托可持续商业模式，着眼与合作伙伴建立稳固而持久的合作关系，并借助签订大项目合同（如 8.5 亿美元的科威特陆上工程与建筑合同），进一步加强和巩固其在西亚地区的影响力。

3. 基础设施项目依然是投资重点

根据"2030 愿景"（Vision 2030）总体规划，沙特内阁批准建设位于东部省布盖格市（Abqaiq）的新工业能源城。沙特国家公司（阿美）将牵头建设。该工业能源城规划用地 50 平方公里，预计总投资近 44 亿美元，重点发展相关能源类产业。该工业城旨在推动沙特本地化战略，建成后将创造近数千个就业岗位。

各国纷纷投资兴建交通设施。阿联酋总统倡议的后续委员会已批准价值总计为7472万美元的公路网项目。受贸易环境低迷影响，全球集装箱货运市场出现缩水，阿联酋杰拜阿里港四号码头的新建计划曾被取消，在市场需求出现积极回升态势后，该项目已重启，投资额达16亿美元。迪拜的高峰电力需求在2014年增长了5.5%，预计到2020世博会前年均增速为4.5%～5%。为满足用电需求，迪拜水电局推出Aweer H电站扩建工程输电线项目，在1846兆瓦总装机容量基础上将再增加700兆瓦。2013～2016年，伊朗每年在铁路项目上的支出为10亿美元，伊政府计划在未来五年修建6500公里的铁路，每年投资15亿～20亿美元。

4. 建筑及劳动力市场准入有所调整

为确保投资者更为快捷地获得建筑许可，迪拜已实行新建筑许可程序和制度，包括精简许可程序、统一和规范建筑体系和要求、一站式办理许可手续。市场主体（咨询公司、承包公司、业主和开发商）可通过单一窗口或电话平台获取统一智能服务，如一站式跟踪许可申请状态、支付费用及保险、进行预约。

沙特开始向外籍劳务家属征收"居住费"，且费率将逐步提高，到2020年每名外劳家属每年须交费约1280美元。加之沙特经济增长放缓、劳务中介问题频发，赴沙特工作的外籍劳务数量和劳工汇款额均有所减少。

二　中国对西亚工程承包业务的发展特征

在西亚地区整体环境不稳定等因素的影响下，中国企业规范经营秩序和创新合作模式并举，加大市场开拓力度，保持整体业务稳步发展。

1. 业务规模出现波动

根据中国商务部统计，2016年中国对西亚新签合同额302.9亿美元，比2015年增长83.2%，大幅高于中国当年对全球新签合同总额16.2%的平均增速；完成营业额212.4亿美元，同比增长21.3%，高于中国当年对全

球完成营业总额3.5%的平均增速。中国对西亚新签合同额占当年对全球新签合同总额的12.4%，较上2015年（7.9%）明显增长；对西亚完成营业额占当年对全球完成营业总额的13.3%，高于2015年的11.4%。

2017年中国对西亚新签合同额264.9亿美元，同比增长-12.5%，而同期中国对全球新签合同总额的平均增速为8.7%；完成营业额193.5亿美元，同比增长-8.9%，同期中国对全球完成营业总额的平均增速为5.8%。中国对西亚新签合同额占当年对全球新签合同总额的10.0%，较2016年（12.4%）下滑；对西亚完成营业额占当年对全球完成营业总额的11.5%，低于2016年的13.3%。

2. 重点国别市场萎缩

2017年，中国对阿联酋、巴林、科威特、沙特、也门、伊朗、以色列等国新签合同额均出现下滑，而阿曼、卡塔尔、黎巴嫩、伊拉克、约旦则不同程度增长。同期，中国对西亚各国完成营业额中，卡塔尔、沙特、叙利亚、也门、伊拉克、伊朗出现萎缩，而阿联酋、阿曼、巴林、科威特、黎巴嫩、以色列、约旦保持增长（见表2）。

表2　2016～2017年中国对西亚地区承包工程业务统计

单位：万美元，%

	新签合同额			完成营业额		
	2017年	2016年	增幅	2017年	2016年	增幅
阿联酋	499300	504686	-1.1	249594	224637	11.1
阿曼	115240	81895	40.7	82805	80646	2.7
巴林	1468	1553	-5.5	2198	814	170.0
卡塔尔	43595	26799	62.7	103368	119875	-13.8
科威特	360682	408281	-11.7	196352	151314	29.8
黎巴嫩	207	13	1492.3	6371	13	48907.7
沙特	292833	502886	-41.8	634381	948175	-33.1
叙利亚	310	—	—	62	254	-75.6
也门	965	2319	-58.4	1457	1591	-8.4
伊拉克	590169	552858	6.7	273809	345464	-20.7
伊朗	497130	861800	-42.3	205025	224689	-8.8

续表

	新签合同额			完成营业额		
	2017 年	2016 年	增幅	2017 年	2016 年	增幅
以色列	40004	85074	−53.0	113073	23162	388.2
约旦	207066	933	22093.6	66940	3813	1655.6
西亚合计	2648969	3029097	−12.5	1935435	2124447	−8.9
全球合计	26527599	24401009	8.7	16858661	15941749	5.8
西亚占全球比例	10.0%	12.4%	—	11.5%	13.3%	—

资料来源：中华人民共和国商务部。

3. 基础设施项目占比增加

2016 年，中国在全球新签合同额的 50% 以上为基础设施项目，其中交通运输工程、电力工程建设和通信工程建设项目分别占当年新签合同额的 22.8%、22.0% 和 8.3%。同期中国对西亚新签交通运输建设、电力工程建设和通信工程建设项目合同额分别占对全球同行业新签合同额的 4.0%、12.3% 和 2.6%。中国在全球新签房屋建筑项目合同额占 18.9%，其中对西亚占 6.5%。中国在全球新签石油化工项目合同额占 13.6%，其中对西亚占 34.6%。

2017 年，中国在全球新签合同额中，基础设施项目依然过半，其中交通运输工程、电力工程建设和通信工程建设项目分别占当年新签合同额的 27.0%、18.1% 和 7.2%。同期中国对西亚新签交通运输建设、电力工程建设和通信工程建设项目合同额分别占对全球同行业新签合同额的 5.3%、13.9% 和 2.9%。中国在全球新签房屋建筑项目合同额占 22.3%，其中对西亚占 6.1%。中国在全球新签石油化工项目合同额占 10.2%，其中对西亚占 29.8%。

按照新签合同额计算，2017 年中国对西亚承包工程项目主要集中在石油化工、电力工程建设、交通运输建设及一般建筑等行业。其中，石油化工项目占比为 30.5%（2016 年为 38.0%），电力工程建设项目占比为 25.2%（2016 年为 21.8%），交通运输建设项目占比为 14.4%（2016 年为 7.4%），一般建筑项目占比为 13.6%（2016 年为 9.9%）（见图 1 和图 2）。

按照完成营业额计算，2017 年中国对西亚承包工程项目主要集中在石油

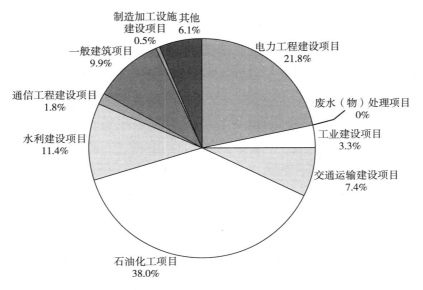

图1 2016年中国对西亚承包工程新签合同额的行业分布

资料来源：中华人民共和国商务部。

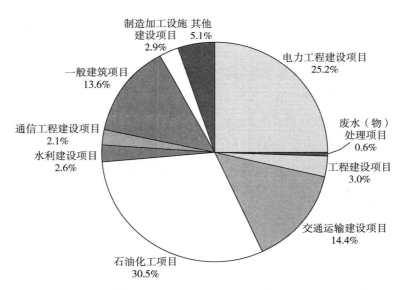

图2 2017年中国对西亚承包工程新签合同额的行业分布

资料来源：中华人民共和国商务部。

化工、交通运输建设、电力工程及一般建筑等行业。其中，石油化工项目占比为29.9%（2016年为41.9%），交通运输建设项目占比为16.1%（2016年为10.6%），电力工程建设项目占比为15.2%（2016年为10.4%），一般建筑项目占比为14.1%（2016年为11.7%）（见图3和图4）。

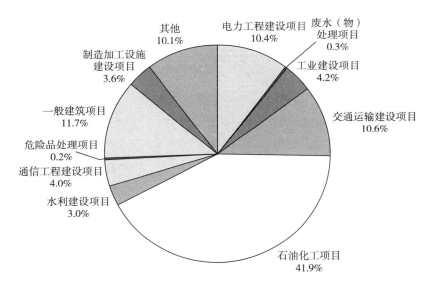

图3　2016年中国对西亚承包工程完成营业额的行业分布

资料来源：中华人民共和国商务部。

4. 大型项目平均规模锐减

2017年，新签合同额在500万美元以上的项目为241个（2016年为217个），平均项目规模为1亿美元（2016年为1.4亿美元）。其中新签合同额为1亿美元以上的项目有59个（2016年为52个），10亿美元以上的项目有3个（2016年为6个），新签合同额最大的项目为16.6亿美元，而2016年最大项目为23.5亿美元。

2016年新签合同额10亿美元以上项目分别为迪拜哈翔4X600MW清洁煤电厂项目23.5亿美元（哈尔滨电气国际工程有限责任公司承建）；伊朗克尔曼输水工程20亿美元（中国葛洲坝集团股份有限公司）；科威特新建炼厂项目16.96亿美元〔中石化炼化工程（集团）股份有限公司〕；朗阿赞

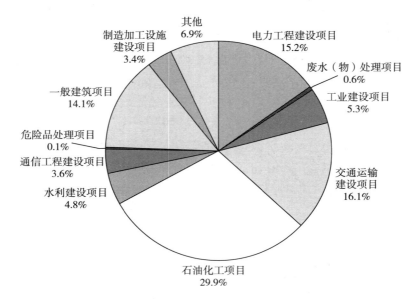

图4 2017年中国对西亚承包工程完成营业额的行业分布

资料来源：中华人民共和国商务部。

德干区块勘探施工 14.7 亿美元（新疆正通石油天然气股份有限公司）；伊拉克鲁迈拉 730 兆瓦电站项目 10.2 亿美元（中国水电建设集团国际工程有限公司）；伊拉克巴士拉 650 兆瓦燃机联合循环电站扩建项目 10 亿美元（中国机械设备工程股份有限公司）。

2017 年新签合同额 10 亿美元以上项目分别为约旦阿塔拉特 2 台 277 兆瓦燃油页岩电站 EPC 16.6 亿美元（中国能源建设集团广东火电工程有限公司）；巴布综合设施项目 15.2 亿美元（中国石油工程建设有限公司）；伊拉克鲁迈拉电站项目三期和鲁迈拉电站项目四期 13.5 亿美元（中国水电建设集团国际工程有限公司）。

5. 业务模式创新不断取得新进展

随着全球经济形势的变化，对外承包工程业务开拓及盈利模式呈现新的特点，从 EPC 总承包及 EPC + F 带资承包为主导的模式，逐步向建营一体化并存、经营方式日趋多元化发展。

在项目管理中，企业也在探索新的管理模式，如对基建项目进行属地化管理，取得良好效果。中交建全资子公司中国港湾作为施工总承包商组织实施阿什杜德港项目，是首次在发达国家承建的大型水工项目，也是"一带一路"倡议在中东地区的重要枢纽。中国港湾在建设项目过程中，通过强化工程技术创新、商务法律管控、人力资源组织、物资设备采购、安全质量管理等方面的管理，提升了对发达国家基建项目的属地化管理能力。

6. 政策促进举措点面结合

商务部推出对外投资创新行动计划，旨在培育一批具有国际知名度和影响力的跨国公司，打造中国投资品牌，在做大做强中国企业及海外企业的基础上，为保护国家海外利益提供有效支撑。与此同时，发布新版《境外中资企业机构和人员安全管理指南》，引导企业在制度设计、人员配备、设施配置、应急管理等方面保护海外利益。

商务部开展规范外派劳务市场秩序专项行动，对中资企业外派劳务情况进行排查治理，以防范因违法违规外派、非法外派、境外雇主侵犯中国外派劳务人员合法权益等引发的境外劳务纠纷和突发事件，保障劳务人员安全与合法权益，维护中国企业形象、双边关系和社会稳定。

三　西亚工程承包市场的趋势展望

当前，中国对外承包工程行业面临历史发展机遇期，"一带一路"倡议推动了包括西亚国家在内的基础设施互联互通，西亚各国承包工程市场的发展预期良好。与此同时，各类风险隐患等挑战也不容小觑。

1. "一带一路"倡议为企业带来前所未有的发展机遇

国际基础设施投资建设是拉动各国经济发展的重要因素，西亚各国电力、交通、通信基础设施，及房屋建筑、市政等民生工程建设仍将是建设重点。而"一带一路"倡议将推动各国加强基础设施互联互通建设，并将不断转化为合作项目。

2. 西亚工程承包市场前景总体乐观

根据国际商业观察（BMI）判断，在 2018 年及未来五年，中东和北非将成为全球建筑业增长最快的地区。这主要得益于该地区人口增长红利、石油价格回温和各国宏伟的经济多样化发展目标。海湾阿拉伯国家成员国及伊朗等国家财政收入对油气出口依存度很高，基础设施投资也有赖于此。

3. 未来重点发展行业

经济多样化发展将带动海湾阿拉伯国家国家港口基础设施增长。各成员国把加强港口和物流基础设施建设作为促进经济多样化发展的核心措施，石油价格回升有助于各国政府加大对港口项目的投资。科威特制定了宏伟的港口发展规划，包括投资 160 亿美元兴建布比延岛大穆巴拉克港项目。沙特阿拉伯已将发展重点转向依靠增加港口基础设施促进经济多样化发展，根据"2030 愿景"，政府宣布将投资 300 亿美元提升港口吞吐量。

房屋建筑市场需求增长。阿联酋副总统批准在阿联酋各地建造 7200 套住房，将在 2021 年交付，预计投资 19.6 亿美元。迪拜未来五年内将交付 16.3 万套住房，覆盖 387 个地产项目。酒店严重短缺已成为制约伊朗旅游业发展的主要因素，伊国内投资者和外国投资者将合作在旅游热门地区建设酒店，由其社保组织下属的旅游控股公司负责实施"100 家酒店，100 个商机"计划，该计划将享受 5～10 年免税政策。

4. 多种风险并存

西亚地区国情各异，伊斯兰教国家宗教色彩浓厚，法律环境复杂。部分国家政局动荡，基础设施建设政策缺乏连贯性，局部恐怖主义、极端民族主义和分裂主义势力活动猖獗，企业在当地推进承包工程业务存在一定风险。

在前期全球油气价格持续低位的影响下，西亚国家对 PPP 项目兴趣增加。由于银行流动资金相对紧张，当地金融机构通常会选择较短期的融资方式，长期信贷比例较小，因此，存在再融资利率升高风险。此外，有些国家政局不稳，金融风险较高，而且融资成本高，将影响项目的社会效益和经济效益。

部分国家存在地质灾害风险。2017 年以来伊朗地震频发，不仅造成人员伤亡，也导致基础设施和电网遭损毁。

资 料 文 献

Documentation

Y.20

2017年国内外中东研究
新进展

章 波　魏 亮　马学清*

摘　要：　2017年，国内外中东研究的重点主要聚焦中东国别、中东政治和历史、中国与中东关系、美国与中东关系、俄罗斯与中东关系、叙利亚问题、库尔德问题等方面。国内中东学界发布了多篇地区研究报告和国别研究报告。

关键词：　中东研究　学科建设　国际关系

* 章波、魏亮、马学清，三人皆为中国社会科学院西亚非洲研究所助理研究员。

一 国外研究新进展

（一）中东国别、政治和历史研究

奥塔威（David Ottaway）在其所著《颠覆的阿拉伯世界：突尼斯和埃及革命与其后果》一书中，回顾突尼斯和埃及两国在"阿拉伯之春"后的政治进程，探讨突尼斯和埃及革命的原因、结果，以及两国政治发展的可能轨迹。①

莱史瑞姆（Noam Leshrem）所著的《毁灭后的生活：围绕以色列阿拉伯人口稀少地区的斗争》通过历史回顾这些地区变迁和斗争的变化，阐明以色列的经济、社会和制度设计安排割裂国内两大社群间的关系，激化分离倾向。②

卡兹（Yaakov Katz）和博浩特（Amir Bohot）合著的《兵器奇才：以色列如何成为高技术军事超级大国》一书介绍了以色列从建国前仅拥有作坊式秘密工厂发展为当今世界最先进武器生产国和出口国的历程。③

其他国别还包括卡塔尔、伊朗、土耳其和埃及等。罗伯特（David Roberts）所著《卡塔尔》提供了 1960 年卡塔尔和沙特间矛盾冲突和 20 世纪 80 年代后期哈马德·哈利法权力继承的大量内幕，详细描绘 20 世纪 80 年代后半期以来卡塔尔主要的内外政策。④

艾特沙米（Anoushiravan Ehteshami）撰写的《伊朗：陷于转型》全面分析和研究了现代伊朗及其与其他国家的关系。⑤

---

① David Ottaway, *The Arab World Upended*: *Revolution and Its Aftermath in Tunisia and Egypt*, Lynne Rienner Publishers, Inc. , 2017.

② Noam Leshrem, *Life after Ruin*: *The Struggle over Israel's Depopulated Arab Spaces*, United Kingdom: Cambridge University Press, 2017.

③ Yaakov Katz and Amir Bohot, *The Weapon Wizards*: *How Israel Become a High-Tech Military Superpower*, New York, N. Y. : St. Martin's Press, 2017.

④ David Roberts, *Qater*, New York: Oxford University Press, 2017.

⑤ Anoushiravan Ehteshami, *Iran*: *Stuck in Transition*, *Milton Park*, *Abingdon*, Oxon: Routledge, 2017.

基思利（Neil Ketchley）撰写的《革命时代中的埃及：政治延续和"阿拉伯之春"》详细回顾"阿拉伯之春"在埃及发生、蔓延和激化的详细过程。①

阿德巴赫（Cornelius Adebahr）所著《欧洲与伊朗：核协议及之后》解释欧盟对伊朗的态度，尤其着重分析欧洲外交政策和大西洋两岸关系的复杂性，以及伊朗对重获地区和国际秩序中的地位的渴望。②

丁格尔（Eva Dingel）所著的《中东权力斗争：真主党和穆兄会》一书认为穆斯林兄弟会和真主党都是泛伊斯兰激进主义的一部分，它们也是两国政治体系的参与者。③

伊尔迪里姆（A. Kadir Yildirim）在所著《中东的穆斯林民主政党：伊斯兰温和主义的经济和政治》一书中使用"穆斯林民主党"来描述温和的伊斯兰政党，认为其特点是他们坚持世俗政治体制，承诺民主政治体制及具有宗教身份的民主政治。④

腾奥古尔（Banu Turnaoglu）所著《土耳其共和主义的形成》主要研究土耳其共和主义传统、土耳其共和主义思想家的丰富思想遗产，时间跨度从帝国时期到共和国阶段，呈现出完整的思想变迁史。⑤

马尔（Phebe Marr）和马拉希（Ibrahim Al-Marashi）合著的《伊拉克现代史》重点解释了 2014 年以后"伊斯兰国"的发展轨迹和它对伊拉克经济社会和文化的破坏，尤其列举了难民问题及其对非伊斯兰和伊斯兰文化遗产的破坏。⑥

---

① Neil Ketchley, *Egypt in a Time of Revolution: Contentious Politics and the Arab Spring*, Cambridge, United Kingdom; New York, N. Y. : Cambridge University Press, 2017.

② Cornelius Adebahr, *Europe and Iran: The Nuclear Deal and Beyond*, New York: Routledge, 2017.

③ Eva Dingel, *Power Struggles in the Middle East: The Islamist Politics of Hizbullah and the Muslim Brotherhood*, London: I. B. Tauris, 2017.

④ A. Kadir Yildirim, *Muslim Democratic Parties in the Middle East: Economy and Politics of Islamist Moderation*, Bloomington: Indiana University Press, 2017.

⑤ Banu Turnaoglu, *The Formation of Turkish Republicanism*, New Jersey: Princeton University Press, 2017.

⑥ Phebe Marr and Ibrahim Al-Marashi, *The Modern History of Iraq*, San Marcos: Westview Press, California State University, 2017.

（二）中东国际关系学科新进展

1. 中东极端主义研究

阿里·叟凡（Ali Soufan）在《解剖、分析、解析：从本·拉登之死到"伊斯兰国"的兴起》一书中指出，2015 年后，"圣战"分子人数激增，从"基地"组织的 400 人增加到"伊斯兰国"的 4 万人。①

2. 中国与中东关系研究

希尔扎德·阿扎德（Shirzad Azad）在他的新书《伊朗和中国：双边关系新的方法》考察了 20 世纪 80 年代初以来中国和伊朗关系的演变，包括鲁哈尼执政时期（2013 年至今）伊朗全方位的外交政策对中伊关系的启示。②

3. 阿以关系研究

盖·拉龙（Guy Laron）新书《六日战争：中东的巨变》主要论述了六日战争发生前几年主要交战国的国内经济和社会状况，较多地论述了以色列和主要交战国的军队和政府的关系，也探讨了阿以关系紧张加剧的其他因素。③

4. 叙利亚问题研究

扎弗·克斯克亚（Zafer Kizilkaya）《真主党军事干预叙利亚内战的道义合法化》分析了真主党领导层决定干预叙利亚内战的原因，指出真主党用高度道德化的言辞为干预叙利亚冲突做出合法性的辩护。④

5. 美国和中东关系研究

达纳·阿林和斯蒂文·西蒙（Dana H. Allin and Steven N. Simon）在《特朗普和圣地，首先不破坏》中指出，自克林顿总统起美国就开始支持两

---

① Ali Soufan, *Anatomy of Terror*: *From the Death of Bin Laden to the Rise of the Islamic State*, Norton, 2017.

② Shirzad Azad, *Iran and China*: *A New Approach to Their Bilateral Relations*, Lanham, M. D.: Lexingtong Books, 2017.

③ Guy Laron, *The Six-Day War*: *The Breaking of the Middle East*, New Haven, C. T.: Yale University Press, 2017.

④ "Zafer Kizilkaya Hezbollah's Moral Justification of Its Military Intervention in the Syrian Civil War," *Middle East Journal*, Vol. 71, No. 2, Spring, 2017, pp. 211 – 228.

国方案。奥巴马政府努力打破巴以僵局，但以失败告终。特朗普政府和前任政府稍有不同，他和以色列右翼结成了某种联盟。[1]

（三）中东社会文化研究

布鲁托出版公司出版了《土耳其的库尔德真主党：伊斯兰主义、暴力和国家》[2] 一书，作者穆罕默德·康特（Mehmet Kurt）对库尔德真主党这个最大的库尔德伊斯兰团体进行了实地调查，认为该组织具有强大的社会基础，是反对压迫和暴力的有效工具。博睿学术出版社出版了杜斯汀·白亚德（Dustin J. Byrd）的《后世俗化社会的伊斯兰》[3]，解读了穆斯林与世俗化的西方社会的斗争，并试图寻求一条实现融合的道路。

二　国内研究新进展

（一）地区和国别发展报告

2017 年，国内多家中东研究机构继续围绕地区热点和重点国别发布年度报告。

中国社会科学院西亚非洲研究所组织编写，杨光主编的《中东发展报告（2016～2017）："后美国时代"的中东格局》，该报告以"后美国时代"的中东格局为主题，重点分析全球和地区大国在中东的战略博弈新态势与对该地区的影响，描绘出转型和动荡期中东的整体态势。报告指出，无序和混乱是当今国际局势发展的新的显著特征。美国主导中东的局面正在逐步被打破，俄罗斯借助叙利亚战争强势重返中东，内忧外困的欧盟边缘化地位凸

---

① Dana H. Allin and Steven N. Simon, "Trump and the Holy Land, First, Do No Harm," *Foreign Affairs*, March/April, 2017, pp. 37 – 45.

② Mehmet Kurt, *Kurdish Hizbullah in Turkey：Islamism, Violence and the State*, Pluto Press, London, 2017.

③ Dustin J. Byrd, *Islam in a Post-Secular Society：Religion, Secularity and the Antagonism of Recalcitrant Faith*, Brill, 2017.

显，印度和日本等亚洲大国不断加大对中东事务的参与力度。大动荡的中东正孕育着新的地区格局①。

宁夏大学中国阿拉伯国家研究院组织编写，李绍先主编的《阿拉伯国家形势报告（2016）》概述2016年阿拉伯国家整体发展形势，重点介绍埃及、沙特阿拉伯、也门三国及马格里布地区的内外形势，并就"伊斯兰国"和库尔德问题的现状与前景专门立章加以分析评断。该书认为2016年以来阿拉伯国家政治、经济与安全局势沿着"阿拉伯之春"运动后的轨迹持续发展，整体局势并未实质性转好，安全形势依然严峻，相关国家的政治转型缺少阶段性成果，经济改革虽成为地区热点，但实施前景并不乐观。②

北京语言大学罗林主编的《阿拉伯发展报告（2015～2016）》以2016年中东形势为观察与分析对象，在宏观认识中东格局演变和危机发展总体态势的基础上，对主要中东热点问题的发展现状与趋势、地区国家改革和转型、区外大国干涉和介入、"一带一路"与阿拉伯世界等问题进行分析与判断。该书认为阿拉伯世界整体上仍处于动荡期，教派矛盾和大国博弈使中东局势更加错综复杂，中东问题是关乎全球稳定和发展的世界性问题。③

北京第二外国语学院周烈、肖凌、侯宇翔主编的《阿拉伯研究论丛》（2016年第2期）收录的论文包括国别与区域研究、阿拉伯语言和文学、阿拉伯社会和文化等内容。④

上海外国语大学刘中民、孙德刚主编的《中东地区发展报告（2016—2017）》从中东地区形势与中国中东外交、中东主要国家发展报告、特稿：大使看中东、中东极端主义与恐怖主义、中国参与中东地区治理五大方面，对中东主要国家和中东地区形势进行了研判。⑤

① 杨光主编《中东发展报告（2016～2017）："后美国时代"的中东格局》，社会科学文献出版社，2017。
② 李绍先主编《阿拉伯国家形势报告（2016）》，社会科学文献出版社，2017。
③ 罗林主编《阿拉伯发展报告（2015～2016）》，社会科学文献出版社，2017。
④ 周烈、肖凌、侯宇翔主编《阿拉伯研究论丛》，社会科学文献出版社，2017。
⑤ 刘中民、孙德刚主编《中东地区发展报告（2016—2017）》，世界知识出版社，2017。

张倩红教授主编的《以色列发展报告（2017）》一书分为六个部分，分别论述以色列国内发展、创新、外交和中以关系，对2017年以色列总体形势和基本国情进行评估和分析，也对2017年全球犹太人的状况进行梳理和展望。该书采取定性研究和定量研究相结合的方法，从宏观和微观的角度对上述问题进行深入和系统的探讨，对全面了解和认知当代以色列，加强中以交流与合作有重要的咨询和参考价值。①

（二）中东政治研究

与2016年相同，2017年国内学界对中东政治的研究成果主题分散，但涵盖范围广，重要成果包括以下几个方面。

李意著的《当代中东国家政治合法性中的宗教因素》以伊斯兰教在中东历史进程中的表现和作用为基础，以宗教政治的发生、发展和变化过程为重点，选取埃及、沙特阿拉伯、伊朗及土耳其的政治合法性与政局稳定性进行个案研究，证明了采取正确的宗教政治模式对中东国家政治合法性的重要作用②。

张燕军所著《二战后中东地区军备竞赛与军备控制研究》一书认为域外大国的干预和本地区复杂的民族、宗教、领土、资源等矛盾是导致中东军备竞赛不断加剧、军备控制停滞不前的主要原因。③

陈天社著的《哈马斯研究》梳理哈马斯的基本状况和历史演变，重点研究哈马斯生存的社会基础、基本纲领和理论来源、活动情况，以及对巴勒斯坦、巴以关系、中东地区的影响。

忻华所著《欧洲智库对欧盟中东政策的影响机制研究》以欧洲智库为研究对象，分析欧洲智库对欧盟中东决策发挥影响的途径、方式、节奏与效果。④

---

① 张倩红主编《以色列发展报告（2017）》，社会科学文献出版社，2017。
② 李意：《当代中东国家政治合法性中的宗教因素》，世界知识出版社，2017。
③ 张燕军：《二战后中东地区军备竞赛与军备控制研究》，科学出版社，2017。
④ 忻华：《欧洲智库对欧盟中东政策的影响机制研究》，社会科学文献出版社，2017。

　　杨阳等著的《中东非阿拉伯国家智库研究》一书对中东地区的三个非阿拉伯国家以色列、土耳其和伊朗的智库发展及各国对外政策和中东局势的影响进行研究。①。

　　仝菲、韩志斌、陈小迁编著的新版《列国志·阿曼》一书是旧版《列国志·阿曼》的修订再版，增补了近年来阿曼内外政策调整和社会变迁的新内容。

　　西亚非洲研究所成红和赵萍主编的《毛泽东、邓小平、江泽民、胡锦涛、习近平论中东非洲》是研究中国领导人对中东地区看法、立场和判断的重要文件汇编。

　　李秉忠著的《土耳其民族国家建设和库尔德问题的演进》从民族国家建构的视角，以库尔德问题为线索，探讨库尔德问题与土耳其内政与外交的相互作用和影响，在此基础上分析民族与国家边界、民族认同与国家认同、民族主义与国家主义、民主化与民族主义等问题。

　　孟庆顺著的《新海丝路上的土耳其与中国》重点分析中土两国关系和广东与土耳其的经贸文化交往历史，研究了中土双方有展开发展对接的基础和条件。②

　　2017年，国内学者编译出版的重要学术译著范围广泛，成果丰硕。例如，法国学者阿敏·马卢夫著、彭广恺译的《阿拉伯人眼中的十字军东征》③；英国学者尤金·罗根著、王阳阳译的《奥斯曼帝国的衰亡：一战中东，1914~1920》④；土耳其学者悉纳·安克辛著，吴奇俊、刘春燕译的《土耳其的崛起：1789年至今》⑤；英国学者诺曼·斯通著，刘昌鑫译的

---

①　杨阳等：《中东非阿拉伯国家智库研究》，社会科学文献出版社，2017。
②　孟庆顺：《新海丝路上的土耳其与中国》，世界知识出版社，2017。
③　〔法〕阿敏·马卢夫：《阿拉伯人眼中的十字军东征》，彭广恺译，民主与建设出版社，2017。
④　〔英〕尤金·罗根：《奥斯曼帝国的衰亡：一战中东，1914~1920》，王阳阳译，广西师范大学出版社，2017。
⑤　〔土〕悉纳·安克辛：《土耳其的崛起：1789年至今》，吴奇俊、刘春燕译，社会科学文献出版社，2017。

《土耳其简史》①；美国学者 A. T. 奥姆斯特德著，李铁匠、顾国梅译的《波斯帝国史》；② 美国学者米切尔·巴德著、文奕等译的《为什么是以色列》。③

（三）中东国际关系研究

1. 俄罗斯（苏联）与中东关系研究

孙超的《俄罗斯（苏联）与叙利亚联盟关系新论》一文探讨了大国与小国交往的新模式。认为冷战以来，基于在地区和全球环境中强烈的不安全感，俄罗斯（苏联）和叙利亚形成一致性联盟。历经苏联解体、政权变迁及国家危机的两国盟友关系，非但没有疏远，反而随着西方威胁的增加而更为紧密。④ 崔铮的《俄罗斯对中东国家的军事外交》一文指出，随着叙利亚危机与乌克兰危机的爆发与加剧，俄罗斯面临的政治、安全环境不断恶化，促使俄罗斯的中东政策出现重大转变。俄罗斯通过与中东国家开展军事外交和联合反恐行动，打破了美国在中东地区的武力垄断。军事外交成为俄罗斯摆脱政治经济危机、捍卫国家利益的特殊手段。⑤ 朱长生在《俄罗斯在叙利亚反恐军事行动评析》一文中指出，俄罗斯在叙利亚的反恐军事行动不仅加快了"伊斯兰国"瓦解进程，而且赢得了对西方斗争的主动，大大提高了国际地位、增强了民族自信。⑥

2. 美国与中东关系研究

高祖贵在《全球大变局下的中东与美国》一书中从世界格局和全球秩序变动的高度，全面系统深入研究 2010 年以来中东大变局的进展、影响因素、地区格局效应，美国奥巴马政府的相应政策，以及这些变化对亚太格局

① 〔英〕诺曼·斯通：《土耳其简史》，刘昌鑫译，中信出版集团，2017。
② 〔美〕A. T. 奥姆斯特德：《波斯帝国史》，李铁匠、顾国梅译，上海三联书店，2017。
③ 〔美〕米切尔·巴德：《为什么是以色列》，文奕、荣玉、李佳臻、欧阳玉倩等译，社会科学文献出版社，2017。
④ 孙超：《俄罗斯（苏联）与叙利亚联盟关系新论》，《阿拉伯世界研究》2017 年第 1 期，第 16 ~ 31 页。
⑤ 崔铮：《俄罗斯对中东国家的军事外交》，《阿拉伯世界研究》2017 年第 1 期，第 32 ~ 46 页。
⑥ 朱长生：《俄罗斯在叙利亚反恐军事行动评析》，《俄罗斯东欧中亚研究》2017 年第 5 期，第 17 ~ 35 页。

和中国 – 中东关系的影响。①

马晓霖在《"奥巴马主义"与叙利亚危机》一文指出，叙利亚危机是一场极其复杂的地缘政治博弈，是集内战和反恐于一体、大国干涉和地区力量介入相交织的冲突，也是美国中东战略收缩背景下发生的重大事件。②

3. 地区国家外交研究

李秉忠所著《土耳其民族国家建设和库尔德问题的演进》分析了土耳其民族国家构建与库尔德人部落社会结构的相互作用、族裔政治与民主政治的复杂关系及民族国家构建的外交维度。③ 杨阳所著《中东非阿拉伯国家智库研究》对以色列、土耳其和伊朗的智库发展及对各国对外政策进行研究。④ 于卫青在《伊朗应对"伊斯兰国"组织的政策探析》一文中指出，伊朗通过支持叙利亚和伊拉克两国政府和民间团体，同时在两条战线上对"伊斯兰国"进行打击。⑤ 闵捷《以色列公共外交与软实力建设》指出，虽然中以两国的国情不同，但在文明互鉴的客观要求下，以色列公共外交的经验和局限对新时期下中国公共外交的开展也有重要的意义。⑥

（四）中东社会文化研究

1. 民族问题研究

中东民族问题研究是中东学界关注的重点方向，2017 年学界发表有关中东民族问题研究的学术论文约百篇，内容主要涉及民族国家构建、民族问题对中东局势的影响、库尔德民族问题、雅兹迪人等。王宁彤在《记忆、认同与空间——马萨达要塞的神话建构》⑦ 一文中认为以色列马萨达要塞曾

① 高祖贵：《全球大变局下的中东与美国》，时事出版社，2017。
② 马晓霖：《"奥巴马主义"与叙利亚危机》，《阿拉伯世界研究》2017 年 1 月，第 61 ~ 74 页。
③ 李秉忠：《土耳其民族国家建设和库尔德问题的演进》，社会科学文献出版社，2017。
④ 杨阳：《中东非阿拉伯国家智库研究》，社会科学文献出版社，2017。
⑤ 于卫青：《伊朗应对"伊斯兰国"组织的政策探析》，《阿拉伯世界研究》2017 年第 4 期，第 19 ~ 34 页。
⑥ 闵捷：《以色列公共外交与软实力建设》，社会科学文献出版社，2017。
⑦ 王宁彤：《记忆、认同与空间——马萨达要塞的神话建构》，《湖北民族学院学报》（哲学社会科学版）2017 年第 6 期。

一度成为现代以色列的象征和犹太民族形象的核心。康晓莹从民族国家构建的角度解读 2017 年爆发的卡塔尔断交危机。① 张燕军认为伊斯兰教构成了影响中东民族国家构建的重要因素之一。伊斯兰教在塑造沙特国家的同时，也在一定程度上造成了沙特现代民族国家构建的滞后。② 韩志斌和梁娟娟认为不断遭受压迫、屠杀和被迫改宗等磨难，构成了雅兹迪人共同的历史记忆，也对其特有的民族心理的形成产生了重要影响。③ 焦玉奎和乔丽艳认为以美国为首的西方国家改造中东引发的极端主义、恐怖主义不断向全球蔓延。④

2017 年，伊拉克库尔德自治区发起独立"公投"，库尔德问题再次成为中东热点问题。王琼在《叙利亚库尔德武装的性质及其影响探析》一文中认为叙利亚库尔德武装"叙利亚民主力量"与叙利亚反对派、叙利亚政府都保持距离，在国际上受到美俄等国的支持，其所奉行的"库尔德民族主义"的极端化趋势渐显。⑤ 朱丽涵则认为伊拉克库尔德地区自治政府高调通过独立"公投"，但受制于历史原因和深层的现实地缘政治因素，库尔德人的独立建国梦恐难轻易实现。⑥ 董漫远认为库尔德问题实质是民族不平等而引发的库族反抗及争取独立建国的斗争。"库尔德斯坦"独立建国虽受到内外因素制约，然而伊拉克北部、叙利亚北部库尔德人仍执意推进，恐将对地区格局形成强力冲击。⑦ 王艺儒和刘霞对伊朗库尔德政党问题进行了分析解读。⑧ 李秉忠在《土耳其艰涩的民主化进程与库尔德问题的演进（1950 ~ 1980）》一文中认为民主未必能够解决族裔问题，处理不当还有可能成为国

---

① 康晓莹：《由宗教国家到民族国家：卡塔尔断交风波被忽略的一面》，《中国民族报》（理论周刊）2017 年 11 月 17 日。
② 张燕军：《伊斯兰教与中东民族国家构建》，《阿拉伯世界研究》2017 年第 1 期。
③ 韩志斌、梁娟娟：《伊拉克雅兹迪民族的历史生成与演变》，《阿拉伯世界研究》2017 年第 1 期。
④ 焦玉奎、乔丽艳：《冷战后民族与宗教问题对中东局势的影响》，《大庆师范学院学报》2017 年第 6 期。
⑤ 王琼：《叙利亚库尔德武装的性质及其影响探析》，《阿拉伯世界研究》2017 年第 6 期。
⑥ 朱丽涵：《独立建国还是冲突内战——伊拉克库尔德问题将走向何方?》，《当代世界》2017 年第 11 期。
⑦ 董漫远：《库尔德问题与中东局势》，《国际问题研究》2017 年第 4 期。
⑧ 王艺儒、刘霞：《伊朗库尔德政党及其政治前景》，《国际研究参考》2017 年第 4 期。

家分裂的动因。① 肖文超和余家溪认为土耳其库尔德问题之所以复杂难解，有深刻的政治、经济与社会历史根源。②

2017 年是《贝尔福宣言》发表 100 周年，马晓霖分析了掣肘巴勒斯坦独立建国的外部因素，认为后殖民时代巴勒斯坦独立建国政治认同的缺失、阿拉伯民族主义力量的内部竞争与钳制、大国的介入与干预、政治伊斯兰因素的影响、伊朗伊斯兰革命的冲击及宗派与地缘政治的分野，构成巴勒斯坦人始终难以自决政治前途和民族命运的障碍。③ 赵晨林认为以色列阿拉伯人从不承认以色列建国合法性，不接受以色列公民身份，逐渐到超过 80% 的人承认以色列建国合法性，接受以色列公民身份，以色列阿拉伯人的政治活动也越发符合以色列法律法规，非暴力手段成为其政治斗争的主要方式。④ 姚惠娜认为巴勒斯坦的建国困境反映了巴勒斯坦民族主义与犹太复国主义两种民族主义的冲突。⑤ 钮松和张璇比较研究了以色列工党与利库德集团的巴勒斯坦难民政策，认为两党在难民问题上采取的政策既有连贯性和相似性，在具体的政策实施上又有差异，利库德集团的政策明显比工党更为强硬。⑥

2. 宗教问题研究

王宇认为现代犹太宗教暴力受到世俗犹太复国主义运动暴力色彩的影响，并与本地区其他宗教的暴力活动互相作用。现代以色列国家的犹太性质、多党制、政教分离不彻底及对犹太教宽容的社会风气，都为犹太宗教暴力的兴起提供了助力。⑦ 张淑清认为以色列宗教女性主义思潮深受美国犹太女权运动

① 李秉忠：《土耳其艰涩的民主化进程与库尔德问题的演进（1950～1980）》，《史学集刊》2017 年第 3 期。
② 肖文超、余家溪：《土耳其库尔德政党与国际泛库尔德组织》，《国际研究参考》2017 年第 4 期。
③ 马晓霖：《掣肘巴勒斯坦独立建国的外部因素》，《西亚非洲》2017 年第 4 期。
④ 赵晨林：《1948～1988 年以色列国家和以色列阿拉伯人关系分析》，硕士学位论文，外交学院，2017。
⑤ 姚惠娜：《论巴勒斯组建国困境形成的因素》，《郑州大学学报》（哲学社会科学版）2017 年第 4 期。
⑥ 钮松、张璇：《以色列工党与利库德集团的巴勒斯坦难民政策比较》，《国际关系研究》2017 年第 5 期。
⑦ 王宇：《现代犹太宗教暴力的根源、特点及影响》，《学海》2017 年第 3 期。

的影响，但后者在本质上是世俗主义的，而前者则努力回归犹太教本身，寻求在犹太律法的框架内表达女性诉求，并将女性的关切渗透犹太价值。①

王泰认为中东国家伊斯兰教发展的方向应该面向未来，从而起到促进历史进步的作用。② 曹兴和李沫燃认为特殊的地理环境和独特的人文环境使西亚北非成为世界民族宗教冲突的重灾区。③ 张雪鹏和施雁红认为文化差异和价值观冲突既是美国与伊斯兰世界冲突的内容，也是影响双方认同、认知和行为方式的决定性因素和根源。④ 王建提出以扬弃的辩证方法对待伊斯兰文化的历史积淀，抛弃历史包袱，最大限度地减少历史人文因素对中东国家和地区治理的消极影响，是破解中东国家和地区治理困境的必由之路。⑤ 李艳枝认为晚期奥斯曼帝国世俗政治与宗教政治的博弈促进了现代中东诸国西方式宪政制度的确立。⑥

黄麟解读了近当代伊斯兰宗教思想家们的生平、著作、思想、行动，⑦王宇洁以两位当代穆斯林知识分子阿卜杜·卡里姆·索罗什和阿卜杜拉·艾哈迈德·纳伊姆的理论为切入点，从改革主义的视角分析其关于伊斯兰教法与现代国家关系的论述及其现实意义。⑧

周丽娅认为宣扬中正与和平的伊斯兰中间主义思潮具有一定的普遍性和广泛性，倡导温和、公正、均衡原则的中间主义可能对当前穆斯林族群与其他族群和睦相处起到一定的指导作用并具有积极意义。⑨ 方金英认为"一带

---

① 张淑清：《以色列宗教女性主义思潮及其影响》，《西亚非洲》2017 年第 4 期。
② 王泰：《阿拉伯剧变后中东的政治发展：困境与反思》，《阿拉伯世界研究》2017 年第 1 期。
③ 曹兴、李沫燃：《西亚北非缘何成为世界民族宗教冲突的重灾区》，《新疆社会科学》2017 年第 3 期。
④ 张雪鹏、施雁红：《美国—伊斯兰世界冲突的价值观因素研究》，《云南行政学院学报》2017 年第 3 期。
⑤ 王建：《中东国家和地区治理困境的根源》，《阿拉伯世界研究》2017 年第 5 期。
⑥ 李艳枝：《晚期奥斯曼帝国世俗政治与宗教政治的博弈及其历史影响》，《世界宗教研究》2017 年第 3 期。
⑦ 黄麟：《阐释当代伊斯兰思想变迁 评〈近当代伊斯兰宗教思想家评传〉》，《中国宗教》2017 年第 2 期。
⑧ 王宇洁：《伊斯兰教法与现代国家：改革主义的两种视角》，《阿拉伯世界研究》2017 年第 2 期。
⑨ 周丽娅：《伊斯兰中间主义理念及其对融洽族群关系的意义》，《世界民族》2017 年第 2 期。

一路"倡议为伊斯兰文明、西方文明、中华文明的交融提供了载体，也为伊斯兰世界的现代化提供了历史性机遇。[①]

余泳和胡亦然认为土耳其居伦运动屡次"越界"导致"国家—社会"关系失衡，并对实行伊斯兰民主的"土耳其模式"产生了消极影响。[②] 张丽娟、马品彦认为应从不同层面对伊斯兰教被极端主义利用进行深入剖析，并与伊斯兰教自身予以相应的区分。[③]

马强、郝凤凤和理查德·塔珀运用文化人类学方法对伊斯兰教及其相关的一系列社会制度的研究，研究穆斯林如何将自己呈现或建构为穆斯林。[④]

3. 什叶派问题研究

2017 年，中东问题学者发表了多种有关什叶派研究的论文和著作。李福泉出版了《从边缘到中心：黎巴嫩什叶派政治发展研究》[⑤] 和《海湾阿拉伯什叶派政治发展研究》[⑥] 两本专著，对海湾国家和黎巴嫩什叶派问题进行了全方位解读。

4. 文化问题研究

殷铄在《论全球化挑战下中东地区建筑文化身份的构建》一文中认为，全球化的风潮中，中东地区建筑已经出现了多样化和折中主义并行的趋势。[⑦] 王新中和李玲以拉马拉省为例，考察了城市化发展对巴勒斯坦文化遗产的影响，认为城市化对巴勒斯坦的文化遗产造成越来越大的威胁。[⑧] 赵萱基于东耶路撒冷橄榄山地区巴勒斯坦社会的田野调查，认为家族文化是巴勒

① 方金英：《文明的交融——伊斯兰世界现代化的机遇》，《中央社会主义学院学报》2017 年第 5 期。
② 余泳、胡亦然：《土耳其正义与发展党和"居伦运动"的关系演化》，《阿拉伯世界研究》2017 年第 5 期。
③ 张丽娟、马品彦：《伊斯兰极端主义与伊斯兰教关系辨析》，《新疆社会科学》2017 年第 5 期。
④ 马强、郝凤凤、理查德·塔珀：《伊斯兰人类学与人类学伊斯兰》，《北方民族大学学报》（哲学社会科学版）2017 年第 1 期。
⑤ 李福泉：《从边缘到中心：黎巴嫩什叶派政治发展研究》，中国社会科学出版社，2017 年。
⑥ 李福泉：《海湾阿拉伯什叶派政治发展研究》，生活·读书·新知三联书店，2017。
⑦ 殷铄：《论全球化挑战下中东地区建筑文化身份的构建》，《建筑与文化》2017 年第 10 期。
⑧ 王新中、李玲：《城市化发展对巴勒斯坦文化遗产的影响——以拉马拉省为例》，《中国名城》2017 年第 5 期。

斯坦地方社会文化的主体。① 张卫婷提出在"阿拉伯之春"中，社交媒体不自觉地起到了促进和加速社会革命的作用，但这种作用不具有主导性，也不尽是西方"颜色革命"主动塑造的结果，其效果发挥的程度和性质取决于当时具体的政治和社会条件。② 陈越洋认为海合会国家的青年扮演了极端化的受害者与参与者的双重角色。③ 闵捷提出加强中国与阿拉伯世界间的伊斯兰文化交流，提升中国在该地区的软实力。④ 柳莉和王泽胜认为海湾地区是"一带一路"建设西段的关键环节，面临宗教文化冲突风险。⑤

三 西亚非洲研究所中东学科研究新进展

2017 年，西亚非洲研究所中东学科的科研工作者在科研成果方面出版了大量重要学术成果。该所中东学人出版著作 1 部，为杨光主编《中东发展报告（2016～2017）："后美国时代"的中东格局》。该所中东学人在《西亚非洲》《阿拉伯世界研究》《当代世界》等学术期刊发表了重要学术论文，如唐志超的《俄罗斯与土耳其关系的内在逻辑与发展趋势》、⑥ 姜英梅的《伊朗经济发展道路：探索与转型》⑦、魏敏的《"一带一路"框架下中土产能合作面临的机遇和挑战》⑧ 等

2017 年西亚非洲研究所在中东国际关系领域研究的主要特点如下。一

① 赵萱：《东耶路撒冷橄榄山地区巴勒斯坦社会的家族研究》，《中央民族大学学报》（哲学社会科学版）2017 年第 1 期。

② 张卫婷：《社交媒体在"阿拉伯之春"中的作用辨析》，《信息安全与通信保密》2017 年第 5 期。

③ 陈越洋：《海合会国家青年宗教极端化问题的现状与分析》，《中国青年研究》2017 年第 11 期。

④ 闵捷：《伊斯兰文化交流与中国在阿拉伯世界的软实力》，《对外传播》2017 年第 1 期。

⑤ 柳莉、王泽胜：《"一带一路"建设在海湾地区进展与挑战》，《国际问题研究》2017 年第 2 期。

⑥ 唐志超：《俄罗斯与土耳其关系的内在逻辑与发展趋势》，《西亚非洲》2017 年第 2 期。

⑦ 姜英梅：《伊朗经济发展道路：探索与转型》，《阿拉伯世界研究》2017 年第 5 期。

⑧ 魏敏：《"一带一路"框架下中土产能合作面临的机遇和挑战》，《当代世界》2017 年第 8 期。

是加强对国际关系领域中东安全等重大问题研究，形成多项成果。主要有王林聪的《中东安全问题及其治理》①、王凤的《阿富汗安全治理：是否可以摆脱困境？》②、王建的《中东国家和地区治理困境的根源》③、王林聪的《叙利亚危机与中东秩序重塑》④ 及王金岩的《欧洲安全问题中的北非因素》⑤ 等。二是继续推进"一带一路"研究。如王金岩发表的《中国与阿联酋共建"一带一路"的条件、问题与前景》⑥《新时期中国与以色列的合作关系》，⑦ 王建、陆瑾所著《中国和伊朗共建"一带一路"的新机遇与风险评估》，⑧ 章波发表的《中国参与叙利亚重建：优势与挑战》等。⑨ 此外，西亚非洲研究所中东学人还撰写了大量研究报告和内部咨询报告，为中国与中国外交提供重要决策参考。

在学术活动方面，中东研究学科举办一系列高质量学术研讨会，如"西亚非洲前沿问题研究"青年论坛、"中东问题和中国与伊朗关系"国际学术研讨会、第三届"中国与伊斯兰文明：交融与互鉴"国际学术研讨会、"2017年中东形势暨新时代中国的中东外交"研讨会等。西亚非洲研究所创新工程"大国对中东战略"项目组举办系列学术讲座，分别邀请著名国际问题专家、中国现代国际关系研究院原院长陆忠伟研究员就"研究与写作"，中国社会科学院美国研究所副所长倪峰研究员就"特朗普政府内外政策的走向及中东政策的前景"做了专题报告。

① 王林聪：《中东安全问题及其治理》，《世界经济与政治》2017年第12期。
② 王凤：《阿富汗安全治理：是否可以摆脱困境？》，《西亚非洲》2017年第6期。
③ 王建：《中东国家和地区治理困境的根源》，《阿拉伯世界研究》2017年第5期。
④ 王林聪：《叙利亚危机与中东秩序重塑》，《当代世界》2017年第12期。
⑤ 王金岩：《欧洲安全问题中的北非因素》，《当代世界》2017年第10期。
⑥ 王金岩：《中国与阿联酋共建"一带一路"的条件、问题与前景》，《当代世界》2017年第6期。
⑦ 王金岩：《新时期中国与以色列的合作关系》，《当代世界》2017年第2期。
⑧ 王建、陆瑾：《中国和伊朗共建"一带一路"的新机遇与风险评估》，中国社会科学出版社，2017。
⑨ 章波：《中国参与叙利亚重建：优势与挑战》，《当代世界》2017年第11期。

Y.21
2017年中东地区大事记

成　红[*]

1月

1月1日　土耳其伊斯坦布尔市发生恐怖袭击事件造成重大人员伤亡。1月2日，中国国家主席习近平向土耳其总统埃尔多安致慰问电。

《人民日报》报道，联合国安理会2016年12月31日就叙利亚问题举行闭门磋商后，对俄罗斯和土耳其起草的叙利亚停火决议草案举行表决，一致通过该决议。该决议强调，解决叙利亚当前危机的唯一可持续办法，是启动一个以2012年6月30日《日内瓦公报》、安理会相关决议及叙利亚国际支持小组相关声明为基础的、由叙利亚主导且包容各方的政治解决进程。

1月3日　土耳其大国民议会投票通过再次延长紧急状态三个月的政府提议。该提议将目前实施的紧急状态自1月19日起延长三个月。这是土耳其第二次延长紧急状态。

1月15日　中东和平会议在巴黎举行。此次会议由法国倡议举行，目标是重申国际社会主张，通过巴以"两国方案"解决分歧，并为双方展开对话创造条件。约70个国家和国际组织的代表出席会议，但当事国巴勒斯坦和以色列均缺席。会后发表联合声明，呼吁采取紧急措施扭转不利于解决巴勒斯坦和以色列冲突的趋势，推动巴以之间实现公正、持久和全面的和平。

土耳其议会投票通过了宪法修正案的最后两条，标志着第一轮宪法修正

＊　成红，中国社会科学院西亚非洲研究所研究馆员，主要从事图书文献研究和科研管理研究。

案审议结束。此次宪法修正案草案由执政党正义与发展党（正发党）及反对党民族行动党共同提交。草案共有 18 条，其中最重要的内容是将土耳其从议会制改为总统制，从宪法上赋予总统实权。1 月 21 日，土耳其大国民议会在第二轮投票中通过了包含实行总统制在内的宪法修正案。2 月 10 日，土耳其总统埃尔多安批准宪法修正案。4 月 16 日，土耳其举行修宪公投境内投票。4 月 27 日，土耳其最高选举委员会公布修宪公投正式计票结果，支持修宪阵营获得 51.41% 的选票，反对修宪阵营获得 48.59% 的选票，宪法修正案获得通过。

苏丹政府宣布，将此前在全国冲突地区所执行的单方面停火再度延长 6 个月。

1 月 23~24 日 叙利亚问题国际会议在哈萨克斯坦首都阿斯塔纳举行。此次会谈邀请了叙利亚政府和多个反对派别，以及联合国、俄罗斯、伊朗、土耳其、美国等各方与会。1 月 24 日，俄罗斯、伊朗和土耳其三国代表团在哈萨克斯坦首都阿斯塔纳发表联合声明，表示将建立叙利亚停火三国联合监督机制。

2月

2 月 2 日 由中国长江三峡集团公司及中国水利电力对外公司联营体建设的苏丹上阿特巴拉水利枢纽项目首台发电机开始发电，苏丹总统巴希尔出席发电庆典。

2 月 5 日 叙利亚总统巴沙尔·阿萨德签署法令，将针对投降的反政府武装人员的特赦令有效期延长至 2017 年 6 月 30 日。

2 月 6 日 以色列议会通过一项极具争议的法案，将所有未经以政府批准建在约旦河西岸的非法犹太人定居点合法化。2 月 7 日，阿拉伯国家联盟秘书长盖特发表声明，谴责以色列议会通过将约旦河西岸非法定居点合法化的法案。

2 月 7 日 土耳其政府发布政令，4464 名公职人员因涉嫌与"居伦运动"有关联而被解职。

2月10日 中土合作建设的10亿立方米地下天然气储气库在土耳其中部阿克萨拉伊省开始注气运行。

2月11日 埃及开罗紧急事务法院做出裁决，宣布被怀疑与埃及穆斯林兄弟会有关联的"决断"组织为恐怖组织。

2月13日 联合国叙利亚问题特使德米斯图拉办公室发表公报说，新一轮叙利亚和谈计划于2月23日在日内瓦重启。

2月16日 叙利亚问题阿斯塔纳和谈结束，通过了由俄罗斯、土耳其和伊朗成立三方联合行动小组监督叙利亚停火的决议。

2月19日 中国石油天然气集团公司（中石油）与阿布扎比国家石油公司签署《阿布扎比陆上油田开发合作协议》。根据该协议，阿布扎比政府及其国家石油公司将授予中石油阿布扎比陆上油田开发项目8%的权益，合同期为40年。2月20日，阿联酋阿布扎比国家石油公司发布声明称，中国华信能源有限公司（中国华信）与该公司签署协议，获得阿布扎比陆上油田开发项目4%的权益，合同期为40年，投资金额为18亿美元。

2月20日 联合国粮食及农业组织、联合国儿童基金会和世界粮食计划署三家机构共同发布警告称，目前南苏丹部分地区已经进入饥荒状态，约10万人面临饥饿，另有100万人处于饥荒边缘。报告称，如果不采取紧急行动和有效措施防止粮食危机加剧，截至年7月，南苏丹受到饥荒威胁的人口总数预计将达到550万人。

3月

3月3日 联合国秘书长叙利亚问题特使德米斯图拉在日内瓦宣布，历时九天的新一轮叙利亚问题日内瓦和谈于当天结束，叙利亚政府和反对派就下一步和谈的主要议程达成一致。下一步和谈主要议程包括四项内容，即组建民族团结政府、修订宪法、重新举行大选，以及反恐相关议题。

3月15～18日 应中国国家主席习近平邀请，沙特阿拉伯王国国王萨

勒曼·本·阿卜杜勒-阿齐兹·阿勒沙特对中国进行国事访问。访问期间，习近平主席同萨勒曼国王举行了双边会谈，就发展中沙全面战略伙伴关系深入交换了意见，还探讨了共同关心的地区和国际问题，并就这些问题达成重要共识。中国国务院总理李克强、全国人大常委会委员长张德江分别会见了萨勒曼国王。两国签署了经贸、能源、产能、文化、教育、科技等领域双边合作文件。访问结束后两国发表了《中华人民共和国和沙特阿拉伯王国联合声明》。

3月19~22日 应中国国务院总理李克强邀请，以色列国总理本雅明·内塔尼亚胡对中国进行正式访问。访问期间，中国国家主席习近平会见内塔尼亚胡总理，宣布双方建立创新全面伙伴关系。李克强总理同内塔尼亚胡总理会谈。全国人大常委会委员长张德江会见内塔尼亚胡总理。刘延东副总理会见内塔尼亚胡总理并共同主持中以创新合作联委会第三次会议。访问结束后，两国发表了《中华人民共和国和以色列国关于建立创新全面伙伴关系的联合声明》

3月20日 埃及总统塞西在开罗会见来访的巴勒斯坦总统阿巴斯，双方一致强调巴以"两国方案"是实现中东地区和平的关键。

3月23日 联合国主导的新一轮叙利亚问题日内瓦和谈在日内瓦开启非正式磋商。这是叙利亚政府和反对派代表在日内瓦举行的第五轮和谈。

3月26日 石油输出国组织（欧佩克）和非欧佩克产油国在科威特举行会议，评估原油减产进程，表示将根据原油减产的全球效果决定减产协议是否应延长六个月。

3月27日 第二十八届阿拉伯国家联盟（阿盟）首脑会议预备会议之一——阿盟外长会议在约旦索瓦马举行。与会的各国外长一致强调，巴勒斯坦问题是整个阿拉伯世界的核心问题，实现巴以和平必须坚持"两国方案"。阿盟外长在会后发表共同声明，重申支持巴以"两国方案"、坚持阿拉伯和平倡议、谴责以色列对耶路撒冷的占领，并反对提名以色列成为联合国安理会成员。除巴勒斯坦问题外，会议还达成了包括应对叙利亚难民危机、反恐等多项决议草案，并将提交即将于3月29日召开的阿盟首脑会议讨论。

3月28日 摩洛哥丹吉尔孔子学院正式揭牌，摩洛哥由此成为阿拉伯国家中第一个拥有三所孔子学院的国家。

3月29日 第二十八届阿拉伯国家联盟（阿盟）首脑会议在约旦索瓦马闭幕。21个成员的国家元首、政府首脑或代表与会。来自联合国、欧盟、非盟等国际组织的领导人也参加了会议。会议发表了《安曼宣言》，重申巴勒斯坦问题是阿拉伯世界的中心议题，明确表明继续坚持2002年阿拉伯和平倡议，呼吁全面落实联合国安理会第2334号决议。《安曼宣言》共15条，涉及巴勒斯坦问题、叙利亚问题、伊拉克问题、也门危机和反恐问题等地区热点问题。

中国、阿富汗共建"一带一路"研讨会在阿富汗首都喀布尔举行。阿富汗外交部副部长希克马特·卡尔扎伊、阿富汗总统首席顾问卡尤米、中国驻阿富汗大使姚敬、中国外交部"一带一路"专家学者宣讲团等中阿两国官员及学界、商界人士和部分国家和国际组织驻阿代表出席研讨会。

3月31日 由中东和平发展基金会主办的"2017中东和平论坛"在北京举行，各国驻华使节、企业代表、媒体人士等百余人出席论坛。

4月

4月5日 叙利亚问题布鲁塞尔会议在布鲁塞尔召开。此次会议主题为"关于叙利亚和地区的未来"。为应对叙利亚危机，与会者同意2017年提供60亿美元援助，支持相关重建、发展和人道主义工作。

4月6日 中国国家主席习近平同约旦国王阿卜杜拉二世互致贺电，庆祝两国建交40周年。

4月9日 埃及西部省首府坦塔和亚历山大的两座基督教堂先后发生炸弹袭击事件，造成大量人员伤亡。《金字塔报》4月10日公布的最新统计显示，两起事件共造成47人死亡、126人受伤。极端组织"伊斯兰国"宣称对这两起爆炸事件负责。4月10日，中国国家主席习近平向埃及总统塞西

致慰问电，就 4 月 9 日埃及坦塔市和亚历山大市科普特教堂先后发生恐怖爆炸袭击向无辜遇难者表示沉痛哀悼，向塞西总统、遇难者家属和受伤人员致以诚挚的慰问。4 月 11 日，经埃及议会表决通过，埃及将正式在全国范围内实施为期三个月的紧急状态。

4 月 10 日 阿联酋副总统兼总理、迪拜酋长穆罕默德在迪拜会见来访的中共中央政治局委员、中央统战部部长孙春兰。

4 月 12~15 日 应外交部长王毅邀请，巴勒斯坦外交部长马勒基对中国进行正式访问。

4 月 13 日 中国银行迪拜分行宣布，该行日前成功完成 6.5 亿美元浮动利率债券发行定价，募集资金将主要用于中东地区相关信贷项目，支持中国银行本地化发展策略。

4 月 14 日 中国国家副主席李源潮在北京会见来访的巴勒斯坦外长马勒基。

4 月 17~27 日 中国国务院副总理刘延东应邀对土耳其、约旦、伊朗、南非进行正式访问。4 月 18 日，土耳其总统埃尔多安、总理耶尔德勒姆在安卡拉分别会见正在土耳其进行正式访问的刘延东副总理。在土耳其访问期间，刘延东还同土耳其副总理希姆谢克共同出席《习近平谈治国理政》土耳其文版首发式。4 月 22 日，刘延东副总理在德黑兰与伊朗副总统萨塔里举行会谈。会谈后，两国签署了科技、文化、艺术等领域双边合作文件。

4 月 19 日 中国 – 阿曼（杜库姆）产业园奠基典礼暨签约仪式在阿曼杜库姆经济特区举行。该产业园占地 11.72 平方公里，拟建项目规划总投资 670 亿元人民币，包括石油化工、建筑材料、电子商务等九个领域。产业园区将分为重工业区、轻工业综合区、五星级酒店旅游区，预计投产项目 35 个，包括原油冶炼、建筑材料生产等重工业项目，以及太阳能光伏项目、物流、汽车组装等轻工业项目，还有培训中心、学校、医院等配套服务设施。

4 月 20 日 约旦代国王费萨尔、首相兼国防大臣穆勒吉在安曼分别会见此间正在约旦访问的中国国务院副总理刘延东。

4 月 20~22 日 中共中央政治局委员、中央书记处书记、中宣部部长刘奇葆率中共代表团应邀访问摩洛哥。

4月26日 《习近平谈治国理政》阿文版研讨推介会在第二十七届阿布扎比国际书展中国主宾国活动上举行。

5月

5月1日 巴勒斯坦伊斯兰抵抗运动（哈马斯）发布一份新的政策文件，接受建立一个以1967年边界线为基础的巴勒斯坦国。

5月1～2日 阿联酋外交与国际合作部长阿卜杜拉·本·扎耶德·阿勒纳哈扬应邀对中国进行正式访问。访问期间，中国外交部长王毅同阿卜杜拉部长共同主持中阿政府间合作委员会首次会议。双方共同签署了《关于成立中阿两国政府间合作委员会的谅解备忘录》。

5月3日 巴勒斯坦总统阿巴斯开始访问美国，与美国总统特朗普举行双边会谈，讨论中东和平进程和加强美巴关系等议题。

5月5日 哈萨克斯坦外交部长阿布德拉赫曼诺夫在首都阿斯塔纳宣布，俄罗斯、土耳其和伊朗当天在此签署了关于在叙利亚建立"冲突降级区"的备忘录。

5月12日 中国国务院总理李克强在北京会见来华出席"一带一路"国际合作高峰论坛的埃塞俄比亚总理海尔马里亚姆。会见后两国签署了经济技术合作、人力资源开发等领域双边合作文件。

5月13日 中国国家主席习近平在北京同来华出席"一带一路"国际合作高峰论坛的土耳其总统埃尔多安举行会谈。会谈后，两国签署了司法、交通、文化等领域合作文件。

5月18日 叙利亚总统巴沙尔·阿萨德与伊拉克总理特使、国家安全顾问法利赫·法耶兹举行会谈，商讨两国协调打击极端组织"伊斯兰国"。

5月19日 伊朗第十二届总统选举投票开始。新总统将在现任总统哈桑·鲁哈尼、保守派宗教人士易卜拉欣·莱希、曾任总统顾问的穆斯塔法·米尔萨利姆及前副总统穆斯塔法·哈希米·塔巴四名候选人中产生。根据伊

朗内政部公布的数据，全国将有约 5500 万名合法选民前往 6.5 万个投票站进行投票。投票在当天结束，选举结果将在 5 月 20 日计票结束后公布。5 月 20 日，伊朗内政部长法兹利宣布，现任总统鲁哈尼获得超过 2354 万张选票，占选票总数的 57%，赢得了伊朗总统选举。同日，中国国家主席习近平致电鲁哈尼，祝贺他再次当选伊朗伊斯兰共和国总统。

毛里塔尼亚总统阿齐兹在努瓦克肖特总统府会见来访的中国外交部长王毅。

5 月 20 日　美国总统特朗普抵达沙特，开始上任以来的首次出访。当日，特朗普与沙特国王萨勒曼签署了价值高达 1100 亿美元的军售协议。5 月 21 日，特朗普在沙特首都利雅得与 50 多个阿拉伯和伊斯兰国家领导人举行首脑会议。同日，特朗普与海湾阿拉伯国家合作委员会（以下简称海合会）成员国领导人会晤，会议讨论了有关海湾地区所面临的安全威胁、建立海湾防御体系及加强美国与海合会成员国经贸关系等问题。

5 月 22 日　南苏丹总统基尔在首都朱巴宣布开启全国对话，旨在通过广泛磋商，弥合各方分歧，结束国内长达三年之久的内战。

特朗普抵达以色列，开始对以色列和巴勒斯坦的访问。访问其间，他同以色列总统里夫林和总理内塔尼亚胡分别举行会谈，并会晤巴勒斯坦国总统阿巴斯。

5 月 25 日　中国国家副主席李源潮在北京会见巴勒斯坦民族解放运动中央委员陶菲克·提拉维率领的巴勒斯坦民族解放运动（法塔赫）考察团。

5 月 26 日　由中国葛洲坝集团股份有限公司承建的一处大型水电项目在伊朗西部洛雷斯坦省鲁德巴河谷地区正式并网投产。

科普特基督徒的公交车队在埃及明亚省遭不明身份武装分子枪击，袭击造成近 30 人遇难。极端组织"伊斯兰国"已宣布对袭击事件负责。5 月 27 日，中国国家主席习近平向埃及总统塞西致慰问电，就 5 月 26 日埃及明亚省发生严重恐怖袭击向无辜遇难者表示沉痛的哀悼，向塞西总统、遇难者家属和受伤人员致以诚挚的慰问。

5 月 31 日　俄罗斯总统新闻局发布消息说，总统普京签署一项法令，解除部分针对土耳其的制裁措施。根据这一法令，普京解除对土耳其企业在俄罗斯某些领域的经营限制和土耳其人在俄罗斯的一些就业限制，以及部分恢复俄土公民互访协议。

阿富汗首都喀布尔发生自杀式汽车炸弹袭击。阿富汗公共卫生部发言人瓦希德证实，该起爆炸事件造成的遇难人数已升至80人，另有350人受伤。6月1日，中国国家主席习近平致电阿富汗总统穆罕默德·阿什拉夫·加尼，对阿富汗首都喀布尔发生汽车炸弹袭击事件表示慰问。

6月

6月5日 巴林、沙特、阿联酋、埃及分别宣布断绝与卡塔尔的外交关系，限令卡塔尔外交官48小时内离境，并禁止卡塔尔公民前往这些国家。随后，也门、利比亚、马尔代夫也宣布同卡塔尔断交，指责卡塔尔支持"恐怖主义活动并破坏地区安全局势"。埃及、阿联酋等国在与卡塔尔的断交声明中说，卡塔尔"资助以穆斯林兄弟会为首的地区恐怖组织"；"通过媒体散播'基地'组织和'伊斯兰国'极端言论与思想"；"干涉埃及、阿联酋等地区国家内政，危及地区和平与稳定"；"包庇、收容遭到地区国家政府通缉的恐怖分子头目"等。

中国与摩洛哥能源合作执委会在摩洛哥首都拉巴特举行首次会议，双方就两国如何加强在电力、可再生能源、石油和天然气等能源领域的合作进行了交流与探讨，达成重要共识。

6月8日 中国国家主席习近平在哈萨克斯坦首都阿斯塔纳会见阿富汗总统加尼。

中国外交部长王毅在哈萨克斯坦首都阿斯塔纳会见伊朗外长扎里夫。

6月14日 埃及议会以多数票通过埃及政府向沙特归还红海两岛的协议。

6月20～23日 中国外交部长王毅应邀对埃塞俄比亚和非盟总部、约旦、黎巴嫩进行正式访问，并在埃塞俄比亚出席中非减贫发展高端对话会暨

智库论坛开幕式。

6月21日 沙特阿拉伯国王兼首相萨勒曼发布国王令，免去他的侄子穆罕默德·本·纳伊夫的王储和内政大臣职位，任命自己的儿子、原王储继承人穆罕默德·本·萨勒曼为王储，并继续担任国防大臣一职。国王令还宣布任命阿卜杜勒－阿齐兹·本·沙特为新内政大臣。

6月24日 埃及政府发表声明说，总统塞西已于当天正式批准埃及—沙特两国的海上边界划定协议，该协议确定蒂朗、塞纳菲尔两岛主权归属沙特。声明说，该协议已经过埃及议会全体表决，以多数票通过这一协议。

7月

7月9日 由中国阿拉伯交流协会主办的首届叙利亚重建项目洽谈会在北京举行。

7月10日 第七轮叙利亚问题日内瓦和谈拉开序幕。

7月15日 据伊朗《财经论坛报》报道，伊朗和欧盟近日联合启动了一项核安全合作项目。该项目是伊朗与欧盟2016年签署通过的总额为570万美元的一揽子合作项目的一部分，旨在加强伊朗各方面核安全能力，包括建立一个核安全中心。按照相关协议内容，欧盟将支持伊朗核安全监督部门建立核技术规范框架，并支持伊朗出席一系列涉及核技术的国际会议。

法国外长勒德里昂抵达沙特阿拉伯的吉达，为化解沙特等四国与卡塔尔的断交危机做斡旋努力。

7月16日 土耳其当地时间凌晨在安卡拉议会大楼前广场举行土耳其未遂军事政变一周年纪念集会，土耳其总统埃尔多安出席并表示将提议延长紧急状态。

7月17日 埃及外交部宣布，埃及将取消对卡塔尔公民的免签政策，只有部分人员能够得到豁免。这是在卡塔尔"断交"风波发生后，埃及对卡塔尔采取的最新制裁行动。

7月17~20日 应中国国家主席习近平邀请，巴勒斯坦国总统马哈茂德·阿巴斯对中国进行国事访问。7月18日，中国国家主席习近平在北京同来华进行国事访问的巴勒斯坦国总统阿巴斯举行会谈。会谈中习近平主席就推动解决巴勒斯坦问题提出四点主张。第一，坚定推进以"两国方案"为基础的政治解决。中方坚定支持"两国方案"，支持建立以1967年边界为基础、以东耶路撒冷为首都、拥有完全主权的、独立的巴勒斯坦国，将一如既往地为解决巴勒斯坦问题发挥建设性作用。第二，坚持共同、综合、合作、可持续的安全观。中方呼吁切实落实联合国安理会第2334号决议，立即停止在被占领土上一切定居点活动，立即采取措施，防止针对平民的暴力行为。尽快复谈，加快政治解决巴勒斯坦问题，从根本上实现共同持久的安全。第三，进一步协调国际社会的努力，壮大促和合力。国际社会应进一步协调，尽快推出共同参与的促和举措。中方愿参与和支持一切有利于巴勒斯坦问题政治解决的努力，拟于年内召开巴以和平人士研讨会，为解决巴勒斯坦问题启智献策。第四，综合施策，以发展促进和平。在推进政治谈判的同时，应高度重视发展问题，推进巴以合作。中国视巴以双方为"一带一路"沿线上的重要伙伴，愿本着发展促和平的理念，开展互利合作，继续支持巴勒斯坦加快发展。中方倡议启动中、巴、以三方对话机制，协调推进援助巴方的重点项目。会谈后两国签署了外交、经济、人员培训和文化等领域双边合作文件。阿巴斯授予习近平"巴勒斯坦国最高勋章"，以表达对中方支持巴勒斯坦正义事业的深切感谢和对习近平本人的崇高敬意。7月19日，中国国务院总理李克强在北京会见来华进行国事访问的巴勒斯坦国总统阿巴斯。

7月17～21日 突尼斯共和国外交部长赫米斯勒·杰希纳维应邀对中国进行正式访问。访问期间，中国外长王毅在北京同杰希纳维外长举行会谈。会谈后，两国外长共同签署了《中突外交部关于建立磋商机制的协议》。

7月18日 美国财政部和国务院宣布，对18个伊朗个人和实体实施制裁，理由是他们支持伊朗的弹道导弹计划和跨国犯罪等行为。根据制裁措施，受到制裁的个人和实体在美国境内的资产将被冻结，同时美国人将被禁止与其进行交易往来。

7 月 19 日　中国外交部长王毅应约会见来访的阿联酋国务部长苏尔坦，就当前海湾危机阐述了中方立场。中方的立场概括起来有三点：一是支持政治和外交解决大方向，各方应依据国际关系准则行事，切实履行各自承担的国际义务。二是支持在海合会框架内，运用阿拉伯方式化解目前的分歧。坚持互相尊重和不干涉内政的原则。域外国家应为实现和解发挥建设性作用。三是支持各方尽快坐下来对话，首先在反对一切形式恐怖主义这个大目标上形成一致，在此基础上，从易到难逐步解决其他分歧。

土耳其总理耶尔德勒姆在安卡拉宣布改组内阁，包括更换五名副总理中的四人。

7 月 20 日　中国外交部长王毅会见来华进行工作访问的卡塔尔外交大臣穆罕默德，就当前海湾危机听取对方看法，并进一步阐述了中方主张。

7 月 21 日　伊朗核问题六国（美国、英国、法国、俄罗斯、中国和德国）与伊朗在奥地利维也纳举行伊核全面协议联合委员会第八次会议。

世界卫生组织表示，也门正面临世界上最严重的霍乱疫情暴发的威胁。自 2017 年 4 月 27 日以来，也门全境已报告 36.8 万余起霍乱疑似病例，其中 1828 人死亡。

7 月 25 日　联合国安理会就巴勒斯坦问题举行公开会，会议由安理会本月轮值主席、中国常驻联合国代表刘结一主持。包括安理会成员及巴勒斯坦、以色列等在内近 50 个国家和组织代表出席了会议。会上，刘结一全面介绍了习近平主席近期提出的解决巴勒斯坦问题的"四点主张"。

7 月 26 日　埃及总统塞西颁布总统令，决定成立全国反恐委员会，旨在团结社会力量，采取国家综合战略，在国内乃至全球范围内清除恐怖主义根源。

7 月 30 日　沙特阿拉伯、埃及、阿拉伯联合酋长国和巴林四国发表声明，重申卡塔尔只有履行 13 点要求，四国才会与其对话。此前沙特、阿联酋、巴林和埃及四国通过科威特向卡塔尔提出 13 点要求清单，作为解决当前"断交危机"的条件。清单要求卡塔尔撤回驻伊朗外交人员，终止同伊朗的所有军事合作，仅允许卡塔尔在遵守美国对伊制裁规定情况下，维系与伊朗的贸易联系。同时，清单要求卡塔尔关闭半岛电视台及下属所有频道，并要求卡塔尔停止在境内建设土耳其军事基地、切断与"伊斯兰国"和"基地"组织等的一切联系，并遣返来自上述四国的恐怖分子。

8月

8月2日　土耳其最高军事委员会在安卡拉召开全体会议，决定新任命土耳其武装部队陆军司令、海军司令、空军司令。

美国总统特朗普签署一项针对俄罗斯、伊朗和朝鲜三国的制裁法案。

8月2~3日　土耳其共和国外交部长梅夫吕特·恰武什奥卢对中国进行正式访问。访问期间，中国外交部长王毅同恰武什奥卢外长举行中土外长磋商机制第二次会议。

8月5日　应伊朗伊斯兰共和国政府邀请，国家发展改革委主任何立峰作为国家主席习近平特使赴德黑兰，出席伊朗总统鲁哈尼就职仪式。

8月8日　土耳其阿勒省政府宣布，在土耳其与伊朗边境开始修建安全隔离墙。

8月15日　"埃及斋月十日城市郊铁路项目"签字仪式在埃及总理府举行。根据项目合同，中方将为埃方建设连接开罗市区、斋月十日城和新行政首都的轻轨线，建成后将成为往返开罗和新行政首都的重要交通方式。

8月17~26日　第59届大马士革国际博览会在大马士革市郊的展览城举行。这是叙利亚时隔六年再次举办该博览会。

8月21~29日　中国国务院副总理张高丽应邀访问科威特、沙特、苏丹、纳米比亚，并在沙特主持召开中沙政府间高级别联合委员会第二次会议。

8月22日　应邀访问科威特的中共中央政治局常委、国务院副总理张高丽在科威特城分别会见科威特埃米尔萨巴赫、首相贾比尔和第一副首相兼外交大臣萨巴赫。访问期间，两国签署了有关"一带一路"建设、住房、文化等领域合作文件。

8月24日 卡塔尔外交部宣布，卡塔尔驻伊朗大使将返回德黑兰，与伊朗全面恢复外交关系。

9月

9月5日 中国国家主席习近平在厦门会见来华出席新兴市场国家与发展中国家对话会的埃及总统塞西。会见后两国签署了经济技术、交通、执法安全等领域双边合作文件。

9月6日 为期四天的"2017中国–阿拉伯国家博览会"在宁夏银川开幕。此次博览会的主题为"务实、创新、联动、共赢"。来自埃及、约旦、阿曼、沙特、阿联酋等国的43位部长级官员、117家中外大型商协会和1232家大型企业代表参加了此次博览会。中国国家主席习近平致贺信，对会议的召开表示热烈祝贺。

9月7日 中国国务院总理李克强和以色列总理内塔尼亚胡分别向第五届中国（绵阳）科技城国际科技博览会及以色列主宾国活动发去贺信。

9月14日 美国财政部宣布对两家伊朗实体、两家乌克兰实体和七名伊朗电脑技术人员实施制裁，指责他们支持伊朗弹道导弹计划以及向美国金融系统发动网络攻击等。

9月15日 第六轮叙利亚问题阿斯塔纳和谈在哈萨克斯坦落幕。叙利亚停火担保国俄罗斯、土耳其、伊朗发表联合声明，宣布在叙建立第四个冲突降级区。冲突降级区的有效期暂定为六个月。为协调冲突降级区内监督力量的行动，三国决定成立联合协调中心。

9月19日 第二届中国–阿拉伯国家妇女论坛在北京举行。

9月20日 中国外交部长王毅在纽约联合国总部出席伊朗核问题六国（美国、英国、法国、俄罗斯、中国和德国）与伊朗外长会议。

9月21日 伊拉克政府宣布，对北部基尔库克省和萨拉赫丁省的极端组织"伊斯兰国"发起了新一轮攻势。基尔库克省与萨拉赫丁省位于伊拉克北部，2014年被"伊斯兰国"占领。

9 月 26 ~ 28 日　约旦哈希姆王国外交与侨务大臣萨法迪应邀对中国进行正式访问。

9 月 27 日　中国外交部长王毅在北京同约旦外交与侨务大臣萨法迪举行会谈。

10月

10 月 4 ~ 7 日　沙特阿拉伯国王萨勒曼对俄罗斯进行访问。这是 1932 年沙特建国以来，沙特国王首次访问莫斯科。访问期间，两国签署了涵盖能源、经贸、安全等多个领域的重磅合作文件。两国还达成至少 30 亿美元军购协议。

10 月 6 日　美国国务院宣布，鉴于苏丹政府在多个方面采取了"持续的积极行动"，美国自 10 月 12 日起解除对苏丹长达 20 年的经济制裁。苏丹外交部随即发表声明："苏丹政府十分欢迎美国政府的这一决定，并视其为苏美关系发展史上的重大积极表现。这一决定也是两国之间针对双方相互关切所进行的坦率、透明和富有建设性对话的自然结果。"

10 月 8 日　美国宣布暂停在土耳其的所有非移民签证服务。几小时后，土耳其立即采取反制措施，宣布暂停美国民众赴土耳其的所有非移民签证服务。同日，美国驻土耳其使馆发表声明称，近期的事件迫使美国重新评估土耳其政府保障美国外交人员和使领馆的安全承诺，因此美国将暂停非移民签证服务，以减少进入美国使领馆的访客人数。土耳其驻美国使馆随即发表了内容几乎一致的声明，停止"全部"签证发放业务，包括电子签证和落地签证。

苏丹总统巴希尔宣布，将在冲突地区实施的单方面停火期限再延长两个月，至 2017 年 12 月，以期为南科尔多凡州和青尼罗河州两地谈判创造和平气氛，尽快实现苏丹全国和平与稳定，并将工作重心转移至发展问题。

10 月 11 日　在埃及总统塞西见证下，中国建筑工程总公司与埃及住房部共同签署了埃及新首都中央商务区项目总承包合同，合同金额为 30 亿美元。

10月12日 巴勒斯坦民族解放运动（法塔赫）和巴伊斯兰抵抗运动（哈马斯）在埃及开罗签署和解协议。哈马斯同意将加沙地带的行政权移交法塔赫，结束双方长达十年的分裂对立局面。

10月17日 巴勒斯坦和解政府宣布开始在加沙地带重组政府部门和机构。

10月24日 埃及－中国投资贸易博览会在开罗国际会展中心举行。来自中埃76家企业、组织等参展，200余人参加了博览会。

10月29日 伊朗总统鲁哈尼在德黑兰与来访的国际原子能机构总干事天野之弥举行会谈。天野之弥表示，伊朗履行了伊核问题全面协议下的承诺。鲁哈尼则在会谈中强调国际原子能机构保持独立和公正的重要性，并表示伊朗寻求在国际法规框架下加强同该机构的长期合作。

10月31日 为期两天的第七轮叙利亚问题阿斯塔纳和谈在哈萨克斯坦首都阿斯塔纳落幕。和谈全体会议上，哈萨克斯坦外交部长阿布德拉赫曼诺夫宣读了叙利亚停火机制担保国俄罗斯、土耳其、伊朗发表的联合声明。联合声明肯定了"冲突降级区"建立以来叙利亚国内反恐行动的成果，特别是在打击极端组织"伊斯兰国"、支持阵线及其他与基地组织和"伊斯兰国"有关联的恐怖组织方面取得的实质性进展。召开叙利亚国民对话会议是本轮和谈的又一重要成果。这一建议由俄罗斯提出，得到了各担保国的支持，与会各方最终决定在俄罗斯南部城市索契召开叙利亚国民对话会议。

11月

11月1日 俄罗斯总统普京抵达伊朗首都德黑兰，分别与伊朗总统鲁哈尼和伊朗最高领袖哈梅内伊举行会晤。普京对伊朗核问题全面协议表示支持。双方表示，将在叙利亚问题上继续合作。

11月3日 叙利亚国家电视台称，叙利亚政府军当天完全收复了该国东部代尔祖尔省首府代尔祖尔市，取得打击极端组织"伊斯兰国"军事行动重要进展。

11 月 5 日　为期六天的世界青年论坛在埃及沙姆沙伊赫开幕。来自全球 113 个国家和地区的 3200 余名青年代表参加论坛。本届论坛共设一个主论坛和五个分论坛，围绕青年与世界热点问题、青年与可持续发展、青年与多文明交融、青年与塑造未来领袖、青年与模拟联合国等内容进行广泛讨论。教育部部长陈宝生作为中国国家主席习近平特使赴埃及出席世界青年论坛活动。

11 月 5~7 日　中共友好代表团访问埃及。

11 月 6 日　埃及总统塞西在埃及红海海滨城市沙姆沙伊赫会见前来出席世界青年论坛的习近平主席特使、教育部部长陈宝生。

首届埃及中国论坛在埃及首都开罗举行。本届论坛由中国驻埃及大使馆和埃及谢拉夫可持续发展基金会共同举办，主题是"'一带一路'——携手为了更美好的未来"，旨在通过民间渠道促进中埃全面战略伙伴关系发展，推动"一带一路"框架下中埃各领域务实合作。

第五届中国阿拉伯友好大会在北京开幕。

中国首支维和直升机分队在苏丹达尔富尔地区执行了部署到位后的首次飞行任务，顺利完成一批联合国物资运输工作。

11 月 15 日　也门政府军在以沙特阿拉伯为首的联军战斗机火力支援下同胡塞武装发生激烈交锋；此前一天，沙特领导的多国联军对也门首都萨那机场进行了空袭，摧毁了机场导航系统。也门冲突再次升级。

11 月 16 日　中国国家主席习近平应约同沙特国王萨勒曼通电话。萨勒曼对中共十九大胜利闭幕和习近平再次当选中共中央总书记表示诚挚祝贺，强调中共十九大一定会指引中国人民取得更大成功。两国元首还就共同关心的国际和地区问题交换了看法。

11 月 17 日　中国外交部长王毅在北京同来访的摩洛哥外交与国际合作大臣布里达举行会谈。会谈后，两国外长共同签署《中华人民共和国政府与摩洛哥王国政府关于共同推进丝绸之路经济带和 21 世纪海上丝绸之路的谅解备忘录》。摩洛哥成为首个签署该文件的马格里布国家。

11 月 22 日　利比亚最高国家委员会投票否决了联合国提出的修订《利

比亚政治协议》有争议条款方案,利比亚政治和解再次陷入僵局。

11月24日 埃及北西奈省阿里什市一清真寺发生严重恐怖袭击事件,造成包括27名儿童在内的至少305人死亡,逾百人受伤。11月25日,中国国家主席习近平向埃及总统塞西致慰问电,就11月24日埃及发生的严重恐怖袭击向无辜遇难者表示沉痛哀悼,向塞西总统、遇难者家属和受伤人员致以诚挚的慰问。

11月26日 沙特阿拉伯组建的伊斯兰国家反恐军事联盟在沙特首都利雅得召开首次成员国国防部长会议,就共同努力从多方面打击恐怖主义达成一致。会议决定,伊斯兰国家反恐军事联盟防长会议每年举行一次或根据需要临时召开。巴基斯坦退役将军拉希勒·谢里夫被任命为联盟总司令。土耳其、埃及、苏丹、巴基斯坦、阿富汗、阿联酋、科威特、马里、乌干达等国国防部部长和高官出席了此次为期一天的会议。

11月28日 联合国秘书长叙利亚问题特使德米斯图拉在联合国日内瓦总部与叙反对派代表团"叙利亚谈判委员会"进行会谈,这标志着中断四个多月的叙利亚问题政治进程重新启动。新一轮叙利亚问题日内瓦和谈将集中讨论宪法和选举等议题

11月29日 联合国举行"声援巴勒斯坦人民国际日"纪念大会,中国国家主席习近平向大会致贺电。

11月30日至12月8日 应伊朗伊斯兰议会、阿尔及利亚民族院和保加利亚国民议会邀请,中国全国政协副主席陈元率全国政协代表团对上述三国进行友好访问。

12月

12月6日 美国总统特朗普宣布承认耶路撒冷为以色列首都,并责令国务院启动将美驻以使馆从特拉维夫迁往耶路撒冷的进程。

12月10日 伊拉克政府在首都巴格达市中心"绿区"举行阅兵式,庆祝打击极端组织"伊斯兰国"的战争取得历史性胜利。

12月11日 俄罗斯总统普京抵达俄罗斯驻叙利亚赫迈米姆空军基地，对俄军士兵发表讲话并宣布俄罗斯从叙利亚撤军。普京总统还与叙利亚总统巴沙尔举行了会晤。

埃及总统塞西与巴勒斯坦国总统阿巴斯在开罗举行会晤。两位领导人讨论了美国承认耶路撒冷为以色列首都之后的事态发展。

中国国家主席习近平同阿尔及利亚总统布特弗利卡互致贺电，祝贺阿尔及利亚一号通信卫星在西昌发射成功。

12月21日 联合国大会以压倒性多数通过一项决议，认定任何宣称改变耶路撒冷地位的决定和行动"无效"。根据决议，任何企图改变耶路撒冷老城特点、现状及人口结构的决定和行为都不具备法律效力，并应根据安理会相关决议予以废除。决议呼吁所有国家不要向耶路撒冷派驻外交使团，要求联合国所有成员国遵守安理会关于耶路撒冷的相关决议，不承认与上述决议相违背的任何行动或举措。

12月22日 中国外交部长王毅在北京会见巴勒斯坦总统代表马吉达拉尼和沙阿斯。

中国外交部长王毅在北京会见来华出席第三次巴以和平人士研讨会的巴以双方代表。

12月24~25日 六国议长会议在巴基斯坦伊斯兰堡举行。会议讨论了反恐和互联互通两大主题并通过《伊斯兰堡宣言》，来自中国、巴基斯坦、阿富汗、伊朗、俄罗斯、土耳其六国议会领导人出席会议。中国全国人民代表大会常务委员会副委员长张平率团出席会议。

12月26日 首次中国－阿富汗－巴基斯坦三方外长对话在北京举行。中国外交部长王毅主持对话，阿富汗外长拉巴尼、巴基斯坦外长阿西夫出席。对话发表了《首次中国—阿富汗—巴基斯坦三方外长对话联合新闻公报》。

12月28日 阿富汗首都喀布尔发生自杀式炸弹袭击。阿富汗公共卫生部官员证实，袭击已造成41人死亡，另有84人受伤。极端组织"伊斯兰国"宣布对此次袭击负责。

Abstract

Annual Report on Development in the Middle East No. 20 (2017 – 2018),
Focusing on the Syrian Issue: New Progress and New Trends, analyzes the involvement
of global and regional powers around the Syrian issue, as well as the huge impact
of the Syrian issue on the country's economic, social development, as well as the
on the regional political balance.

According to the report, the generation and development of Syria issue was
the reflection of the intensifying internal conflict within Syria and within the
Middle Eastern region, as well as the competition between global powers like
United States and Russia, which leading the Syria Issue turning from an anti-
terrorist war back into geopolitical competition-the "normal" status of Middle
Eastern region. Although the civil war triggered by the Syrian issue is nearing an
end, the interwoven complex conflicts have determined that to solve the Syrian
issue will take a long process. According to the report, although the Syrian issue
appeared to be mainly concentrated within one country, but its influence is spread
throughout the region. And from the perspective of geopolitics, surrounding the
Syrian issue, the Middle East are forming a structure of four regional powers,
namely Saudi Arabia, Iran, Turkey, Israel competing with each others. As well as
forming two competing alliances, one is consists of Russia, Turkey and I ran's,
another alliances is consists of United States, Saudi Arabia, Israel. And the large-
scale cross-border refugees flow caused by the war is also bring great trouble and
burden to the refugee receiving countries around Syria and in Europe. The report
also pointed out that the war, which has lasted for several years, has dealt a heavy
blow to Syria's economy and social development, as well as caused a lot of damage
to its infrastructure'. And Syria's huge demand for reconstruction post war will
also provides an opportunity for China to participate in.

Also in this report, the sector of regional situation analyzes major hotspot issues in the Middle Eastern region over the past year, such as counter-terrorism in the Middle East, Yemen's civil war, Qatar's diplomatic crisis, the Palestine-Israel issue. In addition, the report also made a comprehensive review of the economic development of Middle Eastern countries, as well as China's cooperation with Middle Eastern countries in trade, investment and Engineering contracting in the past year. And besides, the report also makes a brief analysis of the latest development of Middle East studies both at home and abroad, the major events occurred within this region in the past year, which provides comprehensive and solid information for tracking the development of the regional situation, as well as the frontier of the Middle East discipline.

Keywords: Syria Issue; Middle East Politics; Middle East Economy

Contents

I Main Report

Abstract: The Syrian issue is a pivot of current geopolitical game in the Middle East. The evolution of the situation in the Middle East has shown that the Syrian issue is a "made" process. Either in terms of the outbreak of the Syrian crisis or the formation of the Syrian issue, it is mainly about the intervention of major international and local powers. It essentially determines the nature of the Syrian war, namely the complex struggles of the interventionism and anti-interventionism, the separatism and anti-separatism, terrorism and counter-terrorism in the complex geopolitical context; meanwhile, the transformation of contradictions has also changed the nature of the Syrian issue and accordingly given birth to many new features of the Syrian issue, including externality, multiplicity, compoundity, transactionality and linkage, et al. The evolution of the Syrian issue and the escalation of the Syrian crisis have not only changed Syria's own development trajectory, but also shaken the foundation of the existing Middle East order, and formed a linkage with other regional hot spots such as the Iranian nuclear issue. Around the Syrian issue, the multi-layered game among the various actors has caused differentiation and reorganization of different power groups, and led to a bi-polarized confrontation. With the victory of the war on terrorism, the Syrian crisis has entered into a new phase of the "post-Islamic state." The Syrian war is coming to an end, and the Syrian government gradually gains an advantage, but it is still difficult to dominate the final settlement of the Syrian issue. Focusing on the major issues, including how to end the war, how to promote the political agenda, how to boost post-war reconstruction, and how to help refugee return, multiple powers are increasingly competing with each other and coming to a deadlock. In the long run, the Syrian issue is bound to be long-term: On the one hand, restoring Syria to full membership in the Arab League, and promoting a political solution to the Syrian issue by "multi-track integration" is a necessary choice. On the other hand, however, many factors are mutually constrained, military separatist situation is still difficult to end, extremist remnants are hard to eradicate, and the political process is hard to revitalize. It can be seen that Syria's evolution from war to peace will go through a long and volatile transition period.

Keywords: Externality; Multiplicity; Linkage; Multi-layered Game; Reshaping Order

II Special Report

Y. 2 The Impact of the Syrian Issue on Middle East Geopolitics

Yu Guoqing / 040

Abstract: The turbulent situation in Syria, which has lasted for many years, took a major turn in 2017 −2018. The Islamic State (IS), a militant group that has ravaged Syria and Iraq for many years, has been defeated in Syria, and territory controlled by extremist groups has been largely recovered, and the so-called "Capital" Raqqa, located in north of Syria, has been captured. In the transition process of the situation in Syria, Russia gradually gained the dominant power of the situation in Syria. The regional forces in the Middle East, such as Turkey, Iran and Israel, are also strengthening their influence on the situation in Syria. At the same time, multilateral international mediation around how to solve the Syrian issue is intensive. As the Geneva talks go on, Russia has dominated the Astana talks and the Sochi talks, Syria is becoming the focus of the Middle East game of the great powers. The future development of the situation in Syria will have a major

impact on the pattern of the Middle East.

Keywords: Syria Issue; Powers; Regional Forces; Geopolitical Pattern in the Middle East

Y. 3   The Current Situation and Future of Syrian Kurdish Issue

Tang Zhichao, Wang Lixin / 063

Abstract: Syrian Kurdish issue comes to be a heating-up focus following counter-terrorism issues in Syria nowadays. It has been a long-standing problem which had undergone three periods: namely period of French Mandate for Syria, under the Arabization policy taken by Syrian government and after the outbreak of the Arab Spring. Based on historic elements, there is also novelty of the issue in the Syrian Civil War. The Kurds, while active in battles with terrorists, seized the chance to expand and acquire autonomy and then built up the North Syria Democratic Federation (NSDF), which is the first Kurdish regime in this country. On the other hand, external supports of countries inside and outside the Middle East are increasing conflict between Kurdish groups and that leading to further divisions. Besides, Turkish interventions are also reaching the new peak. After all, the Kurdish issue in Syria is affected not only by the legacy of colonialism and the manipulation of great powers, but also by its inherent problems. The key to solving it depends on the future direction of the NSDF which is at present facing multiple challenges and a lack of consensus among parties on autonomy rights. The Syrian Kurdish issue is an important part of the Middle East Kurdish issues and even ethic issues across the region. Its future is closely related to that of Syria as well.

Keywords: Kurdish Issue; Syria; Autonomy

Abstract: In April 7, 2018, Syria launched another chemical weapons attack. Western countries such as the United States, Britain, France and other countries launched an air raid on Syria's military targets. The crisis of the chemical weapons reflects the struggle for predominance in the Syrian war. With the Syrian war situation in favor of the Syrian government in the direction of development, the game of the great powers in Syria is further intensified. China has always advocated a political solution to the Syrian issue, safeguarding Syria's national sovereignty and territorial integrity, actively participating in international negotiations on Syria, providing much-needed humanitarian assistance to the Syrian refugees and actively participating in the post-war reconstruction of Syria.

Keywords: The Crisis of the Chemical Weapons; Syria; Game; Post-war Reconstruction

Abstract: At 9: 00 a. m. et on April 13, 2018, U. S. President Donald Trump announced a military campaign against Syria, carrying out a precision strike on Syria's "chemical weapons facilities." Britain and France later declared war on Syria. A moving video of Syria's ambassador to the United Nations, a veteran diplomat, who was tearful and charged with air strikes by the United States and France, was shown on the Internet afterwards. It is pointed out that the practice of the United States, Britain and France is an attack on international law and the purposes and principles of the Charter of the United Nations, and on more than 190 members of the United Nations. Syria, one heaven, one hell. Seven years of protracted fighting have devastated Syrian cities and destroyed historic sites. The war is merciless, but it is the innocent people who suffer. No one talks about

freedom here. They just want to live. This paper focuses on the American factors and the role of the United States in the Syrian crisis.

Keywords: United State; Syria; Politics and Military; Contration

Y. 6   The Russian Factors in the Syrian Crisis   *Tian Wenlin* / 107

Abstract: Russia plays very important role in the Syria crisis. The reason of Russia engaging Syria crisis includes: safeguarding its geopolitical interests in Syria by defending the Bashar government; protecting its security by striking the IS; Increasing its influence in the Middle East. From the view of effect, Russia's military action in Syria is successful: Bashar government taken out of danger; IS Suffering a serious setback; Russia play more important role in the Middle East. However, Russia also faces some risk: a heavy economic burden; risk of plunging into the mire of war; the risk of the confrontation between the U. S. and Russia.

Keywords: Syrian Crisis; Russian; Military Intervention

Y. 7   Turkish Factors in the Syrian Crisis   *Wei Min* / 121

Abstract: Since the outbreak of the unrest in Syria in January 2011, Turkey has been one of the first international actors involved in the Syrian crisis and has gradually become an important party in the Syrian game. After seven years, accompanied by the continuous evolution of the Syrian crisis, Turkey, under the guidance of its strategic thinking of "Strategic Deepness", used a combination of diplomatic and military strikes to make itself an important regional power to Syria crisis. Turkey gradually cannot be underestimated in the process of mitigating or complicating the issue meanwhile has also become a major factor affecting the political map of Syria in the future. During the Syrian crisis, Turkey made major adjustments to foreign policy. Based on its understanding and judgment of Syria's geopolitics, the Middle East sectarian pattern and the Kurdish issue, it established a clear strategic intention, that is, consistent with the position of the Western allies, forcing Basal Assad's regime step down, while curbing and disintegrating the Kurdish forces, and ultimately achieving the strategic goal of enhancing the regional influence and international image of Turkey. Around this strategic intention, Turkey's policy toward Syria has also been dynamically adjusted, and the established goals have been achieved. In the future, Turkey will use current situation as a basis to play its role and influence in the evolvement of the Syrian crisis and to maximize its national interests.

Keywords: Syria Crisis; Turkey Foreign Policy; Arab Spring

Y. 8 Iranian Factors in the Syrian Crisis *Lu Jin* / 137

Abstract: Ever since 1979 year, Syria and Iran has maintained an inclusive and lastingquasi-alliance. After Syria's crisis broke out, basing on considerations of national security and geostrategic interests, Iran is firmly and energetically supporting the Syria government from politics military and economics. Iran has played an important role in helping the Syrian government forces to fight against the extremist organization "Islamic State" and to reverse the unfavorable situation on the battlefield and promoting Astana Peace Negotiation Process of the Syrian crisis. At the same time, The combat capabilities of Lebanese Hezbollah and other Shiite paramilitary forces supported by Iran have been fully enhanced. President Obama's Middle East policy provides space for Iran to expand its influence in the region. The strategic needs of the common fight against Iran prompted Saudi Arabia to approach Israel. President Trump tried to use its traditional Middle East allies Israel and Saudi Arabia to curb Iran's geopolitical expansion. The Israeli Air Force has increased its attacks on the Iranian forces' bases and installations in Syria. The anti-Iranian coalition led by Saudi Arabia plans to send troops to Syria. In May 2018, Trump announced that the United States withdrew from JCPOA and will

impose heavy economic sanctions against Tehran. Iranian-Israeli direct conflict has escalated. The "psychological, economic and political warfare" of the United States against Iran has caused chaos in the Iranian market, businessmen and the people went to the streets to protest. Internal and external dilemma may prompt Iran to adjust its policy on the Syrian crisis.

Keywords: Iran; Syria Crisis; Lsrael; JCPOA

Y. 9 Syria Rebuilding and China's Participation *Zhang Bo* / 156

Abstract: By the first half of 2018, the Syrian Army regained most of its lost territory. The rebuilding of Syria became a common concern. China's participation in Syria's rebuilding has political advantages. China and Syria have traditional friendly relations. Together with Russia, China vetoed 6 UN security council draft resolutions regarding Syria. China pushes forward the political resolution of the Syrian conflict. China offered Syria much aid. Syria welcome China's participations of the Syria's rebuilding. The U. S and the E. U do not support or even boycott Syrian rebuilding. Syrian rebuilding need too much funding. Syria still faces big political and security challenges. Relevant Chinese enterprises should effectively cope with various challenges.

Keywords: Syria Rebuilding; China's Participation; Political Superiorities

Y. 10 The Economic Losses of the Syria Crisis *Liu Dong* / 171

Abstract: Although the market oriented economic reform speeded up the economic growth of Syria, the hidden perils, such as unemployment, poverty, regional development gap has not been properly solved, which eventually added up and triggered the outbreak of the Syria crisis. In early 2011, when the Syria crisis broke out, the tough sanctions implemented by the U. S. and European Union, as well as the physical damaged inflicted by war and armed robbery, both of which exerted huge negative influences on the economic development of Syria, and the influences infiltrated into all aspects of the Syrian economy. In generally, due the crisis, the stability of Syria's macro economy has been severely shaken, its economic growth and income levels have dropped significantly, and its internal and external economies have been seriously unbalanced. And for different economic sectors, except for agriculture, which was less affected, the Syria crisis have been delivered huge blow the oil industries, manufacturing industries, as well as baking sectors of Syria, most business within the above mentions fell into halt in fact.

Keywords: Syria; Crisis; Economic Loss

Abstract: The refugee issue is one of the most important results of Syria crisis. Syrian refugees are the newest and biggest refugee group in the world, and attract world's attention and sympathy. From 2011 till now, Syria refugee went abroad not only in the neighboring countries in the Middle East, but also into EU countries. The flow of big population increases lots of pressure and burden on economy, society and security. Resettlement and return of refugees will be a long process which decided by the future of Syria crisis and struggles of the international community.

Keywords: Syria; Refugee; Humanism

Ⅲ   Regional Situation

Abstract: In 2017, despite major progress in the international fight against terrorism, many of the inherent contradictions that have contributed to terrorism in

中东黄皮书

the Middle East cannot be resolved and a series of new problems have been raised. The overlapping of old and new problems and the interweaving and interaction of old and new contradictions have made the regional situation more complicated and chaotic. On the other hand, the global counter-terrorism situation will become more and more serious, and ethnic separatism and pan-nationalism will become increasingly rampant. In this case, international terrorism and the speed of the local terrorist organization restructuring accelerated differentiation, and formed many core and multi-level international terrorist network, the international counter-terrorism struggle the situation has become increasingly serious. This situation poses great challenges and threats to China, countries along the The Belt and Road and global security.

Keywords: Middle East; Counter-terrorism; Central Asia; North Africa; Islamic State

Y. 13　The Development and Trend of Civil War in Yemen

Zhu Quangang / 223

Abstract: The Yemen crisis is a unique window to understand the situation of the Middle East. The popular uprisings of the Arab Spring ignited the Yemen crisis, which developed into a bloody civil war. At the end of 2017, the former Yemeni president Ali Abdullah Saleh, who ruled in Yemen for 33 years was killed by Houthis. It not only caused pro-Houthi forces and anti-Houthi group internal divisions, but also triggered a new round of fierce military conflicts between the opposing sides. The new UN Special Envoy to Yemen Martin Griffiths faces an uphill battle to bring belligerent parties to the negotiating table. The civil war perpetuates the humanitarian catastrophe that allow terrorist groups to flourish. To end the conflict and create a lasting peace, the political negotiation is crucial. It is necessary to draw lessons from the previous peace talks, and pay attention to the role of local actors.

Keywords: Yemen Civil War; Death of Saleh; Military Game; Peace Talk

Abstract: The crisis of cutting diplomatic ties with Qatar was the second major crisis within the GCC in recent years. The main reason behind the concerned crisis was that when the GCC was founded, the original intention of "keeping warm together" was unable to adapt to the changes of regional situation. Smaller member states represented by Qatar increasingly resist Saudi Arabia's dominant diplomatic posture within the organization. The current situation has seriously undermined the political, economic and social cooperation achieved by the GCC member states over the years. However, the GCC is still valued by the member states. The GCC must focus more on internal differences and establish effective dispute settlement mechanisms in the future.

Keywords: GCC; Qatar; Crisis of Cutting Diplomatic Ties

Abstract: Since Trump came to power, he has been moving and provoking on the issue of Palestinian-Israeli conflicts. On the one hand, President Trump is trying to maintain a balance on the Palestinian-Israeli conflicts, to be vague on the "two-states solution", and to make the Middle East a diplomatic debut for his presidency, in an attempt to advance the Middle East peace process. But on the other hand, Trump has also shown a clear bias toward Israel in developing special relations with Israel, touching a forbidden area where successive US presidents dare not set foot on the Israeli-Palestinian conflicts: publicly declaring that the United States recognizes Jerusalem as the capital of Israel. And the relocation of the American Embassy from Tel Aviv to Jerusalem has greatly intensified the conflict between Palestine and Israel. Trump attempts to unveil a

 中东黄皮书

new Middle East peace plan is likely to be difficult because of deteriorating Palestinian-Israeli relations.

Keywords: Trump Administration; Palestinian-Israeli Relations; Palestinian-Israeli Conflicts; Peace Process

Y. 16　2017 Middle East Economic Development

Jiang Yingmei / 272

Abstract: In 2017, the world economy increased significantly, the labor market continued to improve, the global price level has risen gently, the price of commodities rose and the growth of international trade increased. At the same time, the growth of Foreign direct investment was slow, the global debt continued to accumulate, and the financial market bubbled. The global economy is expected to continue to recover in 2018, but the foundation for economic growth is not stable and faces many challenges. As a result of low oil price and regional conflict, the economy of the Middle East region in 2017 has been sharply slowdown, especially the economic weakness of the oil exporters, which is greatly lower than the economic growth in 2016, while the economy of the oil importing countries is growing steadily. 2018 −2019, the economic prospects of the Middle East countries will be modest because of the sustained global recovery, structural reform, the rising oil price and the geopolitical environment. But the factors such as low structural oil price, poor development effect and weakening investor confidence will still limit the accelerated development of the region's economy.

Keywords: Middle East Economy; Oil Exporting Countries; Oil Importing Countries; Oil Price; Economic Reform

IV Market Trend

Abstract: During recent years, the inward FDI flow values of the whole West Asia and its all countries remains at relatively low levels as to compare historically. In West Asia, the political and security conditions determine investment environment. In 2016, the inward FDI flow from China to West Asia decreased remarkably as compared with last year and there are few countries' inflow increased. Chinese enterprises did business actively in the West Asia countries with a relatively stable political and security condition. In the future, the Chinese investors or potential investors should search investment opportunities connected with the infrastructure building, industry diversity actions of all West Asia countries, and should take effective measures to avoid investment risks.

Keywords: West Asia; Foreign Direct Investment; Investment Environment

Abstract: There are still quite some factors that affect the foreign trade of the West Asian countries. Although the global economic recovery has brought some support to the increase of oil price in the international market, which is good for the improvement of the trade of the west Asian countries, few factors still bring challenges to the long term sustainable development of the trade, including the conflicts intensified in the region, more changes of the forms of terrorism and more religious conflicts. China has kept traditional and stable economic relationships with

the west Asian countries. In 2017, the trade volume between these parties increased quickly, while the import of China plays an important role. The order of the main partners and main categories of commodities in west Asian area keeps almost the same. In 2018, the bilateral trade between China and west Asian countries may have new characteristics. The trade imbalance will increase, The Belt and Road Initiative can create more spaces and the cooperation in trade in services may develop more quickly. And it should also be noticed that the super powers are gaming more intensively, US is having more sanctions on Iran and the terrorism has entered a new stage, which may weaken the development trend between China and the west Asian countries.

Keywords: West Asia; Foreign Trade; The Belt and Road

Y. 19　Construction Markets of West Asian Countries in 2017

Jin Rui / 332

Abstract: The international engineering contracting market of Western Asian countries has maintained a general growth trend. Market scale has rebounded and market competition has intensified. Infrastructure projects remain the focus of investment in the region. Under the influence of the instability of the whole environment in Western Asia, Chinese enterprises should regulate the order of management and the mode of innovation and cooperation, increase the strength of the market and keep the overall business development steadily. Looking forward to the future, the prospect of the Western Asia project contract market is optimistic. The Belt and Road Initiative brings unprecedented opportunities for the development of Chinese enterprises, but it still needs to prevent and control the risk.

Keywords: West Asia; International Engineering Contracting; The Belt and Road

V　Documentation

Abstract: In 2017, Middle East Studies in China and abroad focused on Middle East country case studies, Middle East politics and history, China Middle East Relations, US Middle East relations, Russia Middle East relations, the Syrian Issues, the Kurdish Issues etc. The Middle East studies institutions in China published several Middle East regional reports and country reports.

Keywords: Middle East Studies; Disciplinary Construction; International Relations

❖ **皮书起源** ❖

"皮书"起源于十七、十八世纪的英国，主要指官方或社会组织正式发表的重要文件或报告，多以"白皮书"命名。在中国，"皮书"这一概念被社会广泛接受，并被成功运作、发展成为一种全新的出版形态，则源于中国社会科学院社会科学文献出版社。

❖ **皮书定义** ❖

皮书是对中国与世界发展状况和热点问题进行年度监测，以专业的角度、专家的视野和实证研究方法，针对某一领域或区域现状与发展态势展开分析和预测，具备原创性、实证性、专业性、连续性、前沿性、时效性等特点的公开出版物，由一系列权威研究报告组成。

❖ **皮书作者** ❖

皮书系列的作者以中国社会科学院、著名高校、地方社会科学院的研究人员为主，多为国内一流研究机构的权威专家学者，他们的看法和观点代表了学界对中国与世界的现实和未来最高水平的解读与分析。

❖ **皮书荣誉** ❖

皮书系列已成为社会科学文献出版社的著名图书品牌和中国社会科学院的知名学术品牌。2016年，皮书系列正式列入"十三五"国家重点出版规划项目；2013~2018年，重点皮书列入中国社会科学院承担的国家哲学社会科学创新工程项目；2018年，59种院外皮书使用"中国社会科学院创新工程学术出版项目"标识。

中国皮书网

（网址：www.pishu.cn）

发布皮书研创资讯，传播皮书精彩内容
引领皮书出版潮流，打造皮书服务平台

栏目设置

关于皮书：何谓皮书、皮书分类、皮书大事记、皮书荣誉、
皮书出版第一人、皮书编辑部

最新资讯：通知公告、新闻动态、媒体聚焦、网站专题、视频直播、下载专区

皮书研创：皮书规范、皮书选题、皮书出版、皮书研究、研创团队

皮书评奖评价：指标体系、皮书评价、皮书评奖

互动专区：皮书说、社科数托邦、皮书微博、留言板

所获荣誉

2008 年、2011 年，中国皮书网均在全国新闻出版业网站荣誉评选中获得"最具商业价值网站"称号；

2012 年，获得"出版业网站百强"称号。

网库合一

2014 年，中国皮书网与皮书数据库端口合一，实现资源共享。

权威报告・一手数据・特色资源

皮书数据库
ANNUAL REPORT(YEARBOOK)
DATABASE

当代中国经济与社会发展高端智库平台

所获荣誉

- 2016年，入选"'十三五'国家重点电子出版物出版规划骨干工程"
- 2015年，荣获"搜索中国正能量 点赞2015""创新中国科技创新奖"
- 2013年，荣获"中国出版政府奖・网络出版物奖"提名奖
- 连续多年荣获中国数字出版博览会"数字出版・优秀品牌"奖

成为会员

    通过网址www.pishu.com.cn访问皮书数据库网站或下载皮书数据库APP，进行手机号码验证或邮箱验证即可成为皮书数据库会员。

会员福利

- 使用手机号码首次注册的会员，账号自动充值100元体验金，可直接购买和查看数据库内容（仅限PC端）。
- 已注册用户购书后可免费获赠100元皮书数据库充值卡。刮开充值卡涂层获取充值密码，登录并进入"会员中心"—"在线充值"—"充值卡充值"，充值成功后即可购买和查看数据库内容（仅限PC端）。
- 会员福利最终解释权归社会科学文献出版社所有。

社会科学文献出版社 皮书系列
SOCIAL SCIENCES ACADEMIC PRESS (CHINA)

卡号：251981229733
密码：

数据库服务热线：400-008-6695
数据库服务QQ：2475522410
数据库服务邮箱：database@ssap.cn
图书销售热线：010-59367070/7028
图书服务QQ：1265056568
图书服务邮箱：duzhe@ssap.cn

基本子库
SUB DATABASE

中国社会发展数据库（下设 12 个子库）

全面整合国内外中国社会发展研究成果，汇聚独家统计数据、深度分析报告，涉及社会、人口、政治、教育、法律等 12 个领域，为了解中国社会发展动态、跟踪社会核心热点、分析社会发展趋势提供一站式资源搜索和数据分析与挖掘服务。

中国经济发展数据库（下设 12 个子库）

基于"皮书系列"中涉及中国经济发展的研究资料构建，内容涵盖宏观经济、农业经济、工业经济、产业经济等 12 个重点经济领域，为实时掌控经济运行态势、把握经济发展规律、洞察经济形势、进行经济决策提供参考和依据。

中国行业发展数据库（下设 17 个子库）

以中国国民经济行业分类为依据，覆盖金融业、旅游、医疗卫生、交通运输、能源矿产等 100 多个行业，跟踪分析国民经济相关行业市场运行状况和政策导向，汇集行业发展前沿资讯，为投资、从业及各种经济决策提供理论基础和实践指导。

中国区域发展数据库（下设 6 个子库）

对中国特定区域内的经济、社会、文化等领域现状与发展情况进行深度分析和预测，研究层级至县及县以下行政区，涉及地区、区域经济体、城市、农村等不同维度。为地方经济社会宏观态势研究、发展经验研究、案例分析提供数据服务。

中国文化传媒数据库（下设 18 个子库）

汇聚文化传媒领域专家观点、热点资讯，梳理国内外中国文化发展相关学术研究成果、一手统计数据，涵盖文化产业、新闻传播、电影娱乐、文学艺术、群众文化等 18 个重点研究领域。为文化传媒研究提供相关数据、研究报告和综合分析服务。

世界经济与国际关系数据库（下设 6 个子库）

立足"皮书系列"世界经济、国际关系相关学术资源，整合世界经济、国际政治、世界文化与科技、全球性问题、国际组织与国际法、区域研究 6 大领域研究成果，为世界经济与国际关系研究提供全方位数据分析，为决策和形势研判提供参考。

法律声明

"皮书系列"（含蓝皮书、绿皮书、黄皮书）之品牌由社会科学文献出版社最早使用并持续至今，现已被中国图书市场所熟知。"皮书系列"的相关商标已在中华人民共和国国家工商行政管理总局商标局注册，如LOGO（ ）、皮书、Pishu、经济蓝皮书、社会蓝皮书等。"皮书系列"图书的注册商标专用权及封面设计、版式设计的著作权均为社会科学文献出版社所有。未经社会科学文献出版社书面授权许可，任何使用与"皮书系列"图书注册商标、封面设计、版式设计相同或者近似的文字、图形或其组合的行为均系侵权行为。

经作者授权，本书的专有出版权及信息网络传播权等为社会科学文献出版社享有。未经社会科学文献出版社书面授权许可，任何就本书内容的复制、发行或以数字形式进行网络传播的行为均系侵权行为。

社会科学文献出版社将通过法律途径追究上述侵权行为的法律责任，维护自身合法权益。

欢迎社会各界人士对侵犯社会科学文献出版社上述权利的侵权行为进行举报。电话：010-59367121，电子邮箱：fawubu@ssap.cn。

社会科学文献出版社